# ALEMÃO
## VOCABULÁRIO

**PORTUGUÊS BRASILEIRO**

# PORTUGUÊS ALEMÃO

Para alargar o seu léxico e apurar as suas competências linguísticas

## 9000 palavras

# Vocabulário Português Brasileiro-Alemão - 9000 palavras

Por Andrey Taranov

Os vocabulários da T&P Books destinam-se a ajudar a aprender, a memorizar, e a rever palavras estrangeiras. O dicionário é dividido em temas, cobrindo todas as principais esferas de atividades quotidianas, negócios, ciência, cultura, etc.

O processo de aprendizagem, utilizando os dicionários baseados em temáticas da T&P Books dá-lhe as seguintes vantagens:

- Informação de origem corretamente agrupada predetermina o sucesso em fases subsequentes da memorização de palavras
- Disponibilização de palavras derivadas da mesma raiz, o que permite a memorização de unidades de texto (em vez de palavras separadas)
- Pequenas unidades de palavras facilitam o processo de estabelecimento de vínculos associativos necessários para a consolidação do vocabulário
- O nível de conhecimento da língua pode ser estimado pelo número de palavras aprendidas

T&P Books Publishing
www.tpbooks.com

ISBN: 978-1-78767-290-1

Este livro também está disponível em formato E-book.
Por favor visite www.tpbooks.com ou as principais livrarias on-line.

# VOCABULÁRIO ALEMÃO
## palavras mais úteis

Os vocabulários da T&P Books destinam-se a ajudar a aprender, a memorizar, e a rever palavras estrangeiras. O vocabulário contém mais de 9000 palavras de uso comum organizadas tematicamente.

O vocabulário contém as palavras mais comummente usadas
Recomendado como adicional para qualquer curso de línguas
Satisfaz as necessidades dos iniciados e dos alunos avançados de línguas estrangeiras
Conveniente para o uso diário, sessões de revisão e atividades de auto-teste
Permite avaliar o seu vocabulário

## Características especias do vocabulário

- As palavras estão organizadas de acordo com o seu significado, e não por ordem alfabética
- As palavras são apresentadas em três colunas para facilitar os processos de revisão e auto-teste
- As palavras compostas são divididas em pequenos blocos para facilitar o processo de aprendizagem
- O vocabulário oferece uma transcrição simples e adequada de cada palavra estrangeira

## O vocabulário contém 256 tópicos incluindo:

Conceitos básicos, Números, Cores, Meses, Estações do ano, Unidades de medida, Roupas & Acessórios, Alimentos & Nutrição, Restaurante, Membros da Família, Parentes, Caráter, Sentimentos, Emoções, Doenças, Cidade, Passeios, Compras, Dinheiro, Casa, Lar, Escritório, Trabalho no Escritório, Importação & Exportação, Marketing, Pesquisa de Emprego, Esportes, Educação, Computador, Internet, Ferramentas, Natureza, Países, Nacionalidades e muito mais ...

# TABELA DE CONTEÚDOS

# GUIA DE PRONUNCIAÇÃO

| Alfabeto fonético T&P | Exemplo Alemão | Exemplo Português |
|---|---|---|
| [a] | Blatt | chamar |
| [ɐ] | Meister | amar |
| [e] | Melodie | metal |
| [ɛ] | Herbst | mesquita |
| [ə] | Leuchte | milagre |
| | | |
| [ɔ] | Knopf | emboço |
| [o] | Operette | lobo |
| [œ] | Förster | orgulhoso |
| [ø] | nötig | orgulhoso |
| [æ] | Los Angeles | semana |
| | | |
| [i] | Spiel | sinônimo |
| [ɪ] | Absicht | sinônimo |
| [ʊ] | Skulptur | bonita |
| [u] | Student | bonita |
| [y] | Pyramide | questionar |
| [ʏ] | Eukalyptus | questionar |

## Consoantes

| | | |
|---|---|---|
| [b] | Bibel | barril |
| [d] | Dorf | dentista |
| [f] | Elefant | safári |
| [ʒ] | Ingenieur | talvez |
| [dʒ] | Jeans | adjetivo |
| [j] | Interview | Vietnã |
| [g] | August | gosto |
| [h] | Haare | [h] aspirada |
| [ç] | glücklich | caixa |
| [x] | Kochtopf | fricativa uvular surda |
| [k] | Kaiser | aquilo |
| [l] | Verlag | libra |
| [m] | Messer | magnólia |
| [n] | Norden | natureza |
| [ŋ] | Onkel | alcançar |
| [p] | Gespräch | presente |

| Alfabeto fonético T&P | Exemplo Alemão | Exemplo Português |
|---|---|---|
| [r] | Force majeure | riscar |
| [ʁ] | Kirche | [r] vibrante |
| [R] | fragen | [r] vibrante |
| [s] | Fenster | sanita |
| [t] | Foto | tulipa |
| [ʦ] | Gesetz | tsé-tsé |
| [ʃ] | Anschlag | mês |
| [ʧ] | Deutsche | Tchau! |
| [w] | Sweater | página web |
| [v] | Antwort | fava |
| [z] | langsam | sésamo |

## Ditongos

| | | |
|---|---|---|
| [aɪ] | Speicher | cereais |
| [ɪa] | Miniatur | Himalaias |
| [ɪo] | Radio | ioga |
| [jo] | Illustration | ioga |
| [ɔɪ] | feucht | moita |
| [ɪe] | Karriere | folheto |

## Símbolos adicionais

| | | |
|---|---|---|
| ['] | ['a:bɐ] | acento principal |
| [ˌ] | ['dɛŋkˌma:l] | acento secundário |
| [ʔ] | [o'li:vənˌʔø:l] | oclusiva glotal |
| [:] | ['my:lə] | som de longa duração |
| [·] | ['Raɪzə·byˌRo:] | ponto mediano |

# ABREVIATURAS
# usadas no vocabulário

## Abreviaturas do Português

| | | |
|---|---|---|
| adj | - | adjetivo |
| adv | - | advérbio |
| anim. | - | animado |
| conj. | - | conjunção |
| desp. | - | esporte |
| etc. | - | Etcetera |
| ex. | - | por exemplo |
| f | - | nome feminino |
| f pl | - | feminino plural |
| fem. | - | feminino |
| inanim. | - | inanimado |
| m | - | nome masculino |
| m pl | - | masculino plural |
| m, f | - | masculino, feminino |
| masc. | - | masculino |
| mat. | - | matemática |
| mil. | - | militar |
| pl | - | plural |
| prep. | - | preposição |
| pron. | - | pronome |
| sb. | - | sobre |
| sing. | - | singular |
| v aux | - | verbo auxiliar |
| vi | - | verbo intransitivo |
| vi, vt | - | verbo intransitivo, transitivo |
| vr | - | verbo reflexivo |
| vt | - | verbo transitivo |

## Abreviaturas do Alemão

| | | |
|---|---|---|
| f | - | nome feminino |
| f pl | - | feminino plural |
| f, n | - | feminino, neutro |
| m | - | nome masculino |
| m pl | - | masculino plural |
| m, f | - | masculino, feminino |
| m, n | - | masculino, neutro |
| n | - | neutro |

| | | |
|---|---|---|
| **n pl** | - | neutro plural |
| **pl** | - | plural |
| **v mod** | - | verbo modal |
| **vi** | - | verbo intransitivo |
| **vi, vt** | - | verbo intransitivo, transitivo |
| **vt** | - | verbo transitivo |

# CONCEITOS BÁSICOS

## Conceitos básicos. Parte 1

### 1. Pronomes

| | | |
|---|---|---|
| eu | ich | [ɪç] |
| você | du | [duː] |
| | | |
| ele | er | [eːɐ] |
| ela | sie | [ziː] |
| ele, ela (neutro) | es | [ɛs] |
| | | |
| nós | wir | [viːɐ] |
| vocês | ihr | [iːɐ] |
| o senhor, -a | Sie | [ziː] |
| senhores, -as | Sie | [ziː] |
| eles, elas | sie | [ziː] |

### 2. Cumprimentos. Saudações. Despedidas

| | | |
|---|---|---|
| Oi! | Hallo! | [haˈloː] |
| Olá! | Hallo! | [haˈloː] |
| Bom dia! | Guten Morgen! | [ˈguːtən ˈmɔʁgən] |
| Boa tarde! | Guten Tag! | [ˈguːtən ˈtaːk] |
| Boa noite! | Guten Abend! | [ˈguːtən ˈaːbənt] |
| | | |
| cumprimentar (vt) | grüßen (vi, vt) | [ˈgʁyːsən] |
| Oi! | Hallo! | [haˈloː] |
| saudação (f) | Gruß (m) | [gʁuːs] |
| saudar (vt) | begrüßen (vt) | [bəˈgʁyːsən] |
| Tudo bem? | Wie geht's? | [ˌviː ˈgeːts] |
| E aí, novidades? | Was gibt es Neues? | [vas giːpt ɛs ˈnɔɪəs] |
| | | |
| Tchau! Até logo! | Auf Wiedersehen! | [aʊf ˈviːdɐˌzeːən] |
| Até breve! | Bis bald! | [bɪs balt] |
| Adeus! (sing.) | Lebe wohl! | [ˈleːbə voːl] |
| Adeus! (pl) | Leben Sie wohl! | [ˈleːbən ziː voːl] |
| despedir-se (dizer adeus) | sich verabschieden | [zɪç fɛɐˈapʃiːdən] |
| Até mais! | Tschüs! | [tʃyːs] |
| | | |
| Obrigado! -a! | Danke! | [ˈdaŋkə] |
| Muito obrigado! -a! | Dankeschön! | [ˈdaŋkəʃøːn] |
| De nada | Bitte! | [ˈbɪtə] |
| Não tem de quê | Keine Ursache! | [ˈkaɪnə ˈuːɐˌzaxə] |
| Não foi nada! | Nichts zu danken! | [nɪçts tsu ˈdaŋkən] |
| Desculpa! | Entschuldige! | [ɛntˈʃʊldɪgə] |

| | | |
|---|---|---|
| Desculpe! | Entschuldigung! | [ɛnt'ʃʊldɪgʊŋ] |
| desculpar (vt) | entschuldigen (vt) | [ɛnt'ʃʊldɪgən] |

| | | |
|---|---|---|
| desculpar-se (vr) | sich entschuldigen | [zɪç ɛnt'ʃʊldɪgən] |
| Me desculpe | Verzeihung! | [fɛɐ'tsaɪʊŋ] |
| Desculpe! | Entschuldigung! | [ɛnt'ʃʊldɪgʊŋ] |
| perdoar (vt) | verzeihen (vt) | [fɛɐ'tsaɪən] |
| Não faz mal | Das macht nichts! | [das maχt nɪçts] |
| por favor | bitte | ['bɪtə] |

| | | |
|---|---|---|
| Não se esqueça! | Nicht vergessen! | [nɪçt fɛɐ'gɛsən] |
| Com certeza! | Natürlich! | [na'ty:ɐlɪç] |
| Claro que não! | Natürlich nicht! | [na'ty:ɐlɪç 'nɪçt] |
| Está bem! De acordo! | Gut! Okay! | [gu:t], [o'ke:] |
| Chega! | Es ist genug! | [ɛs ist gə'nu:k] |

## 3. Como se dirigir a alguém

| | | |
|---|---|---|
| senhor | Herr | [hɛʁ] |
| senhora | Frau | [fʁaʊ] |
| senhorita | Frau | [fʁaʊ] |
| jovem | Junger Mann | ['jʏŋɐ man] |
| menino | Junge | ['jʊŋə] |
| menina | Mädchen | ['mɛ:tçən] |

## 4. Números cardinais. Parte 1

| | | |
|---|---|---|
| zero | null | [nʊl] |
| um | eins | [aɪns] |
| dois | zwei | [tsvaɪ] |
| três | drei | [dʁaɪ] |
| quatro | vier | [fi:ɐ] |

| | | |
|---|---|---|
| cinco | fünf | [fʏnf] |
| seis | sechs | [zɛks] |
| sete | sieben | ['zi:bən] |
| oito | acht | [aχt] |
| nove | neun | [nɔɪn] |

| | | |
|---|---|---|
| dez | zehn | [tse:n] |
| onze | elf | [ɛlf] |
| doze | zwölf | [tsvœlf] |
| treze | dreizehn | ['dʁaɪtse:n] |
| catorze | vierzehn | ['fiɐtse:n] |

| | | |
|---|---|---|
| quinze | fünfzehn | ['fʏnftse:n] |
| dezesseis | sechzehn | ['zɛçtse:n] |
| dezessete | siebzehn | ['zi:ptse:n] |
| dezoito | achtzehn | ['aχtse:n] |
| dezenove | neunzehn | ['nɔɪntse:n] |
| vinte | zwanzig | ['tsvantsɪç] |
| vinte e um | einundzwanzig | ['aɪn·ʊnt·'tsvantsɪç] |

| vinte e dois | zweiundzwanzig | ['tsvaɪ·ʊnt·'tsvantsɪç] |
| vinte e três | dreiundzwanzig | ['dʀaɪ·ʊnt·'tsvantsɪç] |

| trinta | dreißig | ['dʀaɪsɪç] |
| trinta e um | einunddreißig | ['aɪn·ʊnt·'dʀaɪsɪç] |
| trinta e dois | zweiunddreißig | ['tsvaɪ·ʊnt·'dʀaɪsɪç] |
| trinta e três | dreiunddreißig | ['dʀaɪ·ʊnt·'dʀaɪsɪç] |

| quarenta | vierzig | ['fɪʁtsɪç] |
| quarenta e um | einundvierzig | ['aɪn·ʊnt·'fɪʁtsɪç] |
| quarenta e dois | zweiundvierzig | ['tsvaɪ·ʊnt·'fɪʁtsɪç] |
| quarenta e três | dreiundvierzig | ['dʀaɪ·ʊnt·'fɪʁtsɪç] |

| cinquenta | fünfzig | ['fʏnftsɪç] |
| cinquenta e um | einundfünfzig | ['aɪn·ʊnt·'fʏnftsɪç] |
| cinquenta e dois | zweiundfünfzig | ['tsvaɪ·ʊnt·'fʏnftsɪç] |
| cinquenta e três | dreiundfünfzig | ['dʀaɪ·ʊnt·'fʏnftsɪç] |

| sessenta | sechzig | ['zɛçtsɪç] |
| sessenta e um | einundsechzig | ['aɪn·ʊnt·'zɛçtsɪç] |
| sessenta e dois | zweiundsechzig | ['tsvaɪ·ʊnt·'zɛçtsɪç] |
| sessenta e três | dreiundsechzig | ['dʀaɪ·ʊnt·'zɛçtsɪç] |

| setenta | siebzig | ['ziːptsɪç] |
| setenta e um | einundsiebzig | ['aɪn·ʊnt·'ziːptsɪç] |
| setenta e dois | zweiundsiebzig | ['tsvaɪ·ʊnt·'ziːptsɪç] |
| setenta e três | dreiundsiebzig | ['dʀaɪ·ʊnt·'ziːptsɪç] |

| oitenta | achtzig | ['aχtsɪç] |
| oitenta e um | einundachtzig | ['aɪn·ʊnt·'aχtsɪç] |
| oitenta e dois | zweiundachtzig | ['tsvaɪ·ʊnt·'aχtsɪç] |
| oitenta e três | dreiundachtzig | ['dʀaɪ·ʊnt·'aχtsɪç] |

| noventa | neunzig | ['nɔɪntsɪç] |
| noventa e um | einundneunzig | ['aɪn·ʊnt·'nɔɪntsɪç] |
| noventa e dois | zweiundneunzig | ['tsvaɪ·ʊnt·'nɔɪntsɪç] |
| noventa e três | dreiundneunzig | ['dʀaɪ·ʊnt·'nɔɪntsɪç] |

## 5. Números cardinais. Parte 2

| cem | einhundert | ['aɪn‚hʊndɐt] |
| duzentos | zweihundert | ['tsvaɪ‚hʊndɐt] |
| trezentos | dreihundert | ['dʀaɪ‚hʊndɐt] |
| quatrocentos | vierhundert | ['fiːɐ‚hʊndɐt] |
| quinhentos | fünfhundert | ['fʏnf‚hʊndɐt] |

| seiscentos | sechshundert | [zɛks‚hʊndɐt] |
| setecentos | siebenhundert | ['ziːbən‚hʊndɐt] |
| oitocentos | achthundert | ['aχt‚hʊndɐt] |
| novecentos | neunhundert | ['nɔɪn‚hʊndɐt] |

| mil | eintausend | ['aɪn‚tauzənt] |
| dois mil | zweitausend | ['tsvaɪ‚tauzənt] |
| três mil | dreitausend | ['dʀaɪ‚tauzənt] |

| dez mil | zehntausend | ['tsen͵taʊzənt] |
| cem mil | hunderttausend | ['hʊndɛt͵taʊzənt] |
| um milhão | **Million** (f) | [mɪ'ljoːn] |
| um bilhão | **Milliarde** (f) | [mɪ'lɪaʁdə] |

## 6. Números ordinais

| primeiro (adj) | **der erste** | [deːɐ 'ɛʁstə] |
| segundo (adj) | **der zweite** | [deːɐ 'tsvaɪtə] |
| terceiro (adj) | **der dritte** | [deːɐ 'dʁɪtə] |
| quarto (adj) | **der vierte** | [deːɐ 'fiːɐtə] |
| quinto (adj) | **der fünfte** | [deːɐ 'fʏnftə] |

| sexto (adj) | **der sechste** | [deːɐ 'zɛkstə] |
| sétimo (adj) | **der siebte** | [deːɐ 'ziːptə] |
| oitavo (adj) | **der achte** | [deːɐ 'aχtə] |
| nono (adj) | **der neunte** | [deːɐ 'nɔɪntə] |
| décimo (adj) | **der zehnte** | [deːɐ tseːntə] |

## 7. Números. Frações

| fração (f) | **Bruch** (m) | [bʁʊχ] |
| um meio | **Hälfte** (f) | ['hɛlftə] |
| um terço | **Drittel** (n) | ['dʁɪtəl] |
| um quarto | **Viertel** (n) | ['fiʁtəl] |

| um oitavo | **Achtel** (m, n) | ['aχtəl] |
| um décimo | **Zehntel** (m, n) | ['tseːntəl] |
| dois terços | **zwei Drittel** | [tsvaɪ 'dʁɪtəl] |
| três quartos | **drei Viertel** | [dʁaɪ 'fiʁtəl] |

## 8. Números. Operações básicas

| subtração (f) | **Subtraktion** (f) | [zʊptʁak'tsjoːn] |
| subtrair (vi, vt) | **subtrahieren** (vt) | [zʊptʁa'hiːʀən] |
| divisão (f) | **Division** (f) | [divi'zjoːn] |
| dividir (vt) | **dividieren** (vt) | [divi'diːʀən] |

| adição (f) | **Addition** (f) | [adi'tsjoːn] |
| somar (vt) | **addieren** (vt) | [a'diːʀən] |
| adicionar (vt) | **hinzufügen** (vt) | [hɪn'tsuː͵fyːgən] |
| multiplicação (f) | **Multiplikation** (f) | [mʊltiplika'tsjoːn] |
| multiplicar (vt) | **multiplizieren** (vt) | [mʊltipli'tsiːʀən] |

## 9. Números. Diversos

| algarismo, dígito (m) | **Ziffer** (f) | ['tsɪfɐ] |
| número (m) | **Zahl** (f) | [tsaːl] |

| numeral (m) | Zahlwort (n) | ['tsa:lˌvɔʁt] |
| menos (m) | Minus (n) | ['mi:nʊs] |
| mais (m) | Plus (n) | [plʊs] |
| fórmula (f) | Formel (f) | ['fɔʁməl] |

| cálculo (m) | Berechnung (f) | [bə'ʁɛçnʊŋ] |
| contar (vt) | zählen (vt) | ['tsɛ:lən] |
| calcular (vt) | berechnen (vt) | [bə'ʁɛçnən] |
| comparar (vt) | vergleichen (vt) | [fɛɐ'glaɪçən] |

| Quanto? | Wie viel? | ['vi: fi:l] |
| Quantos? -as? | Wie viele? | [vi: 'fi:lə] |

| soma (f) | Summe (f) | ['zʊmə] |
| resultado (m) | Ergebnis (n) | [ɛɐ'ge:pnɪs] |
| resto (m) | Rest (m) | [ʁɛst] |

| alguns, algumas ... | einige | ['aɪnɪgə] |
| pouco (~ tempo) | wenig ... | ['ve:nɪç] |
| resto (m) | Übrige (n) | ['y:bʁɪgə] |
| um e meio | anderthalb | ['andɐt'halp] |
| dúzia (f) | Dutzend (n) | ['dʊtsənt] |

| ao meio | entzwei | [ɛn'tsvaɪ] |
| em partes iguais | zu gleichen Teilen | [tsu 'glaɪçən 'taɪlən] |
| metade (f) | Hälfte (f) | ['hɛlftə] |
| vez (f) | Mal (n) | [ma:l] |

## 10. Os verbos mais importantes. Parte 1

| abrir (vt) | öffnen (vt) | ['œfnən] |
| acabar, terminar (vt) | beenden (vt) | [bə'ʔɛndən] |
| aconselhar (vt) | raten (vt) | ['ʁa:tən] |
| adivinhar (vt) | richtig raten (vt) | ['ʁɪçtɪç 'ʁa:tən] |
| advertir (vt) | warnen (vt) | ['vaʁnən] |

| ajudar (vt) | helfen (vi) | ['hɛlfən] |
| almoçar (vi) | zu Mittag essen | [tsu 'mɪta:k 'ɛsən] |
| alugar (~ um apartamento) | mieten (vt) | ['mi:tən] |
| amar (pessoa) | lieben (vt) | ['li:bən] |
| ameaçar (vt) | drohen (vi) | ['dʁo:ən] |

| anotar (escrever) | aufschreiben (vt) | ['aʊfʃʁaɪbən] |
| apressar-se (vr) | sich beeilen | [zɪç bə'ʔaɪlən] |
| arrepender-se (vr) | bedauern (vr) | [bə'daʊən] |
| assinar (vt) | unterschreiben (vt) | [ˌʊntɐ'ʃʁaɪbən] |
| brincar (vi) | Witz machen | [vɪts 'maxən] |

| brincar, jogar (vi, vt) | spielen (vi, vt) | ['ʃpi:lən] |
| buscar (vt) | suchen (vt) | ['zu:xən] |
| caçar (vi) | jagen (vi) | ['jagən] |
| cair (vi) | fallen (vi) | ['falən] |
| cavar (vt) | graben (vt) | ['gʁa:bən] |
| chamar (~ por socorro) | rufen (vi) | ['ʁu:fən] |

| | | |
|---|---|---|
| chegar (vi) | ankommen (vi) | ['an,kɔmən] |
| chorar (vi) | weinen (vi) | ['vaɪnən] |
| começar (vt) | beginnen (vt) | [bə'gɪnən] |
| comparar (vt) | vergleichen (vt) | [fɛɐ'glaɪçən] |
| concordar (dizer "sim") | zustimmen (vi) | ['tsu:ʃtɪmən] |

| | | |
|---|---|---|
| confiar (vt) | vertrauen (vi) | [fɛɐ'tʀaʊən] |
| confundir (equivocar-se) | verwechseln (vt) | [fɛɐ'vɛksəln] |
| conhecer (vt) | kennen (vt) | ['kɛnən] |
| contar (fazer contas) | rechnen (vt) | ['ʀɛçnən] |
| contar com ... | auf ... zählen | [aʊf ... 'tsɛ:lən] |
| continuar (vt) | fortsetzen (vt) | ['fɔʀt,zɛtsən] |

| | | |
|---|---|---|
| controlar (vt) | kontrollieren (vt) | [kɔntʀɔ'li:ʀən] |
| convidar (vt) | einladen (vt) | ['aɪn,la:dən] |
| correr (vi) | laufen (vi) | ['laʊfən] |
| criar (vt) | schaffen (vt) | ['ʃafən] |
| custar (vt) | kosten (vt) | ['kɔstən] |

## 11. Os verbos mais importantes. Parte 2

| | | |
|---|---|---|
| dar (vt) | geben (vt) | ['ge:bən] |
| dar uma dica | andeuten (vt) | ['an,dɔɪtən] |
| decorar (enfeitar) | schmücken (vt) | ['ʃmʏkən] |
| defender (vt) | verteidigen (vt) | [fɛɐ'taɪdɪgən] |
| deixar cair (vt) | fallen lassen | ['falən 'lasən] |

| | | |
|---|---|---|
| descer (para baixo) | herabsteigen (vi) | [hɛ'ʀap,ʃtaɪgən] |
| desculpar-se (vr) | sich entschuldigen | [zɪç ɛnt'ʃʊldɪgən] |
| dirigir (~ uma empresa) | leiten (vt) | ['laɪtən] |
| discutir (notícias, etc.) | besprechen (vt) | [bə'ʃpʀɛçən] |

| | | |
|---|---|---|
| disparar, atirar (vi) | schießen (vi) | ['ʃi:sən] |
| dizer (vt) | sagen (vt) | ['za:gən] |
| duvidar (vt) | zweifeln (vi) | ['tsvaɪfəln] |
| encontrar (achar) | finden (vt) | ['fɪndən] |
| enganar (vt) | täuschen (vt) | ['tɔɪʃən] |

| | | |
|---|---|---|
| entender (vt) | verstehen (vt) | [fɛɐ'ʃte:ən] |
| entrar (na sala, etc.) | hereinkommen (vi) | [hɛ'ʀaɪn,kɔmən] |
| enviar (uma carta) | abschicken (vt) | ['ap,ʃɪkən] |
| errar (enganar-se) | sich irren | [zɪç 'ɪʀən] |
| escolher (vt) | wählen (vt) | ['vɛ:lən] |

| | | |
|---|---|---|
| esconder (vt) | verstecken (vt) | [fɛɐ'ʃtɛkən] |
| escrever (vt) | schreiben (vi, vt) | ['ʃʀaɪbən] |
| esperar (aguardar) | warten (vi) | ['vaʀtən] |
| esperar (ter esperança) | hoffen (vi) | ['hɔfən] |
| esquecer (vt) | vergessen (vt) | [fɛɐ'gɛsən] |

| | | |
|---|---|---|
| estudar (vt) | lernen (vt) | ['lɛʀnən] |
| exigir (vt) | verlangen (vt) | [fɛɐ'laŋən] |
| existir (vi) | existieren (vi) | [,ɛksɪs'ti:ʀən] |
| explicar (vt) | erklären (vt) | [ɛɐ'klɛ:ʀən] |

| | | |
|---|---|---|
| falar (vi) | sprechen (vi) | ['ʃpʀɛçən] |
| faltar (a la escuela, etc.) | versäumen (vt) | [fɛɐ'zɔɪmən] |
| fazer (vt) | machen (vt) | ['maxən] |
| ficar em silêncio | schweigen (vi) | ['ʃvaɪgən] |
| gabar-se (vr) | prahlen (vi) | ['pʀaːlən] |

| | | |
|---|---|---|
| gostar (apreciar) | gefallen (vi) | [gə'falən] |
| gritar (vi) | schreien (vi) | ['ʃʀaɪən] |
| guardar (fotos, etc.) | aufbewahren (vt) | ['aʊfbəˌvaːʀən] |
| informar (vt) | informieren (vt) | [ɪnfɒʀ'miːʀən] |
| insistir (vi) | bestehen auf | [bə'ʃteːən aʊf] |

| | | |
|---|---|---|
| insultar (vt) | kränken (vt) | ['kʀɛŋkən] |
| interessar-se (vr) | sich interessieren | [zɪç ɪntəʀɛ'siːʀən] |
| ir (a pé) | gehen (vi) | ['geːən] |
| ir nadar | schwimmen gehen | ['ʃvɪmən 'geːən] |
| jantar (vi) | zu Abend essen | [tsu 'aːbənt 'ɛsən] |

## 12. Os verbos mais importantes. Parte 3

| | | |
|---|---|---|
| ler (vt) | lesen (vi, vt) | ['leːzən] |
| libertar, liberar (vt) | befreien (vt) | [bə'fʀaɪən] |
| matar (vt) | ermorden (vt) | [ɛɐ'mɔʀdən] |
| mencionar (vt) | erwähnen (vt) | [ɛɐ'vɛːnən] |
| mostrar (vt) | zeigen (vt) | ['tsaɪgən] |

| | | |
|---|---|---|
| mudar (modificar) | ändern (vt) | ['ɛndən] |
| nadar (vi) | schwimmen (vi) | ['ʃvɪmən] |
| negar-se a … (vr) | sich weigern | [zɪç 'vaɪgən] |
| objetar (vt) | einwenden (vt) | ['aɪnˌvɛndən] |

| | | |
|---|---|---|
| observar (vt) | beobachten (vt) | [bə'ʔoːbaxtən] |
| ordenar (mil.) | befehlen (vt) | [ˌbə'feːlən] |
| ouvir (vt) | hören (vt) | ['høːʀən] |
| pagar (vt) | zahlen (vt) | ['tsaːlən] |
| parar (vi) | stoppen (vt) | ['ʃtɔpən] |

| | | |
|---|---|---|
| parar, cessar (vt) | einstellen (vt) | ['aɪnˌʃtɛlən] |
| participar (vi) | teilnehmen (vi) | ['taɪlˌneːmən] |
| pedir (comida, etc.) | bestellen (vt) | [bə'ʃtɛlən] |
| pedir (um favor, etc.) | bitten (vt) | ['bɪtən] |
| pegar (tomar) | nehmen (vt) | ['neːmən] |

| | | |
|---|---|---|
| pegar (uma bola) | fangen (vt) | ['faŋən] |
| pensar (vi, vt) | denken (vi, vt) | ['dɛŋkən] |
| perceber (ver) | bemerken (vt) | [bə'mɛʀkən] |
| perdoar (vt) | verzeihen (vt) | [fɛɐ'tsaɪən] |
| perguntar (vt) | fragen (vt) | ['fʀaːgən] |

| | | |
|---|---|---|
| permitir (vt) | erlauben (vt) | [ɛɐ'laʊbən] |
| pertencer a … (vi) | gehören (vi) | [gə'høːʀən] |
| planejar (vt) | planen (vt) | ['plaːnən] |
| poder (~ fazer algo) | können (v mod) | ['kœnən] |
| possuir (uma casa, etc.) | besitzen (vt) | [bə'zɪtsən] |

| preferir (vt) | vorziehen (vt) | ['foɐ̯ˌtsiːən] |
| preparar (vt) | zubereiten (vt) | ['tsuːbəˌʀaɪtən] |
| prever (vt) | voraussehen (vt) | [fo'ʀaʊsˌzeːən] |
| prometer (vt) | versprechen (vt) | [fɛɐ̯'ʃpʀɛçən] |
| pronunciar (vt) | aussprechen (vt) | ['aʊsˌʃpʀɛçən] |

| propor (vt) | vorschlagen (vt) | ['foːɐ̯ˌʃlaːgən] |
| punir (castigar) | bestrafen (vt) | [bə'ʃtʀaːfən] |
| quebrar (vt) | brechen (vt) | ['bʀɛçən] |
| queixar-se de ... | klagen (vi) | ['klaːgən] |
| querer (desejar) | wollen (vt) | ['vɔlən] |

## 13. Os verbos mais importantes. Parte 4

| ralhar, repreender (vt) | schelten (vt) | ['ʃɛltən] |
| recomendar (vt) | empfehlen (vt) | [ɛm'pfeːlən] |
| repetir (dizer outra vez) | noch einmal sagen | [nɔx 'aɪnmaːl 'zaːgən] |
| reservar (~ um quarto) | reservieren (vt) | [ʀezɛʁ'viːʀən] |
| responder (vt) | antworten (vi) | ['antˌvɔʁtən] |

| rezar, orar (vi) | beten (vi) | ['beːtən] |
| rir (vi) | lachen (vi) | ['laxən] |
| roubar (vt) | stehlen (vt) | ['ʃteːlən] |
| saber (vt) | wissen (vt) | ['vɪsən] |
| sair (~ de casa) | ausgehen (vi) | ['aʊsˌgeːən] |

| salvar (resgatar) | retten (vt) | ['ʀɛtən] |
| seguir (~ alguém) | folgen (vi) | ['fɔlgən] |
| sentar-se (vr) | sich setzen | [zɪç 'zɛtsən] |
| ser necessário | nötig sein | ['nøːtɪç zaɪn] |

| ser, estar | sein (vi) | [zaɪn] |
| significar (vt) | bedeuten (vt) | [bə'dɔɪtən] |
| sorrir (vi) | lächeln (vi) | ['lɛçəln] |
| subestimar (vt) | unterschätzen (vt) | [ˌʊnte'ʃɛtsən] |
| surpreender-se (vr) | staunen (vi) | ['ʃtaunən] |

| tentar (~ fazer) | versuchen (vt) | [fɛɐ̯'zuːxən] |
| ter (vt) | haben (vt) | ['haːbən] |
| ter fome | hungrig sein | ['hʊŋʀɪç zaɪn] |

| ter medo | Angst haben | ['aŋst 'haːbən] |
| ter sede | Durst haben | ['dʊʁst 'haːbən] |
| tocar (com as mãos) | berühren (vt) | [bə'ʀyːʀən] |
| tomar café da manhã | frühstücken (vi) | ['fʀyːˌʃtʏkən] |

| trabalhar (vi) | arbeiten (vi) | ['aʁbaɪtən] |
| traduzir (vt) | übersetzen (vt) | [ˌyːbe'zɛtsən] |

| unir (vt) | vereinigen (vt) | [fɛɐ̯'ʔaɪnɪgən] |
| vender (vt) | verkaufen (vt) | [fɛɐ̯'kaufən] |
| ver (vt) | sehen (vi, vt) | ['zeːən] |
| virar (~ para a direita) | abbiegen (vi) | ['apˌbiːgən] |
| voar (vi) | fliegen (vi) | ['fliːgən] |

## 14. Cores

| | | |
|---|---|---|
| cor (f) | Farbe (f) | ['faʁbə] |
| tom (m) | Schattierung (f) | [ʃa'tiːʁʊŋ] |
| tonalidade (m) | Farbton (m) | ['faʁpˌtoːn] |
| arco-íris (m) | Regenbogen (m) | ['ʁeːgənˌboːgən] |

| | | |
|---|---|---|
| branco (adj) | weiß | [vaɪs] |
| preto (adj) | schwarz | [ʃvaʁts] |
| cinza (adj) | grau | [gʁaʊ] |

| | | |
|---|---|---|
| verde (adj) | grün | [gʁyːn] |
| amarelo (adj) | gelb | [gɛlp] |
| vermelho (adj) | rot | [ʁoːt] |

| | | |
|---|---|---|
| azul (adj) | blau | [blaʊ] |
| azul claro (adj) | hellblau | ['hɛlˌblaʊ] |
| rosa (adj) | rosa | ['ʁoːza] |
| laranja (adj) | orange | [o'ʁaŋʃ] |
| violeta (adj) | violett | [vɪo'lɛt] |
| marrom (adj) | braun | [bʁaʊn] |

| | | |
|---|---|---|
| dourado (adj) | golden | ['gɔldən] |
| prateado (adj) | silbrig | ['zɪlbʁɪç] |

| | | |
|---|---|---|
| bege (adj) | beige | [beːʃ] |
| creme (adj) | cremefarben | ['kʁɛːmˌfaʁbən] |
| turquesa (adj) | türkis | [tyʁ'kiːs] |
| vermelho cereja (adj) | kirschrot | ['kɪʁʃʁoːt] |
| lilás (adj) | lila | ['liːla] |
| carmim (adj) | himbeerrot | ['hɪmbeːɐ̯ˌʁoːt] |

| | | |
|---|---|---|
| claro (adj) | hell | [hɛl] |
| escuro (adj) | dunkel | ['dʊŋkəl] |
| vivo (adj) | grell | [gʁɛl] |

| | | |
|---|---|---|
| de cor | Farb- | ['faʁp] |
| a cores | Farb- | ['faʁp] |
| preto e branco (adj) | schwarz-weiß | ['ʃvaʁtsˌvaɪs] |
| unicolor (de uma só cor) | einfarbig | ['aɪnˌfaʁbɪç] |
| multicolor (adj) | bunt | [bʊnt] |

## 15. Questões

| | | |
|---|---|---|
| Quem? | Wer? | [veːɐ̯] |
| O que? | Was? | [vas] |
| Onde? | Wo? | [voː] |
| Para onde? | Wohin? | [vo'hɪn] |
| De onde? | Woher? | [vo'heːɐ̯] |
| Quando? | Wann? | [van] |
| Para quê? | Wozu? | [vo'tsuː] |
| Por quê? | Warum? | [va'ʁʊm] |
| Para quê? | Wofür? | [vo'fyːɐ̯] |

| Como? | Wie? | [vi:] |
| Qual (~ é o problema?) | Welcher? | ['vɛlçɐ] |
| Qual (~ deles?) | Welcher? | ['vɛlçɐ] |

| A quem? | Wem? | [ve:m] |
| De quem? | Über wen? | ['y:bɐ ve:n] |
| Do quê? | Wovon? | [vo:'fɔn] |
| Com quem? | Mit wem? | [mɪt ve:m] |

| Quantos? -as? | Wie viele? | [vi: 'fi:lə] |
| Quanto? | Wie viel? | ['vi: fi:l] |
| De quem? (masc.) | Wessen? | ['vɛsən] |

## 16. Preposições

| com (prep.) | mit | [mɪt] |
| sem (prep.) | ohne | ['o:nə] |
| a, para (exprime lugar) | nach | [na:χ] |
| sobre (ex. falar ~) | über | ['y:bɐ] |
| antes de ... | vor | [fo:ɐ] |
| em frente de ... | vor | [fo:ɐ] |

| debaixo de ... | unter | ['ʊntɐ] |
| sobre (em cima de) | über | ['y:bɐ] |
| em ..., sobre ... | auf | [aʊf] |
| de, do (sou ~ Rio de Janeiro) | aus | ['aʊs] |
| de (feito ~ pedra) | aus, von | ['aʊs], [fɔn] |

| em (~ 3 dias) | in | [ɪn] |
| por cima de ... | über | ['y:bɐ] |

## 17. Palavras funcionais. Advérbios. Parte 1

| Onde? | Wo? | [vo:] |
| aqui | hier | [hi:ɐ] |
| lá, ali | dort | [dɔʁt] |

| em algum lugar | irgendwo | ['ɪʁgɐnt'vo:] |
| em lugar nenhum | nirgends | ['nɪʁgɐnts] |

| perto de ... | an | [an] |
| perto da janela | am Fenster | [am 'fɛnstɐ] |

| Para onde? | Wohin? | [vo'hɪn] |
| aqui | hierher | ['hi:ɐ'he:ɐ] |
| para lá | dahin | [da'hɪn] |
| daqui | von hier | [fɔn hi:ɐ] |
| de lá, dali | von da | [fɔn da:] |

| perto | nah | [na:] |
| longe | weit | [vaɪt] |
| perto de ... | in der Nähe von ... | [ɪn de:ɐ 'nɛ:ə fɔn] |

| | | |
|---|---|---|
| à mão, perto | in der Nähe | [ɪn deːɐ 'nɛːə] |
| não fica longe | unweit | ['ʊnvaɪt] |
| | | |
| esquerdo (adj) | link | [lɪŋk] |
| à esquerda | links | [lɪŋks] |
| para a esquerda | nach links | [naːχ lɪŋks] |
| | | |
| direito (adj) | recht | [Rɛçt] |
| à direita | rechts | [Rɛçts] |
| para a direita | nach rechts | [naːχ Rɛçts] |
| | | |
| em frente | vorne | ['fɔʁnə] |
| da frente | Vorder- | ['fɔʁdɐ] |
| adiante (para a frente) | vorwärts | ['foːɐvɛʁts] |
| | | |
| atrás de ... | hinten | ['hɪntən] |
| de trás | von hinten | [fɔn 'hɪntən] |
| para trás | rückwärts | ['Ryk̩vɛʁts] |
| | | |
| meio (m), metade (f) | Mitte (f) | ['mɪtə] |
| no meio | in der Mitte | [ɪn deːɐ 'mɪtə] |
| | | |
| do lado | seitlich | ['zaɪtlɪç] |
| em todo lugar | überall | [yːbɐ'ʔal] |
| por todos os lados | ringsherum | [ˌRɪŋshɛ'Rʊm] |
| | | |
| de dentro | von innen | [fɔn 'ɪnən] |
| para algum lugar | irgendwohin | ['ɪʁgənt·vo'hɪn] |
| diretamente | geradeaus | [gəRaːdə'ʔaʊs] |
| de volta | zurück | [tsu'Ryk] |
| | | |
| de algum lugar | irgendwoher | ['ɪʁgənt·vo'heːɐ] |
| de algum lugar | von irgendwo | [fɔn ˌɪʁgənt'voː] |
| | | |
| em primeiro lugar | erstens | ['eːɐstəns] |
| em segundo lugar | zweitens | ['tsvaɪtəns] |
| em terceiro lugar | drittens | ['dRɪtəns] |
| | | |
| de repente | plötzlich | ['plœtslɪç] |
| no início | zuerst | [tsu'ʔeːɐst] |
| pela primeira vez | zum ersten Mal | [tsʊm 'eːɐstən 'maːl] |
| muito antes de ... | lange vor ... | ['laŋə foːɐ] |
| de novo | von Anfang an | [fɔn 'anˌfaŋ an] |
| para sempre | für immer | [fyːɐ 'ɪmɐ] |
| | | |
| nunca | nie | [niː] |
| de novo | wieder | ['viːdɐ] |
| agora | jetzt | [jɛtst] |
| frequentemente | oft | [ɔft] |
| então | damals | ['daːmaːls] |
| urgentemente | dringend | ['dRɪŋənt] |
| normalmente | gewöhnlich | [gə'vøːnlɪç] |
| | | |
| a propósito, ... | übrigens, ... | ['yːbRɪgəns] |
| é possível | möglicherweise | ['møːklɪçɐ'vaɪzə] |
| provavelmente | wahrscheinlich | [vaːɐ'ʃaɪnlɪç] |

| talvez | vielleicht | [fi'laɪçt] |
| além disso, ... | außerdem ... | ['aʊsɐde:m] |
| por isso ... | deshalb ... | ['dɛs'halp] |
| apesar de ... | trotz ... | [tʀɔts] |
| graças a ... | dank ... | [daŋk] |

| que (pron.) | was | [vas] |
| que (conj.) | das | [das] |
| algo | etwas | ['ɛtvas] |
| alguma coisa | irgendwas | ['ɪʀgənt'vas] |
| nada | nichts | [nɪçts] |

| quem | wer | [ve:ɐ] |
| alguém (~ que ...) | jemand | ['je:mant] |
| alguém (com ~) | irgendwer | ['ɪʀgənt've:ɐ] |

| ninguém | niemand | ['ni:mant] |
| para lugar nenhum | nirgends | ['nɪʀgənts] |
| de ninguém | niemandes | ['ni:mandəs] |
| de alguém | jemandes | ['je:mandəs] |

| tão | so | [zo:] |
| também (gostaria ~ de ...) | auch | ['aʊx] |
| também (~ eu) | ebenfalls | ['e:bən,fals] |

## 18. Palavras funcionais. Advérbios. Parte 2

| Por quê? | Warum? | [va'ʀʊm] |
| por alguma razão | aus irgendeinem Grund | ['aʊs 'ɪʀgənt'ʔaɪnəm gʀʊnt] |
| porque ... | weil ... | [vaɪl] |
| por qualquer razão | zu irgendeinem Zweck | [tsu 'ɪʀgənt'ʔaɪnəm tsvɛk] |

| e (tu ~ eu) | und | [ʊnt] |
| ou (ser ~ não ser) | oder | ['o:dɐ] |
| mas (porém) | aber | ['a:bɐ] |
| para (~ a minha mãe) | für | [fy:ɐ] |

| muito, demais | zu | [tsu:] |
| só, somente | nur | [nu:ɐ] |
| exatamente | genau | [gə'naʊ] |
| cerca de (~ 10 kg) | etwa | ['ɛtva] |

| aproximadamente | ungefähr | ['ʊngəfɛ:ɐ] |
| aproximado (adj) | ungefähr | ['ʊngəfɛ:ɐ] |
| quase | fast | [fast] |
| resto (m) | Übrige (n) | ['y:bʀɪgə] |

| o outro (segundo) | der andere | [de:ɐ 'andəʀə] |
| outro (adj) | andere | ['andəʀə] |
| cada (adj) | jeder (m) | ['je:dɐ] |
| qualquer (adj) | beliebig | [bɛ'li:bɪç] |
| muito, muitos, muitas | viel | [fi:l] |
| muitas pessoas | viele Menschen | ['fi:lə 'mɛnʃən] |

| | | |
|---|---|---|
| todos | alle | ['alə] |
| em troca de ... | im Austausch gegen ... | [ɪm 'aʊs̩taʊʃ 'ge:gən] |
| em troca | dafür | [da'fy:ɐ] |
| à mão | mit der Hand | [mɪt de:ɐ hant] |
| pouco provável | schwerlich | ['ʃve:ɐlɪç] |
| | | |
| provavelmente | wahrscheinlich | [va:ɐ'ʃaɪnlɪç] |
| de propósito | absichtlich | ['ap̩zɪçtlɪç] |
| por acidente | zufällig | ['tsu:fɛlɪç] |
| | | |
| muito | sehr | [ze:ɐ] |
| por exemplo | zum Beispiel | [tsʊm 'baɪʃpi:l] |
| entre | zwischen | ['tsvɪʃən] |
| entre (no meio de) | unter | ['ʊntɐ] |
| tanto | so viel | [zo: 'fi:l] |
| especialmente | besonders | [bə'zɔndɐs] |

# Conceitos básicos. Parte 2

## 19. Opostos

| | | |
|---|---|---|
| rico (adj) | reich | [ʀaɪç] |
| pobre (adj) | arm | [aʁm] |
| doente (adj) | krank | [kʀaŋk] |
| bem (adj) | gesund | [gə'zʊnt] |
| grande (adj) | groß | [gʀoːs] |
| pequeno (adj) | klein | [klaɪn] |
| rapidamente | schnell | [ʃnɛl] |
| lentamente | langsam | ['laŋzaːm] |
| rápido (adj) | schnell | [ʃnɛl] |
| lento (adj) | langsam | ['laŋzaːm] |
| alegre (adj) | froh | [fʀoː] |
| triste (adj) | traurig | ['tʀaʊʀɪç] |
| juntos (ir ~) | zusammen | [tsu'zamən] |
| separadamente | getrennt | [gə'tʀɛnt] |
| em voz alta (ler ~) | laut | [laʊt] |
| para si (em silêncio) | still | [ʃtɪl] |
| alto (adj) | hoch | [hoːχ] |
| baixo (adj) | niedrig | ['niːdʀɪç] |
| profundo (adj) | tief | [tiːf] |
| raso (adj) | flach | [flaχ] |
| sim | ja | [jaː] |
| não | nein | [naɪn] |
| distante (adj) | fern | [fɛʁn] |
| próximo (adj) | nah | [naː] |
| longe | weit | [vaɪt] |
| à mão, perto | nebenan | [neːbən'ʔan] |
| longo (adj) | lang | [laŋ] |
| curto (adj) | kurz | [kʊʁts] |
| bom (bondoso) | gut | [guːt] |
| mal (adj) | böse | ['bøːzə] |
| casado (adj) | verheiratet | [fɛʁ'haɪʀaːtət] |

| | | |
|---|---|---|
| solteiro (adj) | ledig | ['le:dɪç] |
| proibir (vt) | verbieten (vt) | [fɛɐ̯'bi:tən] |
| permitir (vt) | erlauben (vt) | [ɛɐ̯'laʊbən] |
| fim (m) | Ende (n) | ['ɛndə] |
| início (m) | Anfang (m) | ['anfaŋ] |
| esquerdo (adj) | link | [lɪŋk] |
| direito (adj) | recht | [ʀɛçt] |
| primeiro (adj) | der erste | [de:ɐ 'ɛʀstə] |
| último (adj) | der letzte | [de:ɐ 'lɛtstə] |
| crime (m) | Verbrechen (n) | [fɛɐ̯'bʀɛçən] |
| castigo (m) | Bestrafung (f) | [bə'ʃtʀa:fʊŋ] |
| ordenar (vt) | befehlen (vt) | [ˌbə'fe:lən] |
| obedecer (vt) | gehorchen (vi) | [gə'hɔʀçən] |
| reto (adj) | gerade | [gə'ʀa:də] |
| curvo (adj) | krumm | [kʀʊm] |
| paraíso (m) | Paradies (n) | [paʀa'di:s] |
| inferno (m) | Hölle (f) | ['hœlə] |
| nascer (vi) | geboren sein | [gə'bo:ʀən zaɪn] |
| morrer (vi) | sterben (vi) | ['ʃtɛʀbən] |
| forte (adj) | stark | [ʃtaʀk] |
| fraco, débil (adj) | schwach | ['ʃvax] |
| velho, idoso (adj) | alt | [alt] |
| jovem (adj) | jung | [jʊŋ] |
| velho (adj) | alt | [alt] |
| novo (adj) | neu | [nɔɪ] |
| duro (adj) | hart | [haʀt] |
| macio (adj) | weich | [vaɪç] |
| quente (adj) | warm | [vaʀm] |
| frio (adj) | kalt | [kalt] |
| gordo (adj) | dick | [dɪk] |
| magro (adj) | mager | ['ma:gɐ] |
| estreito (adj) | eng | [ɛŋ] |
| largo (adj) | breit | [bʀaɪt] |
| bom (adj) | gut | [gu:t] |
| mau (adj) | schlecht | [ʃlɛçt] |
| valente, corajoso (adj) | tapfer | ['tapfɐ] |
| covarde (adj) | feige | ['faɪgə] |

## 20. Dias da semana

| | | |
|---|---|---|
| segunda-feira (f) | Montag (m) | ['moːntaːk] |
| terça-feira (f) | Dienstag (m) | ['diːnstaːk] |
| quarta-feira (f) | Mittwoch (m) | ['mɪtvɔχ] |
| quinta-feira (f) | Donnerstag (m) | ['dɔnɐstaːk] |
| sexta-feira (f) | Freitag (m) | ['fʀaɪtaːk] |
| sábado (m) | Samstag (m) | ['zamstaːk] |
| domingo (m) | Sonntag (m) | ['zɔntaːk] |

| | | |
|---|---|---|
| hoje | heute | ['hɔɪtə] |
| amanhã | morgen | ['mɔʁgən] |
| depois de amanhã | übermorgen | ['yːbɐˌmɔʁgən] |
| ontem | gestern | ['gɛsten] |
| anteontem | vorgestern | ['foːɐgɛsten] |

| | | |
|---|---|---|
| dia (m) | Tag (m) | [taːk] |
| dia (m) de trabalho | Arbeitstag (m) | ['aʁbaɪtsˌtaːk] |
| feriado (m) | Feiertag (m) | ['faɪɐˌtaːk] |
| dia (m) de folga | freier Tag (m) | ['fʀaɪɐ taːk] |
| fim (m) de semana | Wochenende (n) | ['vɔχənˌʔɛndə] |

| | | |
|---|---|---|
| o dia todo | den ganzen Tag | [den 'gantsən 'taːk] |
| no dia seguinte | am nächsten Tag | [am 'nɛːçstən taːk] |
| há dois dias | zwei Tage vorher | [tsvaɪ 'taːgə 'foːɐheːɐ] |
| na véspera | am Vortag | [am 'foːɐˌtaːk] |
| diário (adj) | täglich | ['tɛːklɪç] |
| todos os dias | täglich | ['tɛːklɪç] |

| | | |
|---|---|---|
| semana (f) | Woche (f) | ['vɔχə] |
| na semana passada | letzte Woche | ['lɛtstə 'vɔχə] |
| semana que vem | nächste Woche | ['nɛːçstə 'vɔχə] |
| semanal (adj) | wöchentlich | ['vœçəntlɪç] |
| toda semana | wöchentlich | ['vœçəntlɪç] |
| duas vezes por semana | zweimal pro Woche | ['tsvaɪmaːl pʀɔ 'vɔχə] |
| toda terça-feira | jeden Dienstag | ['jeːdən 'diːnstaːk] |

## 21. Horas. Dia e noite

| | | |
|---|---|---|
| manhã (f) | Morgen (m) | ['mɔʁgən] |
| de manhã | morgens | ['mɔʁgəns] |
| meio-dia (m) | Mittag (m) | ['mɪtaːk] |
| à tarde | nachmittags | ['naːχmɪˌtaːks] |

| | | |
|---|---|---|
| tardinha (f) | Abend (m) | ['aːbənt] |
| à tardinha | abends | ['aːbənts] |
| noite (f) | Nacht (f) | [naχt] |
| à noite | nachts | [naχts] |
| meia-noite (f) | Mitternacht (f) | ['mɪtɐˌnaχt] |

| | | |
|---|---|---|
| segundo (m) | Sekunde (f) | [ze'kʊndə] |
| minuto (m) | Minute (f) | [mi'nuːtə] |
| hora (f) | Stunde (f) | ['ʃtʊndə] |

| meia hora (f) | eine halbe Stunde | ['aɪnə 'halbə 'ʃtʊndə] |
| quarto (m) de hora | Viertelstunde (f) | ['fɪʁtəlˌʃtʊndə] |
| quinze minutos | fünfzehn Minuten | ['fʏnftseːn miˈnuːtən] |
| vinte e quatro horas | Tag und Nacht | ['taːk ʊnt 'naχt] |

| nascer (m) do sol | Sonnenaufgang (m) | ['zɔnənˌʔaʊfgaŋ] |
| amanhecer (m) | Morgendämmerung (f) | ['mɔʁgənˌdɛməʁʊŋ] |
| madrugada (f) | früher Morgen (m) | ['fʁyːɐ 'mɔʁgən] |
| pôr-do-sol (m) | Sonnenuntergang (m) | ['zɔnənˌʔʊntɐgaŋ] |

| de madrugada | früh am Morgen | [fʁyː am 'mɔʁgən] |
| esta manhã | heute morgen | ['hɔɪtə 'mɔʁgən] |
| amanhã de manhã | morgen früh | ['mɔʁgən fʁyː] |

| esta tarde | heute Mittag | ['hɔɪtə 'mɪtaːk] |
| à tarde | nachmittags | ['naːχmɪˌtaːks] |
| amanhã à tarde | morgen Nachmittag | ['mɔʁgən 'naːχmɪˌtaːk] |

| esta noite, hoje à noite | heute Abend | ['hɔɪtə 'aːbənt] |
| amanhã à noite | morgen Abend | ['mɔʁgən 'aːbənt] |

| às três horas em ponto | Punkt drei Uhr | [pʊŋkt dʁaɪ uːɐ] |
| por volta das quatro | gegen vier Uhr | ['geːgn fiːɐ uːɐ] |
| às doze | um zwölf Uhr | [ʊm tsvœlf uːɐ] |

| em vinte minutos | in zwanzig Minuten | [ɪn 'tsvantsɪç miˈnuːtən] |
| em uma hora | in einer Stunde | [ɪn 'aɪnə 'ʃtʊndə] |
| a tempo | rechtzeitig | ['ʁɛçtˌtsaɪtɪç] |

| … um quarto para | Viertel vor … | ['fɪʁtəl foːɐ] |
| dentro de uma hora | innerhalb einer Stunde | ['ɪnəhalp 'aɪnə 'ʃtʊndə] |
| a cada quinze minutos | alle fünfzehn Minuten | ['alə 'fʏnftseːn miˈnuːtən] |
| as vinte e quatro horas | Tag und Nacht | ['taːk ʊnt 'naχt] |

## 22. Meses. Estações

| janeiro (m) | Januar (m) | ['januaːɐ] |
| fevereiro (m) | Februar (m) | ['feːbʁuaːɐ] |
| março (m) | März (m) | [mɛʁts] |
| abril (m) | April (m) | [aˈpʁɪl] |
| maio (m) | Mai (m) | [maɪ] |
| junho (m) | Juni (m) | ['juːni] |

| julho (m) | Juli (m) | ['juːli] |
| agosto (m) | August (m) | [aʊˈgʊst] |
| setembro (m) | September (m) | [zɛpˈtɛmbɐ] |
| outubro (m) | Oktober (m) | [ɔkˈtoːbɐ] |
| novembro (m) | November (m) | [noˈvɛmbɐ] |
| dezembro (m) | Dezember (m) | [deˈtsɛmbɐ] |

| primavera (f) | Frühling (m) | ['fʁyːlɪŋ] |
| na primavera | im Frühling | [ɪm 'fʁyːlɪŋ] |
| primaveril (adj) | Frühlings- | ['fʁyːlɪŋs] |
| verão (m) | Sommer (m) | ['zɔmɐ] |

| no verão | im Sommer | [ɪm 'zɔmɐ] |
| de verão | Sommer- | ['zɔmɐ] |

| outono (m) | Herbst (m) | [hɛʁpst] |
| no outono | im Herbst | [ɪm hɛʁpst] |
| outonal (adj) | Herbst- | [hɛʁpst] |

| inverno (m) | Winter (m) | ['vɪntɐ] |
| no inverno | im Winter | [ɪm 'vɪntɐ] |
| de inverno | Winter- | ['vɪntɐ] |
| mês (m) | Monat (m) | ['moːnat] |
| este mês | in diesem Monat | [ɪn 'diːzəm 'moːnat] |
| mês que vem | nächsten Monat | ['nɛːçstən 'moːnat] |
| no mês passado | letzten Monat | ['lɛtstən 'moːnat] |

| um mês atrás | vor einem Monat | [foːɐ 'aɪnəm 'moːnat] |
| em um mês | über eine Monat | ['yːbɐ 'aɪnə 'moːnat] |
| em dois meses | in zwei Monaten | [ɪn tsvaɪ 'moːnatən] |
| todo o mês | einen ganzen Monat | ['aɪnən 'gantsən 'moːnat] |
| um mês inteiro | den ganzen Monat | [deːn 'gantsən 'moːnat] |

| mensal (adj) | monatlich | ['moːnatlɪç] |
| mensalmente | monatlich | ['moːnatlɪç] |
| todo mês | jeden Monat | ['jeːdən 'moːnat] |
| duas vezes por mês | zweimal pro Monat | ['tsvaɪmaːl pʁo 'moːnat] |

| ano (m) | Jahr (n) | [jaːɐ] |
| este ano | dieses Jahr | ['diːzəs jaːɐ] |
| ano que vem | nächstes Jahr | ['nɛːçstəs jaːɐ] |
| no ano passado | voriges Jahr | ['foːʁɪgəs jaːɐ] |
| há um ano | vor einem Jahr | [foːɐ 'aɪnəm jaːɐ] |
| em um ano | in einem Jahr | [ɪn 'aɪnəm jaːɐ] |
| dentro de dois anos | in zwei Jahren | [ɪn tsvaɪ 'jaːʁən] |
| todo o ano | ein ganzes Jahr | [aɪn 'gantsəs jaːɐ] |
| um ano inteiro | das ganze Jahr | [das 'gantsə jaːɐ] |

| cada ano | jedes Jahr | ['jeːdəs jaːɐ] |
| anual (adj) | jährlich | ['jɛːɐlɪç] |
| anualmente | jährlich | ['jɛːɐlɪç] |
| quatro vezes por ano | viermal pro Jahr | ['fiːɐmaːl pʁo jaːɐ] |

| data (~ de hoje) | Datum (n) | ['daːtʊm] |
| data (ex. ~ de nascimento) | Datum (n) | ['daːtʊm] |
| calendário (m) | Kalender (m) | [ka'lɛndɐ] |

| meio ano | ein halbes Jahr | [aɪn 'halbəs jaːɐ] |
| seis meses | Halbjahr (n) | ['halpˌjaːɐ] |
| estação (f) | Saison (f) | [zɛ'zɔŋ] |
| século (m) | Jahrhundert (n) | [jaːɐ'hʊndɐt] |

## 23. Tempo. Diversos

| tempo (m) | Zeit (f) | [tsaɪt] |
| momento (m) | Augenblick (m) | [ˌaʊgən'blɪk] |

| instante (m) | Moment (m) | [mo'mɛnt] |
| instantâneo (adj) | augenblicklich | [ˌaʊɡən'blɪklɪç] |
| lapso (m) de tempo | Zeitspanne (f) | ['tsaɪtʃpanə] |
| vida (f) | Leben (n) | ['le:bən] |
| eternidade (f) | Ewigkeit (f) | ['e:vɪçkaɪt] |

| época (f) | Epoche (f) | [e'pɔχə] |
| era (f) | Ära (f) | ['ɛ:ʀa] |
| ciclo (m) | Zyklus (m) | ['tsy:klʊs] |
| período (m) | Periode (f) | [pe'ʀɪo:də] |
| prazo (m) | Frist (f) | [fʀɪst] |

| futuro (m) | Zukunft (f) | ['tsu:ˌkʊnft] |
| futuro (adj) | zukünftig | ['tsu:ˌkʏnftɪç] |
| da próxima vez | nächstes Mal | ['nɛ:çstəs mal] |
| passado (m) | Vergangenheit (f) | [ˌfɛɐ'ɡaŋənhaɪt] |
| passado (adj) | vorig | ['fo:ʀɪç] |
| na última vez | letztes Mal | ['lɛtstəs ma:l] |
| mais tarde | später | ['ʃpɛ:tə] |
| depois de ... | danach | [da'na:χ] |
| atualmente | zur Zeit | [tsu:ɐ 'tsaɪt] |
| agora | jetzt | [jɛtst] |
| imediatamente | sofort | [zo'fɔʁt] |
| em breve | bald | [balt] |
| de antemão | im Voraus | [ɪm fo'ʀaʊs] |

| há muito tempo | lange her | ['laŋə he:ɐ] |
| recentemente | vor kurzem | [fo:ɐ 'kʊʁtsəm] |
| destino (m) | Schicksal (n) | ['ʃɪkˌza:l] |
| recordações (f pl) | Erinnerungen (pl) | [ɛɐ'ʔɪnəʀʊŋən] |
| arquivo (m) | Archiv (n) | [aʁ'çi:f] |
| durante ... | während ... | ['vɛ:ʀənt] |
| durante muito tempo | lange | ['laŋə] |
| pouco tempo | nicht lange | [nɪçt 'laŋə] |
| cedo (levantar-se ~) | früh | [fʀy:] |
| tarde (deitar-se ~) | spät | [ʃpɛ:t] |

| para sempre | für immer | [fy:ɐ 'ɪmɐ] |
| começar (vt) | beginnen (vt) | [bə'ɡɪnən] |
| adiar (vt) | verschieben (vt) | [fɛɐ'ʃi:bən] |

| ao mesmo tempo | gleichzeitig | ['ɡlaɪçˌtsaɪtɪç] |
| permanentemente | ständig | ['ʃtɛndɪç] |
| constante (~ ruído, etc.) | konstant | [kɔn'stant] |
| temporário (adj) | zeitweilig | ['tsaɪtvaɪlɪç] |

| às vezes | manchmal | ['mançma:l] |
| raras vezes, raramente | selten | ['zɛltən] |
| frequentemente | oft | [ɔft] |

## 24. Linhas e formas

| quadrado (m) | Quadrat (n) | [kva'dʀa:t] |
| quadrado (adj) | quadratisch | [kva'dʀa:tɪʃ] |

| círculo (m) | Kreis (m) | [kʀaɪs] |
| redondo (adj) | rund | [ʀʊnt] |
| triângulo (m) | Dreieck (n) | ['dʀaɪʔɛk] |
| triangular (adj) | dreieckig | ['dʀaɪʔɛkɪç] |

| oval (f) | Oval (n) | [o'va:l] |
| oval (adj) | oval | [o'va:l] |
| retângulo (m) | Rechteck (n) | ['ʀɛçtʔɛk] |
| retangular (adj) | rechteckig | ['ʀɛçtʔɛkɪç] |

| pirâmide (f) | Pyramide (f) | [pyʀa'mi:də] |
| losango (m) | Rhombus (m) | ['ʀɔmbʊs] |
| trapézio (m) | Trapez (n) | [tʀa'pe:ts] |
| cubo (m) | Würfel (m) | ['vyʀfəl] |
| prisma (m) | Prisma (n) | ['pʀɪsma] |

| circunferência (f) | Kreis (m) | [kʀaɪs] |
| esfera (f) | Sphäre (f) | ['sfɛ:ʀə] |
| globo (m) | Kugel (f) | ['ku:gəl] |
| diâmetro (m) | Durchmesser (m) | ['dʊʀçˌmɛsə] |
| raio (m) | Radius (m) | ['ʀa:dɪʊs] |
| perímetro (m) | Umfang (m) | ['ʊmfaŋ] |
| centro (m) | Zentrum (n) | ['tsɛntʀʊm] |

| horizontal (adj) | waagerecht | ['va:gəʀɛçt] |
| vertical (adj) | senkrecht | ['zɛŋkʀɛçt] |
| paralela (f) | Parallele (f) | [paʀa'le:lə] |
| paralelo (adj) | parallel | [paʀa'le:l] |

| linha (f) | Linie (f) | ['li:niə] |
| traço (m) | Strich (m) | [ʃtʀɪç] |
| reta (f) | Gerade (f) | [gə'ʀa:də] |
| curva (f) | Kurve (f) | ['kʊʀvə] |
| fino (linha ~a) | dünn | [dyn] |
| contorno (m) | Kontur (m, f) | [kɔn'tu:ʀ] |

| interseção (f) | Schnittpunkt (m) | ['ʃnɪtˌpʊŋkt] |
| ângulo (m) reto | rechter Winkel (m) | ['ʀɛçtɐ 'vɪŋkəl] |
| segmento (m) | Segment (n) | [zɛ'gmɛnt] |
| setor (m) | Sektor (m) | ['zɛkto:ʀ] |
| lado (de um triângulo, etc.) | Seite (f) | ['zaɪtə] |
| ângulo (m) | Winkel (m) | ['vɪŋkəl] |

## 25. Unidades de medida

| peso (m) | Gewicht (n) | [gə'vɪçt] |
| comprimento (m) | Länge (f) | ['lɛŋə] |
| largura (f) | Breite (f) | ['bʀaɪtə] |
| altura (f) | Höhe (f) | ['hø:ə] |
| profundidade (f) | Tiefe (f) | ['ti:fə] |
| volume (m) | Volumen (n) | [vo'lu:mən] |
| área (f) | Fläche (f) | ['flɛçə] |
| grama (m) | Gramm (n) | [gʀam] |
| miligrama (m) | Milligramm (n) | ['mɪliˌgʀam] |

| quilograma (m) | Kilo (n) | ['ki:lo] |
| tonelada (f) | Tonne (f) | ['tɔnə] |
| libra (453,6 gramas) | Pfund (n) | [pfʊnt] |
| onça (f) | Unze (f) | ['ʊntsə] |

| metro (m) | Meter (m, n) | ['me:tɐ] |
| milímetro (m) | Millimeter (m) | ['mɪli‚me:tɐ] |
| centímetro (m) | Zentimeter (m, n) | [‚tsɛnti'me:tɐ] |
| quilômetro (m) | Kilometer (m) | [‚kilo'me:tɐ] |
| milha (f) | Meile (f) | ['maɪlə] |

| polegada (f) | Zoll (m) | [tsɔl] |
| pé (304,74 mm) | Fuß (m) | [fu:s] |
| jarda (914,383 mm) | Yard (n) | [ja:ɐt] |

| metro (m) quadrado | Quadratmeter (m) | [kva'dʀa:t‚me:tɐ] |
| hectare (m) | Hektar (n) | ['hɛkta:ɐ] |

| litro (m) | Liter (m, n) | ['li:tɐ] |
| grau (m) | Grad (m) | [gʀa:t] |
| volt (m) | Volt (n) | [vɔlt] |
| ampère (m) | Ampere (n) | [am'pe:ɐ] |
| cavalo (m) de potência | Pferdestärke (f) | ['pfe:ɐdəˌʃtɛʀkə] |

| quantidade (f) | Anzahl (f) | ['antsa:l] |
| um pouco de ... | etwas ... | ['ɛtvas] |
| metade (f) | Hälfte (f) | ['hɛlftə] |
| dúzia (f) | Dutzend (n) | ['dʊtsənt] |
| peça (f) | Stück (n) | [ʃtʏk] |

| tamanho (m), dimensão (f) | Größe (f) | ['gʀø:sə] |
| escala (f) | Maßstab (m) | ['ma:sˌʃta:p] |

| mínimo (adj) | minimal | [mini'ma:l] |
| menor, mais pequeno | der kleinste | [de:ɐ 'klaɪnstə] |
| médio (adj) | mittler, mittel- | ['mɪtlə], ['mɪtəl] |
| máximo (adj) | maximal | [maksi'ma:l] |
| maior, mais grande | der größte | [de:ɐ 'gʀø:stə] |

## 26. Recipientes

| pote (m) de vidro | Glas (n) | [gla:s] |
| lata (~ de cerveja) | Dose (f) | ['do:zə] |
| balde (m) | Eimer (m) | ['aɪmɐ] |
| barril (m) | Fass (n), Tonne (f) | [fas], ['tɔnə] |

| bacia (~ de plástico) | Waschschüssel (n) | ['vaʃʃʏsəl] |
| tanque (m) | Tank (m) | [taŋk] |
| cantil (m) de bolso | Flachmann (m) | ['flaxman] |
| galão (m) de gasolina | Kanister (m) | [ka'nɪstɐ] |
| cisterna (f) | Zisterne (f) | [tsɪs'tɛʀnə] |

| caneca (f) | Kaffeebecher (m) | ['kafeˌbɛçɐ] |
| xícara (f) | Tasse (f) | ['tasə] |

| pires (m) | Untertasse (f) | ['ʊntɐ͜ˌtasə] |
| copo (m) | Wasserglas (n) | ['vasɐˌglaːs] |
| taça (f) de vinho | Weinglas (n) | ['vaɪnˌglaːs] |
| panela (f) | Kochtopf (m) | ['kɔχˌtɔpf] |

| garrafa (f) | Flasche (f) | ['flaʃə] |
| gargalo (m) | Flaschenhals (m) | ['flaʃənˌhals] |

| jarra (f) | Karaffe (f) | [ka'ʀafə] |
| jarro (m) | Tonkrug (m) | ['toːnˌkʀuːk] |
| recipiente (m) | Gefäß (n) | [gə'fɛːs] |
| pote (m) | Tontopf (m) | ['toːnˌtɔpf] |
| vaso (m) | Vase (f) | ['vaːzə] |

| frasco (~ de perfume) | Flakon (n) | [fla'kɔŋ] |
| frasquinho (m) | Fläschchen (n) | ['flɛʃçən] |
| tubo (m) | Tube (f) | ['tuːbə] |

| saco (ex. ~ de açúcar) | Sack (m) | [zak] |
| sacola (~ plastica) | Tüte (f) | ['tyːtə] |
| maço (de cigarros, etc.) | Schachtel (f) | ['ʃaχtəl] |

| caixa (~ de sapatos, etc.) | Karton (m) | [kaʁ'tɔŋ] |
| caixote (~ de madeira) | Kiste (f) | ['kɪstə] |
| cesto (m) | Korb (m) | [kɔʁp] |

## 27. Materiais

| material (m) | Stoff (n) | [ʃtɔf] |
| madeira (f) | Holz (n) | [hɔlts] |
| de madeira | hölzern | ['hœltsɛn] |

| vidro (m) | Glas (n) | [glaːs] |
| de vidro | gläsern, Glas- | ['glɛːzɛn], [glaːs] |

| pedra (f) | Stein (m) | [ʃtaɪn] |
| de pedra | steinern | ['ʃtaɪnɛn] |

| plástico (m) | Kunststoff (m) | ['kʊnstˌʃtɔf] |
| plástico (adj) | Kunststoff- | ['kʊnstˌʃtɔf] |

| borracha (f) | Gummi (m, n) | ['gʊmi] |
| de borracha | Gummi- | ['gʊmi] |

| tecido, pano (m) | Stoff (m) | [ʃtɔf] |
| de tecido | aus Stoff | ['aʊs ʃtɔf] |

| papel (m) | Papier (n) | [pa'piːɐ] |
| de papel | Papier- | [pa'piːɐ] |

| papelão (m) | Pappe (f) | ['papə] |
| de papelão | Pappen- | ['papən] |
| polietileno (m) | Polyäthylen (n) | [polyʔɛty'leːn] |
| celofane (m) | Zellophan (n) | [tsɛlo'faːn] |

| linóleo (m) | Linoleum (n) | [li'no:leʊm] |
| madeira (f) compensada | Furnier (n) | [fʊʁ'ni:ɐ] |

| porcelana (f) | Porzellan (n) | [pɔʁtsɛ'la:n] |
| de porcelana | aus Porzellan | ['aʊs pɔʁtsɛ'la:n] |
| argila (f), barro (m) | Ton (m) | [to:n] |
| de barro | Ton- | [to:n] |
| cerâmica (f) | Keramik (f) | [ke'ʁa:mɪk] |
| de cerâmica | keramisch | [ke'ʁa:mɪʃ] |

## 28. Metais

| metal (m) | Metall (n) | [me'tal] |
| metálico (adj) | metallisch, Metall- | [me'talɪʃ], [me'tal] |
| liga (f) | Legierung (f) | [le'gi:ʁʊŋ] |

| ouro (m) | Gold (n) | [gɔlt] |
| de ouro | golden | ['gɔldən] |
| prata (f) | Silber (n) | ['zɪlbə] |
| de prata | silbern, Silber- | ['zɪlbɐn], ['zɪlbə] |

| ferro (m) | Eisen (n) | ['aɪzən] |
| de ferro | eisern, Eisen- | ['aɪzɐn], ['aɪzən] |
| aço (m) | Stahl (m) | [ʃta:l] |
| de aço (adj) | stählern | ['ʃtɛ:lɐn] |
| cobre (m) | Kupfer (n) | ['kʊpfɐ] |
| de cobre | kupfern, Kupfer- | ['kʊpfɐn], ['kʊpfɐ] |

| alumínio (m) | Aluminium (n) | [alu:'mi:njʊm] |
| de alumínio | Aluminium- | [alu:'mi:njʊm] |
| bronze (m) | Bronze (f) | ['bʁɔŋsə] |
| de bronze | bronzen | ['bʁɔŋsən] |

| latão (m) | Messing (n) | ['mɛsɪŋ] |
| níquel (m) | Nickel (n) | ['nɪkəl] |
| platina (f) | Platin (n) | ['pla:ti:n] |
| mercúrio (m) | Quecksilber (n) | ['kvɛk͜zɪlbə] |
| estanho (m) | Zinn (n) | [tsɪn] |
| chumbo (m) | Blei (n) | [blaɪ] |
| zinco (m) | Zink (n) | [tsɪŋk] |

# O SER HUMANO

# O ser humano. O corpo

## 29. Humanos. Conceitos básicos

| | | |
|---|---|---|
| ser (m) humano | Mensch (m) | [mɛnʃ] |
| homem (m) | Mann (m) | [man] |
| mulher (f) | Frau (f) | [fʀaʊ] |
| criança (f) | Kind (n) | [kɪnt] |
| menina (f) | Mädchen (n) | ['mɛ:tçən] |
| menino (m) | Junge (m) | ['jʊŋə] |
| adolescente (m) | Teenager (m) | ['ti:ne:dʒɐ] |
| velho (m) | Greis (m) | [gʀaɪs] |
| velha (f) | alte Frau (f) | ['altə 'fʀaʊ] |

## 30. Anatomia humana

| | | |
|---|---|---|
| organismo (m) | Organismus (m) | [ˌɔʀga'nɪsmʊs] |
| coração (m) | Herz (n) | [hɛʀts] |
| sangue (m) | Blut (n) | [blu:t] |
| artéria (f) | Arterie (f) | [aʀ'te:ʀiə] |
| veia (f) | Vene (f) | ['ve:nə] |
| cérebro (m) | Gehirn (n) | [gə'hɪʀn] |
| nervo (m) | Nerv (m) | [nɛʀf] |
| nervos (m pl) | Nerven (pl) | ['nɛʀfən] |
| vértebra (f) | Wirbel (m) | ['vɪʀbəl] |
| coluna (f) vertebral | Wirbelsäule (f) | ['vɪʀbəlˌzɔɪlə] |
| estômago (m) | Magen (m) | ['ma:gən] |
| intestinos (m pl) | Gedärm (n) | [gə'dɛʀm] |
| intestino (m) | Darm (m) | [daʀm] |
| fígado (m) | Leber (f) | ['le:bɐ] |
| rim (m) | Niere (f) | ['ni:ʀə] |
| osso (m) | Knochen (m) | ['knɔχən] |
| esqueleto (m) | Skelett (n) | [ske'lɛt] |
| costela (f) | Rippe (f) | ['ʀɪpə] |
| crânio (m) | Schädel (m) | ['ʃɛ:dəl] |
| músculo (m) | Muskel (m) | ['mʊskəl] |
| bíceps (m) | Bizeps (m) | ['bi:tsɛps] |
| tríceps (m) | Trizeps (m) | ['tʀi:tsɛps] |
| tendão (m) | Sehne (f) | ['ze:nə] |
| articulação (f) | Gelenk (n) | [gə'lɛŋk] |

| pulmões (m pl) | Lungen (pl) | ['luŋən] |
| órgãos (m pl) genitais | Geschlechtsorgane (pl) | [gə'ʃlɛçts?ɔʁ,ga:nə] |
| pele (f) | Haut (f) | [haʊt] |

## 31. Cabeça

| cabeça (f) | Kopf (m) | [kɔpf] |
| rosto, cara (f) | Gesicht (n) | [gə'zɪçt] |
| nariz (m) | Nase (f) | ['na:zə] |
| boca (f) | Mund (m) | [mʊnt] |

| olho (m) | Auge (n) | ['aʊgə] |
| olhos (m pl) | Augen (pl) | ['aʊgən] |
| pupila (f) | Pupille (f) | [pu'pɪlə] |
| sobrancelha (f) | Augenbraue (f) | ['aʊgən,bʀaʊə] |
| cílio (f) | Wimper (f) | ['vɪmpə] |
| pálpebra (f) | Augenlid (n) | ['aʊgən,li:t] |

| língua (f) | Zunge (f) | ['tsʊŋə] |
| dente (m) | Zahn (m) | [tsa:n] |
| lábios (m pl) | Lippen (pl) | ['lɪpən] |
| maçãs (f pl) do rosto | Backenknochen (pl) | ['bakən,knɔχən] |
| gengiva (f) | Zahnfleisch (n) | ['tsa:n,flaɪʃ] |
| palato (m) | Gaumen (m) | ['gaʊmən] |

| narinas (f pl) | Nasenlöcher (pl) | ['na:zən,lœçə] |
| queixo (m) | Kinn (n) | [kɪn] |
| mandíbula (f) | Kiefer (m) | ['ki:fə] |
| bochecha (f) | Wange (f) | ['vaŋə] |

| testa (f) | Stirn (f) | [ʃtɪʁn] |
| têmpora (f) | Schläfe (f) | ['ʃlɛ:fə] |
| orelha (f) | Ohr (n) | [o:ɐ] |
| costas (f pl) da cabeça | Nacken (m) | ['nakən] |
| pescoço (m) | Hals (m) | [hals] |
| garganta (f) | Kehle (f) | ['ke:lə] |

| cabelo (m) | Haare (pl) | ['ha:ʀə] |
| penteado (m) | Frisur (f) | [,fʀi'zu:ɐ] |
| corte (m) de cabelo | Haarschnitt (m) | ['ha:ɐ,ʃnɪt] |
| peruca (f) | Perücke (f) | [pe'ʀʏkə] |

| bigode (m) | Schnurrbart (m) | ['ʃnʊʁ,ba:ɐt] |
| barba (f) | Bart (m) | [ba:ɐt] |
| ter (~ barba, etc.) | haben (vt) | [ha:bən] |
| trança (f) | Zopf (m) | [tsɔpf] |
| suíças (f pl) | Backenbart (m) | ['bakən,ba:ɐt] |

| ruivo (adj) | rothaarig | ['ʀo:t,ha:ʀɪç] |
| grisalho (adj) | grau | [gʀaʊ] |
| careca (adj) | kahl | [ka:l] |
| calva (f) | Glatze (f) | ['glatsə] |
| rabo-de-cavalo (m) | Pferdeschwanz (m) | ['pfe:ɐdə,ʃvants] |
| franja (f) | Pony (m) | ['pɔni] |

## 32. Corpo humano

| | | |
|---|---|---|
| mão (f) | **Hand** (f) | [hant] |
| braço (m) | **Arm** (m) | [aʁm] |

| | | |
|---|---|---|
| dedo (m) | **Finger** (m) | ['fɪŋɐ] |
| dedo (m) do pé | **Zehe** (f) | ['tse:ə] |
| polegar (m) | **Daumen** (m) | ['daʊmən] |
| dedo (m) mindinho | **kleiner Finger** (m) | ['klaɪnɐ 'fɪŋɐ] |
| unha (f) | **Nagel** (m) | ['na:gəl] |

| | | |
|---|---|---|
| punho (m) | **Faust** (f) | [faʊst] |
| palma (f) | **Handfläche** (f) | ['hant·ˌflɛçə] |
| pulso (m) | **Handgelenk** (n) | ['hant·gəˌlɛŋk] |
| antebraço (m) | **Unterarm** (m) | ['ʊntɐˌʔaʁm] |
| cotovelo (m) | **Ellbogen** (m) | ['ɛlˌbo:gən] |
| ombro (m) | **Schulter** (f) | ['ʃʊltɐ] |

| | | |
|---|---|---|
| perna (f) | **Bein** (n) | [baɪn] |
| pé (m) | **Fuß** (m) | [fu:s] |
| joelho (m) | **Knie** (n) | [kni:] |
| panturrilha (f) | **Wade** (f) | ['va:də] |
| quadril (m) | **Hüfte** (f) | ['hʏftə] |
| calcanhar (m) | **Ferse** (f) | ['fɛʁzə] |

| | | |
|---|---|---|
| corpo (m) | **Körper** (m) | ['kœʁpɐ] |
| barriga (f), ventre (m) | **Bauch** (m) | ['baʊχ] |
| peito (m) | **Brust** (f) | [bʁʊst] |
| seio (m) | **Busen** (m) | ['bu:zən] |
| lado (m) | **Seite** (f), **Flanke** (f) | ['zaɪtə], ['flaŋkə] |
| costas (dorso) | **Rücken** (m) | ['ʁʏkən] |
| região (f) lombar | **Kreuz** (n) | [kʁɔɪts] |
| cintura (f) | **Taille** (f) | ['taljə] |

| | | |
|---|---|---|
| umbigo (m) | **Nabel** (m) | ['na:bəl] |
| nádegas (f pl) | **Gesäßbacken** (pl) | [gə'zɛ:s·bakən] |
| traseiro (m) | **Hinterteil** (n) | ['hɪntɐˌtaɪl] |

| | | |
|---|---|---|
| sinal (m), pinta (f) | **Leberfleck** (m) | ['le:bɐˌflɛk] |
| sinal (m) de nascença | **Muttermal** (n) | ['mʊtɐˌma:l] |
| tatuagem (f) | **Tätowierung** (f) | [tɛto'vi:ʁʊŋ] |
| cicatriz (f) | **Narbe** (f) | ['naʁbə] |

# Vestuário & Acessórios

## 33. Roupa exterior. Casacos

| | | |
|---|---|---|
| roupa (f) | Kleidung (f) | ['klaɪdʊŋ] |
| roupa (f) exterior | Oberkleidung (f) | ['oːbɐˌklaɪdʊŋ] |
| roupa (f) de inverno | Winterkleidung (f) | ['vɪntɐˌklaɪdʊŋ] |
| | | |
| sobretudo (m) | Mantel (m) | ['mantəl] |
| casaco (m) de pele | Pelzmantel (m) | ['pɛltsˌmantəl] |
| jaqueta (f) de pele | Pelzjacke (f) | ['pɛltsˌjakə] |
| casaco (m) acolchoado | Daunenjacke (f) | ['daʊnənˌjakə] |
| | | |
| casaco (m), jaqueta (f) | Jacke (f) | ['jakə] |
| impermeável (m) | Regenmantel (m) | ['ʀeːgənˌmantəl] |
| a prova d'água | wasserdicht | ['vasɐˌdɪçt] |

## 34. Vestuário de homem & mulher

| | | |
|---|---|---|
| camisa (f) | Hemd (n) | [hɛmt] |
| calça (f) | Hose (f) | ['hoːzə] |
| jeans (m) | Jeans (f) | [dʒiːns] |
| paletó, terno (m) | Jackett (n) | [ʒaˈkɛt] |
| terno (m) | Anzug (m) | ['anˌtsuːk] |
| | | |
| vestido (ex. ~ de noiva) | Kleid (n) | [klaɪt] |
| saia (f) | Rock (m) | [ʀɔk] |
| blusa (f) | Bluse (f) | ['bluːzə] |
| casaco (m) de malha | Strickjacke (f) | ['ʃtʀɪkˌjakə] |
| casaco, blazer (m) | Jacke (f) | ['jakə] |
| | | |
| camiseta (f) | T-Shirt (n) | ['tiːˌʃøːɐt] |
| short (m) | Shorts (pl) | [ʃɔɐts] |
| training (m) | Sportanzug (m) | ['ʃpɔɐtˌantsuːk] |
| roupão (m) de banho | Bademantel (m) | ['baːdəˌmantəl] |
| pijama (m) | Schlafanzug (m) | ['ʃlaːfʔanˌtsuːk] |
| | | |
| suéter (m) | Sweater (m) | ['svɛtɐ] |
| pulôver (m) | Pullover (m) | [pʊˈloːvɐ] |
| | | |
| colete (m) | Weste (f) | ['vɛstə] |
| fraque (m) | Frack (m) | [fʀak] |
| smoking (m) | Smoking (m) | ['smoːkɪŋ] |
| | | |
| uniforme (m) | Uniform (f) | ['ʊniˌfɔɐm] |
| roupa (f) de trabalho | Arbeitskleidung (f) | ['aɐbaɪtsˌklaɪdʊŋ] |
| macacão (m) | Overall (m) | ['oːvəʀal] |
| jaleco (m), bata (f) | Kittel (m) | ['kɪtəl] |

## 35. Vestuário. Roupa interior

| roupa (f) íntima | Unterwäsche (f) | ['ʊntɐˌvɛʃə] |
| cueca boxer (f) | Herrenslip (m) | ['hɛʀənˌslɪp] |
| calcinha (f) | Damenslip (m) | ['daːmənˌslɪp] |
| camiseta (f) | Unterhemd (n) | ['ʊntɐˌhɛmt] |
| meias (f pl) | Socken (pl) | ['zɔkən] |

| camisola (f) | Nachthemd (n) | ['naχtˌhɛmt] |
| sutiã (m) | Büstenhalter (m) | ['bystənˌhaltɐ] |
| meias longas (f pl) | Kniestrümpfe (pl) | ['kniːˌʃtʀʏmpfə] |
| meias-calças (f pl) | Strumpfhose (f) | ['ʃtʀʊmpfˌhoːzə] |
| meias (~ de nylon) | Strümpfe (pl) | ['ʃtʀʏmpfə] |
| maiô (m) | Badeanzug (m) | ['baːdəˌʔantsuːk] |

## 36. Adereços de cabeça

| chapéu (m), touca (f) | Mütze (f) | ['mʏtsə] |
| chapéu (m) de feltro | Filzhut (m) | ['fɪltsˌhuːt] |
| boné (m) de beisebol | Baseballkappe (f) | ['bɛɪsboːlˌkapə] |
| boina (~ italiana) | Schiebermütze (f) | ['ʃiːbɐˌmʏtsə] |

| boina (ex. ~ basca) | Baskenmütze (f) | ['baskənˌmʏtsə] |
| capuz (m) | Kapuze (f) | [ka'puːtsə] |
| chapéu panamá (m) | Panamahut (m) | ['panamaːˌhuːt] |
| touca (f) | Strickmütze (f) | ['ʃtʀɪkˌmʏtsə] |

| lenço (m) | Kopftuch (n) | ['kɔpfˌtuːχ] |
| chapéu (m) feminino | Damenhut (m) | ['daːmənˌhuːt] |

| capacete (m) de proteção | Schutzhelm (m) | ['ʃʊtsˌhɛlm] |
| bibico (m) | Feldmütze (f) | ['fɛltˌmʏtsə] |
| capacete (m) | Helm (m) | [hɛlm] |

| chapéu-coco (m) | Melone (f) | [me'loːnə] |
| cartola (f) | Zylinder (m) | [tsy'lɪndɐ] |

## 37. Calçado

| calçado (m) | Schuhe (pl) | ['ʃuːə] |
| botinas (f pl), sapatos (m pl) | Stiefeletten (pl) | [ʃtiːfe'lɛtən] |
| sapatos (de salto alto, etc.) | Halbschuhe (pl) | ['halpʃuːə] |
| botas (f pl) | Stiefel (pl) | ['ʃtiːfəl] |
| pantufas (f pl) | Hausschuhe (pl) | ['haʊsˌʃuːə] |

| tênis (~ Nike, etc.) | Tennisschuhe (pl) | ['tɛnɪsˌʃuːə] |
| tênis (~ Converse) | Leinenschuhe (pl) | ['laɪnənˌʃuːə] |
| sandálias (f pl) | Sandalen (pl) | [zan'daːlən] |

| sapateiro (m) | Schuster (m) | ['ʃuːstɐ] |
| salto (m) | Absatz (m) | ['apˌzats] |

| par (m) | Paar (n) | [pa:ɐ] |
|---|---|---|
| cadarço (m) | Schnürsenkel (m) | ['ʃny:ɐˌsɛŋkəl] |
| amarrar os cadarços | schnüren (vt) | ['ʃny:ʀən] |
| calçadeira (f) | Schuhlöffel (m) | ['ʃu:ˌlœfəl] |
| graxa (f) para calçado | Schuhcreme (f) | ['ʃu:ˌkʀɛ:m] |

## 38. Têxtil. Tecidos

| algodão (m) | Baumwolle (f) | ['baʊmˌvɔlə] |
|---|---|---|
| de algodão | Baumwolle- | ['baʊmˌvɔlə] |
| linho (m) | Leinen (m) | ['laɪnən] |
| de linho | Leinen- | ['laɪnən] |

| seda (f) | Seide (f) | ['zaɪdə] |
|---|---|---|
| de seda | Seiden- | ['zaɪdən] |
| lã (f) | Wolle (f) | ['vɔlə] |
| de lã | Woll- | ['vɔl] |

| veludo (m) | Samt (m) | [zamt] |
|---|---|---|
| camurça (f) | Wildleder (n) | ['vɪltˌle:dɐ] |
| veludo (m) cotelê | Cord (m) | [kɔʁt] |

| nylon (m) | Nylon (n) | ['naɪlɔn] |
|---|---|---|
| de nylon | Nylon- | ['naɪlɔn] |
| poliéster (m) | Polyester (m) | [polɪ'ɛstɐ] |
| de poliéster | Polyester- | [polɪ'ɛstɐ] |

| couro (m) | Leder (n) | ['le:dɐ] |
|---|---|---|
| de couro | Leder | ['le:dɐ] |
| pele (f) | Pelz (m) | [pɛlts] |
| de pele | Pelz- | [pɛlts] |

## 39. Acessórios pessoais

| luva (f) | Handschuhe (pl) | ['hantʃu:ə] |
|---|---|---|
| mitenes (f pl) | Fausthandschuhe (pl) | ['faʊst·hantʃu:ə] |
| cachecol (m) | Schal (m) | [ʃa:l] |

| óculos (m pl) | Brille (f) | ['bʀɪlə] |
|---|---|---|
| armação (f) | Brillengestell (n) | ['bʀɪlən·gə'ʃtɛl] |
| guarda-chuva (m) | Regenschirm (m) | ['ʀe:gənˌʃɪʁm] |
| bengala (f) | Spazierstock (m) | [ʃpa'tsi:ɐˌʃtɔk] |
| escova (f) para o cabelo | Haarbürste (f) | ['ha:ɐˌbyʁstə] |
| leque (m) | Fächer (m) | ['fɛçɐ] |

| gravata (f) | Krawatte (f) | [kʀa'vatə] |
|---|---|---|
| gravata-borboleta (f) | Fliege (f) | ['fli:gə] |
| suspensórios (m pl) | Hosenträger (pl) | ['ho:zənˌtʀɛ:gɐ] |
| lenço (m) | Taschentuch (n) | ['taʃənˌtu:x] |

| pente (m) | Kamm (m) | [kam] |
|---|---|---|
| fivela (f) para cabelo | Haarspange (f) | ['ha:ɐˌʃpaŋə] |

| grampo (m) | Haarnadel (f) | ['ha:ɐˌna:dəl] |
| fivela (f) | Schnalle (f) | ['ʃnalə] |

| cinto (m) | Gürtel (m) | ['gʏʁtəl] |
| alça (f) de ombro | Umhängegurt (m) | ['ʊmhɛŋəˌgʊʁt] |

| bolsa (f) | Tasche (f) | ['taʃə] |
| bolsa (feminina) | Handtasche (f) | ['hantˌtaʃə] |
| mochila (f) | Rucksack (m) | ['ʁʊkˌzak] |

## 40. Vestuário. Diversos

| moda (f) | Mode (f) | ['mo:də] |
| na moda (adj) | modisch | ['mo:dɪʃ] |
| estilista (m) | Modedesigner (m) | ['mo:də·di'zaɪnɐ] |

| colarinho (m) | Kragen (m) | ['kʁa:gən] |
| bolso (m) | Tasche (f) | ['taʃə] |
| de bolso | Taschen- | ['taʃən] |
| manga (f) | Ärmel (m) | ['ɛʁməl] |
| ganchinho (m) | Aufhänger (m) | ['aʊfˌhɛŋɐ] |
| bragueta (f) | Hosenschlitz (m) | ['ho:zənˌʃlɪts] |

| zíper (m) | Reißverschluss (m) | ['ʁaɪs·fɛɐ̯ʃlʊs] |
| colchete (m) | Verschluss (m) | [fɛɐ̯'ʃlʊs] |
| botão (m) | Knopf (m) | [knɔpf] |
| botoeira (casa de botão) | Knopfloch (n) | ['knɔpfˌlɔx] |
| soltar-se (vr) | abgehen (vi) | ['apˌge:ən] |

| costurar (vi) | nähen (vi, vt) | ['nɛ:ən] |
| bordar (vt) | sticken (vt) | ['ʃtɪkən] |
| bordado (m) | Stickerei (f) | [ʃtɪkə'ʁaɪ] |
| agulha (f) | Nadel (f) | ['na:dəl] |
| fio, linha (f) | Faden (m) | ['fa:dən] |
| costura (f) | Naht (f) | [na:t] |

| sujar-se (vr) | sich beschmutzen | [zɪç bə'ʃmʊtsən] |
| mancha (f) | Fleck (m) | [flɛk] |
| amarrotar-se (vr) | sich knittern | [zɪç 'knɪtɐn] |
| rasgar (vt) | zerreißen (vt) | [tsɛɐ̯'ʁaɪsən] |
| traça (f) | Motte (f) | ['mɔtə] |

## 41. Cuidados pessoais. Cosméticos

| pasta (f) de dente | Zahnpasta (f) | ['tsa:nˌpasta] |
| escova (f) de dente | Zahnbürste (f) | ['tsa:nˌbʏʁstə] |
| escovar os dentes | Zähne putzen | ['tsɛ:nə 'pʊtsən] |

| gilete (f) | Rasierer (m) | [ʁa'zi:ʁɐ] |
| creme (m) de barbear | Rasiercreme (f) | [ʁa'zi:ɐ̯ˌkʁɛ:m] |
| barbear-se (vr) | sich rasieren | [zɪç ʁa'zi:ʁən] |
| sabonete (m) | Seife (f) | ['zaɪfə] |

| xampu (m) | Shampoo (n) | ['ʃampu] |
| tesoura (f) | Schere (f) | ['ʃe:ʀə] |
| lixa (f) de unhas | Nagelfeile (f) | ['na:gəl‚faɪlə] |
| corta-unhas (m) | Nagelzange (f) | ['na:gəl‚tsaŋə] |
| pinça (f) | Pinzette (f) | [pɪn'tsɛtə] |

| cosméticos (m pl) | Kosmetik (f) | [kɔs'me:tɪk] |
| máscara (f) | Gesichtsmaske (f) | [gə'zɪçts‚maskə] |
| manicure (f) | Maniküre (f) | [mani'ky:ʀə] |
| fazer as unhas | Maniküre machen | [mani'ky:ʀə 'maχən] |
| pedicure (f) | Pediküre (f) | [pedi'ky:ʀə] |

| bolsa (f) de maquiagem | Kosmetiktasche (f) | [kɔs'me:tɪk‚taʃə] |
| pó (de arroz) | Puder (m) | ['pu:de] |
| pó (m) compacto | Puderdose (f) | ['pu:de‚do:zə] |
| blush (m) | Rouge (n) | [ʀu:ʒ] |

| perfume (m) | Parfüm (n) | [paʀ'fy:m] |
| água-de-colônia (f) | Duftwasser (n) | ['dʊft‚vasə] |
| loção (f) | Lotion (f) | [lo'tsjo:n] |
| colônia (f) | Kölnischwasser (n) | ['kœlnɪʃ‚vasə] |

| sombra (f) de olhos | Lidschatten (m) | ['li:tʃatən] |
| delineador (m) | Kajalstift (m) | [ka'ja:lʃtɪft] |
| máscara (f), rímel (m) | Wimperntusche (f) | ['vɪmpen‚tuʃə] |

| batom (m) | Lippenstift (m) | ['lɪpənʃtɪft] |
| esmalte (m) | Nagellack (m) | ['na:gəl‚lak] |
| laquê (m), spray fixador (m) | Haarlack (m) | ['ha:ɐ‚lak] |
| desodorante (m) | Deodorant (n) | [deodo'ʀant] |

| creme (m) | Creme (f) | [kʀɛ:m] |
| creme (m) de rosto | Gesichtscreme (f) | [gə'zɪçts‚kʀɛ:m] |
| creme (m) de mãos | Handcreme (f) | ['hant‚kʀɛ:m] |
| creme (m) antirrugas | Anti-Falten-Creme (f) | [‚anti'faltən·kʀɛ:m] |
| creme (m) de dia | Tagescreme (f) | ['ta:gəs‚kʀɛ:m] |
| creme (m) de noite | Nachtcreme (f) | ['naχt‚kʀɛ:m] |
| de dia | Tages- | ['ta:gəs] |
| da noite | Nacht- | [naχt] |

| absorvente (m) interno | Tampon (m) | ['tampo:n] |
| papel (m) higiênico | Toilettenpapier (n) | [toa'lɛtən·pa‚pi:ɐ] |
| secador (m) de cabelo | Föhn (m) | ['fø:n] |

## 42. Joalheria

| joias (f pl) | Schmuck (m) | [ʃmʊk] |
| precioso (adj) | Edel- | ['e:dəl] |
| marca (f) de contraste | Repunze (f) | [ʀe'pʊntsə] |

| anel (m) | Ring (m) | [ʀɪŋ] |
| aliança (f) | Ehering (m) | ['e:ə‚ʀɪŋ] |
| pulseira (f) | Armband (n) | ['aʀm‚bant] |
| brincos (m pl) | Ohrringe (pl) | ['o:ɐ‚ʀɪŋə] |

| | | |
|---|---|---|
| colar (m) | **Kette** (f) | ['kɛtə] |
| coroa (f) | **Krone** (f) | ['kʀoːnə] |
| colar (m) de contas | **Halskette** (f) | ['hals͵kɛtə] |

| | | |
|---|---|---|
| diamante (m) | **Brillant** (m) | [bʀɪl'jant] |
| esmeralda (f) | **Smaragd** (m) | [sma'ʀakt] |
| rubi (m) | **Rubin** (m) | [ʀu'biːn] |
| safira (f) | **Saphir** (m) | ['zaːfiɐ] |
| pérola (f) | **Perle** (f) | ['pɛʁlə] |
| âmbar (m) | **Bernstein** (m) | ['bɛʁnˌʃtaɪn] |

## 43. Relógios de pulso. Relógios

| | | |
|---|---|---|
| relógio (m) de pulso | **Armbanduhr** (f) | ['aʁmbantˌʔuːɐ] |
| mostrador (m) | **Zifferblatt** (n) | ['tsɪfɐˌblat] |
| ponteiro (m) | **Zeiger** (m) | ['tsaɪgɐ] |
| bracelete (em aço) | **Metallarmband** (n) | [me'talˌʔaʁmbant] |
| bracelete (em couro) | **Uhrenarmband** (n) | ['uːʀənˌʔaʁmbant] |

| | | |
|---|---|---|
| pilha (f) | **Batterie** (f) | [batə'ʀiː] |
| acabar (vi) | **verbraucht sein** | [fɛɐ'bʀaʊxt zaɪn] |
| trocar a pilha | **die Batterie wechseln** | [di batə'ʀiː 'vɛksəln] |
| estar adiantado | **vorgehen** (vi) | ['foːɐˌgeːən] |
| estar atrasado | **nachgehen** (vi) | ['naːxˌgeːən] |

| | | |
|---|---|---|
| relógio (m) de parede | **Wanduhr** (f) | ['vantˌʔuːɐ] |
| ampulheta (f) | **Sanduhr** (f) | ['zantˌʔuːɐ] |
| relógio (m) de sol | **Sonnenuhr** (f) | ['zɔnənˌʔuːɐ] |
| despertador (m) | **Wecker** (m) | ['vɛkɐ] |
| relojoeiro (m) | **Uhrmacher** (m) | ['uːɐˌmaxɐ] |
| reparar (vt) | **reparieren** (vt) | [ʀepa'ʀiːʀən] |

# Alimentação. Nutrição

## 44. Comida

| | | |
|---|---|---|
| carne (f) | Fleisch (n) | [flaɪʃ] |
| galinha (f) | Hühnerfleisch (n) | ['hy:nɐˌflaɪʃ] |
| frango (m) | Küken (n) | ['ky:kən] |
| pato (m) | Ente (f) | ['ɛntə] |
| ganso (m) | Gans (f) | [gans] |
| caça (f) | Wild (n) | [vɪlt] |
| peru (m) | Pute (f) | ['pu:tə] |

| | | |
|---|---|---|
| carne (f) de porco | Schweinefleisch (n) | ['ʃvaɪnəˌflaɪʃ] |
| carne (f) de vitela | Kalbfleisch (n) | ['kalpˌflaɪʃ] |
| carne (f) de carneiro | Hammelfleisch (n) | ['haməlˌflaɪʃ] |
| carne (f) de vaca | Rindfleisch (n) | ['ʁɪntˌflaɪʃ] |
| carne (f) de coelho | Kaninchenfleisch (n) | [ka'ni:nçənˌflaɪʃ] |

| | | |
|---|---|---|
| linguiça (f), salsichão (m) | Wurst (f) | [vʊʁst] |
| salsicha (f) | Würstchen (n) | ['vyʁstçən] |
| bacon (m) | Schinkenspeck (m) | ['ʃɪŋkənˌʃpɛk] |
| presunto (m) | Schinken (m) | ['ʃɪŋkən] |
| pernil (m) de porco | Räucherschinken (m) | ['ʁɔɪçɐˌʃɪŋkən] |

| | | |
|---|---|---|
| patê (m) | Pastete (f) | [pas'te:tə] |
| fígado (m) | Leber (f) | ['le:bɐ] |
| guisado (m) | Hackfleisch (n) | ['hakˌflaɪʃ] |
| língua (f) | Zunge (f) | ['tsʊŋə] |

| | | |
|---|---|---|
| ovo (m) | Ei (n) | [aɪ] |
| ovos (m pl) | Eier (pl) | ['aɪɐ] |
| clara (f) de ovo | Eiweiß (n) | ['aɪvaɪs] |
| gema (f) de ovo | Eigelb (n) | ['aɪgɛlp] |

| | | |
|---|---|---|
| peixe (m) | Fisch (m) | [fɪʃ] |
| mariscos (m pl) | Meeresfrüchte (pl) | ['me:ʁəsˌfʁʏçtə] |
| crustáceos (m pl) | Krebstiere (pl) | ['kʁe:psˌti:ʁə] |
| caviar (m) | Kaviar (m) | ['ka:vɪaʁ] |

| | | |
|---|---|---|
| caranguejo (m) | Krabbe (f) | ['kʁabə] |
| camarão (m) | Garnele (f) | [gaʁ'ne:lə] |
| ostra (f) | Auster (f) | ['aʊstɐ] |
| lagosta (f) | Languste (f) | [laŋ'gʊstə] |
| polvo (m) | Krake (m) | ['kʁa:kə] |
| lula (f) | Kalmar (m) | ['kalmaʁ] |

| | | |
|---|---|---|
| esturjão (m) | Störfleisch (n) | ['ʃtø:ɐˌflaɪʃ] |
| salmão (m) | Lachs (m) | [laks] |
| halibute (m) | Heilbutt (m) | ['haɪlbʊt] |
| bacalhau (m) | Dorsch (m) | [dɔʁʃ] |

| | | |
|---|---|---|
| cavala, sarda (f) | Makrele (f) | [ma'kʀe:lə] |
| atum (m) | Tunfisch (m) | ['tu:nfɪʃ] |
| enguia (f) | Aal (m) | [a:l] |
| | | |
| truta (f) | Forelle (f) | [ˌfo'ʀɛlə] |
| sardinha (f) | Sardine (f) | [zaʀ'di:nə] |
| lúcio (m) | Hecht (m) | [hɛçt] |
| arenque (m) | Hering (m) | ['he:ʀɪŋ] |
| | | |
| pão (m) | Brot (n) | [bʀo:t] |
| queijo (m) | Käse (m) | ['kɛ:zə] |
| açúcar (m) | Zucker (m) | ['tsʊkɐ] |
| sal (m) | Salz (n) | [zalts] |
| | | |
| arroz (m) | Reis (m) | [ʀaɪs] |
| massas (f pl) | Teigwaren (pl) | ['taɪkˌva:ʀən] |
| talharim, miojo (m) | Nudeln (pl) | ['nu:dəln] |
| | | |
| manteiga (f) | Butter (f) | ['bʊtɐ] |
| óleo (m) vegetal | Pflanzenöl (n) | ['pflantsənˌʔøː:l] |
| óleo (m) de girassol | Sonnenblumenöl (n) | ['zɔnənbluːmənˌʔøː:l] |
| margarina (f) | Margarine (f) | [maʀga'ʀi:nə] |
| | | |
| azeitonas (f pl) | Oliven (pl) | [o'li:vən] |
| azeite (m) | Olivenöl (n) | [o'li:vənˌʔøː:l] |
| | | |
| leite (m) | Milch (f) | [mɪlç] |
| leite (m) condensado | Kondensmilch (f) | [kɔn'dɛnsˌmɪlç] |
| iogurte (m) | Joghurt (m, f) | ['jo:gʊʀt] |
| creme (m) azedo | saure Sahne (f) | ['zaʊʀe 'za:nə] |
| creme (m) de leite | Sahne (f) | ['za:nə] |
| | | |
| maionese (f) | Mayonnaise (f) | [majo'nɛ:zə] |
| creme (m) | Buttercreme (f) | ['bʊtəˌkʀɛ:m] |
| | | |
| grãos (m pl) de cereais | Grütze (f) | ['gʀʏtsə] |
| farinha (f) | Mehl (n) | [me:l] |
| enlatados (m pl) | Konserven (pl) | [kɔn'zɛʀvən] |
| | | |
| flocos (m pl) de milho | Maisflocken (pl) | [maɪs'flɔkən] |
| mel (m) | Honig (m) | ['ho:nɪç] |
| geleia (f) | Marmelade (f) | [ˌmaʀmə'la:də] |
| chiclete (m) | Kaugummi (m, n) | ['kaʊˌgʊmi] |

## 45. Bebidas

| | | |
|---|---|---|
| água (f) | Wasser (n) | ['vasɐ] |
| água (f) potável | Trinkwasser (n) | ['tʀɪŋkˌvasɐ] |
| água (f) mineral | Mineralwasser (n) | [mine'ʀa:lˌvasɐ] |
| | | |
| sem gás (adj) | still | [ʃtɪl] |
| gaseificada (adj) | mit Kohlensäure | [mɪt 'ko:lənˌzɔɪʀə] |
| com gás | mit Gas | [mɪt ga:s] |
| gelo (m) | Eis (n) | [aɪs] |

| com gelo | mit Eis | [mɪt aɪs] |
| não alcoólico (adj) | alkoholfrei | ['alkoho:l·fʀaɪ] |
| refrigerante (m) | alkoholfreies Getränk (n) | ['alkoho:l·fʀaɪəs gə'tʀɛŋk] |
| refresco (m) | Erfrischungsgetränk (n) | [ɛɐ'fʀɪʃuŋs·gə‚tʀɛŋk] |
| limonada (f) | Limonade (f) | [limo'na:də] |

| bebidas (f pl) alcoólicas | Spirituosen (pl) | [ʃpiʀi'tʊo:zən] |
| vinho (m) | Wein (m) | [vaɪn] |
| vinho (m) branco | Weißwein (m) | ['vaɪs‚vaɪn] |
| vinho (m) tinto | Rotwein (m) | ['ʀo:t‚vaɪn] |

| licor (m) | Likör (m) | [li'kø:ɐ] |
| champanhe (m) | Champagner (m) | [ʃam'panjɐ] |
| vermute (m) | Wermut (m) | ['ve:ɐmu:t] |

| uísque (m) | Whisky (m) | ['vɪski] |
| vodca (f) | Wodka (m) | ['vɔtka] |
| gim (m) | Gin (m) | [dʒɪn] |
| conhaque (m) | Kognak (m) | ['kɔnjak] |
| rum (m) | Rum (m) | [ʀʊm] |

| café (m) | Kaffee (m) | ['kafe] |
| café (m) preto | schwarzer Kaffee (m) | ['ʃvaʁtsɐ 'kafe] |
| café (m) com leite | Milchkaffee (m) | ['mɪlç·ka‚fe:] |
| cappuccino (m) | Cappuccino (m) | [‚kapʊ'tʃi:no] |
| café (m) solúvel | Pulverkaffee (m) | ['pʊlfɐ‚kafe] |

| leite (m) | Milch (f) | [mɪlç] |
| coquetel (m) | Cocktail (m) | ['kɔktɛɪl] |
| batida (f), milkshake (m) | Milchcocktail (m) | ['mɪlç‚kɔktɛɪl] |

| suco (m) | Saft (m) | [zaft] |
| suco (m) de tomate | Tomatensaft (m) | [to'ma:tən‚zaft] |
| suco (m) de laranja | Orangensaft (m) | [o'ʀa:ŋʒən‚zaft] |
| suco (m) fresco | frisch gepresster Saft (m) | [fʀɪʃ gə'pʀɛstə zaft] |

| cerveja (f) | Bier (n) | [bi:ɐ] |
| cerveja (f) clara | Helles (n) | ['hɛlɛs] |
| cerveja (f) preta | Dunkelbier (n) | ['dʊŋkəl‚bi:ɐ] |

| chá (m) | Tee (m) | [te:] |
| chá (m) preto | schwarzer Tee (m) | ['ʃvaʁtsɐ 'te:] |
| chá (m) verde | grüner Tee (m) | ['gʀy:nɐ te:] |

## 46. Vegetais

| vegetais (m pl) | Gemüse (n) | [gə'my:zə] |
| verdura (f) | grünes Gemüse (pl) | ['gʀy:nəs gə'my:zə] |

| tomate (m) | Tomate (f) | [to'ma:tə] |
| pepino (m) | Gurke (f) | ['gʊʁkə] |
| cenoura (f) | Karotte (f) | [ka'ʀɔtə] |
| batata (f) | Kartoffel (f) | [kaʁ'tɔfəl] |
| cebola (f) | Zwiebel (f) | ['tsvi:bəl] |

| | | |
|---|---|---|
| alho (m) | Knoblauch (m) | ['kno:p‚laʊx] |
| couve (f) | Kohl (m) | [ko:l] |
| couve-flor (f) | Blumenkohl (m) | ['blu:mən‚ko:l] |
| couve-de-bruxelas (f) | Rosenkohl (m) | ['ʀo:zən‚ko:l] |
| brócolis (m pl) | Brokkoli (m) | ['bʀɔkoli] |

| | | |
|---|---|---|
| beterraba (f) | Rote Bete (f) | [‚ʀo:tə'be:tə] |
| berinjela (f) | Aubergine (f) | [‚obɛʀ'ʒi:nə] |
| abobrinha (f) | Zucchini (f) | [tsʊ'ki:ni] |
| abóbora (f) | Kürbis (m) | ['kʏʀbɪs] |
| nabo (m) | Rübe (f) | ['ʀy:bə] |

| | | |
|---|---|---|
| salsa (f) | Petersilie (f) | [pete'zi:lɪə] |
| endro, aneto (m) | Dill (m) | [dɪl] |
| alface (f) | Kopf Salat (m) | [kɔpf za'la:t] |
| aipo (m) | Sellerie (m) | ['zɛləʀi] |
| aspargo (m) | Spargel (m) | ['ʃpaʀgəl] |
| espinafre (m) | Spinat (m) | [ʃpi'na:t] |

| | | |
|---|---|---|
| ervilha (f) | Erbse (f) | ['ɛʀpsə] |
| feijão (~ soja, etc.) | Bohnen (pl) | ['bo:nən] |
| milho (m) | Mais (m) | ['maɪs] |
| feijão (m) roxo | weiße Bohne (f) | ['vaɪsə 'bo:nə] |

| | | |
|---|---|---|
| pimentão (m) | Paprika (m) | ['papʀika] |
| rabanete (m) | Radieschen (n) | [ʀa'di:sçən] |
| alcachofra (f) | Artischocke (f) | [aʀti'ʃɔkə] |

## 47. Frutos. Nozes

| | | |
|---|---|---|
| fruta (f) | Frucht (f) | [fʀʊxt] |
| maçã (f) | Apfel (m) | ['apfəl] |
| pera (f) | Birne (f) | ['bɪʀnə] |
| limão (m) | Zitrone (f) | [tsi'tʀo:nə] |
| laranja (f) | Apfelsine (f) | [apfəl'zi:nə] |
| morango (m) | Erdbeere (f) | ['e:ɐt‚be:ʀə] |

| | | |
|---|---|---|
| tangerina (f) | Mandarine (f) | [‚manda'ʀi:nə] |
| ameixa (f) | Pflaume (f) | ['pflaʊmə] |
| pêssego (m) | Pfirsich (m) | ['pfɪʀzɪç] |
| damasco (m) | Aprikose (f) | [‚apʀi'ko:zə] |
| framboesa (f) | Himbeere (f) | ['hɪm‚be:ʀə] |
| abacaxi (m) | Ananas (f) | ['ananas] |

| | | |
|---|---|---|
| banana (f) | Banane (f) | [ba'na:nə] |
| melancia (f) | Wassermelone (f) | ['vasɐme‚lo:nə] |
| uva (f) | Weintrauben (pl) | ['vaɪn‚tʀaʊbən] |
| ginja (f) | Sauerkirsche (f) | ['zaʊɐ‚kɪʀʃə] |
| cereja (f) | Süßkirsche (f) | ['zy:s‚kɪʀʃə] |
| melão (m) | Melone (f) | [me'lo:nə] |

| | | |
|---|---|---|
| toranja (f) | Grapefruit (f) | ['gʀɛɪp‚fʀu:t] |
| abacate (m) | Avocado (f) | [avo'ka:do] |
| mamão (m) | Papaya (f) | [pa'pa:ja] |

| manga (f) | Mango (f) | ['maŋgo] |
| romã (f) | Granatapfel (m) | [gʀa'na:t‚ʔapfəl] |

| groselha (f) vermelha | rote Johannisbeere (f) | ['ʀo:tə jo:'hanɪsbe:ʀə] |
| groselha (f) negra | schwarze Johannisbeere (f) | ['ʃvaʁtsə jo:'hanɪsbe:ʀə] |
| groselha (f) espinhosa | Stachelbeere (f) | ['ʃtaxəl‚be:ʀə] |
| mirtilo (m) | Heidelbeere (f) | ['haɪdəl‚be:ʀə] |
| amora (f) silvestre | Brombeere (f) | ['bʀɔm‚be:ʀə] |

| passa (f) | Rosinen (pl) | [ʀo'zi:nən] |
| figo (m) | Feige (f) | ['faɪgə] |
| tâmara (f) | Dattel (f) | ['datəl] |

| amendoim (m) | Erdnuss (f) | ['e:ɐt‚nʊs] |
| amêndoa (f) | Mandel (f) | ['mandəl] |
| noz (f) | Walnuss (f) | ['val‚nʊs] |
| avelã (f) | Haselnuss (f) | ['ha:zəl‚nʊs] |
| coco (m) | Kokosnuss (f) | ['ko:kɔs‚nʊs] |
| pistaches (m pl) | Pistazien (pl) | [pɪs'ta:tsɪən] |

## 48. Pão. Bolaria

| pastelaria (f) | Konditorwaren (pl) | [kɔn'dito:ɐ‚va:ʀən] |
| pão (m) | Brot (n) | [bʀo:t] |
| biscoito (m), bolacha (f) | Keks (m, n) | [ke:ks] |

| chocolate (m) | Schokolade (f) | [ʃoko'la:də] |
| de chocolate | Schokoladen- | [ʃoko'la:dən] |
| bala (f) | Bonbon (m, n) | [bɔŋ'bɔŋ] |
| doce (bolo pequeno) | Kuchen (m) | ['ku:xən] |
| bolo (m) de aniversário | Torte (f) | ['tɔʁtə] |

| torta (f) | Kuchen (m) | ['ku:xən] |
| recheio (m) | Füllung (f) | ['fʏlʊŋ] |

| geleia (m) | Konfitüre (f) | [‚kɔnfi'ty:ʀə] |
| marmelada (f) | Marmelade (f) | [‚maʁmə'la:də] |
| wafers (m pl) | Waffeln (pl) | [vafəln] |
| sorvete (m) | Eis (n) | [aɪs] |
| pudim (m) | Pudding (m) | ['pʊdɪŋ] |

## 49. Pratos cozinhados

| prato (m) | Gericht (n) | [gə'ʀɪçt] |
| cozinha (~ portuguesa) | Küche (f) | ['kʏçə] |
| receita (f) | Rezept (n) | [ʀe'tsɛpt] |
| porção (f) | Portion (f) | [pɔʁ'tsjo:n] |

| salada (f) | Salat (m) | [za'la:t] |
| sopa (f) | Suppe (f) | ['zʊpə] |
| caldo (m) | Brühe (f), Bouillon (f) | ['bʀy:ə], [bul'jɔn] |
| sanduíche (m) | belegtes Brot (n) | [bə'le:ktəs bʀo:t] |

| ovos (m pl) fritos | Spiegelei (n) | ['ʃpiːgəlˌʔaɪ] |
| hambúrguer (m) | Hamburger (m) | ['hamˌbʊʁɡɐ] |
| bife (m) | Beefsteak (n) | ['biːfˌʃteːk] |

| acompanhamento (m) | Beilage (f) | ['baɪˌlaːgə] |
| espaguete (m) | Spaghetti (pl) | [ʃpa'gɛti] |
| purê (m) de batata | Kartoffelpüree (n) | [kaʁ'tɔfəlˌpyˌʁeː] |
| pizza (f) | Pizza (f) | ['pɪtsa] |
| mingau (m) | Brei (m) | [bʀaɪ] |
| omelete (f) | Omelett (n) | [ɔm'lɛt] |

| fervido (adj) | gekocht | [gə'kɔχt] |
| defumado (adj) | geräuchert | [gə'ʀɔɪçɐt] |
| frito (adj) | gebraten | [gə'bʀaːtən] |
| seco (adj) | getrocknet | [gə'tʀɔknət] |
| congelado (adj) | tiefgekühlt | ['tiːfgəˌkyːlt] |
| em conserva (adj) | mariniert | [maʀi'niːɐt] |

| doce (adj) | süß | [zyːs] |
| salgado (adj) | salzig | ['zaltsɪç] |
| frio (adj) | kalt | [kalt] |
| quente (adj) | heiß | [haɪs] |
| amargo (adj) | bitter | ['bɪtɐ] |
| gostoso (adj) | lecker | ['lɛkɐ] |

| cozinhar em água fervente | kochen (vt) | ['kɔχən] |
| preparar (vt) | zubereiten (vt) | ['tsuːbəˌʀaɪtən] |
| fritar (vt) | braten (vt) | ['bʀaːtən] |
| aquecer (vt) | aufwärmen (vt) | ['aʊfˌvɛʁmən] |

| salgar (vt) | salzen (vt) | ['zaltsən] |
| apimentar (vt) | pfeffern (vt) | ['pfɛfɐn] |
| ralar (vt) | reiben (vt) | ['ʀaɪbən] |
| casca (f) | Schale (f) | ['ʃaːlə] |
| descascar (vt) | schälen (vt) | ['ʃɛːlən] |

## 50. Especiarias

| sal (m) | Salz (n) | [zalts] |
| salgado (adj) | salzig | ['zaltsɪç] |
| salgar (vt) | salzen (vt) | ['zaltsən] |

| pimenta-do-reino (f) | schwarzer Pfeffer (m) | ['ʃvaʁtsɐ 'pfɛfɐ] |
| pimenta (f) vermelha | roter Pfeffer (m) | ['ʀoːtɐ 'pfɛfɐ] |
| mostarda (f) | Senf (m) | [zɛnf] |
| raiz-forte (f) | Meerrettich (m) | ['meːɐˌʀɛtɪç] |

| condimento (m) | Gewürz (n) | [gə'vyʁts] |
| especiaria (f) | Gewürz (n) | [gə'vyʁts] |
| molho (~ inglês) | Soße (f) | ['zoːsə] |
| vinagre (m) | Essig (m) | ['ɛsɪç] |

| anis estrelado (m) | Anis (m) | [a'niːs] |
| manjericão (m) | Basilikum (n) | [ba'ziːlikʊm] |

| cravo (m) | Nelke (f) | ['nɛlkə] |
| gengibre (m) | Ingwer (m) | ['ɪŋvɐ] |
| coentro (m) | Koriander (m) | [ko'ʀiandɐ] |
| canela (f) | Zimt (m) | [tsɪmt] |

| gergelim (m) | Sesam (m) | ['ze:zam] |
| folha (f) de louro | Lorbeerblatt (n) | ['lɔʁbe:ɐˌblat] |
| páprica (f) | Paprika (m) | ['papʁika] |
| cominho (m) | Kümmel (m) | ['kʏməl] |
| açafrão (m) | Safran (m) | ['zafʀan] |

## 51. Refeições

| comida (f) | Essen (n) | ['ɛsən] |
| comer (vt) | essen (vi, vt) | ['ɛsən] |

| café (m) da manhã | Frühstück (n) | ['fʀy:ʃtʏk] |
| tomar café da manhã | frühstücken (vi) | ['fʀy:ʃtʏkən] |
| almoço (m) | Mittagessen (n) | ['mɪta:kˌʔɛsən] |
| almoçar (vi) | zu Mittag essen | [tsu 'mɪta:k 'ɛsən] |
| jantar (m) | Abendessen (n) | ['a:bəntˌʔɛsən] |
| jantar (vi) | zu Abend essen | [tsu 'a:bənt 'ɛsən] |

| apetite (m) | Appetit (m) | [ape'ti:t] |
| Bom apetite! | Guten Appetit! | [ˌgutən ˌʔapə'ti:t] |

| abrir (~ uma lata, etc.) | öffnen (vt) | ['œfnən] |
| derramar (~ líquido) | verschütten (vt) | [fɛɐ'ʃʏtən] |
| derramar-se (vr) | verschüttet werden | [fɛɐ'ʃʏtət 've:ɐdən] |

| ferver (vi) | kochen (vi) | ['kɔχən] |
| ferver (vt) | kochen (vt) | ['kɔχən] |
| fervido (adj) | gekocht | [gə'kɔχt] |

| esfriar (vt) | kühlen (vt) | ['ky:lən] |
| esfriar-se (vr) | abkühlen (vi) | ['apˌky:lən] |

| sabor, gosto (m) | Geschmack (m) | [gə'ʃmak] |
| fim (m) de boca | Beigeschmack (m) | ['baɪgəˌʃmak] |

| emagrecer (vi) | auf Diät sein | [aʊf di'ɛ:t zaɪn] |
| dieta (f) | Diät (f) | [di'ɛ:t] |
| vitamina (f) | Vitamin (n) | [vita'mi:n] |
| caloria (f) | Kalorie (f) | [kalo'ʀi:] |

| vegetariano (m) | Vegetarier (m) | [vege'ta:ʀiɐ] |
| vegetariano (adj) | vegetarisch | [vege'ta:ʀɪʃ] |

| gorduras (f pl) | Fett (n) | [fɛt] |
| proteínas (f pl) | Protein (n) | [pʀote'i:n] |
| carboidratos (m pl) | Kohlenhydrat (n) | ['ko:lənhyˌdʀa:t] |
| fatia (~ de limão, etc.) | Scheibchen (n) | ['ʃaɪpçən] |
| pedaço (~ de bolo) | Stück (n) | [ʃtʏk] |
| migalha (f), farelo (m) | Krümel (m) | ['kʀy:məl] |

## 52. Por a mesa

| colher (f) | Löffel (m) | ['lœfəl] |
| faca (f) | Messer (n) | ['mɛsɐ] |
| garfo (m) | Gabel (f) | [gaːbəl] |
| | | |
| xícara (f) | Tasse (f) | ['tasə] |
| prato (m) | Teller (m) | ['tɛlɐ] |
| pires (m) | Untertasse (f) | ['ʊntɐˌtasə] |
| guardanapo (m) | Serviette (f) | [zɛʁ'vɪɛtə] |
| palito (m) | Zahnstocher (m) | ['tsaːnˌʃtɔxɐ] |

## 53. Restaurante

| restaurante (m) | Restaurant (n) | [ʀɛsto'ʀaŋ] |
| cafeteria (f) | Kaffeehaus (n) | [ka'feːˌhaʊs] |
| bar (m), cervejaria (f) | Bar (f) | [baːɐ] |
| salão (m) de chá | Teesalon (m) | ['teː·za'lɔŋ] |
| | | |
| garçom (m) | Kellner (m) | ['kɛlnɐ] |
| garçonete (f) | Kellnerin (f) | ['kɛlnəʀɪn] |
| barman (m) | Barmixer (m) | ['baːɐˌmɪksɐ] |
| | | |
| cardápio (m) | Speisekarte (f) | ['ʃpaɪzəˌkaʁtə] |
| lista (f) de vinhos | Weinkarte (f) | ['vaɪnˌkaʁtə] |
| reservar uma mesa | einen Tisch reservieren | ['aɪnən tɪʃ ʀezɛʁ'viːʀən] |
| | | |
| prato (m) | Gericht (n) | [gə'ʀɪçt] |
| pedir (vt) | bestellen (vt) | [bə'ʃtɛlən] |
| fazer o pedido | eine Bestellung aufgeben | ['aɪnə bə'ʃtɛlʊŋ 'aʊfˌgeːbən] |
| | | |
| aperitivo (m) | Aperitif (m) | [apeʀi'tiːf] |
| entrada (f) | Vorspeise (f) | ['foːɐˌʃpaɪzə] |
| sobremesa (f) | Nachtisch (m) | ['naːxˌtɪʃ] |
| | | |
| conta (f) | Rechnung (f) | ['ʀɛçnʊŋ] |
| pagar a conta | Rechnung bezahlen | ['ʀɛçnʊŋ bə'tsaːlən] |
| dar o troco | das Wechselgeld geben | [das 'vɛksəlˌgɛlt 'geːbən] |
| gorjeta (f) | Trinkgeld (n) | ['tʀɪŋkˌgɛlt] |

# Família, parentes e amigos

## 54. Informação pessoal. Formulários

| nome (m) | Vorname (m) | ['fo:ɐˌna:mə] |
| sobrenome (m) | Name (m) | ['na:mə] |
| data (f) de nascimento | Geburtsdatum (n) | [gə'bu:ɐtsˌda:tʊm] |
| local (m) de nascimento | Geburtsort (m) | [gə'bu:ɐtsˌʔɔʁt] |

| nacionalidade (f) | Nationalität (f) | [natsjɔnali'tɛ:t] |
| lugar (m) de residência | Wohnort (m) | ['vo:nˌʔɔʁt] |
| país (m) | Land (n) | [lant] |
| profissão (f) | Beruf (m) | [bə'ʁu:f] |

| sexo (m) | Geschlecht (n) | [gə'ʃlɛçt] |
| estatura (f) | Größe (f) | ['gʁø:sə] |
| peso (m) | Gewicht (n) | [gə'vɪçt] |

## 55. Membros da família. Parentes

| mãe (f) | Mutter (f) | ['mʊtə] |
| pai (m) | Vater (m) | ['fa:tə] |
| filho (m) | Sohn (m) | [zo:n] |
| filha (f) | Tochter (f) | ['tɔχtə] |

| caçula (f) | jüngste Tochter (f) | ['jʏŋstə 'tɔχtə] |
| caçula (m) | jüngste Sohn (m) | ['jʏŋstə 'zo:n] |
| filha (f) mais velha | ältere Tochter (f) | ['ɛltəʁə 'tɔχtə] |
| filho (m) mais velho | älterer Sohn (m) | ['ɛltəʁə 'zo:n] |

| irmão (m) | Bruder (m) | ['bʁu:də] |
| irmã (f) | Schwester (f) | ['ʃvɛstə] |

| primo (m) | Cousin (m) | [ku'zɛŋ] |
| prima (f) | Cousine (f) | [ku'zi:nə] |
| mamãe (f) | Mama (f) | ['mama] |
| papai (m) | Papa (m) | ['papa] |
| pais (pl) | Eltern (pl) | ['ɛltən] |
| criança (f) | Kind (n) | [kɪnt] |
| crianças (f pl) | Kinder (pl) | ['kɪndə] |

| avó (f) | Großmutter (f) | ['gʁo:sˌmʊtə] |
| avô (m) | Großvater (m) | ['gʁo:sˌfa:tə] |
| neto (m) | Enkel (m) | ['ɛŋkəl] |
| neta (f) | Enkelin (f) | ['ɛŋkəlɪn] |
| netos (pl) | Enkelkinder (pl) | ['ɛŋkəlˌkɪndə] |
| tio (m) | Onkel (m) | ['ɔŋkəl] |
| tia (f) | Tante (f) | ['tantə] |

| | | |
|---|---|---|
| sobrinho (m) | Neffe (m) | ['nɛfə] |
| sobrinha (f) | Nichte (f) | ['nɪçtə] |

| | | |
|---|---|---|
| sogra (f) | Schwiegermutter (f) | ['ʃviːgəˌmʊtə] |
| sogro (m) | Schwiegervater (m) | ['ʃviːgəˌfaːtə] |
| genro (m) | Schwiegersohn (m) | ['ʃviːgəˌzoːn] |
| madrasta (f) | Stiefmutter (f) | ['ʃtiːfˌmʊtə] |
| padrasto (m) | Stiefvater (m) | ['ʃtiːfˌfaːtə] |

| | | |
|---|---|---|
| criança (f) de colo | Säugling (m) | ['zɔɪklɪŋ] |
| bebê (m) | Kleinkind (n) | ['klaɪnˌkɪnt] |
| menino (m) | Kleine (m) | ['klaɪnə] |

| | | |
|---|---|---|
| mulher (f) | Frau (f) | [fʀaʊ] |
| marido (m) | Mann (m) | [man] |
| esposo (m) | Ehemann (m) | ['eːəˌman] |
| esposa (f) | Gemahlin (f) | [gə'maːlɪn] |

| | | |
|---|---|---|
| casado (adj) | verheiratet | [fɛɛ'haɪʀaːtət] |
| casada (adj) | verheiratet | [fɛɛ'haɪʀaːtət] |
| solteiro (adj) | ledig | ['leːdɪç] |
| solteirão (m) | Junggeselle (m) | ['jʊŋgəˌzɛlə] |
| divorciado (adj) | geschieden | [gə'ʃiːdən] |
| viúva (f) | Witwe (f) | ['vɪtvə] |
| viúvo (m) | Witwer (m) | ['vɪtvɐ] |

| | | |
|---|---|---|
| parente (m) | Verwandte (m) | [fɛɛ'vantə] |
| parente (m) próximo | naher Verwandter (m) | ['naːɐ fɛɛ'vantə] |
| parente (m) distante | entfernter Verwandter (m) | [ɛnt'fɛʀntɐ fɛɛ'vantə] |
| parentes (m pl) | Verwandte (pl) | [fɛɛ'vantə] |

| | | |
|---|---|---|
| órfão (m), órfã (f) | Waise (m, f) | ['vaɪzə] |
| tutor (m) | Vormund (m) | ['foːɐˌmʊnt] |
| adotar (um filho) | adoptieren (vt) | [adɔp'tiːʀən] |
| adotar (uma filha) | adoptieren (vt) | [adɔp'tiːʀən] |

## 56. Amigos. Colegas de trabalho

| | | |
|---|---|---|
| amigo (m) | Freund (m) | [fʀɔɪnt] |
| amiga (f) | Freundin (f) | ['fʀɔɪndɪn] |
| amizade (f) | Freundschaft (f) | ['fʀɔɪntʃaft] |
| ser amigos | befreundet sein | [bə'fʀɔɪndət zaɪn] |

| | | |
|---|---|---|
| amigo (m) | Freund (m) | [fʀɔɪnt] |
| amiga (f) | Freundin (f) | ['fʀɔɪndɪn] |
| parceiro (m) | Partner (m) | ['paʀtnɐ] |

| | | |
|---|---|---|
| chefe (m) | Chef (m) | [ʃɛf] |
| superior (m) | Vorgesetzte (m) | ['foːgəˌzɛtstə] |
| proprietário (m) | Besitzer (m) | [bə'zɪtsɐ] |
| subordinado (m) | Untergeordnete (m) | ['ʊntegəˌʔɔʀtnətə] |
| colega (m, f) | Kollege (m), Kollegin (f) | [kɔ'leːgə], [kɔ'leːgɪn] |
| conhecido (m) | Bekannte (m) | [bə'kantə] |
| companheiro (m) de viagem | Reisegefährte (m) | ['ʀaɪzəˌgə'fɛːɐtə] |

| colega (m) de classe | Mitschüler (m) | ['mɪtʃyːlə] |
| vizinho (m) | Nachbar (m) | ['naχˌbaːɐ] |
| vizinha (f) | Nachbarin (f) | ['naχbaːʀɪn] |
| vizinhos (pl) | Nachbarn (pl) | ['naχbaːɐn] |

## 57. Homem. Mulher

| mulher (f) | Frau (f) | [fʀaʊ] |
| menina (f) | Mädchen (n) | ['mɛːtçən] |
| noiva (f) | Braut (f) | [bʀaʊt] |

| bonita, bela (adj) | schöne | ['ʃøːnə] |
| alta (adj) | große | ['gʀoːsə] |
| esbelta (adj) | schlanke | ['ʃlaŋkə] |
| baixa (adj) | kleine | ['klaɪnə] |

| loira (f) | Blondine (f) | [blɔn'diːnə] |
| morena (f) | Brünette (f) | [bʀy'nɛtə] |

| de senhora | Damen- | ['daːmən] |
| virgem (f) | Jungfrau (f) | ['jʊŋfʀaʊ] |
| grávida (adj) | schwangere | ['ʃvaŋəʀə] |

| homem (m) | Mann (m) | [man] |
| loiro (m) | Blonde (m) | ['blɔndə] |
| moreno (m) | Brünette (m) | [bʀy'nɛtə] |
| alto (adj) | hoch | [hoːχ] |
| baixo (adj) | klein | [klaɪn] |

| rude (adj) | grob | [gʀoːp] |
| atarracado (adj) | untersetzt | [ˌʊntɐ'zɛtst] |
| robusto (adj) | robust | [ʀo'bʊst] |
| forte (adj) | stark | [ʃtaʁk] |
| força (f) | Kraft (f) | [kʀaft] |

| gordo (adj) | dick | [dɪk] |
| moreno (adj) | dunkelhäutig | ['dʊŋkəlˌhɔɪtɪç] |
| esbelto (adj) | schlank | [ʃlaŋk] |
| elegante (adj) | elegant | [ele'gant] |

## 58. Idade

| idade (f) | Alter (n) | ['altə] |
| juventude (f) | Jugend (f) | ['juːgənt] |
| jovem (adj) | jung | [jʊŋ] |

| mais novo (adj) | jünger | ['jʏŋɐ] |
| mais velho (adj) | älter | ['ɛltə] |

| jovem (m) | Junge (m) | ['jʊŋə] |
| adolescente (m) | Teenager (m) | ['tiːneːdʒɐ] |
| rapaz (m) | Bursche (m) | ['bʊʁʃə] |

| velho (m) | Greis (m) | [gʀaɪs] |
| velha (f) | alte Frau (f) | ['altə 'fʀaʊ] |

| adulto | Erwachsene (f) | [ɛɐ'vaksənə] |
| de meia-idade | in mittleren Jahren | [ɪn 'mɪtlərən 'jaːʀən] |
| idoso, de idade (adj) | älterer | ['ɛltəʀɐ] |
| velho (adj) | alt | [alt] |

| aposentadoria (f) | Ruhestand (m) | ['ʀuːəʃtant] |
| aposentar-se (vr) | in Rente gehen | [ɪn 'ʀɛntə 'geːən] |
| aposentado (m) | Rentner (m) | ['ʀɛntnɐ] |

## 59. Crianças

| criança (f) | Kind (n) | [kɪnt] |
| crianças (f pl) | Kinder (pl) | ['kɪndɐ] |
| gêmeos (m pl), gêmeas (f pl) | Zwillinge (pl) | ['tsvɪlɪŋə] |

| berço (m) | Wiege (f) | ['viːgə] |
| chocalho (m) | Rassel (f) | ['ʀasəl] |
| fralda (f) | Windel (f) | ['vɪndəl] |

| chupeta (f), bico (m) | Schnuller (m) | ['ʃnʊlɐ] |
| carrinho (m) de bebê | Kinderwagen (m) | ['kɪndɐˌvaːgən] |
| jardim (m) de infância | Kindergarten (m) | ['kɪndɐˌgaʁtən] |
| babysitter, babá (f) | Kinderfrau (f) | ['kɪndɐˌfʀaʊ] |

| infância (f) | Kindheit (f) | ['kɪnthaɪt] |
| boneca (f) | Puppe (f) | ['pʊpə] |
| brinquedo (m) | Spielzeug (n) | ['ʃpiːlˌtsɔɪk] |
| jogo (m) de montar | Baukasten (m) | ['baʊˌkastən] |

| bem-educado (adj) | wohlerzogen | ['voːlɛɐˌtsoːgən] |
| malcriado (adj) | ungezogen | ['ʊngəˌtsoːgən] |
| mimado (adj) | verwöhnt | [fɛɐ'vøːnt] |

| ser travesso | unartig sein | ['ʊnʔaʁtɪç zaɪn] |
| travesso, traquinas (adj) | unartig | ['ʊnʔaʁtɪç] |
| travessura (f) | Unart (f) | ['ʊnʔaʁt] |
| criança (f) travessa | Schelm (m) | [ʃɛlm] |

| obediente (adj) | gehorsam | [gə'hoːɐzaːm] |
| desobediente (adj) | ungehorsam | ['ʊngəˌhoːɐzaːm] |

| dócil (adj) | fügsam | [fyːksam] |
| inteligente (adj) | klug | [kluːk] |
| prodígio (m) | Wunderkind (n) | ['vʊndɐˌkɪnt] |

## 60. Casais. Vida de família

| beijar (vt) | küssen (vt) | ['kʏsən] |
| beijar-se (vr) | sich küssen | [zɪç 'kʏsən] |

| | | |
|---|---|---|
| família (f) | Familie (f) | [fa'mi:liə] |
| familiar (vida ~) | Familien- | [fa'mi:liən] |
| casal (m) | Paar (n) | [pa:ɐ] |
| matrimônio (m) | Ehe (f) | ['e:ə] |
| lar (m) | Heim (n) | ['haɪm] |
| dinastia (f) | Dynastie (f) | [dynas'ti:] |
| | | |
| encontro (m) | Rendezvous (n) | [Rãde'vu:] |
| beijo (m) | Kuss (m) | [kʊs] |
| | | |
| amor (m) | Liebe (f) | ['li:bə] |
| amar (pessoa) | lieben (vt) | ['li:bən] |
| amado, querido (adj) | geliebt | [gə'li:pt] |
| | | |
| ternura (f) | Zärtlichkeit (f) | ['tsɛ:ɐtlɪçkaɪt] |
| afetuoso (adj) | zärtlich | ['tsɛ:ɐtlɪç] |
| fidelidade (f) | Treue (f) | ['tRɔɪə] |
| fiel (adj) | treu | [tRɔɪ] |
| cuidado (m) | Fürsorge (f) | ['fy:ɐˌzɔʁgə] |
| carinhoso (adj) | sorgsam | ['zɔʁkza:m] |
| | | |
| recém-casados (pl) | Frischvermählte (pl) | ['fRɪʃˈfɛɐ'mɛ:ltə] |
| lua (f) de mel | Flitterwochen (pl) | ['flɪtəˌvɔxən] |
| casar-se (com um homem) | heiraten (vi) | ['haɪRa:tən] |
| casar-se (com uma mulher) | heiraten (vi) | ['haɪRa:tən] |
| | | |
| casamento (m) | Hochzeit (f) | ['hɔxˌtsaɪt] |
| bodas (f pl) de ouro | goldene Hochzeit (f) | ['gɔldənə 'hɔxˌtsaɪt] |
| aniversário (m) | Jahrestag (m) | ['ja:Rəsˌta:k] |
| | | |
| amante (m) | Geliebte (m) | [gə'li:ptə] |
| amante (f) | Geliebte (f) | [gə'li:ptə] |
| | | |
| adultério (m), traição (f) | Ehebruch (m) | ['e:əˌbRʊx] |
| cometer adultério | Ehebruch begehen | ['e:əˌbRʊx bə'ge:ən] |
| ciumento (adj) | eifersüchtig | ['aɪfeˌzyçtɪç] |
| ser ciumento, -a | eifersüchtig sein | ['aɪfeˌzyçtɪç zaɪn] |
| divórcio (m) | Scheidung (f) | ['ʃaɪdʊŋ] |
| divorciar-se (vr) | sich scheiden lassen | [zɪç 'ʃaɪdən 'lasən] |
| | | |
| brigar (discutir) | streiten (vi) | ['ʃtRaɪtən] |
| fazer as pazes | sich versöhnen | [zɪç fɛɐ'zø:nən] |
| juntos (ir ~) | zusammen | [tsu'zamən] |
| sexo (m) | Sex (m) | [sɛks], [zɛks] |
| | | |
| felicidade (f) | Glück (n) | [glʏk] |
| feliz (adj) | glücklich | ['glʏklɪç] |
| infelicidade (f) | Unglück (n) | ['ʊnˌglʏk] |
| infeliz (adj) | unglücklich | ['ʊnˌglʏklɪç] |

# Caráter. Sentimentos. Emoções

## 61. Sentimentos. Emoções

| | | |
|---|---|---|
| sentimento (m) | Gefühl (n) | [gə'fy:l] |
| sentimentos (m pl) | Gefühle (pl) | [gə'fy:lə] |
| sentir (vt) | fühlen (vt) | ['fy:lən] |
| fome (f) | Hunger (m) | ['hʊŋɐ] |
| ter fome | hungrig sein | ['hʊŋʀɪç zaɪn] |
| sede (f) | Durst (m) | [dʊʁst] |
| ter sede | Durst haben | ['dʊʁst 'ha:bən] |
| sonolência (f) | Schläfrigkeit (f) | ['ʃlɛ:fʀɪçkaɪt] |
| estar sonolento | schlafen wollen | ['ʃla:fən 'vɔlən] |
| cansaço (m) | Müdigkeit (f) | ['my:dɪçkaɪt] |
| cansado (adj) | müde | ['my:də] |
| ficar cansado | müde werden | ['my:də 've:ɐdən] |
| humor (m) | Laune (f) | ['laʊnə] |
| tédio (m) | Langeweile (f) | ['laŋə‚vaɪlə] |
| entediar-se (vr) | sich langweilen | [zɪç 'laŋ‚vaɪlən] |
| reclusão (isolamento) | Zurückgezogenheit (n) | [tsu'ʀʏkgə‚tso:gənhaɪt] |
| isolar-se (vr) | sich zurückziehen | [zɪç tsu'ʀʏk‚tsi:ən] |
| preocupar (vt) | beunruhigen (vt) | [bə'ʔʊn‚ʀu:ɪgən] |
| estar preocupado | sorgen (vi) | ['zɔʁgən] |
| preocupação (f) | Besorgnis (f) | [bə'zɔʁknɪs] |
| ansiedade (f) | Angst (f) | ['aŋst] |
| preocupado (adj) | besorgt | [bə'zɔʁkt] |
| estar nervoso | nervös sein | [nɛʁ'vø:s zaɪn] |
| entrar em pânico | in Panik verfallen (vi) | [ɪn 'pa:nɪk fɛɐ'falən] |
| esperança (f) | Hoffnung (f) | ['hɔfnʊŋ] |
| esperar (vt) | hoffen (vi) | ['hɔfən] |
| certeza (f) | Sicherheit (f) | ['zɪçɐhaɪt] |
| certo, seguro de ... | sicher | ['zɪçɐ] |
| indecisão (f) | Unsicherheit (f) | ['ʊn‚zɪçɐhaɪt] |
| indeciso (adj) | unsicher | ['ʊn‚zɪçɐ] |
| bêbado (adj) | betrunken | [bə'tʀʊŋkən] |
| sóbrio (adj) | nüchtern | ['nʏçten] |
| fraco (adj) | schwach | ['ʃvaχ] |
| feliz (adj) | glücklich | ['glʏklɪç] |
| assustar (vt) | erschrecken (vt) | [ɛɐ'ʃʀɛkən] |
| fúria (f) | Wut (f) | [vu:t] |
| ira, raiva (f) | Rage (f) | ['ʀa:ʒə] |
| depressão (f) | Depression (f) | [depʀɛ'sjo:n] |
| desconforto (m) | Unbehagen (n) | ['ʊnbə‚ha:gən] |

| | | |
|---|---|---|
| conforto (m) | Komfort (m) | [kɔm'foːɐ] |
| arrepender-se (vr) | bedauern (vt) | [bə'dauen] |
| arrependimento (m) | Bedauern (n) | [bə'dauen] |
| azar (m), má sorte (f) | Missgeschick (n) | ['mɪsgəˌʃɪk] |
| tristeza (f) | Kummer (m) | ['kume] |

| | | |
|---|---|---|
| vergonha (f) | Scham (f) | [ʃaːm] |
| alegria (f) | Freude (f) | ['frɔɪdə] |
| entusiasmo (m) | Begeisterung (f) | [bə'gaɪstəʀuŋ] |
| entusiasta (m) | Enthusiast (m) | [ɛntu'zɪast] |
| mostrar entusiasmo | Begeisterung zeigen | [bə'gaɪstəʀuŋ 'tsaɪgən] |

## 62. Caráter. Personalidade

| | | |
|---|---|---|
| caráter (m) | Charakter (m) | [ka'ʀaktɐ] |
| falha (f) de caráter | Charakterfehler (m) | [ka'ʀaktɐˌfeːlɐ] |
| mente (f) | Verstand (m) | [fɛɐ'ʃtant] |
| razão (f) | Vernunft (f) | [fɛɐ'nunft] |

| | | |
|---|---|---|
| consciência (f) | Gewissen (n) | [gə'vɪsən] |
| hábito, costume (m) | Gewohnheit (f) | [gə'voːnhaɪt] |
| habilidade (f) | Fähigkeit (f) | ['fɛːɪçkaɪt] |
| saber (~ nadar, etc.) | können (v mod) | ['kœnən] |

| | | |
|---|---|---|
| paciente (adj) | geduldig | [gə'duldɪç] |
| impaciente (adj) | ungeduldig | ['ungəduldɪç] |
| curioso (adj) | neugierig | ['nɔɪˌgiːʀɪç] |
| curiosidade (f) | Neugier (f) | ['nɔɪˌgiːɐ] |

| | | |
|---|---|---|
| modéstia (f) | Bescheidenheit (f) | [bə'ʃaɪdənhaɪt] |
| modesto (adj) | bescheiden | [bə'ʃaɪdən] |
| imodesto (adj) | unbescheiden | ['unbə'ʃaɪdən] |

| | | |
|---|---|---|
| preguiça (f) | Faulheit (f) | ['faulhaɪt] |
| preguiçoso (adj) | faul | [faul] |
| preguiçoso (m) | Faulenzer (m) | ['faulɛntsɐ] |

| | | |
|---|---|---|
| astúcia (f) | Listigkeit (f) | ['lɪstɪçkaɪt] |
| astuto (adj) | listig | ['lɪstɪç] |
| desconfiança (f) | Misstrauen (n) | ['mɪsˌtʀauən] |
| desconfiado (adj) | misstrauisch | ['mɪstʀauɪʃ] |

| | | |
|---|---|---|
| generosidade (f) | Freigebigkeit (f) | ['fʀaɪˌgeːbɪçkaɪt] |
| generoso (adj) | freigebig | ['fʀaɪˌgeːbɪç] |
| talentoso (adj) | talentiert | [talɛn'tiːɐt] |
| talento (m) | Talent (n) | [ta'lɛnt] |

| | | |
|---|---|---|
| corajoso (adj) | tapfer | ['tapfɐ] |
| coragem (f) | Tapferkeit (f) | ['tapfɐkaɪt] |
| honesto (adj) | ehrlich | ['eːɐlɪç] |
| honestidade (f) | Ehrlichkeit (f) | ['eːɐlɪçkaɪt] |

| | | |
|---|---|---|
| prudente, cuidadoso (adj) | vorsichtig | ['foːɐˌzɪçtɪç] |
| valoroso (adj) | tapfer | ['tapfɐ] |

| sério (adj) | ernst | [ɛʁnst] |
| severo (adj) | streng | [ʃtʁɛŋ] |

| decidido (adj) | entschlossen | [ɛnt'ʃlɔsən] |
| indeciso (adj) | unentschlossen | ['ʊn?ɛntʃlɔsən] |
| tímido (adj) | schüchtern | ['ʃʏçtən] |
| timidez (f) | Schüchternheit (f) | ['ʃʏçtənhaɪt] |

| confiança (f) | Vertrauen (n) | [fɛɐ'tʁaʊən] |
| confiar (vt) | vertrauen (vi) | [fɛɐ'tʁaʊən] |
| crédulo (adj) | vertrauensvoll | [fɛɐ'tʁaʊəns,fɔl] |

| sinceramente | aufrichtig | ['aʊf,ʁɪçtɪç] |
| sincero (adj) | aufrichtig | ['aʊf,ʁɪçtɪç] |
| sinceridade (f) | Aufrichtigkeit (f) | ['aʊf,ʁɪçtɪçkaɪt] |
| aberto (adj) | offen | ['ɔfən] |

| calmo (adj) | still | [ʃtɪl] |
| franco (adj) | freimütig | ['fʁaɪ,my:tɪç] |
| ingênuo (adj) | naiv | [na'i:f] |
| distraído (adj) | zerstreut | [tsɛɐ'ʃtʁɔɪt] |
| engraçado (adj) | drollig, komisch | ['dʁɔlɪç], ['ko:mɪʃ] |

| ganância (f) | Gier (f) | [gi:ɐ] |
| ganancioso (adj) | habgierig | ['ha:p,gi:ʁɪç] |
| avarento, sovina (adj) | geizig | ['gaɪtsɪç] |
| mal (adj) | böse | ['bø:zə] |
| teimoso (adj) | hartnäckig | ['haʁt,nɛkɪç] |
| desagradável (adj) | unangenehm | ['ʊn?angə,ne:m] |

| egoísta (m) | Egoist (m) | [ego'ɪst] |
| egoísta (adj) | egoistisch | [ego'ɪstɪʃ] |
| covarde (m) | Feigling (m) | ['faɪklɪŋ] |
| covarde (adj) | feige | ['faɪgə] |

## 63. O sono. Sonhos

| dormir (vi) | schlafen (vi) | ['ʃla:fən] |
| sono (m) | Schlaf (m) | [ʃla:f] |
| sonho (m) | Traum (m) | [tʁaʊm] |
| sonhar (ver sonhos) | träumen (vi, vt) | ['tʁɔɪmən] |
| sonolento (adj) | verschlafen | [fɛɐ'ʃla:fən] |

| cama (f) | Bett (n) | [bɛt] |
| colchão (m) | Matratze (f) | [ma'tʁatsə] |
| cobertor (m) | Decke (f) | ['dɛkə] |
| travesseiro (m) | Kissen (n) | ['kɪsən] |
| lençol (m) | Laken (n) | ['la:kən] |

| insônia (f) | Schlaflosigkeit (f) | ['ʃla:flo:zɪçkaɪt] |
| sem sono (adj) | schlaflos | ['ʃla:flo:s] |
| sonífero (m) | Schlafmittel (n) | ['ʃla:f,mɪtəl] |
| tomar um sonífero | Schlafmittel nehmen | ['ʃla:f,mɪtəl 'ne:mən] |
| estar sonolento | schlafen wollen | ['ʃla:fən 'vɔlən] |

| | | |
|---|---|---|
| bocejar (vi) | gähnen (vi) | ['gɛ:nən] |
| ir para a cama | schlafen gehen | ['ʃla:fən 'ge:ən] |
| fazer a cama | das Bett machen | [das bɛt 'maχən] |
| adormecer (vi) | einschlafen (vi) | ['aɪnʃaltən] |

| | | |
|---|---|---|
| pesadelo (m) | Alptraum (m) | ['alp‚tʀaʊm] |
| ronco (m) | Schnarchen (n) | ['ʃnaʀçən] |
| roncar (vi) | schnarchen (vi) | ['ʃnaʀçən] |

| | | |
|---|---|---|
| despertador (m) | Wecker (m) | ['vɛkɐ] |
| acordar, despertar (vt) | aufwecken (vt) | ['aʊf‚vɛkən] |
| acordar (vi) | erwachen (vi) | [ɛɐ'vaχən] |
| levantar-se (vr) | aufstehen (vi) | ['aʊfˌʃte:ən] |
| lavar-se (vr) | sich waschen | [zɪç 'vaʃən] |

## 64. Humor. Riso. Alegria

| | | |
|---|---|---|
| humor (m) | Humor (m) | [hu'mo:ɐ] |
| senso (m) de humor | Sinn (m) für Humor | [zɪn fy:ɐ hu'mo:ɐ] |
| divertir-se (vr) | sich amüsieren | [zɪç amy'zi:ʀən] |
| alegre (adj) | froh | [fʀo:] |
| diversão (f) | Fröhlichkeit (f) | ['fʀø:lɪç‚kaɪt] |

| | | |
|---|---|---|
| sorriso (m) | Lächeln (n) | ['lɛçəln] |
| sorrir (vi) | lächeln (vi) | ['lɛçəln] |
| começar a rir | auflachen (vi) | ['aʊflaχən] |
| rir (vi) | lachen (vi) | ['laχən] |
| riso (m) | Lachen (n) | ['laχən] |

| | | |
|---|---|---|
| anedota (f) | Anekdote, Witz (m) | [anɛk'do:tə], [vɪts] |
| engraçado (adj) | lächerlich | ['lɛçɐlɪç] |
| ridículo, cômico (adj) | komisch | ['ko:mɪʃ] |

| | | |
|---|---|---|
| brincar (vi) | Witz machen | [vɪts 'maχən] |
| piada (f) | Spaß (m) | [ʃpa:s] |
| alegria (f) | Freude (f) | ['fʀɔɪdə] |
| regozijar-se (vr) | sich freuen | [zɪç 'fʀɔɪən] |
| alegre (adj) | froh | [fʀo:] |

## 65. Discussão, conversação. Parte 1

| | | |
|---|---|---|
| comunicação (f) | Kommunikation (f) | [kɔmunika'tsɪo:n] |
| comunicar-se (vr) | kommunizieren (vi) | [kɔmuni'tsi:ʀən] |

| | | |
|---|---|---|
| conversa (f) | Konversation (f) | [kɔnvɛʀza'tsjo:n] |
| diálogo (m) | Dialog (m) | [dia'lo:k] |
| discussão (f) | Diskussion (f) | [dɪskʊ'sjo:n] |
| debate (m) | Streitgespräch (n) | ['ʃtʀaɪt·gə'ʃpʀɛ:ç] |
| debater (vt) | streiten (vi) | ['ʃtʀaɪtən] |

| | | |
|---|---|---|
| interlocutor (m) | Gesprächspartner (m) | [gə'ʃpʀɛ:çs‚paʀtnɐ] |
| tema (m) | Thema (n) | ['te:ma] |

| | | |
|---|---|---|
| ponto (m) de vista | Gesichtspunkt (m) | [gə'zɪçts,pʊŋkt] |
| opinião (f) | Meinung (f) | ['maɪnʊŋ] |
| discurso (m) | Rede (f) | ['ʀe:də] |

| | | |
|---|---|---|
| discussão (f) | Besprechung (f) | [bə'ʃpʀɛçʊŋ] |
| discutir (vt) | besprechen (vt) | [bə'ʃpʀɛçən] |
| conversa (f) | Gespräch (n) | [gə'ʃpʀɛ:ç] |
| conversar (vi) | Gespräche führen | [gə'ʃpʀɛ:çə 'fy:ʀən] |
| reunião (f) | Treffen (n) | ['tʀɛfən] |
| encontrar-se (vr) | sich treffen | [zɪç 'tʀɛfən] |

| | | |
|---|---|---|
| provérbio (m) | Sprichwort (n) | ['ʃpʀɪç,vɔʀt] |
| ditado, provérbio (m) | Redensart (f) | ['ʀe:dəns,ʔa:ɐt] |
| adivinha (f) | Rätsel (n) | ['ʀɛ:tsəl] |
| dizer uma adivinha | ein Rätsel aufgeben | [aɪn 'ʀɛ:tsəl 'aʊf,ge:bən] |
| senha (f) | Parole (f) | [pa'ʀo:lə] |
| segredo (m) | Geheimnis (n) | [gə'haɪmnɪs] |

| | | |
|---|---|---|
| juramento (m) | Eid (m), Schwur (m) | [aɪt], [ʃvu:ɐ] |
| jurar (vi) | schwören (vi, vt) | ['ʃvø:ʀən] |
| promessa (f) | Versprechen (n) | [fɛɐ'ʃpʀɛçən] |
| prometer (vt) | versprechen (vt) | [fɛɐ'ʃpʀɛçən] |

| | | |
|---|---|---|
| conselho (m) | Rat (m) | [ʀa:t] |
| aconselhar (vt) | raten (vt) | ['ʀa:tən] |
| seguir o conselho | einen Rat befolgen | ['aɪnən ʀa:t bə'fɔlgən] |
| escutar (~ os conselhos) | gehorchen (vi) | [gə'hɔʀçən] |

| | | |
|---|---|---|
| novidade, notícia (f) | Neuigkeit (f) | ['nɔjɪçkaɪt] |
| sensação (f) | Sensation (f) | [zɛnza'tsjo:n] |
| informação (f) | Informationen (pl) | [ɪnfɔʀma'tsjo:nən] |
| conclusão (f) | Schlussfolgerung (f) | ['ʃlʊs,fɔlgəʀʊŋ] |
| voz (f) | Stimme (f) | ['ʃtɪmə] |
| elogio (m) | Kompliment (n) | [,kɔmpli'mɛnt] |
| amável, querido (adj) | freundlich | ['fʀɔɪntlɪç] |

| | | |
|---|---|---|
| palavra (f) | Wort (n) | [vɔʀt] |
| frase (f) | Phrase (f) | ['fʀa:zə] |
| resposta (f) | Antwort (f) | ['antvɔʀt] |
| verdade (f) | Wahrheit (f) | ['va:ɐhaɪt] |
| mentira (f) | Lüge (f) | ['ly:gə] |

| | | |
|---|---|---|
| pensamento (m) | Gedanke (m) | [gə'daŋkə] |
| ideia (f) | Idee (f) | [i'de:] |
| fantasia (f) | Phantasie (f) | [fanta'zi:] |

## 66. Discussão, conversação. Parte 2

| | | |
|---|---|---|
| estimado, respeitado (adj) | angesehen | ['angə,ze:ən] |
| respeitar (vt) | respektieren (vt) | [ʀɛspɛk'ti:ʀən] |
| respeito (m) | Respekt (m) | [ʀe'spɛkt] |
| Estimado ..., Caro ... | Sehr geehrter ... | [ze:ɐ gə'le:ɐtɐ] |
| apresentar (alguém a alguém) | bekannt machen | [bə'kant 'maxən] |

| | | |
|---|---|---|
| conhecer (vt) | kennenlernen (vt) | ['kɛnən‚lɛʁnən] |
| intenção (f) | Absicht (f) | ['apzɪçt] |
| tencionar (~ fazer algo) | beabsichtigen (vt) | [bə'ʔapzɪçtɪgən] |
| desejo (de boa sorte) | Wunsch (m) | [vʊnʃ] |
| desejar (ex. ~ boa sorte) | wünschen (vt) | ['vʏnʃən] |

| | | |
|---|---|---|
| surpresa (f) | Staunen (n) | ['ʃtaunən] |
| surpreender (vt) | erstaunen (vt) | [ɛɐ̯'ʃtaunən] |
| surpreender-se (vr) | staunen (vi) | ['ʃtaunən] |

| | | |
|---|---|---|
| dar (vt) | geben (vt) | ['ge:bən] |
| pegar (tomar) | nehmen (vt) | ['ne:mən] |
| devolver (vt) | herausgeben (vt) | [hɛ'raus‚ge:bən] |
| retornar (vt) | zurückgeben (vt) | [tsu'ʀʏk‚ge:bən] |

| | | |
|---|---|---|
| desculpar-se (vr) | sich entschuldigen | [zɪç ɛnt'ʃʊldɪgən] |
| desculpa (f) | Entschuldigung (f) | [ɛnt'ʃʊldɪgʊŋ] |
| perdoar (vt) | verzeihen (vt) | [fɛɐ̯'tsaɪən] |

| | | |
|---|---|---|
| falar (vi) | sprechen (vi) | ['ʃpʀɛçən] |
| escutar (vt) | hören (vt), zuhören (vi) | ['hø:ʀən], ['tsu:‚hø:ʀən] |
| ouvir até o fim | sich anhören | [zɪç 'an‚hø:ʀən] |
| entender (compreender) | verstehen (vt) | [fɛɐ̯'ʃte:ən] |

| | | |
|---|---|---|
| mostrar (vt) | zeigen (vt) | ['tsaɪgən] |
| olhar para ... | ansehen (vt) | ['anze:ən] |
| chamar (alguém para ...) | rufen (vt) | ['ʀu:fən] |
| perturbar, distrair (vt) | belästigen (vt) | [bə'lɛstɪgən] |
| perturbar (vt) | stören (vt) | ['ʃtø:ʀən] |
| entregar (~ em mãos) | übergeben (vt) | [y:bɐ'ge:bən] |

| | | |
|---|---|---|
| pedido (m) | Bitte (f) | ['bɪtə] |
| pedir (ex. ~ ajuda) | bitten (vt) | ['bɪtən] |
| exigência (f) | Verlangen (n) | [fɛɐ̯'laŋən] |
| exigir (vt) | verlangen (vt) | [fɛɐ̯'laŋən] |

| | | |
|---|---|---|
| insultar (chamar nomes) | necken (vt) | ['nɛkən] |
| zombar (vt) | spotten (vi) | ['ʃpotən] |
| zombaria (f) | Spott (m) | [ʃpot] |
| alcunha (f), apelido (m) | Spitzname (m) | ['ʃpɪts‚na:mə] |

| | | |
|---|---|---|
| insinuação (f) | Andeutung (f) | ['an‚dɔɪtʊŋ] |
| insinuar (vt) | andeuten (vt) | ['an‚dɔɪtən] |
| querer dizer | meinen (vt) | ['maɪnən] |

| | | |
|---|---|---|
| descrição (f) | Beschreibung (f) | [bə'ʃʀaɪbʊŋ] |
| descrever (vt) | beschreiben (vt) | [bə'ʃʀaɪbən] |
| elogio (m) | Lob (n) | [lo:p] |
| elogiar (vt) | loben (vt) | ['lo:bən] |

| | | |
|---|---|---|
| desapontamento (m) | Enttäuschung (f) | [ɛnt'tɔɪʃʊŋ] |
| desapontar (vt) | enttäuschen (vt) | [ɛnt'tɔɪʃən] |
| desapontar-se (vr) | enttäuscht sein | [ɛnt'tɔɪʃt zaɪn] |

| | | |
|---|---|---|
| suposição (f) | Vermutung (f) | [fɛɐ̯'mu:tʊŋ] |
| supor (vt) | vermuten (vt) | [fɛɐ̯'mu:tən] |

| advertência (f) | Warnung (f) | ['vaʁnʊŋ] |
| advertir (vt) | warnen (vt) | ['vaʁnən] |

## 67. Discussão, conversação. Parte 3

| convencer (vt) | überreden (vt) | [y:bɐ'ʀe:dən] |
| acalmar (vt) | beruhigen (vt) | [bə'ʀu:ɪɡən] |

| silêncio (o ~ é de ouro) | Schweigen (n) | ['ʃvaɪɡən] |
| ficar em silêncio | schweigen (vi) | ['ʃvaɪɡən] |
| sussurrar (vt) | flüstern (vt) | ['flʏstɐn] |
| sussurro (m) | Flüstern (n) | ['flʏstɐn] |

| francamente | offen | ['ɔfən] |
| na minha opinião ... | meiner Meinung nach ... | ['maɪnə 'maɪnʊŋ na:χ] |

| detalhe (~ da história) | Detail (n) | [de'taɪ] |
| detalhado (adj) | ausführlich | ['aʊs̩fy:ɐlɪç] |
| detalhadamente | ausführlich | ['aʊs̩fy:ɐlɪç] |

| dica (f) | Tipp (m) | [tɪp] |
| dar uma dica | einen Tipp geben | ['aɪnən tɪp 'ge:bən] |

| olhar (m) | Blick (m) | [blɪk] |
| dar uma olhada | anblicken (vt) | ['anblikən] |
| fixo (olhada ~a) | starr | [ʃtaʁ] |
| piscar (vi) | blinzeln (vi) | ['blɪntsəln] |
| piscar (vt) | zwinkern (vi) | ['tsvɪŋkən] |
| acenar com a cabeça | nicken (vi) | ['nɪkən] |

| suspiro (m) | Seufzer (m) | ['zɔɪftsɐ] |
| suspirar (vi) | aufseufzen (vi) | ['aʊf̩zɔɪftsən] |
| estremecer (vi) | zusammenzucken (vi) | [tsu'zamən̩tsʊkən] |
| gesto (m) | Geste (f) | ['gɛstə] |
| tocar (com as mãos) | berühren (vt) | [bə'ʀy:ʀən] |
| agarrar (~ pelo braço) | ergreifen (vt) | [ɛɐ'gʀaɪfən] |
| bater de leve | klopfen (vt) | ['klɔpfən] |

| Cuidado! | Vorsicht! | ['fo:ɐ̩zɪçt] |
| Sério? | Wirklich? | ['vɪʁklɪç] |
| Boa sorte! | Viel Glück! | [fi:l glʏk] |
| Entendi! | Klar! | [kla:ɐ] |
| Que pena! | Schade! | ['ʃa:də] |

## 68. Acordo. Recusa

| consentimento (~ mútuo) | Einverständnis (n) | ['aɪnfɛɐ̩ʃtɛntnɪs] |
| consentir (vi) | zustimmen (vi) | ['tsu:̩ʃtɪmən] |
| aprovação (f) | Billigung (f) | ['bɪlɪɡʊŋ] |
| aprovar (vt) | billigen (vt) | ['bɪlɪɡən] |
| recusa (f) | Absage (f) | ['ap̩za:gə] |
| negar-se a ... | sich weigern | [zɪç 'vaɪgən] |

| Ótimo! | Ausgezeichnet! | ['ausgǝˌtsaɪçnǝt] |
|---|---|---|
| Tudo bem! | Ganz recht! | [gants ʀɛçt] |
| Está bem! De acordo! | Gut! Okay! | [guːt], [oˈkeː] |

| proibido (adj) | verboten | [fɛɐ'boːtǝn] |
|---|---|---|
| é proibido | Es ist verboten | [ɛs ist fɛɐ'boːtǝn] |
| é impossível | Es ist unmöglich | [ɛs ist 'ʊnmøːklɪç] |
| incorreto (adj) | falsch | [falʃ] |

| rejeitar (~ um pedido) | ablehnen (vt) | ['apˌleːnǝn] |
|---|---|---|
| apoiar (vt) | unterstützen (vt) | [ˌʊnte'ʃtʏtsǝn] |
| aceitar (desculpas, etc.) | akzeptieren (vt) | [ˌaktsɛp'tiːʀǝn] |

| confirmar (vt) | bestätigen (vt) | [bǝ'ʃtɛːtɪgǝn] |
|---|---|---|
| confirmação (f) | Bestätigung (f) | [bǝ'ʃtɛːtɪgʊŋ] |
| permissão (f) | Erlaubnis (f) | [ɛɐ'laupnɪs] |
| permitir (vt) | erlauben (vt) | [ɛɐ'laubǝn] |
| decisão (f) | Entscheidung (f) | [ɛnt'ʃaɪdʊŋ] |
| não dizer nada | schweigen (vi) | ['ʃvaɪgǝn] |

| condição (com uma ~) | Bedingung (f) | [bǝ'dɪŋʊŋ] |
|---|---|---|
| pretexto (m) | Ausrede (f) | ['ausˌʀeːdǝ] |
| elogio (m) | Lob (n) | [loːp] |
| elogiar (vt) | loben (vt) | ['loːbǝn] |

## 69. Sucesso. Boa sorte. Insucesso

| êxito, sucesso (m) | Erfolg (m) | [ɛɐ'fɔlk] |
|---|---|---|
| com êxito | erfolgreich | [ɛɐ'fɔlkʀaɪç] |
| bem sucedido (adj) | erfolgreich | [ɛɐ'fɔlkʀaɪç] |

| sorte (fortuna) | Glück (n) | [glʏk] |
|---|---|---|
| Boa sorte! | Viel Glück! | [fiːl glʏk] |

| de sorte | Glücks- | [glʏks] |
|---|---|---|
| sortudo, felizardo (adj) | glücklich | ['glʏklɪç] |

| fracasso (m) | Misserfolg (m) | ['mɪsʔɛɐˌfɔlk] |
|---|---|---|
| pouca sorte (f) | Missgeschick (n) | ['mɪsgǝˌʃɪk] |
| azar (m), má sorte (f) | Unglück (n) | ['ʊnˌglʏk] |

| mal sucedido (adj) | missglückt | [mɪs'glʏkt] |
|---|---|---|
| catástrofe (f) | Katastrophe (f) | [ˌkatas'tʀoːfǝ] |

| orgulho (m) | Stolz (m) | [ʃtɔlts] |
|---|---|---|
| orgulhoso (adj) | stolz | [ʃtɔlts] |
| estar orgulhoso, -a | stolz sein | [ʃtɔlts zaɪn] |

| vencedor (m) | Sieger (m) | ['ziːgɐ] |
|---|---|---|
| vencer (vi, vt) | siegen (vi) | ['ziːgǝn] |
| perder (vt) | verlieren (vt) | [fɛɐ'liːʀǝn] |
| tentativa (f) | Versuch (m) | [fɛɐ'zuːx] |
| tentar (vt) | versuchen (vt) | [fɛɐ'zuːxǝn] |
| chance (m) | Chance (f) | ['ʃaŋsǝ] |

## 70. Conflitos. Emoções negativas

| | | |
|---|---|---|
| grito (m) | Schrei (m) | [ʃʀaɪ] |
| gritar (vi) | schreien (vi) | ['ʃʀaɪən] |
| começar a gritar | beginnen zu schreien | [bə'gɪnən tsu 'ʃʀaɪən] |

| | | |
|---|---|---|
| discussão (f) | Zank (m) | [tsaŋk] |
| brigar (discutir) | sich zanken | [zɪç 'tsaŋkən] |
| escândalo (m) | Riesenkrach (m) | ['ʀi:zən‚kʀaχ] |
| criar escândalo | Krach haben | ['kʀaχ ha:bən] |
| conflito (m) | Konflikt (m) | [kɔn'flɪkt] |
| mal-entendido (m) | Missverständnis (n) | ['mɪsfɛɐ̯ʃtɛntnɪs] |

| | | |
|---|---|---|
| insulto (m) | Kränkung (f) | ['kʀɛŋkʊŋ] |
| insultar (vt) | kränken (vt) | ['kʀɛŋkən] |
| insultado (adj) | gekränkt | [gə'kʀɛŋkt] |
| ofensa (f) | Beleidigung (f) | [bə'laɪdɪgʊŋ] |
| ofender (vt) | beleidigen (vt) | [bə'laɪdɪgən] |
| ofender-se (vr) | sich beleidigt fühlen | [zɪç bə'laɪdɪçt 'fy:lən] |

| | | |
|---|---|---|
| indignação (f) | Empörung (f) | [ɛm'pø:ʀʊŋ] |
| indignar-se (vr) | sich empören | [zɪç ɛm'pø:ʀən] |
| queixa (f) | Klage (f) | ['kla:gə] |
| queixar-se (vr) | klagen (vi) | ['kla:gən] |

| | | |
|---|---|---|
| desculpa (f) | Entschuldigung (f) | [ɛnt'ʃʊldɪgʊŋ] |
| desculpar-se (vr) | sich entschuldigen | [zɪç ɛnt'ʃʊldɪgən] |
| pedir perdão | um Entschuldigung bitten | [ʊm ɛnt'ʃʊldɪgʊŋ 'bɪtən] |

| | | |
|---|---|---|
| crítica (f) | Kritik (f) | [kʀi'ti:k] |
| criticar (vt) | kritisieren (vt) | [kʀiti'zi:ʀən] |
| acusação (f) | Anklage (f) | ['ankla:gə] |
| acusar (vt) | anklagen (vt) | ['an‚kla:gən] |

| | | |
|---|---|---|
| vingança (f) | Rache (f) | ['ʀaχə] |
| vingar (vt) | rächen (vt) | ['ʀɛçən] |
| vingar-se de | sich rächen | [zɪç 'ʀɛçən] |

| | | |
|---|---|---|
| desprezo (m) | Verachtung (f) | [fɛɐ̯'ʔaχtʊŋ] |
| desprezar (vt) | verachten (vt) | [fɛɐ̯'ʔaχtən] |
| ódio (m) | Hass (m) | [has] |
| odiar (vt) | hassen (vt) | ['hasən] |

| | | |
|---|---|---|
| nervoso (adj) | nervös | [nɛɐ̯'vø:s] |
| estar nervoso | nervös sein | [nɛɐ̯'vø:s zaɪn] |
| zangado (adj) | verärgert | [fɛɐ̯'ɛɐ̯gət] |
| zangar (vt) | ärgern (vt) | ['ɛɐ̯gən] |

| | | |
|---|---|---|
| humilhação (f) | Erniedrigung (f) | [ɛɐ̯'ni:dʀɪgʊŋ] |
| humilhar (vt) | erniedrigen (vt) | [ɛɐ̯'ni:dʀɪgən] |
| humilhar-se (vr) | sich erniedrigen | [zɪç ɛɐ̯'ni:dʀɪgən] |

| | | |
|---|---|---|
| choque (m) | Schock (m) | [ʃɔk] |
| chocar (vt) | schockieren (vt) | [ʃɔ'ki:ʀən] |
| aborrecimento (m) | Ärger (m) | ['ɛɐ̯gɐ] |

| | | |
|---|---|---|
| desagradável (adj) | unangenehm | ['ʊnʔangəˌneːm] |
| medo (m) | Angst (f) | ['aŋst] |
| terrível (tempestade, etc.) | furchtbar | ['fʊʁçtbaːɐ] |
| assustador (ex. história ~a) | schrecklich | ['ʃʁɛklɪç] |
| horror (m) | Entsetzen (n) | [ɛnt'zɛtsən] |
| horrível (crime, etc.) | entsetzlich | [ɛnt'zɛtslɪç] |

| | | |
|---|---|---|
| começar a tremer | zittern (vi) | ['tsɪtən] |
| chorar (vi) | weinen (vi) | ['vaɪnən] |
| começar a chorar | anfangen zu weinen | ['anˌfaŋən tsu: 'vaɪnən] |
| lágrima (f) | Träne (f) | ['tʁɛːnə] |

| | | |
|---|---|---|
| falta (f) | Schuld (f) | [ʃʊlt] |
| culpa (f) | Schuldgefühl (n) | ['ʃʊltgəˌfyːl] |
| desonra (f) | Schmach (f) | [ʃmaːx] |
| protesto (m) | Protest (m) | [pʁo'tɛst] |
| estresse (m) | Stress (m) | [stʁɛs] |

| | | |
|---|---|---|
| perturbar (vt) | stören (vt) | ['ʃtøːʁən] |
| zangar-se com ... | sich ärgern | [zɪç 'ɛʁgən] |
| zangado (irritado) | ärgerlich | ['ɛʁgəˌlɪç] |
| terminar (vt) | abbrechen (vi) | ['apˌbʁɛçən] |
| praguejar | schelten (vi) | ['ʃɛltən] |

| | | |
|---|---|---|
| assustar-se | erschrecken (vi) | [ɛɐ'ʃʁɛkən] |
| golpear (vt) | schlagen (vt) | ['ʃlaːgən] |
| brigar (na rua, etc.) | sich prügeln | [zɪç 'pʁyːgəln] |

| | | |
|---|---|---|
| resolver (o conflito) | beilegen (vt) | ['baɪˌleːgən] |
| descontente (adj) | unzufrieden | ['ʊntsuˌfʁiːdən] |
| furioso (adj) | wütend | ['vyːtənt] |

| | | |
|---|---|---|
| Não está bem! | Das ist nicht gut! | [das is nɪçt guːt] |
| É ruim! | Das ist schlecht! | [das is ʃlɛçt] |

# Medicina

## 71. Doenças

| | | |
|---|---|---|
| doença (f) | Krankheit (f) | ['kʁaŋkhaɪt] |
| estar doente | krank sein | [kʁaŋk zaɪn] |
| saúde (f) | Gesundheit (f) | [gə'zʊnthaɪt] |

| | | |
|---|---|---|
| nariz (m) escorrendo | Schnupfen (m) | ['ʃnʊpfən] |
| amigdalite (f) | Angina (f) | [aŋ'gi:na] |
| resfriado (m) | Erkältung (f) | [ɛɐ'kɛltʊŋ] |
| ficar resfriado | sich erkälten | [zɪç ɛɐ'kɛltən] |

| | | |
|---|---|---|
| bronquite (f) | Bronchitis (f) | [bʁɔn'çi:tɪs] |
| pneumonia (f) | Lungenentzündung (f) | ['lʊŋən?ɛnt͡tsʏndʊŋ] |
| gripe (f) | Grippe (f) | ['gʁɪpə] |

| | | |
|---|---|---|
| míope (adj) | kurzsichtig | ['kʊɐts͡tsɪçtɪç] |
| presbita (adj) | weitsichtig | ['vaɪt͡tsɪçtɪç] |
| estrabismo (m) | Schielen (n) | ['ʃi:lən] |
| estrábico, vesgo (adj) | schielend | ['ʃi:lənt] |
| catarata (f) | grauer Star (m) | ['gʁaʊɐ ʃta:ɐ] |
| glaucoma (m) | Glaukom (n) | [glau'ko:m] |

| | | |
|---|---|---|
| AVC (m), apoplexia (f) | Schlaganfall (m) | ['ʃla:k?an͡fal] |
| ataque (m) cardíaco | Infarkt (m) | [ɪn'faʁkt] |
| enfarte (m) do miocárdio | Herzinfarkt (m) | ['hɛɐts?ɪn͡faʁkt] |
| paralisia (f) | Lähmung (f) | ['lɛ:mʊŋ] |
| paralisar (vt) | lähmen (vt) | ['lɛ:mən] |

| | | |
|---|---|---|
| alergia (f) | Allergie (f) | [ˌalɛɐ'gi:] |
| asma (f) | Asthma (n) | ['astma] |
| diabetes (f) | Diabetes (m) | [dia'be:tɛs] |

| | | |
|---|---|---|
| dor (f) de dente | Zahnschmerz (m) | ['tsa:n͡ʃmɛɐts] |
| cárie (f) | Karies (f) | ['ka:ʁiɛs] |

| | | |
|---|---|---|
| diarreia (f) | Durchfall (m) | ['dʊʁç͡fal] |
| prisão (f) de ventre | Verstopfung (f) | [fɛɐ'ʃtɔpfʊŋ] |
| desarranjo (m) intestinal | Magenverstimmung (f) | ['ma:gən·fɛɐˌʃtɪmʊŋ] |
| intoxicação (f) alimentar | Vergiftung (f) | [fɛɐ'gɪftʊŋ] |
| intoxicar-se | Vergiftung bekommen | [fɛɐ'gɪftʊŋ bə'kɔmən] |

| | | |
|---|---|---|
| artrite (f) | Arthritis (f) | [aʁ'tʁi:tɪs] |
| raquitismo (m) | Rachitis (f) | [ʁa'çi:tɪs] |
| reumatismo (m) | Rheumatismus (m) | [ʁɔɪma'tɪsmʊs] |
| arteriosclerose (f) | Atherosklerose (f) | [atɛʁoskle'ʁo:zə] |

| | | |
|---|---|---|
| gastrite (f) | Gastritis (f) | [gas'tʁi:tɪs] |
| apendicite (f) | Blinddarmentzündung (f) | ['blɪntdaʁm?ɛnt͡tsʏndʊŋ] |

| colecistite (f) | Cholezystitis (f) | [çoletsʏs'tiːtɪs] |
| úlcera (f) | Geschwür (n) | [gə'ʃvyːɐ] |

| sarampo (m) | Masern (pl) | ['maːzɐn] |
| rubéola (f) | Röteln (pl) | ['ʀøːtəln] |
| icterícia (f) | Gelbsucht (f) | ['gɛlpˌzuχt] |
| hepatite (f) | Hepatitis (f) | [ˌhepa'tiːtɪs] |

| esquizofrenia (f) | Schizophrenie (f) | [ʃitsofʀe'niː] |
| raiva (f) | Tollwut (f) | ['tɔlˌvuːt] |
| neurose (f) | Neurose (f) | [nɔɪ'ʀoːzə] |
| contusão (f) cerebral | Gehirnerschütterung (f) | [gə'hɪ ʀn?ɛɐˌ ʃʏtɐʀʊŋ] |

| câncer (m) | Krebs (m) | [kʀeːps] |
| esclerose (f) | Sklerose (f) | [skle'ʀoːzə] |
| esclerose (f) múltipla | multiple Sklerose (f) | [mʊl'tiːplə skle'ʀoːzə] |

| alcoolismo (m) | Alkoholismus (m) | [ˌalkoho'lɪsmʊs] |
| alcoólico (m) | Alkoholiker (m) | [alko'hoːlikɐ] |
| sífilis (f) | Syphilis (f) | ['zyːfilɪs] |
| AIDS (f) | AIDS | ['eɪts] |

| tumor (m) | Tumor (m) | ['tuːmoːɐ] |
| maligno (adj) | bösartig | ['bøːsˌ?aːɐtɪç] |
| benigno (adj) | gutartig | ['guːtˌ?aːɐtɪç] |
| febre (f) | Fieber (n) | ['fiːbɐ] |
| malária (f) | Malaria (f) | [ma'laːʀɪa] |
| gangrena (f) | Gangrän (f, n) | [gaŋ'gʀɛːn] |
| enjoo (m) | Seekrankheit (f) | ['zeːˌkʀaŋkhaɪt] |
| epilepsia (f) | Epilepsie (f) | [epilɛ'psiː] |

| epidemia (f) | Epidemie (f) | [epide'miː] |
| tifo (m) | Typhus (m) | ['tyːfʊs] |
| tuberculose (f) | Tuberkulose (f) | [tubɛʀku'loːzə] |
| cólera (f) | Cholera (f) | ['koːleʀa] |
| peste (f) bubônica | Pest (f) | [pɛst] |

## 72. Sintomas. Tratamentos. Parte 1

| sintoma (m) | Symptom (n) | [zʏmp'toːm] |
| temperatura (f) | Temperatur (f) | [tɛmpəʀa'tuːɐ] |
| febre (f) | Fieber (n) | ['fiːbɐ] |
| pulso (m) | Puls (m) | [pʊls] |

| vertigem (f) | Schwindel (m) | ['ʃvɪndəl] |
| quente (testa, etc.) | heiß | [haɪs] |
| calafrio (m) | Schüttelfrost (m) | ['ʃʏtəlˌfʀɔst] |
| pálido (adj) | blass | [blas] |

| tosse (f) | Husten (m) | ['huːstən] |
| tossir (vi) | husten (vi) | ['huːstən] |
| espirrar (vi) | niesen (vi) | ['niːzən] |
| desmaio (m) | Ohnmacht (f) | ['oːnˌmaχt] |
| desmaiar (vi) | ohnmächtig werden | ['oːnˌmɛçtɪç 'veːɐdən] |

| | | |
|---|---|---|
| mancha (f) preta | blauer Fleck (m) | ['blaʊɐ flɛk] |
| galo (m) | Beule (f) | ['bɔɪlə] |
| machucar-se (vr) | sich stoßen | [zɪç 'ʃto:sən] |
| contusão (f) | Prellung (f) | ['pʀɛlʊŋ] |
| machucar-se (vr) | sich stoßen | [zɪç 'ʃto:sən] |

| | | |
|---|---|---|
| mancar (vi) | hinken (vi) | ['hɪŋkən] |
| deslocamento (f) | Verrenkung (f) | [fɛɐ'ʀɛnkuŋ] |
| deslocar (vt) | ausrenken (vt) | ['aʊs‚ʀɛŋkən] |
| fratura (f) | Fraktur (f) | [fʀak'tu:ɐ] |
| fraturar (vt) | brechen (vt) | ['bʀɛçən] |

| | | |
|---|---|---|
| corte (m) | Schnittwunde (f) | ['ʃnɪt‚vʊndə] |
| cortar-se (vr) | sich schneiden | [zɪç 'ʃnaɪdən] |
| hemorragia (f) | Blutung (f) | ['blu:tʊŋ] |

| | | |
|---|---|---|
| queimadura (f) | Verbrennung (f) | [fɛɐ'bʀɛnʊŋ] |
| queimar-se (vr) | sich verbrennen | [zɪç fɛɐ'bʀɛnən] |

| | | |
|---|---|---|
| picar (vt) | stechen (vt) | ['ʃtɛçən] |
| picar-se (vr) | sich stechen | [zɪç 'ʃtɛçən] |
| lesionar (vt) | verletzen (vt) | [fɛɐ'lɛtsən] |
| lesão (m) | Verletzung (f) | [fɛɐ'lɛtsʊŋ] |
| ferida (f), ferimento (m) | Wunde (f) | ['vʊndə] |
| trauma (m) | Trauma (n) | ['tʀaʊma] |

| | | |
|---|---|---|
| delirar (vi) | irrereden (vi) | ['ɪʀə‚ʀe:dən] |
| gaguejar (vi) | stottern (vi) | ['ʃtotən] |
| insolação (f) | Sonnenstich (m) | ['zɔnənʃtɪç] |

## 73. Sintomas. Tratamentos. Parte 2

| | | |
|---|---|---|
| dor (f) | Schmerz (m) | [ʃmɛʁts] |
| farpa (no dedo, etc.) | Splitter (m) | ['ʃplɪtɐ] |

| | | |
|---|---|---|
| suor (m) | Schweiß (m) | [ʃvaɪs] |
| suar (vi) | schwitzen (vi) | ['ʃvɪtsən] |
| vômito (m) | Erbrechen (n) | [ɛɐ'bʀɛçən] |
| convulsões (f pl) | Krämpfe (pl) | ['kʀɛmpfə] |

| | | |
|---|---|---|
| grávida (adj) | schwanger | ['ʃvaŋɐ] |
| nascer (vi) | geboren sein | [gə'bo:ʀən zaɪn] |
| parto (m) | Geburt (f) | [gə'bu:ɐt] |
| dar à luz | gebären (vt) | [gə'bɛ:ʀən] |
| aborto (m) | Abtreibung (f) | ['ap‚tʀaɪbʊŋ] |

| | | |
|---|---|---|
| respiração (f) | Atem (m) | ['a:təm] |
| inspiração (f) | Atemzug (m) | ['a:təm‚tsu:k] |
| expiração (f) | Ausatmung (f) | ['aʊs‚ʔa:tmʊŋ] |
| expirar (vi) | ausatmen (vt) | ['aʊs‚ʔa:tmən] |
| inspirar (vi) | einatmen (vt) | ['aɪn‚ʔa:tmən] |

| | | |
|---|---|---|
| inválido (m) | Invalide (m) | [ɪnva'li:də] |
| aleijado (m) | Krüppel (m) | ['kʀʏpəl] |

| | | |
|---|---|---|
| drogado (m) | Drogenabhängiger (m) | ['dʀo:gən,ʔaphɛŋɪgə] |
| surdo (adj) | taub | [taʊp] |
| mudo (adj) | stumm | [ʃtʊm] |
| surdo-mudo (adj) | taubstumm | ['taʊpʃtʊm] |

| | | |
|---|---|---|
| louco, insano (adj) | verrückt | [fɛɐ'ʀʏkt] |
| louco (m) | Irre (m) | ['ɪʀə] |
| louca (f) | Irre (f) | ['ɪʀə] |
| ficar louco | den Verstand verlieren | [den fɛɐ'ʃtant fɛɐ'li:ʀən] |

| | | |
|---|---|---|
| gene (m) | Gen (n) | [ge:n] |
| imunidade (f) | Immunität (f) | [ɪmuni'tɛ:t] |
| hereditário (adj) | erblich | ['ɛɐplɪç] |
| congênito (adj) | angeboren | ['angə,bo:ʀən] |

| | | |
|---|---|---|
| vírus (m) | Virus (m, n) | ['vi:ʀʊs] |
| micróbio (m) | Mikrobe (f) | [mi'kʀo:bə] |
| bactéria (f) | Bakterie (f) | [bak'te:ʀɪə] |
| infecção (f) | Infektion (f) | [ɪnfɛk'tsjo:n] |

## 74. Sintomas. Tratamentos. Parte 3

| | | |
|---|---|---|
| hospital (m) | Krankenhaus (n) | ['kʀaŋkən,haʊs] |
| paciente (m) | Patient (m) | [pa'tsɪɛnt] |

| | | |
|---|---|---|
| diagnóstico (m) | Diagnose (f) | [dia'gno:zə] |
| cura (f) | Heilung (f) | ['haɪlʊŋ] |
| tratamento (m) médico | Behandlung (f) | [bə'handlʊŋ] |
| curar-se (vr) | Behandlung bekommen | [bə'handlʊŋ bə'kɔmən] |
| tratar (vt) | behandeln (vt) | [bə'handəln] |
| cuidar (pessoa) | pflegen (vt) | ['pfle:gən] |
| cuidado (m) | Pflege (f) | ['pfle:gə] |

| | | |
|---|---|---|
| operação (f) | Operation (f) | [opəʀa'tsjo:n] |
| enfaixar (vt) | verbinden (vt) | [fɛɐ'bɪndən] |
| enfaixamento (m) | Verband (m) | [fɛɐ'bant] |

| | | |
|---|---|---|
| vacinação (f) | Impfung (f) | ['ɪmpfʊŋ] |
| vacinar (vt) | impfen (vt) | ['ɪmpfən] |
| injeção (f) | Spritze (f) | ['ʃpʀɪtsə] |
| dar uma injeção | eine Spritze geben | ['aɪnə 'ʃpʀɪtsə 'ge:bən] |

| | | |
|---|---|---|
| ataque (~ de asma, etc.) | Anfall (m) | ['an,fal] |
| amputação (f) | Amputation (f) | [amputa'tsjo:n] |
| amputar (vt) | amputieren (vt) | [ampu'ti:ʀən] |
| coma (f) | Koma (n) | ['ko:ma] |
| estar em coma | im Koma liegen | [ɪm 'ko:ma 'li:gən] |
| reanimação (f) | Reanimation (f) | [ʀe?anima'tsjo:n] |

| | | |
|---|---|---|
| recuperar-se (vr) | genesen von ... | [gə'ne:zən fɔn] |
| estado (~ de saúde) | Zustand (m) | ['tsu:,ʃtant] |
| consciência (perder a ~) | Bewusstsein (n) | [bə'vʊstzaɪn] |
| memória (f) | Gedächtnis (n) | [gə'dɛçtnɪs] |
| tirar (vt) | ziehen (vt) | ['tsi:ən] |

| obturação (f) | Plombe (f) | ['plɔmbə] |
| obturar (vt) | plombieren (vt) | [plɔm'bi:ʀən] |

| hipnose (f) | Hypnose (f) | [hʏp'no:zə] |
| hipnotizar (vt) | hypnotisieren (vt) | [hʏpnoti'zi:ʀən] |

## 75. Médicos

| médico (m) | Arzt (m) | [aʁtst] |
| enfermeira (f) | Krankenschwester (f) | [kʀaŋkənʃvɛstə] |
| médico (m) pessoal | Privatarzt (m) | [pʀi'va:t͜ʔaʁtst] |

| dentista (m) | Zahnarzt (m) | ['tsa:n͜ʔaʁtst] |
| oculista (m) | Augenarzt (m) | ['aʊgən͜ʔaʁtst] |
| terapeuta (m) | Internist (m) | [ɪntɐ'nɪst] |
| cirurgião (m) | Chirurg (m) | [çi'ʀuʁk] |

| psiquiatra (m) | Psychiater (m) | [psy'çɪa:tɐ] |
| pediatra (m) | Kinderarzt (m) | ['kɪndɐ͜ʔaʁtst] |
| psicólogo (m) | Psychologe (m) | [psyço'lo:gə] |
| ginecologista (m) | Frauenarzt (m) | ['fʀaʊən͜ʔaʁtst] |
| cardiologista (m) | Kardiologe (m) | [kaʁdɪo'lo:gə] |

## 76. Medicina. Drogas. Acessórios

| medicamento (m) | Arznei (f) | [aʁts'naɪ] |
| remédio (m) | Heilmittel (n) | ['haɪl͜mɪtəl] |
| receitar (vt) | verschreiben (vt) | [fɛɐ'ʃʀaɪbən] |
| receita (f) | Rezept (n) | [ʀe'tsɛpt] |

| comprimido (m) | Tablette (f) | [tab'letə] |
| unguento (m) | Salbe (f) | ['zalbə] |
| ampola (f) | Ampulle (f) | [am'pʊlə] |
| solução, preparado (m) | Mixtur (f) | [mɪks'tu:ɐ] |
| xarope (m) | Sirup (m) | ['zi:ʀʊp] |
| cápsula (f) | Pille (f) | ['pɪlə] |
| pó (m) | Pulver (n) | ['pʊlfɐ] |

| atadura (f) | Verband (m) | [fɛɐ'bant] |
| algodão (m) | Watte (f) | ['vatə] |
| iodo (m) | Jod (n) | [jo:t] |

| curativo (m) adesivo | Pflaster (n) | ['pflastɐ] |
| conta-gotas (m) | Pipette (f) | [pi'pɛtə] |
| termômetro (m) | Thermometer (n) | [tɛʁmo'me:tɐ] |
| seringa (f) | Spritze (f) | ['ʃpʀɪtsə] |

| cadeira (f) de rodas | Rollstuhl (m) | ['ʀɔlʃtu:l] |
| muletas (f pl) | Krücken (pl) | ['kʀʏkən] |

| analgésico (m) | Betäubungsmittel (n) | [bə'tɔɪbʊŋs͜mɪtəl] |
| laxante (m) | Abführmittel (n) | ['apfy:ɐ͜mɪtəl] |

| | | |
|---|---|---|
| álcool (m) | **Spiritus** (m) | ['spi:Ritʊs] |
| ervas (f pl) medicinais | **Heilkraut** (n) | ['haɪlˌkRaʊt] |
| de ervas (chá ~) | **Kräuter-** | ['kRɔɪtə] |

## 77. Fumar. Produtos tabágicos

| | | |
|---|---|---|
| tabaco (m) | **Tabak** (m) | ['ta:bak] |
| cigarro (m) | **Zigarette** (f) | [tsiga'Rɛtə] |
| charuto (m) | **Zigarre** (f) | [tsi'gaRə] |
| cachimbo (m) | **Pfeife** (f) | ['pfaɪfə] |
| maço (~ de cigarros) | **Packung** (f) | ['pakʊŋ] |
| | | |
| fósforos (m pl) | **Streichhölzer** (pl) | ['ʃtRaɪçˌhœltsə] |
| caixa (f) de fósforos | **Streichholzschachtel** (f) | ['ʃtRaɪç·holtsˌʃaxtəl] |
| isqueiro (m) | **Feuerzeug** (n) | ['fɔɪɐˌtsɔɪk] |
| cinzeiro (m) | **Aschenbecher** (m) | ['aʃən·bɛçɐ] |
| cigarreira (f) | **Zigarettenetui** (n) | [tsiga'Rɛtənʔɛtˌvi:] |
| | | |
| piteira (f) | **Mundstück** (n) | ['mʊntʃtʏk] |
| filtro (m) | **Filter** (n) | ['fɪltɐ] |
| | | |
| fumar (vi, vt) | **rauchen** (vi, vt) | ['Raʊxən] |
| acender um cigarro | **anrauchen** (vt) | ['anˌRaʊxən] |
| tabagismo (m) | **Rauchen** (n) | ['Raʊxən] |
| fumante (m) | **Raucher** (m) | ['Raʊxɐ] |
| | | |
| bituca (f) | **Stummel** (m) | ['ʃtʊməl] |
| fumaça (f) | **Rauch** (m) | [Raʊx] |
| cinza (f) | **Asche** (f) | ['aʃə] |

# HABITAT HUMANO

## Cidade

### 78. Cidade. Vida na cidade

| | | |
|---|---|---|
| cidade (f) | **Stadt** (f) | [ʃtat] |
| capital (f) | **Hauptstadt** (f) | [ˈhaʊptˌʃtat] |
| aldeia (f) | **Dorf** (n) | [dɔʁf] |
| | | |
| mapa (m) da cidade | **Stadtplan** (m) | [ˈʃtatˌplaːn] |
| centro (m) da cidade | **Stadtzentrum** (n) | [ˈʃtatˌtsɛntʁʊm] |
| subúrbio (m) | **Vorort** (m) | [ˈfoːɐˌʔɔʁt] |
| suburbano (adj) | **Vorort-** | [ˈfoːɐˌʔɔʁt] |
| | | |
| periferia (f) | **Stadtrand** (m) | [ˈʃtatˌʁant] |
| arredores (m pl) | **Umgebung** (f) | [ʊmˈgeːbʊŋ] |
| quarteirão (m) | **Stadtviertel** (n) | [ˈʃtatˌfɪʁtəl] |
| quarteirão (m) residencial | **Wohnblock** (m) | [ˈvoːnˌblɔk] |
| | | |
| tráfego (m) | **Straßenverkehr** (m) | [ˈʃtʁaːsən·fɛɐˌkeːɐ] |
| semáforo (m) | **Ampel** (f) | [ˈampəl] |
| transporte (m) público | **Stadtverkehr** (m) | [ˈʃtat·fɛɐˈkeːɐ] |
| cruzamento (m) | **Straßenkreuzung** (f) | [ˈʃtʁaːsənˌkʁɔɪtsʊŋ] |
| | | |
| faixa (f) | **Übergang** (m) | [ˈyːbɐˌgaŋ] |
| túnel (m) subterrâneo | **Fußgängerunterführung** (f) | [ˈfuːsˌgɛŋɐ·ʊntɐˈfyːʁʊŋ] |
| cruzar, atravessar (vt) | **überqueren** (vt) | [yːbɐˈkveːʁən] |
| pedestre (m) | **Fußgänger** (m) | [ˈfuːsˌgɛŋɐ] |
| calçada (f) | **Gehweg** (m) | [ˈgeːˌveːk] |
| | | |
| ponte (f) | **Brücke** (f) | [ˈbʁʏkə] |
| margem (f) do rio | **Kai** (m) | [kaɪ] |
| fonte (f) | **Springbrunnen** (m) | [ˈʃpʁɪŋˌbʁʊnən] |
| | | |
| alameda (f) | **Allee** (f) | [aˈleː] |
| parque (m) | **Park** (m) | [paʁk] |
| bulevar (m) | **Boulevard** (m) | [buləˈvaːɐ] |
| praça (f) | **Platz** (m) | [plats] |
| avenida (f) | **Avenue** (f) | [avəˈnyː] |
| rua (f) | **Straße** (f) | [ˈʃtʁaːsə] |
| travessa (f) | **Gasse** (f) | [ˈgasə] |
| beco (m) sem saída | **Sackgasse** (f) | [ˈzakˌgasə] |
| | | |
| casa (f) | **Haus** (n) | [haʊs] |
| edifício, prédio (m) | **Gebäude** (n) | [gəˈbɔɪdə] |
| arranha-céu (m) | **Wolkenkratzer** (m) | [ˈvɔlkənˌkʁatsə] |
| fachada (f) | **Fassade** (f) | [faˈsaːdə] |
| telhado (m) | **Dach** (n) | [daχ] |

| | | |
|---|---|---|
| janela (f) | Fenster (n) | ['fɛnstɐ] |
| arco (m) | Bogen (m) | ['bo:gən] |
| coluna (f) | Säule (f) | ['zɔɪlə] |
| esquina (f) | Ecke (f) | ['ɛkə] |

| | | |
|---|---|---|
| vitrine (f) | Schaufenster (n) | ['ʃaʊˌfɛnstɐ] |
| letreiro (m) | Firmenschild (n) | ['fɪʁmənˌʃɪlt] |
| cartaz (do filme, etc.) | Anschlag (m) | ['anˌʃla:k] |
| cartaz (m) publicitário | Werbeposter (m) | ['vɛʁbəˌpo:stɐ] |
| painel (m) publicitário | Werbeschild (n) | ['vɛʁbəˌʃɪlt] |

| | | |
|---|---|---|
| lixo (m) | Müll (m) | [mʏl] |
| lata (f) de lixo | Mülleimer (m) | ['mʏlˌʔaɪmɐ] |
| jogar lixo na rua | Abfall wegwerfen | ['apfal 'vɛkˌvɛʁfən] |
| aterro (m) sanitário | Mülldeponie (f) | ['mʏl·depoˌni:] |

| | | |
|---|---|---|
| orelhão (m) | Telefonzelle (f) | [tele'fo:nˌtsɛlə] |
| poste (m) de luz | Straßenlaterne (f) | ['ʃtʁa:sən·laˌtɛʁnə] |
| banco (m) | Bank (f) | [baŋk] |

| | | |
|---|---|---|
| polícia (m) | Polizist (m) | [poli'tsɪst] |
| polícia (instituição) | Polizei (f) | [ˌpoli'tsaɪ ] |
| mendigo, pedinte (m) | Bettler (m) | ['bɛtlɐ] |
| desabrigado (m) | Obdachlose (m) | ['ɔpdaxˌlo:zə] |

## 79. Instituições urbanas

| | | |
|---|---|---|
| loja (f) | Laden (m) | ['la:dən] |
| drogaria (f) | Apotheke (f) | [apo'te:kə] |
| ótica (f) | Optik (f) | ['ɔptɪk] |
| centro (m) comercial | Einkaufszentrum (n) | ['aɪnkaʊfsˌtsɛntʁʊm] |
| supermercado (m) | Supermarkt (m) | ['zu:pɐˌmaʁkt] |

| | | |
|---|---|---|
| padaria (f) | Bäckerei (f) | [ˌbɛkə'ʁaɪ] |
| padeiro (m) | Bäcker (m) | ['bɛkɐ] |
| pastelaria (f) | Konditorei (f) | [ˌkɔndito'ʁaɪ] |
| mercearia (f) | Lebensmittelladen (m) | ['le:bənsˌmɪtəl·la:dən] |
| açougue (m) | Metzgerei (f) | [mɛtsgə'ʁaɪ] |

| | | |
|---|---|---|
| fruteira (f) | Gemüseladen (m) | [gə'my:zəˌla:dən] |
| mercado (m) | Markt (m) | [maʁkt] |

| | | |
|---|---|---|
| cafeteria (f) | Kaffeehaus (n) | [ka'fe:ˌhaʊs] |
| restaurante (m) | Restaurant (n) | [ʁɛsto'ʁaŋ] |
| bar (m) | Bierstube (f) | ['bi:ɐˌʃtu:bə] |
| pizzaria (f) | Pizzeria (f) | [pɪtse'ʁi:a] |

| | | |
|---|---|---|
| salão (m) de cabeleireiro | Friseursalon (m) | [fʁi'zø:ɐ·zaˌlɔŋ] |
| agência (f) dos correios | Post (f) | [pɔst] |
| lavanderia (f) | chemische Reinigung (f) | [çe:mɪʃə 'ʁaɪnɪgʊŋ] |
| estúdio (m) fotográfico | Fotostudio (n) | ['fotoˌʃtu:dɪo] |

| | | |
|---|---|---|
| sapataria (f) | Schuhgeschäft (n) | ['ʃu:gəˌʃɛft] |
| livraria (f) | Buchhandlung (f) | ['bu:xˌhandlʊŋ] |

| loja (f) de artigos esportivos | Sportgeschäft (n) | ['ʃpɔʁt·gə'ʃɛft] |
| costureira (m) | Kleiderreparatur (f) | ['klaɪdɐ‚ʁepaʁa'tu:ɐ] |
| aluguel (m) de roupa | Bekleidungsverleih (m) | [bə'klaɪdʊŋs·fɛɐ'laɪ] |
| videolocadora (f) | Videothek (f) | [video'te:k] |

| circo (m) | Zirkus (m) | ['tsɪʁkʊs] |
| jardim (m) zoológico | Zoo (m) | ['tso:] |
| cinema (m) | Kino (n) | ['ki:no] |
| museu (m) | Museum (n) | [mu'ze:ʊm] |
| biblioteca (f) | Bibliothek (f) | [biblio'te:k] |

| teatro (m) | Theater (n) | [te'a:tɐ] |
| ópera (f) | Opernhaus (n) | ['o:pɐn‚haʊs] |
| boate (casa noturna) | Nachtklub (m) | ['naχt‚klʊp] |
| cassino (m) | Kasino (n) | [ka'zi:no] |

| mesquita (f) | Moschee (f) | [mɔ'ʃe:] |
| sinagoga (f) | Synagoge (f) | [zyna'go:gə] |
| catedral (f) | Kathedrale (f) | [kate'dʁa:lə] |
| templo (m) | Tempel (m) | ['tɛmpəl] |
| igreja (f) | Kirche (f) | ['kɪʁçə] |

| faculdade (f) | Institut (n) | [ɪnsti'tu:t] |
| universidade (f) | Universität (f) | [univɛʁzi'tɛ:t] |
| escola (f) | Schule (f) | ['ʃu:lə] |

| prefeitura (f) | Präfektur (f) | [pʁɛfɛk'tu:ɐ] |
| câmara (f) municipal | Rathaus (n) | ['ʁa:t‚haʊs] |
| hotel (m) | Hotel (n) | [ho'tɛl] |
| banco (m) | Bank (f) | [baŋk] |

| embaixada (f) | Botschaft (f) | ['bo:tʃaft] |
| agência (f) de viagens | Reisebüro (n) | ['ʁaɪzə·by‚ʁo:] |
| agência (f) de informações | Informationsbüro (n) | [ɪnfɔʁma'tsjo:ns·by‚ʁo:] |
| casa (f) de câmbio | Wechselstube (f) | ['vɛksəlˌʃtu:bə] |

| metrô (m) | U-Bahn (f) | ['u:ba:n] |
| hospital (m) | Krankenhaus (n) | ['kʁaŋkən‚haʊs] |

| posto (m) de gasolina | Tankstelle (f) | ['taŋkˌʃtɛlə] |
| parque (m) de estacionamento | Parkplatz (m) | ['paʁk‚plats] |

## 80. Sinais

| letreiro (m) | Firmenschild (n) | ['fɪʁmənˌʃɪlt] |
| aviso (m) | Aufschrift (f) | ['aʊfˌʃʁɪft] |
| cartaz, pôster (m) | Plakat (n) | [pla'ka:t] |
| placa (f) de direção | Wegweiser (m) | ['vɛkˌvaɪzɐ] |
| seta (f) | Pfeil (m) | [pfaɪl] |

| aviso (advertência) | Vorsicht (f) | ['fo:ɐˌzɪçt] |
| sinal (m) de aviso | Warnung (f) | ['vaʁnʊŋ] |
| avisar, advertir (vt) | warnen (vt) | ['vaʁnən] |
| dia (m) de folga | freier Tag (m) | ['fʁaɪɐ ta:k] |

| horário (~ dos trens, etc.)<br>horário (m) | Fahrplan (m)<br>Öffnungszeiten (pl) | ['fa:ɐ̯ˌpla:n]<br>['œfnʊŋsˌtsaɪtən] |
|---|---|---|
| BEM-VINDOS!<br>ENTRADA<br>SAÍDA | HERZLICH WILLKOMMEN!<br>EINGANG<br>AUSGANG | ['hɛʁtslɪç vɪl'kɔmən]<br>['aɪnˌgaŋ]<br>['aʊsˌgaŋ] |
| EMPURRE<br>PUXE<br>ABERTO<br>FECHADO | DRÜCKEN<br>ZIEHEN<br>GEÖFFNET<br>GESCHLOSSEN | ['dʀʏkən]<br>['tsi:ən]<br>[gə'ʔœfnət]<br>[gə'ʃlɔsən] |
| MULHER<br>HOMEM | DAMEN, FRAUEN<br>HERREN, MÄNNER | ['da:mən], ['fʀaʊən]<br>['hɛʀən], ['mɛnɐ] |
| DESCONTOS<br>SALDOS, PROMOÇÃO<br>NOVIDADE!<br>GRÁTIS | AUSVERKAUF<br>REDUZIERT<br>NEU!<br>GRATIS | ['aʊsfɛɐ̯ˌkaʊf]<br>[ʀedu'tsi:ɐt]<br>[nɔɪ]<br>['gʀa:tɪs] |
| ATENÇÃO!<br>NÃO HÁ VAGAS<br>RESERVADO | ACHTUNG!<br>ZIMMER BELEGT<br>RESERVIERT | ['aχtʊŋ]<br>['tsɪmɐ bə'le:kt]<br>[ʀezɛʁ'vi:ɐt] |
| ADMINISTRAÇÃO<br>SOMENTE PESSOAL<br>AUTORIZADO | VERWALTUNG<br>NUR FÜR PERSONAL | [fɛɐ̯'valtʊŋ]<br>[nu:ɐ fy:ɐ pɛʁzo'na:l] |
| CUIDADO CÃO FEROZ | VORSICHT BISSIGER<br>HUND | ['fo:ɐ̯ˌzɪçt 'bɪsɪgɐ<br>hʊnt] |
| PROIBIDO FUMAR!<br>NÃO TOCAR | RAUCHEN VERBOTEN!<br>BITTE NICHT BERÜHREN | ['ʀaʊχən fɛɐ̯'bo:tən]<br>['bɪtə nɪçt bə'ʀy:ʀən] |
| PERIGOSO<br>PERIGO<br>ALTA TENSÃO<br>PROIBIDO NADAR<br>COM DEFEITO | GEFÄHRLICH<br>VORSICHT!<br>HOCHSPANNUNG<br>BADEN VERBOTEN<br>AUßER BETRIEB | [gə'fɛ:ɐlɪç]<br>['fo:ɐ̯ˌzɪçt]<br>['ho:χˌʃpanʊŋ]<br>['ba:dən fɛɐ̯'bo:tən]<br>[ˌaʊsɐ bə'tʀi:p] |
| INFLAMÁVEL<br>PROIBIDO<br>ENTRADA PROIBIDA<br>CUIDADO TINTA FRESCA | LEICHTENTZÜNDLICH<br>VERBOTEN<br>DURCHGANG VERBOTEN<br>FRISCH GESTRICHEN | ['laɪçtʔɛn'tsʏntlɪç]<br>[fɛɐ̯'bo:tən]<br>['dʊʁçˌgaŋ fɛɐ̯'bo:tən]<br>[fʀɪʃ gə'ʃtʀɪçən] |

## 81. Transportes urbanos

| ônibus (m)<br>bonde (m) elétrico<br>trólebus (m)<br>rota (f), itinerário (m)<br>número (m) | Bus (m)<br>Straßenbahn (f)<br>Obus (m)<br>Linie (f)<br>Nummer (f) | [bʊs]<br>['ʃtʀa:sənˌba:n]<br>['o:bʊs]<br>['li:niə]<br>['nʊmɐ] |
|---|---|---|
| ir de ... (carro, etc.)<br>entrar no ... | mit ... fahren<br>einsteigen (vi) | [mɪt ... 'fa:ʀən]<br>['aɪnˌʃtaɪgən] |

| | | |
|---|---|---|
| descer do ... | aussteigen (vi) | ['aʊsˌʃtaɪɡən] |
| parada (f) | Haltestelle (f) | ['haltəˌʃtɛlə] |
| próxima parada (f) | nächste Haltestelle (f) | ['nɛːçstə 'haltəˌʃtɛlə] |
| terminal (m) | Endhaltestelle (f) | ['ɛntˌhaltəʃtɛlə] |
| horário (m) | Fahrplan (m) | ['faːɐˌplaːn] |
| esperar (vt) | warten (vi, vt) | ['vaʁtən] |

| | | |
|---|---|---|
| passagem (f) | Fahrkarte (f) | ['faːɐˌkaʁtə] |
| tarifa (f) | Fahrpreis (m) | ['faːɐˌpʁaɪs] |

| | | |
|---|---|---|
| bilheteiro (m) | Kassierer (m) | [ka'siːʁɐ] |
| controle (m) de passagens | Fahrkartenkontrolle (f) | ['faːɐˌkaʁtən·kɔn'tʁɔlə] |
| revisor (m) | Kontrolleur (m) | [kɔntʁɔ'løːɐ] |

| | | |
|---|---|---|
| atrasar-se (vr) | sich verspäten | [zɪç fɛɐ'ʃpɛːtən] |
| perder (o autocarro, etc.) | versäumen (vt) | [fɛɐ'zɔɪmən] |
| estar com pressa | sich beeilen | [zɪç bə'ʔaɪlən] |

| | | |
|---|---|---|
| táxi (m) | Taxi (n) | ['taksi] |
| taxista (m) | Taxifahrer (m) | ['taksiˌfaːʁɐ] |
| de táxi (ir ~) | mit dem Taxi | [mɪt dem 'taksi] |
| ponto (m) de táxis | Taxistand (m) | ['taksiˌʃtant] |
| chamar um táxi | ein Taxi rufen | [aɪn 'taksi 'ʁuːfən] |
| pegar um táxi | ein Taxi nehmen | [aɪn 'taksi 'neːmən] |

| | | |
|---|---|---|
| tráfego (m) | Straßenverkehr (m) | ['ʃtʁaːsən·fɛɐˌkeːɐ] |
| engarrafamento (m) | Stau (m) | [ʃtaʊ] |
| horas (f pl) de pico | Hauptverkehrszeit (f) | ['haʊpt·fɛɐˈkeːɐsˌtsaɪt] |
| estacionar (vi) | parken (vi) | ['paʁkən] |
| estacionar (vt) | parken (vt) | ['paʁkən] |
| parque (m) de estacionamento | Parkplatz (m) | ['paʁkˌplats] |

| | | |
|---|---|---|
| metrô (m) | U-Bahn (f) | ['uːbaːn] |
| estação (f) | Station (f) | [ʃta'tsjoːn] |
| ir de metrô | mit der U-Bahn fahren | [mɪt deːɐ 'uːbaːn 'faːʁən] |
| trem (m) | Zug (m) | [tsuːk] |
| estação (f) de trem | Bahnhof (m) | ['baːnˌhoːf] |

## 82. Turismo

| | | |
|---|---|---|
| monumento (m) | Denkmal (n) | ['dɛŋkˌmaːl] |
| fortaleza (f) | Festung (f) | ['fɛstʊŋ] |
| palácio (m) | Palast (m) | [pa'last] |
| castelo (m) | Schloss (n) | [ʃlɔs] |
| torre (f) | Turm (m) | [tʊʁm] |
| mausoléu (m) | Mausoleum (n) | [ˌmaʊzo'leːʊm] |

| | | |
|---|---|---|
| arquitetura (f) | Architektur (f) | [aʁçitɛk'tuːɐ] |
| medieval (adj) | mittelalterlich | ['mɪtəlˌʔaltɛlɪç] |
| antigo (adj) | alt | [alt] |
| nacional (adj) | national | [natsjo'naːl] |
| famoso, conhecido (adj) | berühmt | [bə'ʁyːmt] |
| turista (m) | Tourist (m) | [tu'ʁɪst] |
| guia (pessoa) | Fremdenführer (m) | ['fʁɛmdənˌfyːʁɐ] |

| | | |
|---|---|---|
| excursão (f) | Ausflug (m) | ['aʊsˌfluːk] |
| mostrar (vt) | zeigen (vt) | ['tsaɪgən] |
| contar (vt) | erzählen (vt) | [ɛɐ'tsɛːlən] |

| | | |
|---|---|---|
| encontrar (vt) | finden (vt) | ['fɪndən] |
| perder-se (vr) | sich verlieren | [zɪç fɛɐ'liːbən] |
| mapa (~ do metrô) | Karte (f) | ['kaʁtə] |
| mapa (~ da cidade) | Karte (f) | ['kaʁtə] |

| | | |
|---|---|---|
| lembrança (f), presente (m) | Souvenir (n) | [zuvəˌniːɐ] |
| loja (f) de presentes | Souvenirladen (m) | [zuvəˌniːɐ'laːdən] |
| tirar fotos, fotografar | fotografieren (vt) | [fotogʁa'fiːʁən] |
| fotografar-se (vr) | sich fotografieren | [zɪç fotogʁa'fiːʁən] |

## 83. Compras

| | | |
|---|---|---|
| comprar (vt) | kaufen (vt) | ['kaufən] |
| compra (f) | Einkauf (m) | ['aɪnˌkaʊf] |
| fazer compras | einkaufen gehen | ['aɪnˌkaʊfən 'geːən] |
| compras (f pl) | Einkaufen (n) | ['aɪnˌkaʊfən] |

| | | |
|---|---|---|
| estar aberta (loja) | offen sein | ['ɔfən zaɪn] |
| estar fechada | zu sein | [tsu zaɪn] |

| | | |
|---|---|---|
| calçado (m) | Schuhe (pl) | ['ʃuːə] |
| roupa (f) | Kleidung (f) | ['klaɪdʊŋ] |
| cosméticos (m pl) | Kosmetik (f) | [kɔs'meːtɪk] |
| alimentos (m pl) | Lebensmittel (pl) | ['leːbənsˌmɪtəl] |
| presente (m) | Geschenk (n) | [gə'ʃɛŋk] |

| | | |
|---|---|---|
| vendedor (m) | Verkäufer (m) | [fɛɐ'kɔɪfɐ] |
| vendedora (f) | Verkäuferin (f) | [fɛɐ'kɔɪfəʁɪn] |

| | | |
|---|---|---|
| caixa (f) | Kasse (f) | ['kasə] |
| espelho (m) | Spiegel (m) | ['ʃpiːgəl] |
| balcão (m) | Ladentisch (m) | ['laːdənˌtɪʃ] |
| provador (m) | Umkleidekabine (f) | ['ʊmklaɪdə·kaˌbiːnə] |

| | | |
|---|---|---|
| provar (vt) | anprobieren (vt) | ['anpʁoˌbiːʁən] |
| servir (roupa, caber) | passen (vi) | ['pasən] |
| gostar (apreciar) | gefallen (vi) | [gə'falən] |

| | | |
|---|---|---|
| preço (m) | Preis (m) | [pʁaɪs] |
| etiqueta (f) de preço | Preisschild (n) | ['pʁaɪsˌʃɪlt] |
| custar (vt) | kosten (vt) | ['kɔstən] |
| Quanto? | Wie viel? | ['viː fiːl] |
| desconto (m) | Rabatt (m) | [ʁa'bat] |

| | | |
|---|---|---|
| não caro (adj) | preiswert | ['pʁaɪsˌveːɐt] |
| barato (adj) | billig | ['bɪlɪç] |
| caro (adj) | teuer | ['tɔɪɐ] |
| É caro | Das ist teuer | [das is 'tɔɪɐ] |
| aluguel (m) | Verleih (m) | [fɛɐ'laɪ] |
| alugar (roupas, etc.) | ausleihen (vt) | ['aʊsˌlaɪən] |

| crédito (m) | Kredit (m), Darlehen (n) | [kʀeˈdiːt], [ˈdaʁˌleːən] |
| a crédito | auf Kredit | [aʊf kʀeˈdiːt] |

## 84. Dinheiro

| dinheiro (m) | Geld (n) | [gɛlt] |
| câmbio (m) | Austausch (m) | [ˈaʊsˌtaʊʃ] |
| taxa (f) de câmbio | Kurs (m) | [kʊʁs] |
| caixa (m) eletrônico | Geldautomat (m) | [ˈgɛltʔaʊtoˌmaːt] |
| moeda (f) | Münze (f) | [ˈmʏntsə] |

| dólar (m) | Dollar (m) | [ˈdɔlaʁ] |
| euro (m) | Euro (m) | [ˈɔɪʀo] |

| lira (f) | Lira (f) | [ˈliːʀa] |
| marco (m) | Mark (f) | [maʁk] |
| franco (m) | Franken (m) | [ˈfʀaŋkən] |
| libra (f) esterlina | Pfund Sterling (n) | [pfʊnt ˈʃtɛʁlɪŋ] |
| iene (m) | Yen (m) | [jɛn] |

| dívida (f) | Schulden (pl) | [ˈʃʊldən] |
| devedor (m) | Schuldner (m) | [ˈʃʊldnɐ] |
| emprestar (vt) | leihen (vt) | [ˈlaɪən] |
| pedir emprestado | ausleihen (vt) | [ˈaʊsˌlaɪən] |

| banco (m) | Bank (f) | [baŋk] |
| conta (f) | Konto (n) | [ˈkɔnto] |
| depositar (vt) | einzahlen (vt) | [ˈaɪnˌtsaːlən] |
| depositar na conta | auf ein Konto einzahlen | [aʊf aɪn ˈkɔnto ˈaɪnˌtsaːlən] |
| sacar (vt) | abheben (vt) | [ˈapˌheːbən] |

| cartão (m) de crédito | Kreditkarte (f) | [kʀeˈdiːtˌkaʁtə] |
| dinheiro (m) vivo | Bargeld (n) | [ˈbaːɐ̯ˌgɛlt] |
| cheque (m) | Scheck (m) | [ʃɛk] |
| passar um cheque | einen Scheck schreiben | [ˈaɪnən ʃɛk ˈʃʀaɪbn̩] |
| talão (m) de cheques | Scheckbuch (n) | [ˈʃɛkˌbuːχ] |

| carteira (f) | Geldtasche (f) | [ˈgɛltˌtaʃə] |
| niqueleira (f) | Geldbeutel (m) | [ˈgɛltˌbɔɪtəl] |
| cofre (m) | Safe (m) | [sɛɪf] |

| herdeiro (m) | Erbe (m) | [ˈɛʁbə] |
| herança (f) | Erbschaft (f) | [ˈɛʁpʃaft] |
| fortuna (riqueza) | Vermögen (n) | [fɛɐ̯ˈmøːgən] |

| arrendamento (m) | Pacht (f) | [paχt] |
| aluguel (pagar o ~) | Miete (f) | [ˈmiːtə] |
| alugar (vt) | mieten (vt) | [ˈmiːtən] |

| preço (m) | Preis (m) | [pʀaɪs] |
| custo (m) | Kosten (pl) | [ˈkɔstən] |
| soma (f) | Summe (f) | [ˈzʊmə] |
| gastar (vt) | ausgeben (vt) | [ˈaʊsˌgeːbən] |
| gastos (m pl) | Ausgaben (pl) | [ˈaʊsˌgaːbən] |

| economizar (vi) | sparen (vt) | ['ʃpa:ʀən] |
| econômico (adj) | sparsam | ['ʃpa:ɐza:m] |

| pagar (vt) | zahlen (vt) | ['tsa:lən] |
| pagamento (m) | Lohn (m) | [lo:n] |
| troco (m) | Wechselgeld (n) | ['vɛksəl̩gɛlt] |

| imposto (m) | Steuer (f) | ['ʃtɔɪɐ] |
| multa (f) | Geldstrafe (f) | ['gɛltʃtʀa:fə] |
| multar (vt) | bestrafen (vt) | [bə'ʃtʀa:fən] |

## 85. Correios. Serviço postal

| agência (f) dos correios | Post (f) | [pɔst] |
| correio (m) | Post (f) | [pɔst] |
| carteiro (m) | Briefträger (m) | ['bʀi:f̩tʀɛ:gɐ] |
| horário (m) | Öffnungszeiten (pl) | ['œfnʊŋs̩tsaɪtən] |

| carta (f) | Brief (m) | [bʀi:f] |
| carta (f) registada | Einschreibebrief (m) | ['aɪnʃʀaɪbə̩bʀi:f] |
| cartão (m) postal | Postkarte (f) | ['pɔst̩kaʁtə] |
| telegrama (m) | Telegramm (n) | [tele'gʀam] |
| encomenda (f) | Postpaket (n) | ['pɔst·pa'ke:t] |
| transferência (f) de dinheiro | Geldanweisung (f) | ['gɛlt̩anvaɪzʊŋ] |

| receber (vt) | bekommen (vt) | [bə'kɔmən] |
| enviar (vt) | abschicken (vt) | ['apʃɪkən] |
| envio (m) | Absendung (f) | ['ap̩zɛndʊŋ] |

| endereço (m) | Postanschrift (f) | ['pɔst̩anʃʀɪft] |
| código (m) postal | Postleitzahl (f) | ['pɔstlaɪt̩tsa:l] |
| remetente (m) | Absender (m) | ['ap̩zɛndɐ] |
| destinatário (m) | Empfänger (m) | [ɛm'pfɛŋɐ] |

| nome (m) | Vorname (m) | ['fo:ɐ̩na:mə] |
| sobrenome (m) | Nachname (m) | ['na:x̩na:mə] |

| tarifa (f) | Tarif (m) | [ta'ʀi:f] |
| ordinário (adj) | Standard- | ['standaʁt] |
| econômico (adj) | Spar- | ['ʃpa:ɐ] |

| peso (m) | Gewicht (n) | [gə'vɪçt] |
| pesar (estabelecer o peso) | abwiegen (vt) | ['ap̩vi:gən] |
| envelope (m) | Briefumschlag (m) | ['bʀi:f̩ʔʊmʃla:k] |
| selo (m) postal | Briefmarke (f) | ['bʀi:f̩maʁkə] |
| colar o selo | Briefmarke aufkleben | ['bʀi:f̩maʁkə 'aʊf̩kle:bən] |

# Moradia. Casa. Lar

## 86. Casa. Habitação

| casa (f) | Haus (n) | [haʊs] |
| em casa | zu Hause | [tsu 'haʊzə] |
| pátio (m), quintal (f) | Hof (m) | [ho:f] |
| cerca, grade (f) | Zaun (m) | [tsaʊn] |

| tijolo (m) | Ziegel (m) | ['tsi:gəl] |
| de tijolos | Ziegel- | ['tsi:gəl] |
| pedra (f) | Stein (m) | [ʃtaɪn] |
| de pedra | Stein- | [ʃtaɪn] |
| concreto (m) | Beton (m) | [be'tɔŋ] |
| concreto (adj) | Beton- | [be'tɔŋ] |

| novo (adj) | neu | [nɔɪ] |
| velho (adj) | alt | [alt] |
| decrépito (adj) | baufällig | ['baʊˌfɛlɪç] |
| moderno (adj) | modern | [mo'dɛʁn] |
| de vários andares | mehrstöckig | ['me:ɐˌʃtœkɪç] |
| alto (adj) | hoch | [ho:χ] |

| andar (m) | Stock (m) | [ʃtɔk] |
| de um andar | einstöckig | ['aɪnˌʃtœkɪç] |

| térreo (m) | Erdgeschoß (n) | ['e:ɐt·gəˌʃo:s] |
| andar (m) de cima | oberster Stock (m) | ['obɐstɐ ʃtɔk] |

| telhado (m) | Dach (n) | [daχ] |
| chaminé (f) | Schlot (m) | [ʃlo:t] |

| telha (f) | Dachziegel (m) | ['daχˌtsi:gəl] |
| de telha | Dachziegel- | ['daχˌtsi:gəl] |
| sótão (m) | Dachboden (m) | ['daχˌbo:dən] |

| janela (f) | Fenster (n) | ['fɛnstɐ] |
| vidro (m) | Glas (n) | [gla:s] |

| parapeito (m) | Fensterbrett (n) | ['fɛnstɐˌbʁɛt] |
| persianas (f pl) | Fensterläden (pl) | ['fɛnstɐˌlɛ:dən] |

| parede (f) | Wand (f) | [vant] |
| varanda (f) | Balkon (m) | [bal'ko:n] |
| calha (f) | Regenfallrohr (n) | ['ʁe:gənˌfalʁo:ɐ] |

| em cima | nach oben | [na:χ 'o:bən] |
| subir (vi) | hinaufgehen (vi) | [hɪ'naʊfˌge:ən] |
| descer (vi) | herabsteigen (vi) | [hɛ'ʁapˌʃtaɪgən] |
| mudar-se (vr) | umziehen (vi) | ['ʊmtsi:ən] |

## 87. Casa. Entrada. Elevador

| | | |
|---|---|---|
| entrada (f) | Eingang (m) | ['aɪnˌgaŋ] |
| escada (f) | Treppe (f) | ['trɛpə] |
| degraus (m pl) | Stufen (pl) | ['ʃtuːfən] |
| corrimão (m) | Geländer (n) | [gə'lɛndə] |
| hall (m) de entrada | Halle (f) | ['halə] |
| | | |
| caixa (f) de correio | Briefkasten (m) | ['bʀiːfˌkastən] |
| lata (f) do lixo | Müllkasten (m) | ['mʏlˌkastən] |
| calha (f) de lixo | Müllschlucker (m) | ['mʏlˌʃlʊkə] |
| | | |
| elevador (m) | Aufzug (m), Fahrstuhl (m) | ['aʊfˌtsuːk], ['faːeˌʃtuːl] |
| elevador (m) de carga | Lastenaufzug (m) | ['lastən·'aʊfˌtsuːk] |
| cabine (f) | Aufzugkabine (f) | ['aʊfˌtsuːk·ka'biːnə] |
| pegar o elevador | Aufzug nehmen | ['aʊfˌtsuːk 'neːmən] |
| | | |
| apartamento (m) | Wohnung (f) | ['voːnʊŋ] |
| residentes (pl) | Mieter (pl) | ['miːtə] |
| vizinho (m) | Nachbar (m) | ['naχˌbaːe] |
| vizinha (f) | Nachbarin (f) | ['naχbaːʀɪn] |
| vizinhos (pl) | Nachbarn (pl) | ['naχbaːen] |

## 88. Casa. Eletricidade

| | | |
|---|---|---|
| eletricidade (f) | Elektrizität (f) | [elɛktʀitsi'tɛːt] |
| lâmpada (f) | Glühbirne (f) | ['glyːˌbɪʀnə] |
| interruptor (m) | Schalter (m) | ['ʃaltə] |
| fusível, disjuntor (m) | Sicherung (f) | ['zɪçəʀʊŋ] |
| | | |
| fio, cabo (m) | Draht (m) | [dʀaːt] |
| instalação (f) elétrica | Leitung (f) | ['laɪtʊŋ] |
| medidor (m) de eletricidade | Stromzähler (m) | ['ʃtʀoːmˌtsɛːlə] |
| indicação (f), registro (m) | Zählerstand (m) | ['tsɛːleˌʃtant] |

## 89. Casa. Portas. Fechaduras

| | | |
|---|---|---|
| porta (f) | Tür (f) | [tyːe] |
| portão (m) | Tor (n) | [toːe] |
| maçaneta (f) | Griff (m) | [gʀɪf] |
| destrancar (vt) | aufschließen (vt) | ['aʊfʃliːsən] |
| abrir (vt) | öffnen (vt) | ['œfnən] |
| fechar (vt) | schließen (vt) | ['ʃliːsən] |
| | | |
| chave (f) | Schlüssel (m) | ['ʃlʏsəl] |
| molho (m) | Bündel (n) | ['bʏndəl] |
| ranger (vi) | knarren (vi) | ['knaʀən] |
| rangido (m) | Knarren (n) | ['knaʀən] |
| dobradiça (f) | Türscharnier (n) | ['tyːeʃaʀ'niːe] |
| capacho (m) | Fußmatte (f) | ['fuːsˌmatə] |
| fechadura (f) | Schloss (n) | [ʃlɔs] |

| buraco (m) da fechadura | Schlüsselloch (n) | ['ʃlʏsəlˌlɔχ] |
| barra (f) | Türriegel (m) | ['tyːɐˌʀiːgəl] |
| fecho (ferrolho pequeno) | Riegel (m) | ['ʀiːgəl] |
| cadeado (m) | Vorhängeschloss (n) | ['foːɐhɛŋəˌʃlɔs] |

| tocar (vt) | klingeln (vi) | ['klɪŋəln] |
| toque (m) | Klingel (f) | ['klɪŋəl] |
| campainha (f) | Türklingel (f) | ['tyːɐˌklɪŋəl] |
| botão (m) | Knopf (m) | [knɔpf] |
| batida (f) | Klopfen (n) | ['klɔpfən] |
| bater (vi) | anklopfen (vi) | ['anˌklɔpfən] |

| código (m) | Code (m) | [koːt] |
| fechadura (f) de código | Zahlenschloss (n) | ['tsaːlənˌʃlɔs] |
| interfone (m) | Sprechanlage (f) | ['ʃpʀɛçʔanˌlaːgə] |
| número (m) | Nummer (f) | ['nʊmɐ] |
| placa (f) de porta | Türschild (n) | ['tyːɐʃɪlt] |
| olho (m) mágico | Türspion (m) | ['tyːɐ·ʃpiˌoːn] |

## 90. Casa de campo

| aldeia (f) | Dorf (n) | [dɔʁf] |
| horta (f) | Gemüsegarten (m) | [gə'myːzəˌgaʁtən] |
| cerca (f) | Zaun (m) | [tsaʊn] |
| cerca (f) de piquete | Lattenzaun (m) | ['latənˌtsaʊn] |
| portão (f) do jardim | Zauntür (f) | ['tsaʊnˌtyːɐ] |

| celeiro (m) | Speicher (m) | ['ʃpaɪçɐ] |
| adega (f) | Keller (m) | ['kɛlɐ] |
| galpão, barracão (m) | Schuppen (m) | ['ʃʊpən] |
| poço (m) | Brunnen (m) | ['bʀʊnən] |

| fogão (m) | Ofen (m) | ['oːfən] |
| atiçar o fogo | heizen (vt) | ['haɪtsən] |
| lenha (carvão ou ~) | Holz (n) | [hɔlts] |
| acha, lenha (f) | Holzscheit (n) | ['hɔltsˌʃaɪt] |

| varanda (f) | Veranda (f) | [ve'ʀanda] |
| alpendre (m) | Terrasse (f) | [tɛ'ʀasə] |
| degraus (m pl) de entrada | Außentreppe (f) | ['aʊsənˌtʀɛpə] |
| balanço (m) | Schaukel (f) | ['ʃaʊkəl] |

## 91. Moradia. Mansão

| casa (f) de campo | Landhaus (n) | ['lantˌhaʊs] |
| vila (f) | Villa (f) | ['vɪla] |
| ala (~ do edifício) | Flügel (m) | ['flyːgəl] |

| jardim (m) | Garten (m) | ['gaʁtən] |
| parque (m) | Park (m) | [paʁk] |
| estufa (f) | Orangerie (f) | [oʀaᴣə'ʀiː] |
| cuidar de ... | pflegen (vt) | ['pfleːgən] |

| piscina (f) | Schwimmbad (n) | ['ʃvɪmba:t] |
| academia (f) de ginástica | Kraftraum (m) | ['kʀaft͡ʀaʊm] |
| quadra (f) de tênis | Tennisplatz (m) | ['tɛnɪsˌplats] |
| cinema (m) | Heimkinoraum (m) | ['haɪmki:noˌʀaʊm] |
| garagem (f) | Garage (f) | [ga'ʀa:ʒə] |

| propriedade (f) privada | Privateigentum (n) | [pʀi'va:tˌʔaɪgəntu:m] |
| terreno (m) privado | Privatgrundstück (n) | [pʀi'va:tˌgʀʊntʃtʏk] |

| advertência (f) | Warnung (f) | ['vaʀnʊŋ] |
| sinal (m) de aviso | Warnschild (n) | ['vaʀnʃɪlt] |

| guarda (f) | Bewachung (f) | [bə'vaxʊŋ] |
| guarda (m) | Wächter (m) | ['vɛçtɐ] |
| alarme (m) | Alarmanlage (f) | [a'laʀm·anˌla:gə] |

## 92. Castelo. Palácio

| castelo (m) | Schloss (n) | [ʃlɔs] |
| palácio (m) | Palast (m) | [pa'last] |
| fortaleza (f) | Festung (f) | ['fɛstʊŋ] |
| muralha (f) | Mauer (f) | ['maʊɐ] |
| torre (f) | Turm (m) | [tʊʀm] |
| calabouço (m) | Bergfried (m) | ['bɛʀkˌfʀi:t] |

| grade (f) levadiça | Fallgatter (n) | ['falˌgatɐ] |
| passagem (f) subterrânea | Tunnel (n) | ['tʊnəl] |
| fosso (m) | Graben (m) | ['gʀa:bən] |
| corrente, cadeia (f) | Kette (f) | ['kɛtə] |
| seteira (f) | Schießscharte (f) | ['ʃi:sˌʃaʀtə] |

| magnífico (adj) | großartig, prächtig | ['gʀo:sˌʔa:ʀtɪç], ['pʀɛçtɪç] |
| majestoso (adj) | majestätisch | [majɛs'tɛ:tɪʃ] |
| inexpugnável (adj) | unnahbar | [ʊn'na:ba:ɐ] |
| medieval (adj) | mittelalterlich | ['mɪtəlˌʔaltəlɪç] |

## 93. Apartamento

| apartamento (m) | Wohnung (f) | ['vo:nʊŋ] |
| quarto, cômodo (m) | Zimmer (n) | ['tsɪmɐ] |
| quarto (m) de dormir | Schlafzimmer (n) | ['ʃla:fˌtsɪmɐ] |
| sala (f) de jantar | Esszimmer (n) | ['ɛsˌtsɪmɐ] |
| sala (f) de estar | Wohnzimmer (n) | ['vo:nˌtsɪmɐ] |
| escritório (m) | Arbeitszimmer (n) | ['aʀbaɪtsˌtsɪmɐ] |

| sala (f) de entrada | Vorzimmer (n) | ['fo:ɐˌtsɪmɐ] |
| banheiro (m) | Badezimmer (n) | ['ba:dəˌtsɪmɐ] |
| lavabo (m) | Toilette (f) | [toa'lɛtə] |

| teto (m) | Decke (f) | ['dɛkə] |
| chão, piso (m) | Fußboden (m) | ['fu:sˌbo:dən] |
| canto (m) | Ecke (f) | ['ɛkə] |

## 94. Apartamento. Limpeza

| | | |
|---|---|---|
| arrumar, limpar (vt) | aufräumen (vt) | ['aʊf̩ʀɔɪmən] |
| guardar (no armário, etc.) | weglegen (vt) | ['vɛk̩le:gən] |
| pó (m) | Staub (m) | [ʃtaʊp] |
| empoeirado (adj) | staubig | ['ʃtaʊbɪç] |
| tirar o pó | Staub abwischen | [ʃtaʊp 'ap̩vɪʃən] |
| aspirador (m) | Staubsauger (m) | ['ʃtaʊp̩zaʊgɐ] |
| aspirar (vt) | Staub saugen | [ʃtaʊp 'zaʊgən] |

| | | |
|---|---|---|
| varrer (vt) | kehren, fegen (vt) | ['ke:ʀən], ['fe:gən] |
| sujeira (f) | Kehricht (m, n) | ['ke:ʀɪçt] |
| arrumação, ordem (f) | Ordnung (f) | ['ɔʁdnʊŋ] |
| desordem (f) | Unordnung (f) | ['ʊn̩ʔɔʁdnʊŋ] |

| | | |
|---|---|---|
| esfregão (m) | Schrubber (m) | ['ʃʀʊbɐ] |
| pano (m), trapo (m) | Lappen (m) | ['lapən] |
| vassoura (f) | Besen (m) | ['be:zən] |
| pá (f) de lixo | Kehrichtschaufel (f) | ['ke:ʀɪçtʃaʊfəl] |

## 95. Mobiliário. Interior

| | | |
|---|---|---|
| mobiliário (m) | Möbel (n) | ['mø:bəl] |
| mesa (f) | Tisch (m) | [tɪʃ] |
| cadeira (f) | Stuhl (m) | [ʃtu:l] |
| cama (f) | Bett (n) | [bɛt] |
| sofá, divã (m) | Sofa (n) | ['zo:fa] |
| poltrona (f) | Sessel (m) | ['zɛsəl] |

| | | |
|---|---|---|
| estante (f) | Bücherschrank (m) | ['by:çeʃʀaŋk] |
| prateleira (f) | Regal (n) | [ʀe'ga:l] |

| | | |
|---|---|---|
| guarda-roupas (m) | Schrank (m) | [ʃʀaŋk] |
| cabide (m) de parede | Hakenleiste (f) | ['ha:kən̩laɪstə] |
| cabideiro (m) de pé | Kleiderständer (m) | ['klaɪdeʃtɛndɐ] |

| | | |
|---|---|---|
| cômoda (f) | Kommode (f) | [kɔ'mo:də] |
| mesinha (f) de centro | Couchtisch (m) | ['kaʊtʃ̩tɪʃ] |

| | | |
|---|---|---|
| espelho (m) | Spiegel (m) | ['ʃpi:gəl] |
| tapete (m) | Teppich (m) | ['tɛpɪç] |
| tapete (m) pequeno | Matte (f) | ['matə] |

| | | |
|---|---|---|
| lareira (f) | Kamin (m) | [ka'mi:n] |
| vela (f) | Kerze (f) | ['kɛʁtsə] |
| castiçal (m) | Kerzenleuchter (m) | ['kɛʁtsən̩lɔɪçtɐ] |

| | | |
|---|---|---|
| cortinas (f pl) | Vorhänge (pl) | ['fo:ɐhɛŋə] |
| papel (m) de parede | Tapete (f) | [ta'pe:tə] |
| persianas (f pl) | Jalousie (f) | [ʒalu'zi:] |

| | | |
|---|---|---|
| luminária (f) de mesa | Tischlampe (f) | ['tɪʃ̩lampə] |
| luminária (f) de parede | Leuchte (f) | ['lɔɪçtə] |

| abajur (m) de pé | Stehlampe (f) | ['ʃteːˌlampə] |
| lustre (m) | Kronleuchter (m) | ['kʀoːnˌlɔɪçtɐ] |

| pé (de mesa, etc.) | Bein (n) | [baɪn] |
| braço, descanso (m) | Armlehne (f) | ['aʁmˌleːnə] |
| costas (f pl) | Lehne (f) | ['leːnə] |
| gaveta (f) | Schublade (f) | ['ʃuːpˌlaːdə] |

## 96. Quarto de dormir

| roupa (f) de cama | Bettwäsche (f) | ['bɛtˌvɛʃə] |
| travesseiro (m) | Kissen (n) | ['kɪsən] |
| fronha (f) | Kissenbezug (m) | ['kɪsən·bəˌtsuːk] |
| cobertor (m) | Bettdecke (f) | ['bɛtˌdɛkə] |
| lençol (m) | Laken (n) | ['laːkən] |
| colcha (f) | Tagesdecke (f) | ['taːgəsˌdɛkə] |

## 97. Cozinha

| cozinha (f) | Küche (f) | ['kʏçə] |
| gás (m) | Gas (n) | [gaːs] |
| fogão (m) a gás | Gasherd (m) | ['gaːsˌheːɐt] |
| fogão (m) elétrico | Elektroherd (m) | [e'lɛktʀoˌheːɐt] |
| forno (m) | Backofen (m) | ['bakˌʔoːfən] |
| forno (m) de micro-ondas | Mikrowellenherd (m) | ['mikʀovɛlənˌheːɐt] |

| geladeira (f) | Kühlschrank (m) | ['kyːlˌʃʀaŋk] |
| congelador (m) | Tiefkühltruhe (f) | ['tiːfkyːlˌtʀuːə] |
| máquina (f) de lavar louça | Geschirrspülmaschine (f) | [gə'ʃɪʁˌʃpyːl·maˌʃiːnə] |

| moedor (m) de carne | Fleischwolf (m) | ['flaɪˌʃvɔlf] |
| espremedor (m) | Saftpresse (f) | ['zaftˌpʀɛsə] |
| torradeira (f) | Toaster (m) | ['toːstɐ] |
| batedeira (f) | Mixer (m) | ['mɪksɐ] |

| máquina (f) de café | Kaffeemaschine (f) | ['kafe·maˌʃiːnə] |
| cafeteira (f) | Kaffeekanne (f) | ['kafeˌkanə] |
| moedor (m) de café | Kaffeemühle (f) | ['kafeˌmyːlə] |

| chaleira (f) | Wasserkessel (m) | ['vasɐˌkɛsəl] |
| bule (m) | Teekanne (f) | ['teːˌkanə] |
| tampa (f) | Deckel (m) | ['dɛkəl] |
| coador (m) de chá | Teesieb (n) | ['teːˌziːp] |

| colher (f) | Löffel (m) | ['lœfəl] |
| colher (f) de chá | Teelöffel (m) | ['teːˌlœfəl] |
| colher (f) de sopa | Esslöffel (m) | ['ɛsˌlœfəl] |
| garfo (m) | Gabel (f) | [gaːbəl] |
| faca (f) | Messer (n) | ['mɛsɐ] |

| louça (f) | Geschirr (n) | [gə'ʃɪʁ] |
| prato (m) | Teller (m) | ['tɛlɐ] |

| pires (m) | Untertasse (f) | ['ʊntɐˌtasə] |
| cálice (m) | Schnapsglas (n) | ['ʃnapsˌglaːs] |
| copo (m) | Glas (n) | [glaːs] |
| xícara (f) | Tasse (f) | ['tasə] |

| açucareiro (m) | Zuckerdose (f) | ['tsʊkɐˌdoːzə] |
| saleiro (m) | Salzstreuer (m) | ['zaltsˌʃtʀɔɪɐ] |
| pimenteiro (m) | Pfefferstreuer (m) | ['pfɛfɐˌʃtʀɔɪɐ] |
| manteigueira (f) | Butterdose (f) | ['bʊtɐˌdoːzə] |

| panela (f) | Kochtopf (m) | ['kɔχˌtɔpf] |
| frigideira (f) | Pfanne (f) | ['pfanə] |
| concha (f) | Schöpflöffel (m) | ['ʃœpfˌlœfəl] |
| coador (m) | Durchschlag (m) | ['dʊʀçˌʃlaːk] |
| bandeja (f) | Tablett (n) | [ta'blɛt] |

| garrafa (f) | Flasche (f) | ['flaʃə] |
| pote (m) de vidro | Einmachglas (n) | ['aɪnmaχˌglaːs] |
| lata (~ de cerveja) | Dose (f) | ['doːzə] |

| abridor (m) de garrafa | Flaschenöffner (m) | ['flaʃənˌʔœfnɐ] |
| abridor (m) de latas | Dosenöffner (m) | ['doːzənˌʔœfnɐ] |
| saca-rolhas (m) | Korkenzieher (m) | ['kɔʀkənˌtsiːɐ] |
| filtro (m) | Filter (n) | ['fɪltɐ] |
| filtrar (vt) | filtern (vt) | ['fɪltɐn] |

| lixo (m) | Müll (m) | [mʏl] |
| lixeira (f) | Mülleimer (m) | ['mʏlˌʔaɪmɐ] |

## 98. Casa de banho

| banheiro (m) | Badezimmer (n) | ['baːdəˌtsɪmɐ] |
| água (f) | Wasser (n) | ['vasɐ] |
| torneira (f) | Wasserhahn (m) | ['vasɐˌhaːn] |
| água (f) quente | Warmwasser (n) | ['vaʀmˌvasɐ] |
| água (f) fria | Kaltwasser (n) | ['kaltˌvasɐ] |

| pasta (f) de dente | Zahnpasta (f) | ['tsaːnˌpasta] |
| escovar os dentes | Zähne putzen | ['tsɛːnə 'pʊtsən] |
| escova (f) de dente | Zahnbürste (f) | ['tsaːnˌbʏʀstə] |

| barbear-se (vr) | sich rasieren | [zɪç ʀa'ziːʀən] |
| espuma (f) de barbear | Rasierschaum (m) | [ʀa'ziːɐˌʃaʊm] |
| gilete (f) | Rasierer (m) | [ʀa'ziːʀɐ] |

| lavar (vt) | waschen (vt) | ['vaʃən] |
| tomar banho | sich waschen | [zɪç 'vaʃən] |
| chuveiro (m), ducha (f) | Dusche (f) | ['duːʃə] |
| tomar uma ducha | sich duschen | [zɪç 'duːʃən] |

| banheira (f) | Badewanne (f) | ['baːdəˌvanə] |
| vaso (m) sanitário | Klosettbecken (n) | [klo'zɛtˌbɛkən] |
| pia (f) | Waschbecken (n) | ['vaʃˌbɛkən] |
| sabonete (m) | Seife (f) | ['zaɪfə] |

| | | |
|---|---|---|
| saboneteira (f) | Seifenschale (f) | ['zaɪfənˌʃa:lə] |
| esponja (f) | Schwamm (m) | [ʃvam] |
| xampu (m) | Shampoo (n) | ['ʃampu] |
| toalha (f) | Handtuch (n) | ['hantˌtu:x] |
| roupão (m) de banho | Bademantel (m) | ['ba:dəˌmantəl] |

| | | |
|---|---|---|
| lavagem (f) | Wäsche (f) | ['vɛʃə] |
| lavadora (f) de roupas | Waschmaschine (f) | ['vaʃˈmaʃi:nə] |
| lavar a roupa | waschen (vt) | ['vaʃən] |
| detergente (m) | Waschpulver (n) | ['vaʃˌpʊlvə] |

## 99. Eletrodomésticos

| | | |
|---|---|---|
| televisor (m) | Fernseher (m) | ['fɛʁnˌze:ɐ] |
| gravador (m) | Tonbandgerät (n) | ['to:nbant·gəˌʁɛ:t] |
| videogravador (m) | Videorekorder (m) | ['video·ʁeˌkɔʁdə] |
| rádio (m) | Empfänger (m) | [ɛm'pfɛŋə] |
| leitor (m) | Player (m) | ['plɛɪə] |

| | | |
|---|---|---|
| projetor (m) | Videoprojektor (m) | ['vi:deo·pʁojɛkto:ɐ] |
| cinema (m) em casa | Heimkino (n) | ['haɪmki:no] |
| DVD Player (m) | DVD-Player (m) | [defaʊ'de:ˌplɛɪə] |
| amplificador (m) | Verstärker (m) | [fɛɐ'ʃtɛʁkə] |
| console (f) de jogos | Spielkonsole (f) | ['ʃpi:l·kɔnˌzo:lə] |

| | | |
|---|---|---|
| câmera (f) de vídeo | Videokamera (f) | ['vi:deoˌkaməʁa] |
| máquina (f) fotográfica | Kamera (f) | ['kaməʁa] |
| câmera (f) digital | Digitalkamera (f) | [digi'ta:lˌkaməʁa] |

| | | |
|---|---|---|
| aspirador (m) | Staubsauger (m) | ['ʃtaʊpˌzaʊgə] |
| ferro (m) de passar | Bügeleisen (n) | ['by:gəlˌʔaɪzən] |
| tábua (f) de passar | Bügelbrett (n) | ['by:gəlˌbʁɛt] |

| | | |
|---|---|---|
| telefone (m) | Telefon (n) | [tele'fo:n] |
| celular (m) | Mobiltelefon (n) | [mo'bi:l·teleˌfo:n] |
| máquina (f) de escrever | Schreibmaschine (f) | ['ʃʁaɪp·maʃi:nə] |
| máquina (f) de costura | Nähmaschine (f) | ['nɛ:·maʃi:nə] |

| | | |
|---|---|---|
| microfone (m) | Mikrophon (n) | [mikʁo'fo:n] |
| fone (m) de ouvido | Kopfhörer (m) | ['kɔpfˌhø:ʁə] |
| controle remoto (m) | Fernbedienung (f) | ['fɛʁnbəˌdi:nʊŋ] |

| | | |
|---|---|---|
| CD (m) | CD (f) | [tse:'de:] |
| fita (f) cassete | Kassette (f) | [ka'sɛtə] |
| disco (m) de vinil | Schallplatte (f) | ['ʃalˌplatə] |

## 100. Reparações. Renovação

| | | |
|---|---|---|
| renovação (f) | Renovierung (f) | [ʁeno'vi:ʁʊŋ] |
| renovar (vt), fazer obras | renovieren (vt) | [ʁeno'vi:ʁən] |
| reparar (vt) | reparieren (vt) | [ʁepa'ʁi:ʁən] |
| consertar (vt) | in Ordnung bringen | [ɪn 'ɔʁdnʊŋ 'bʁɪŋən] |

| refazer (vt) | noch einmal machen | [nɔχ 'aɪnma:l 'maχən] |
| tinta (f) | Farbe (f) | ['faʁbə] |
| pintar (vt) | streichen (vt) | ['ʃtʀaɪçən] |
| pintor (m) | Anstreicher (m) | ['anˌʃtʀaɪçɐ] |
| pincel (m) | Pinsel (m) | ['pɪnzəl] |

| cal (f) | Kalkfarbe (f) | ['kalkˌfaʁbə] |
| caiar (vt) | weißen (vt) | ['vaɪsən] |

| papel (m) de parede | Tapete (f) | [ta'pe:tə] |
| colocar papel de parede | tapezieren (vt) | [tape'tsi:ʀən] |
| verniz (m) | Lack (m) | ['lak] |
| envernizar (vt) | lackieren (vt) | [la'ki:ʀən] |

## 101. Canalizações

| água (f) | Wasser (n) | ['vasɐ] |
| água (f) quente | Warmwasser (n) | ['vaʁmˌvasɐ] |
| água (f) fria | Kaltwasser (n) | ['kaltˌvasɐ] |
| torneira (f) | Wasserhahn (m) | ['vasɐˌha:n] |

| gota (f) | Tropfen (m) | ['tʀɔpfən] |
| gotejar (vi) | tropfen (vi) | ['tʀɔpfən] |
| vazar (vt) | durchsickern (vi) | ['dʊʁçˌzɪkɐn] |
| vazamento (m) | Leck (n) | [lɛk] |
| poça (f) | Lache (f) | ['la:χə] |

| tubo (m) | Rohr (n) | [ʀo:ɐ] |
| válvula (f) | Ventil (n) | [vɛn'ti:l] |
| entupir-se (vr) | sich verstopfen | [zɪç fɛɐ'ʃtopfən] |

| ferramentas (f pl) | Werkzeuge (pl) | ['vɛʁkˌtsɔɪɡə] |
| chave (f) inglesa | Engländer (m) | ['ɛŋlɛndɐ] |
| desenroscar (vt) | abdrehen (vt) | ['apˌdʀe:ən] |
| enroscar (vt) | zudrehen (vt) | [tsu:'dʀe:ən] |

| desentupir (vt) | reinigen (vt) | ['ʀaɪnɪɡən] |
| encanador (m) | Klempner (m) | ['klɛmpnɐ] |
| porão (m) | Keller (m) | ['kɛlɐ] |
| rede (f) de esgotos | Kanalisation (f) | [kanaliza'tsjo:n] |

## 102. Fogo. Deflagração

| incêndio (m) | Feuer (n) | ['fɔɪɐ] |
| chama (f) | Flamme (f) | ['flamə] |
| faísca (f) | Funke (m) | ['fʊŋkə] |
| fumaça (f) | Rauch (m) | [ʀaʊχ] |
| tocha (f) | Fackel (f) | ['fakəl] |
| fogueira (f) | Lagerfeuer (n) | ['la:ɡɐˌfɔɪɐ] |

| gasolina (f) | Benzin (n) | [bɛn'tsi:n] |
| querosene (m) | Kerosin (n) | [keʀo'zi:n] |

| inflamável (adj) | brennbar | ['bʀɛnbaːɐ] |
| explosivo (adj) | explosiv | [ɛksplo'ziːf] |
| PROIBIDO FUMAR! | RAUCHEN VERBOTEN! | ['ʀauχən fɛɐ'boːtən] |

| segurança (f) | Sicherheit (f) | ['zɪçɐhaɪt] |
| perigo (m) | Gefahr (f) | [gə'faːɐ] |
| perigoso (adj) | gefährlich | [gə'fɛːɐlɪç] |

| incendiar-se (vr) | sich entflammen | [zɪç ɛnt'flamən] |
| explosão (f) | Explosion (f) | [ɛksplo'zjoːn] |
| incendiar (vt) | in Brand stecken | [ɪn bʀant 'ʃtɛkən] |
| incendiário (m) | Brandstifter (m) | ['bʀantʃtɪftɐ] |
| incêndio (m) criminoso | Brandstiftung (f) | ['bʀantʃtɪftʊŋ] |

| flamejar (vi) | flammen (vi) | ['flamən] |
| queimar (vi) | brennen (vi) | ['bʀɛnən] |
| queimar tudo (vi) | verbrennen (vi) | [fɛɐ'bʀɛnən] |

| chamar os bombeiros | die Feuerwehr rufen | [di 'fɔɪɐˌveːɐ 'ʀuːfən] |
| bombeiro (m) | Feuerwehrmann (m) | ['fɔɪɐveːɐˌman] |
| caminhão (m) de bombeiros | Feuerwehrauto (n) | ['fɔɪɐveːɐˌʔauto] |
| corpo (m) de bombeiros | Feuerwehr (f) | ['fɔɪɐˌveːɐ] |
| escada (f) extensível | Drehleiter (f) | ['dʀeːˌlaɪtɐ] |

| mangueira (f) | Schlauch (m) | [ʃlauχ] |
| extintor (m) | Feuerlöscher (m) | ['fɔɪɐˌlœʃɐ] |
| capacete (m) | Helm (m) | [hɛlm] |
| sirene (f) | Sirene (f) | [ˌzi'ʀeːnə] |

| gritar (vi) | schreien (vi) | ['ʃʀaɪən] |
| chamar por socorro | um Hilfe rufen | [ʊm 'hɪlfə 'ʀuːfən] |
| socorrista (m) | Retter (m) | ['ʀɛtɐ] |
| salvar, resgatar (vt) | retten (vt) | ['ʀɛtən] |

| chegar (vi) | ankommen (vi) | ['anˌkɔmən] |
| apagar (vt) | löschen (vt) | ['lœʃən] |
| água (f) | Wasser (n) | ['vasɐ] |
| areia (f) | Sand (m) | [zant] |

| ruínas (f pl) | Trümmer (pl) | ['tʀʏmɐ] |
| ruir (vi) | zusammenbrechen (vi) | [tsu'zamənˌbʀɛçən] |
| desmoronar (vi) | einfallen (vi) | ['aɪnˌfalən] |
| desabar (vi) | einstürzen (vi) | ['aɪnʃtʏʁtsən] |

| fragmento (m) | Bruchstück (n) | ['bʀuχʃtʏk] |
| cinza (f) | Asche (f) | ['aʃə] |

| sufocar (vi) | ersticken (vi) | [ɛɐ'ʃtɪkən] |
| perecer (vi) | ums Leben kommen | [ʊms 'leːbən 'kɔmən] |

# ATIVIDADES HUMANAS

# Emprego. Negócios. Parte 1

## 103. Escritório. O trabalho no escritório

| | | |
|---|---|---|
| escritório (~ de advogados) | Büro (n) | [by'ʀo:] |
| escritório (do diretor, etc.) | Büro (n) | [by'ʀo:] |
| recepção (f) | Rezeption (f) | [ʀetsɛp'tsjo:n] |
| secretário (m) | Sekretär (m) | [zekʀe'tɛ:ɐ] |
| secretária (f) | Sekretärin (f) | [zekʀe'tɛ:ʀɪn] |
| | | |
| diretor (m) | Direktor (m) | [di'ʀɛkto:ɐ] |
| gerente (m) | Manager (m) | ['mɛnɪdʒɐ] |
| contador (m) | Buchhalter (m) | ['bu:χˌhaltɐ] |
| empregado (m) | Mitarbeiter (m) | ['mɪt?aɐˌbaɪtɐ] |
| | | |
| mobiliário (m) | Möbel (n) | ['mø:bəl] |
| mesa (f) | Tisch (m) | [tɪʃ] |
| cadeira (f) | Schreibtischstuhl (m) | ['ʃʀaɪptɪʃʃtu:l] |
| gaveteiro (m) | Rollcontainer (m) | ['ʀɔl·kɔnˌte:nɐ] |
| cabideiro (m) de pé | Kleiderständer (m) | ['klaɪdɐˌʃtɛndɐ] |
| | | |
| computador (m) | Computer (m) | [kɔm'pju:tɐ] |
| impressora (f) | Drucker (m) | ['dʀʊkɐ] |
| fax (m) | Fax (m, n) | [faks] |
| fotocopiadora (f) | Kopierer (m) | [ko'pi:ʀɐ] |
| | | |
| papel (m) | Papier (n) | [pa'pi:ɐ] |
| artigos (m pl) de escritório | Büromaterial (n) | [by'ʀo:mateˌʀia:l] |
| tapete (m) para mouse | Mousepad (n) | ['maʊspɛt] |
| folha (f) | Blatt (n) Papier | [blat pa'pi:ɐ] |
| pasta (f) | Ordner (m) | ['ɔʀdnɐ] |
| | | |
| catálogo (m) | Katalog (m) | [kata'lo:k] |
| lista (f) telefônica | Adressbuch (n) | [a'dʀɛsˌbu:χ] |
| documentação (f) | Dokumentation (f) | [dokumɛnta'tsjo:n] |
| brochura (f) | Broschüre (f) | [bʀɔ'ʃy:ʀə] |
| panfleto (m) | Flugblatt (n) | ['flu:kˌblat] |
| amostra (f) | Muster (n) | ['mʊstɐ] |
| | | |
| formação (f) | Training (n) | ['tʀɛ:nɪŋ] |
| reunião (f) | Meeting (n) | ['mi:tɪŋ] |
| hora (f) de almoço | Mittagspause (f) | ['mɪta:ksˌpaʊzə] |
| | | |
| fazer uma cópia | eine Kopie machen | ['aɪnə ko'pi: 'maχən] |
| tirar cópias | vervielfältigen (vt) | [fɛɐ'fi:lˌfɛltɪgən] |
| receber um fax | ein Fax bekommen | [aɪn faks bə'kɔmən] |
| enviar um fax | ein Fax senden | [aɪn faks 'zɛndən] |

| fazer uma chamada | anrufen (vt) | ['an,ʀuːfən] |
| responder (vt) | antworten (vi) | ['ant,vɔʁtən] |
| passar (vt) | verbinden (vt) | [fɛɐ'bɪndən] |

| marcar (vt) | ausmachen (vt) | ['aʊs,maxən] |
| demonstrar (vt) | demonstrieren (vt) | [demɔn'stʀiːʀən] |
| estar ausente | fehlen (vi) | ['feːlən] |
| ausência (f) | Abwesenheit (f) | ['ap,veːzən·haɪt] |

## 104. Processos negociais. Parte 1

| negócio (m) | Geschäft (n) | [gə'ʃɛft] |
| ocupação (f) | Angelegenheit (f) | ['angə,leː gənhaɪt] |
| firma, empresa (f) | Firma (f) | ['fɪʁma] |
| companhia (f) | Gesellschaft (f) | [gə'zɛlʃaft] |
| corporação (f) | Konzern (m) | [kɔn'tsɛʁn] |
| empresa (f) | Unternehmen (n) | [,ʊntɐ'neːmən] |
| agência (f) | Agentur (f) | [agɛn'tuːɐ] |

| acordo (documento) | Vereinbarung (f) | [fɛɐ'ʔaɪnbaːʀʊŋ] |
| contrato (m) | Vertrag (m) | [fɛɐ'tʀaːk] |
| acordo (transação) | Geschäft (n) | [gə'ʃɛft] |
| pedido (m) | Auftrag (m) | ['aʊf,tʀaːk] |
| termos (m pl) | Bedingung (f) | [bə'dɪŋʊŋ] |

| por atacado | en gros | [ɛn 'gʁo] |
| por atacado (adj) | Großhandels- | ['gʀoːs,handəls] |
| venda (f) por atacado | Großhandel (m) | ['gʀoːs,handəl] |
| a varejo | Einzelhandels- | ['aɪntsəl,handəls] |
| venda (f) a varejo | Einzelhandel (m) | ['aɪntsəl,handəl] |

| concorrente (m) | Konkurrent (m) | [kɔŋkʊ'ʀɛnt] |
| concorrência (f) | Konkurrenz (f) | [,kɔŋkʊ'ʀɛnts] |
| competir (vi) | konkurrieren (vi) | [kɔŋkʊ'ʀiːʀən] |

| sócio (m) | Partner (m) | ['paʁtnɐ] |
| parceria (f) | Partnerschaft (f) | ['paʁtnɐʃaft] |

| crise (f) | Krise (f) | ['kʀiːzə] |
| falência (f) | Bankrott (m) | [baŋ'kʀɔt] |
| entrar em falência | Bankrott machen | [baŋ'kʀɔt 'maxən] |
| dificuldade (f) | Schwierigkeit (f) | ['ʃviːʀɪçkaɪt] |
| problema (m) | Problem (n) | [pʀo'bleːm] |
| catástrofe (f) | Katastrophe (f) | [,katas'tʀoːfə] |

| economia (f) | Wirtschaft (f) | ['vɪʁtʃaft] |
| econômico (adj) | wirtschaftlich | ['vɪʁtʃaftlɪç] |
| recessão (f) econômica | Rezession (f) | [ʀetsɛ'sjoːn] |

| objetivo (m) | Ziel (n) | [tsiːl] |
| tarefa (f) | Aufgabe (f) | ['aʊf,gaːbə] |

| comerciar (vi, vt) | handeln (vi) | ['handəln] |
| rede (de distribuição) | Netz (n) | [nɛts] |

| estoque (m) | Lager (n) | ['la:gɐ] |
| sortimento (m) | Sortiment (n) | [zɔʁti'mɛnt] |

| líder (m) | führende Unternehmen (n) | ['fy:ʀɐndə ʊntɐ'ne:mən] |
| grande (~ empresa) | groß | [gʀo:s] |
| monopólio (m) | Monopol (n) | [mono'po:l] |

| teoria (f) | Theorie (f) | [teo'ʀi:] |
| prática (f) | Praxis (f) | ['pʀaksɪs] |
| experiência (f) | Erfahrung (f) | [ɛɐ'fa:ʀʊŋ] |
| tendência (f) | Tendenz (f) | [tɛn'dɛnts] |
| desenvolvimento (m) | Entwicklung (f) | [ɛnt'vɪklʊŋ] |

## 105. Processos negociais. Parte 2

| rentabilidade (f) | Vorteil (m) | ['foʁ,taɪl] |
| rentável (adj) | vorteilhaft | ['foʁtaɪl,haft] |

| delegação (f) | Delegation (f) | [delega'tsjo:n] |
| salário, ordenado (m) | Lohn (m) | [lo:n] |
| corrigir (~ um erro) | korrigieren (vt) | [kɔʀi'gi:ʀən] |
| viagem (f) de negócios | Dienstreise (f) | ['di:nst,ʀaɪzə] |
| comissão (f) | Kommission (f) | [kɔmɪ'sjo:n] |

| controlar (vt) | kontrollieren (vt) | [kɔntʀɔ'li:ʀən] |
| conferência (f) | Konferenz (f) | [,kɔnfe'ʀɛnts] |
| licença (f) | Lizenz (f) | [li'tsɛnts] |
| confiável (adj) | zuverlässig | ['tsu:fɛɐ,lɛsɪç] |

| empreendimento (m) | Initiative (f) | [initsɪa'ti:və] |
| norma (f) | Norm (f) | [nɔʁm] |
| circunstância (f) | Umstand (m) | ['ʊmʃtant] |
| dever (do empregado) | Pflicht (f) | [pflɪçt] |

| empresa (f) | Unternehmen (n) | [,ʊntɐ'ne:mən] |
| organização (f) | Organisation (f) | [,ɔʁganiza'tsjo:n] |
| organizado (adj) | organisiert | [ɔʁgani'zi:ɐt] |
| anulação (f) | Abschaffung (f) | ['apʃafʊŋ] |
| anular, cancelar (vt) | abschaffen (vt) | ['apʃafən] |
| relatório (m) | Bericht (m) | [bə'ʀɪçt] |

| patente (f) | Patent (n) | [pa'tɛnt] |
| patentear (vt) | patentieren (vt) | [patɛn'ti:ʀən] |
| planejar (vt) | planen (vt) | ['pla:nən] |

| bônus (m) | Prämie (f) | ['pʀɛ:mɪə] |
| profissional (adj) | professionell | [pʀofɛsjo'nɛl] |
| procedimento (m) | Prozedur (f) | [,pʀotse'du:ɐ] |

| examinar (~ a questão) | prüfen (vt) | ['pʀy:fən] |
| cálculo (m) | Berechnung (f) | [bə'ʀɛçnʊŋ] |
| reputação (f) | Ruf (m) | [ʀu:f] |
| risco (m) | Risiko (n) | ['ʀi:ziko] |
| dirigir (~ uma empresa) | leiten (vt) | ['laɪtən] |

| informação (f) | Informationen (pl) | [ɪnfoʁma'tsjo:nən] |
| propriedade (f) | Eigentum (n) | ['aɪgəntu:m] |
| união (f) | Bund (m) | [bʊnt] |

| seguro (m) de vida | Lebensversicherung (f) | ['le:bəns·fɛɐ̯ˌzɪçəʁʊŋ] |
| fazer um seguro | versichern (vt) | [fɛɐ̯'zɪçən] |
| seguro (m) | Versicherung (f) | [fɛɐ̯'zɪçəʁʊŋ] |

| leilão (m) | Auktion (f) | [aʊk'tsjo:n] |
| notificar (vt) | benachrichtigen (vt) | [bə'na:χˌʁɪçtɪgən] |
| gestão (f) | Verwaltung (f) | [fɛɐ̯'valtʊŋ] |
| serviço (indústria de ~s) | Dienst (m) | [di:nst] |

| fórum (m) | Forum (n) | ['fo:ʁʊm] |
| funcionar (vi) | funktionieren (vi) | [fʊŋktsjo'ni:ʁən] |
| estágio (m) | Etappe (f) | [e'tapə] |
| jurídico, legal (adj) | juristisch | [ju'ʁɪstɪʃ] |
| advogado (m) | Jurist (m) | [ju'ʁɪst] |

## 106. Produção. Trabalhos

| usina (f) | Werk (n) | [vɛʁk] |
| fábrica (f) | Fabrik (f) | [fa'bʁi:k] |
| oficina (f) | Werkstatt (f) | ['vɛʁkˌʃtat] |
| local (m) de produção | Betrieb (m) | [bə'tʁi:p] |

| indústria (f) | Industrie (f) | [ɪndʊs'tʁi:] |
| industrial (adj) | Industrie- | [ɪndʊs'tʁi:] |
| indústria (f) pesada | Schwerindustrie (f) | ['ʃve:ɐ̯ʔɪndʊsˌtʁi:] |
| indústria (f) ligeira | Leichtindustrie (f) | ['laɪçtʔɪndʊsˌtʁi:] |

| produção (f) | Produktion (f) | [pʁodʊk'tsjo:n] |
| produzir (vt) | produzieren (vt) | [pʁodu'tsi:ʁən] |
| matérias-primas (f pl) | Rohstoff (m) | ['ʁo:ʃtɔf] |

| chefe (m) de obras | Vorarbeiter (m), Meister (m) | [fo:ɐ̯'ʔaʁbaɪtə], ['maɪstə] |
| equipe (f) | Arbeitsteam (n) | ['aʁbaɪtsˌti:m] |
| operário (m) | Arbeiter (m) | ['aʁbaɪtə] |

| dia (m) de trabalho | Arbeitstag (m) | ['aʁbaɪtsˌta:k] |
| intervalo (m) | Pause (f) | ['paʊzə] |
| reunião (f) | Versammlung (f) | [fɛɐ̯'zamlʊŋ] |
| discutir (vt) | besprechen (vt) | [bə'ʃpʁɛçən] |

| plano (m) | Plan (m) | [pla:n] |
| cumprir o plano | den Plan erfüllen | [den pla:n ɛɐ̯'fʏlən] |
| taxa (f) de produção | Arbeitsertrag (m) | ['aʁbaɪtsˌɛɐ̯'tʁa:k] |
| qualidade (f) | Qualität (f) | [kvali'tɛ:t] |
| controle (m) | Prüfung, Kontrolle (f) | ['pʁy:fʊŋ], [kɔn'tʁɔlə] |
| controle (m) da qualidade | Gütekontrolle (f) | ['gy:tə·kɔn'tʁɔlə] |

| segurança (f) no trabalho | Arbeitsplatzsicherheit (f) | ['aʁbaɪts·platsˌzɪçəhaɪt] |
| disciplina (f) | Disziplin (f) | [dɪstsi'pli:n] |
| infração (f) | Übertretung (f) | [y:bə'tʁe:tʊŋ] |

| violar (as regras) | übertreten (vt) | [yːbɐˈtʁeːtən] |
| greve (f) | Streik (m) | [ʃtʁaɪk] |
| grevista (m) | Streikender (m) | [ˈʃtʁaɪkəndɐ] |
| estar em greve | streiken (vi) | [ˈʃtʁaɪkən] |
| sindicato (m) | Gewerkschaft (f) | [gəˈvɛʁkʃaft] |

| inventar (vt) | erfinden (vt) | [ɛɐˈfɪndən] |
| invenção (f) | Erfindung (f) | [ɛɐˈfɪndʊŋ] |
| pesquisa (f) | Erforschung (f) | [ɛɐˈfɔʁʃʊŋ] |
| melhorar (vt) | verbessern (vt) | [fɛɐˈbɛsɐn] |
| tecnologia (f) | Technologie (f) | [tɛçnoloˈgiː] |
| desenho (m) técnico | Zeichnung (f) | [ˈtsaɪçnʊŋ] |

| carga (f) | Ladung (f) | [ˈlaːdʊŋ] |
| carregador (m) | Ladearbeiter (m) | [ˈlaːdəˌaʁbaɪtɐ] |
| carregar (o caminhão, etc.) | laden (vt) | [ˈlaːdən] |
| carregamento (m) | Beladung (f) | [bəˈlaːdʊŋ] |
| descarregar (vt) | entladen (vt) | [ɛntˈlaːdən] |
| descarga (f) | Entladung (f) | [ɛntˈlaːdʊŋ] |

| transporte (m) | Transport (m) | [tʁansˈpɔʁt] |
| companhia (f) de transporte | Transportunternehmen (n) | [tʁansˈpɔʁtˈʊntɐˈneːmən] |
| transportar (vt) | transportieren (vt) | [ˌtʁanspɔʁˈtiːʁən] |

| vagão (m) de carga | Güterwagen (m) | [ˈgyːtɐˌvaːgən] |
| tanque (m) | Zisterne (f) | [tsɪsˈtɛʁnə] |
| caminhão (m) | Lastkraftwagen (m) | [ˈlastkʁaftˌvaːgən] |

| máquina (f) operatriz | Werkzeugmaschine (f) | [ˈvɛʁktsɔɪkˈmaˌʃiːnə] |
| mecanismo (m) | Mechanismus (m) | [meçaˈnɪsmʊs] |

| resíduos (m pl) industriais | Industrieabfälle (pl) | [ɪndʊsˈtʁiːʔapˌfɛlə] |
| embalagem (f) | Verpacken (n) | [fɛɐˈpakən] |
| embalar (vt) | verpacken (vt) | [fɛɐˈpakən] |

## 107. Contrato. Acordo

| contrato (m) | Vertrag (m) | [fɛɐˈtʁaːk] |
| acordo (m) | Vereinbarung (f) | [fɛɐˈʔaɪnbaːʁʊŋ] |
| adendo, anexo (m) | Anhang (m) | [ˈanhaŋ] |

| assinar o contrato | einen Vertrag abschließen | [ˈaɪnən fɛɐˈtʁaːk ˈapˌʃliːsən] |
| assinatura (f) | Unterschrift (f) | [ˈʊntɐˌʃʁɪft] |
| assinar (vt) | unterschreiben (vt) | [ˌʊntɐˈʃʁaɪbən] |
| carimbo (m) | Stempel (m) | [ˈʃtɛmpəl] |

| objeto (m) do contrato | Vertragsgegenstand (m) | [fɛɐˈtʁaːksˈgeːgənʃtant] |
| cláusula (f) | Punkt (m) | [pʊŋkt] |
| partes (f pl) | Parteien (pl) | [paʁˈtaɪən] |
| domicílio (m) legal | rechtmäßige Anschrift (f) | [ˈʁɛçtˌmɛːsɪgə ˈanʃʁɪft] |

| violar o contrato | Vertrag brechen | [fɛɐˈtʁaːk ˈbʁɛçən] |
| obrigação (f) | Verpflichtung (f) | [fɛɐˈpflɪçtʊŋ] |
| responsabilidade (f) | Verantwortlichkeit (f) | [fɛɐˈʔantvɔʁtlɪçkaɪt] |

| força (f) maior | Force majeure (f) | [fɔʁs·maˈʒœːr] |
|---|---|---|
| litígio (m), disputa (f) | Streit (m) | [ʃtʀaɪt] |
| multas (f pl) | Strafsanktionen (pl) | [ˈʃtʀaːf·zaŋkˈtsjoːnən] |

## 108. Importação & Exportação

| importação (f) | Import (m) | [ˌɪmˈpɔʁt] |
|---|---|---|
| importador (m) | Importeur (m) | [ɪmpɔʁˈtøːɐ] |
| importar (vt) | importieren (vt) | [ɪmpɔʁˈtiːʀən] |
| de importação | Import- | [ˌɪmˈpɔʁt] |

| exportação (f) | Export (m) | [ɛksˈpɔʁt] |
|---|---|---|
| exportador (m) | Exporteur (m) | [ɛkspɔʁˈtøːɐ] |
| exportar (vt) | exportieren (vt) | [ˌɛkspɔʁˈtiːʀən] |
| de exportação | Export- | [ɛksˈpɔʁt] |

| mercadoria (f) | Waren (pl) | [ˈvaːʀən] |
|---|---|---|
| lote (de mercadorias) | Partie (f), Ladung (f) | [paʁˈtiː], [ˈlaːdʊŋ] |

| peso (m) | Gewicht (n) | [gəˈvɪçt] |
|---|---|---|
| volume (m) | Volumen (n) | [voˈluːmən] |
| metro (m) cúbico | Kubikmeter (m) | [kuˈbiːkˌmeːtɐ] |

| produtor (m) | Hersteller (m) | [ˈheːɐʃtɛlɐ] |
|---|---|---|
| companhia (f) de transporte | Transportunternehmen (n) | [tʀansˈpɔʁt·ʊntɐˈneːmən] |
| contêiner (m) | Container (m) | [ˌkɔnˈtɛɪnɐ] |

| fronteira (f) | Grenze (f) | [ˈgʀɛntsə] |
|---|---|---|
| alfândega (f) | Zollamt (n) | [ˈtsɔlˌʔamt] |
| taxa (f) alfandegária | Zoll (m) | [tsɔl] |
| funcionário (m) da alfândega | Zollbeamter (m) | [ˈtsɔl·bəˌʔamtɐ] |
| contrabando (atividade) | Schmuggel (m) | [ˈʃmʊgəl] |
| contrabando (produtos) | Schmuggelware (f) | [ˈʃmʊgəlˌvaːʀə] |

## 109. Finanças

| ação (f) | Aktie (f) | [ˈaktsiə] |
|---|---|---|
| obrigação (f) | Obligation (f) | [ɔbligaˈtsjoːn] |
| nota (f) promissória | Wechsel (m) | [ˈvɛksəl] |

| bolsa (f) de valores | Börse (f) | [ˈbœʁzə] |
|---|---|---|
| cotação (m) das ações | Aktienkurs (m) | [ˈaktsiən·kuʁs] |

| tornar-se mais barato | billiger werden | [ˈbɪligɐ ˈveːɐdən] |
|---|---|---|
| tornar-se mais caro | teuer werden | [ˈtɔɪɐ ˈveːɐdən] |

| parte (f) | Anteil (m) | [ˈanˌtaɪl] |
|---|---|---|
| participação (f) majoritária | Mehrheitsbeteiligung (f) | [ˈmeːɐhaɪts·bəˈtaɪlɪgʊŋ] |

| investimento (m) | Investitionen (pl) | [ɪnvɛstiˈtsjoːnən] |
|---|---|---|
| investir (vt) | investieren (vt) | [ɪnvɛsˈtiːʀən] |
| porcentagem (f) | Prozent (n) | [pʀoˈtsɛnt] |

| | | |
|---|---|---|
| juros (m pl) | Zinsen (pl) | ['tsɪnzən] |
| lucro (m) | Gewinn (m) | [gə'vɪn] |
| lucrativo (adj) | gewinnbringend | [gə'vɪn‚bʀɪŋənt] |
| imposto (m) | Steuer (f) | ['ʃtɔɪɐ] |

| | | |
|---|---|---|
| divisa (f) | Währung (f) | ['vɛːʀʊŋ] |
| nacional (adj) | Landes- | ['landəs] |
| câmbio (m) | Geldumtausch (m) | ['gɛlt‚umtauʃ] |

| | | |
|---|---|---|
| contador (m) | Buchhalter (m) | ['buːχ‚haltɐ] |
| contabilidade (f) | Buchhaltung (f) | ['buːχ‚haltʊŋ] |

| | | |
|---|---|---|
| falência (f) | Bankrott (m) | [baŋ'kʀɔt] |
| falência, quebra (f) | Zusammenbruch (m) | [tsu'zamən‚bʀʊχ] |
| ruína (f) | Pleite (f) | ['plaɪtə] |
| estar quebrado | pleite gehen | ['plaɪtə 'geːən] |
| inflação (f) | Inflation (f) | [ɪnfla'tsjoːn] |
| desvalorização (f) | Abwertung (f) | ['ap‚veːɐtʊŋ] |

| | | |
|---|---|---|
| capital (m) | Kapital (n) | [kapi'taːl] |
| rendimento (m) | Einkommen (n) | ['aɪn‚kɔmən] |
| volume (m) de negócios | Umsatz (m) | ['ʊm‚zats] |
| recursos (m pl) | Mittel (pl) | ['mɪtəl] |
| recursos (m pl) financeiros | Geldmittel (pl) | ['gɛlt‚mɪtəl] |

| | | |
|---|---|---|
| despesas (f pl) gerais | Gemeinkosten (pl) | [gə'maɪn‚kɔstən] |
| reduzir (vt) | reduzieren (vt) | [ʀedu'tsiːʀən] |

## 110. Marketing

| | | |
|---|---|---|
| marketing (m) | Marketing (n) | ['maʀkətɪŋ] |
| mercado (m) | Markt (m) | [maʀkt] |
| segmento (m) do mercado | Marktsegment (n) | ['maʀkt·zɛ'gmɛnt] |
| produto (m) | Produkt (n) | [pʀo'dʊkt] |
| mercadoria (f) | Waren (pl) | ['vaːʀən] |

| | | |
|---|---|---|
| marca (f) | Schutzmarke (f) | ['ʃʊts‚maʀkə] |
| marca (f) registrada | Handelsmarke (f) | ['handəls‚maʀkə] |
| logotipo (m) | Firmenzeichen (n) | ['fɪʀmən‚tsaɪçən] |
| logo (m) | Logo (m, n) | ['loːgo] |

| | | |
|---|---|---|
| demanda (f) | Nachfrage (f) | ['naːχ‚fʀaːgə] |
| oferta (f) | Angebot (n) | ['angə‚boːt] |
| necessidade (f) | Bedürfnis (n) | [bə'dYʀfnɪs] |
| consumidor (m) | Verbraucher (m) | [fɛɐ'bʀauχɐ] |

| | | |
|---|---|---|
| análise (f) | Analyse (f) | [ana'lyːzə] |
| analisar (vt) | analysieren (vt) | [‚analy:'ziːʀən] |
| posicionamento (m) | Positionierung (f) | [pozitsjo'niːʀʊŋ] |
| posicionar (vt) | positionieren (vt) | [pozitsjo'niːʀən] |

| | | |
|---|---|---|
| preço (m) | Preis (m) | [pʀaɪs] |
| política (f) de preços | Preispolitik (f) | ['pʀaɪs·poli'tɪk] |
| formação (f) de preços | Preisbildung (f) | ['pʀaɪs‚bɪldʊŋ] |

## 111. Publicidade

| | | |
|---|---|---|
| publicidade (f) | Werbung (f) | ['vɛʁbʊŋ] |
| fazer publicidade | werben (vt) | ['vɛʁbən] |
| orçamento (m) | Budget (n) | [by'dʒe:] |
| anúncio (m) | Werbeanzeige (f) | ['vɛʁbə?anˌtsaɪgə] |
| publicidade (f) na TV | Fernsehwerbung (f) | ['fɛʁnze:ˌvɛʁbʊŋ] |
| publicidade (f) na rádio | Radiowerbung (f) | ['ʁa:dɪoˌvɛʁbʊŋ] |
| publicidade (f) exterior | Außenwerbung (f) | ['aʊsənˌvɛʁbʊŋ] |
| comunicação (f) de massa | Massenmedien (pl) | ['masənˌme:dɪən] |
| periódico (m) | Zeitschrift (f) | ['tsaɪtˌʃʁɪft] |
| imagem (f) | Image (n) | ['ɪmɪdʒ] |
| slogan (m) | Losung (f) | ['lo:zʊŋ] |
| mote (m), lema (f) | Motto (n) | ['mɔto] |
| campanha (f) | Kampagne (f) | [kam'panjə] |
| campanha (f) publicitária | Werbekampagne (f) | ['vɛʁbəˈkam'panjə] |
| grupo (m) alvo | Zielgruppe (f) | ['tsi:lˌgʁʊpə] |
| cartão (m) de visita | Visitenkarte (f) | [vi'zi:tənˌkaʁtə] |
| panfleto (m) | Flugblatt (n) | ['flu:kˌblat] |
| brochura (f) | Broschüre (f) | [bʁɔ'ʃy:ʁə] |
| folheto (m) | Faltblatt (n) | ['faltˌblat] |
| boletim (~ informativo) | Informationsblatt (n) | [ɪnfoʁma'tsjo:nsˌblat] |
| letreiro (m) | Firmenschild (n) | ['fɪʁmənˌʃɪlt] |
| cartaz, pôster (m) | Plakat (n) | [pla'ka:t] |
| painel (m) publicitário | Werbeschild (n) | ['vɛʁbəˌʃɪlt] |

## 112. Banca

| | | |
|---|---|---|
| banco (m) | Bank (f) | [baŋk] |
| balcão (f) | Filiale (f) | [fi'lɪa:lə] |
| consultor (m) bancário | Berater (m) | [bə'ʁa:tɐ] |
| gerente (m) | Leiter (m) | ['laɪtɐ] |
| conta (f) | Konto (n) | ['kɔnto] |
| número (m) da conta | Kontonummer (f) | ['kɔntoˌnʊmɐ] |
| conta (f) corrente | Kontokorrent (n) | [kɔntoˈko'ʁɛnt] |
| conta (f) poupança | Sparkonto (n) | ['ʃpa:ɐˌkɔnto] |
| abrir uma conta | ein Konto eröffnen | [aɪn 'kɔnto ɛɐ'ʔœfnən] |
| fechar uma conta | das Konto schließen | [das 'kɔnto 'ʃli:sən] |
| depositar na conta | auf ein Konto einzahlen | [aʊf aɪn 'kɔnto 'aɪnˌtsa:lən] |
| sacar (vt) | abheben (vt) | ['apˌhe:bən] |
| depósito (m) | Einzahlung (f) | ['aɪnˌtsa:lʊŋ] |
| fazer um depósito | eine Einzahlung machen | ['aɪnə 'aɪnˌtsa:lʊŋ 'maxən] |
| transferência (f) bancária | Überweisung (f) | [ˌy:bɐ'vaɪzən] |

| transferir (vt) | überweisen (vt) | [ˌyːbɐˈvaɪzən] |
| soma (f) | Summe (f) | [ˈzʊmə] |
| Quanto? | Wie viel? | [ˈviː fiːl] |

| assinatura (f) | Unterschrift (f) | [ˈʊntɐˌʃrɪft] |
| assinar (vt) | unterschreiben (vt) | [ˌʊntɐˈʃraɪbən] |

| cartão (m) de crédito | Kreditkarte (f) | [kreˈdiːtˌkaɐtə] |
| senha (f) | Code (m) | [koːt] |
| número (m) do cartão de crédito | Kreditkartennummer (f) | [kreˈdiːtˌkaɐtəˈnʊmɐ] |
| caixa (m) eletrônico | Geldautomat (m) | [ˈgɛltʔaʊtoˌmaːt] |

| cheque (m) | Scheck (m) | [ʃɛk] |
| passar um cheque | einen Scheck schreiben | [ˈaɪnən ʃɛk ˈʃraɪbn] |
| talão (m) de cheques | Scheckbuch (n) | [ˈʃɛkˌbuːx] |

| empréstimo (m) | Darlehen (m) | [ˈdaɐˌleːən] |
| pedir um empréstimo | ein Darlehen beantragen | [aɪn ˈdaɐˌleːən bəˈʔantraːgən] |
| obter empréstimo | ein Darlehen aufnehmen | [aɪn daɐˌleːən ˈaʊfˌneːmən] |
| dar um empréstimo | ein Darlehen geben | [aɪn ˈdaɐˌleːən ˈgeːbən] |
| garantia (f) | Sicherheit (f) | [ˈzɪçɐhaɪt] |

## 113. Telefone. Conversação telefônica

| telefone (m) | Telefon (n) | [teleˈfoːn] |
| celular (m) | Mobiltelefon (n) | [moˈbiːl·teleˌfoːn] |
| secretária (f) eletrônica | Anrufbeantworter (m) | [ˈanruːfbə·antˌvoɐtə] |

| fazer uma chamada | anrufen (vt) | [ˈanˌruːfən] |
| chamada (f) | Anruf (m) | [ˈanˌruːf] |

| discar um número | eine Nummer wählen | [ˈaɪnə ˈnʊmɐ ˈvɛːlən] |
| Alô! | Hallo! | [haˈloː] |
| perguntar (vt) | fragen (vt) | [ˈfraːgən] |
| responder (vt) | antworten (vi) | [ˈantˌvoɐtən] |

| ouvir (vt) | hören (vt) | [ˈhøːrən] |
| bem | gut | [guːt] |
| mal | schlecht | [ʃlɛçt] |
| ruído (m) | Störungen (pl) | [ˈʃtøːrʊŋən] |

| fone (m) | Hörer (m) | [ˈhøːrɐ] |
| pegar o telefone | den Hörer abnehmen | [den ˈhøːrɐ ˈapˌneːmən] |
| desligar (vi) | auflegen (vt) | [ˈaʊfˌleːgən] |

| ocupado (adj) | besetzt | [bəˈzɛtst] |
| tocar (vi) | läuten (vi) | [ˈlɔɪtən] |
| lista (f) telefônica | Telefonbuch (n) | [teleˈfoːnˌbuːx] |
| local (adj) | Orts- | [ɔɐts] |
| chamada (f) local | Ortsgespräch | [ɔɐts·gəˈʃprɛːç] |
| de longa distância | Fern- | [fɛɐn] |
| chamada (f) de longa distância | Ferngespräch | [ˈfɛɐn·gəˈʃprɛːç] |

| internacional (adj) | Auslands- | ['aʊslants] |
| chamada (f) internacional | Auslandsgespräch | ['aʊslants·gə'ʃprɛ:ç] |

## 114. Telefone móvel

| celular (m) | Mobiltelefon (n) | [mo'bi:l·teleˌfo:n] |
| tela (f) | Display (n) | [dɪs'ple:] |
| botão (m) | Knopf (m) | [knɔpf] |
| cartão SIM (m) | SIM-Karte (f) | ['zɪmˌkaʁtə] |

| bateria (f) | Batterie (f) | [batə'ʁi:] |
| descarregar-se (vr) | leer sein | [le:ɐ zaɪn] |
| carregador (m) | Ladegerät (n) | ['la:də·gə'ʁɛ:t] |

| menu (m) | Menü (n) | [me'ny:] |
| configurações (f pl) | Einstellungen (pl) | ['aɪnʃtɛlʊŋən] |

| melodia (f) | Melodie (f) | [melo'di:] |
| escolher (vt) | auswählen (vt) | ['aʊsˌvɛ:lən] |

| calculadora (f) | Rechner (m) | ['ʁɛçnɐ] |
| correio (m) de voz | Anrufbeantworter (m) | ['anʁu:fbə·antˌvɔʁtɐ] |
| despertador (m) | Wecker (m) | ['vɛkɐ] |
| contatos (m pl) | Kontakte (pl) | [kɔn'taktə] |

| mensagem (f) de texto | SMS-Nachricht (f) | [ɛs?ɛm'?ɛs 'na:χˌʁɪçt] |
| assinante (m) | Teilnehmer (m) | ['taɪlˌne:mɐ] |

## 115. Estacionário

| caneta (f) | Kugelschreiber (m) | ['ku:gəlˌʃʁaɪbɐ] |
| caneta (f) tinteiro | Federhalter (m) | ['fe:dɐˌhaltɐ] |

| lápis (m) | Bleistift (m) | ['blaɪˌʃtɪft] |
| marcador (m) de texto | Faserschreiber (m) | ['fa:zeˌʃʁaɪbɐ] |
| caneta (f) hidrográfica | Filzstift (m) | ['fɪltsˌʃtɪft] |

| bloco (m) de notas | Notizblock (m) | [no'ti:tsˌblɔk] |
| agenda (f) | Terminkalender (m) | [tɛʁ'mi:n·kaˌlɛndɐ] |

| régua (f) | Lineal (n) | [line'a:l] |
| calculadora (f) | Rechner (m) | ['ʁɛçnɐ] |
| borracha (f) | Radiergummi (m) | [ʁa'di:ɐˌgʊmi] |

| alfinete (m) | Reißzwecke (f) | ['ʁaɪs·tsvɛkə] |
| clipe (m) | Heftklammer (f) | ['hɛftˌklamɐ] |

| cola (f) | Klebstoff (m) | ['kle:pˌʃtɔf] |
| grampeador (m) | Hefter (m) | ['hɛftɐ] |

| furador (m) de papel | Locher (m) | ['lɔχɐ] |
| apontador (m) | Bleistiftspitzer (m) | ['blaɪʃtɪftˌʃpɪtsɐ] |

## 116. Vários tipos de documentos

| | | |
|---|---|---|
| relatório (m) | Bericht (m) | [bə'rɪçt] |
| acordo (m) | Abkommen (n) | ['ap͜kɔmən] |
| ficha (f) de inscrição | Anmeldeformular (n) | ['anmɛldə·fɔʁmu͜la:ɐ] |
| autêntico (adj) | Original- | [ɔʁigi'na:l] |
| crachá (m) | Namensschild (n) | ['na:mənsˌʃɪlt] |
| cartão (m) de visita | Visitenkarte (f) | [vi'zi:tənˌkaʁtə] |
| certificado (m) | Zertifikat (n) | [tsɛʁtifi'ka:t] |
| cheque (m) | Scheck (m) | [ʃɛk] |
| conta (f) | Rechnung (f) | ['rɛçnʊŋ] |
| constituição (f) | Verfassung (f) | [fɛɐ'fasʊŋ] |
| contrato (m) | Vertrag (m) | [fɛɐ'tra:k] |
| cópia (f) | Kopie (f) | [ko'pi:] |
| exemplar (~ assinado) | Kopie (f) | [ko'pi:] |
| declaração (f) alfandegária | Zolldeklaration (f) | ['tsɔl·deklaʁa'tsjo:n] |
| documento (m) | Dokument (n) | [ˌdoku'mɛnt] |
| carteira (f) de motorista | Führerschein (m) | ['fy:ʁɐˌʃaɪn] |
| adendo, anexo (m) | Anlage (f) | ['anˌla:gə] |
| questionário (m) | Fragebogen (m) | ['fʁa:gəˌbo:gən] |
| carteira (f) de identidade | Ausweis (m) | ['aʊsˌvaɪs] |
| inquérito (m) | Anfrage (f) | ['anˌfʁa:gə] |
| convite (m) | Einladungskarte (f) | ['aɪnla:dʊŋsˌkaʁtə] |
| fatura (f) | Rechnung (f) | ['rɛçnʊŋ] |
| lei (f) | Gesetz (n) | [gə'zɛts] |
| carta (correio) | Brief (m) | [bʁi:f] |
| papel (m) timbrado | Briefbogen (n) | ['bʁi:fˌbo:gən] |
| lista (f) | Liste (f) | ['lɪstə] |
| manuscrito (m) | Manuskript (n) | [manu'skʁɪpt] |
| boletim (~ informativo) | Informationsblatt (n) | [ɪnfɔʁma'tsjo:nsˌblat] |
| bilhete (mensagem breve) | Zettel (m) | ['tsɛtəl] |
| passe (m) | Passierschein (m) | [pa'si:ɐˌʃaɪn] |
| passaporte (m) | Pass (m) | [pas] |
| permissão (f) | Erlaubnis (f) | [ɛɐ'laʊpnɪs] |
| currículo (m) | Lebenslauf (m) | ['le:bənsˌlaʊf] |
| nota (f) promissória | Schuldschein (m) | ['ʃʊltʃaɪn] |
| recibo (m) | Quittung (f) | ['kvɪtʊŋ] |
| talão (f) | Kassenzettel (m) | ['kasənˌtsɛtəl] |
| relatório (m) | Bericht (m) | [bə'rɪçt] |
| mostrar (vt) | vorzeigen (vt) | ['fo:ɐˌtsaɪgən] |
| assinar (vt) | unterschreiben (vt) | [ˌʊntɐ'ʃʁaɪbən] |
| assinatura (f) | Unterschrift (f) | ['ʊntɐʃʁɪft] |
| carimbo (m) | Stempel (m) | ['ʃtɛmpəl] |
| texto (m) | Text (m) | [tɛkst] |
| ingresso (m) | Eintrittskarte (f) | ['aɪntrɪtsˌkaʁtə] |
| riscar (vt) | streichen (vt) | ['ʃtʁaɪçən] |
| preencher (vt) | ausfüllen (vt) | ['aʊsˌfʏlən] |

| carta (f) de porte | Frachtbrief (m) | ['fʀaχt̩bʀi:f] |
| testamento (m) | Testament (n) | [tɛsta'mɛnt] |

## 117. Tipos de negócios

| serviços (m pl) de contabilidade | Buchführung (f) | ['bu:χ̩fy:ʀʊŋ] |
| publicidade (f) | Werbung (f) | ['vɛʁbʊŋ] |
| agência (f) de publicidade | Werbeagentur (f) | ['vɛʁbə?agɛn̩tu:ɐ] |
| ar (m) condicionado | Klimaanlagen (pl) | ['kli:ma̩?anla:gən] |
| companhia (f) aérea | Fluggesellschaft (f) | ['flu:kgə̩zɛlʃaft] |

| bebidas (f pl) alcoólicas | Spirituosen (pl) | [ʃpiʀi'tʊo:zən] |
| comércio (m) de antiguidades | Antiquitäten (pl) | [antikvi'tɛ:tən] |
| galeria (f) de arte | Kunstgalerie (f) | ['kʊnst̩galə'ʀi:] |
| serviços (m pl) de auditoria | Rechnungsprüfung (f) | ['ʀɛçnʊŋs̩pʀy:fʊŋ] |

| negócios (m pl) bancários | Bankwesen (n) | ['baŋk̩ve:zən] |
| bar (m) | Bar (f) | [ba:ɐ] |
| salão (m) de beleza | Schönheitssalon (m) | ['ʃø:nhaɪts̩za'lɔŋ] |
| livraria (f) | Buchhandlung (f) | ['bu:χ̩handlʊŋ] |
| cervejaria (f) | Bierbrauerei (f) | ['bi:ɐ·bʀaʊə̩ʀaɪ] |
| centro (m) de escritórios | Bürogebäude (n) | [by'ʀo:gə̩bɔɪdə] |
| escola (f) de negócios | Business-Schule (f) | ['bɪznɛs·'ʃu:lə] |

| cassino (m) | Kasino (n) | [ka'zi:no] |
| construção (f) | Bau (m) | ['baʊ] |
| consultoria (f) | Beratung (f) | [bə'ʀa:tʊŋ] |

| clínica (f) dentária | Stomatologie (f) | [ʃtomatolo'gi:] |
| design (m) | Design (n) | [di'zaɪn] |
| drogaria (f) | Apotheke (f) | [apo'te:kə] |
| lavanderia (f) | chemische Reinigung (f) | [çe:miʃə 'ʀaɪnɪgʊŋ] |
| agência (f) de emprego | Personalagentur (f) | [pɛʁzo'na:l·agɛn'tu:ɐ] |

| serviços (m pl) financeiros | Finanzdienstleistungen (pl) | [fi'nants·'di:nst̩laɪstʊŋən] |
| alimentos (m pl) | Nahrungsmittel (pl) | ['na:ʀʊŋs̩mɪtəl] |
| funerária (f) | Bestattungsinstitut (n) | [bə'ʃtatʊŋs?ɪnsti̩tu:t] |
| mobiliário (m) | Möbel (n) | ['mø:bəl] |
| roupa (f) | Kleidung (f) | ['klaɪdʊŋ] |
| hotel (m) | Hotel (n) | [ho'tɛl] |

| sorvete (m) | Eis (n) | [aɪs] |
| indústria (f) | Industrie (f) | [ɪndʊs'tʀi:] |
| seguro (~ de vida, etc.) | Versicherung (f) | [fɛɐ'zɪçəʀʊŋ] |
| internet (f) | Internet (n) | ['ɪntenɛt] |
| investimento (m) | Investitionen (pl) | [ɪnvɛsti'tsjo:nən] |

| joalheiro (m) | Juwelier (m) | [juve'li:ɐ] |
| joias (f pl) | Juwelierwaren (pl) | [juve'li:ɐ̩va:ʀən] |
| lavanderia (f) | Wäscherei (f) | [vɛʃə'ʀaɪ] |
| assessorias (f pl) jurídicas | Rechtsberatung (f) | ['ʀɛçts·bə'ʀa:tʊŋ] |
| indústria (f) ligeira | Leichtindustrie (f) | ['laɪçt?ɪndʊs̩tʀi:] |
| revista (f) | Zeitschrift (f) | ['tsaɪtʃʀɪft] |

| | | |
|---|---|---|
| vendas (f pl) por catálogo | Versandhandel (m) | [fɛɐ'zant‚handəl] |
| medicina (f) | Medizin (f) | [medi'tsi:n] |
| cinema (m) | Kino (n) | ['ki:no] |
| museu (m) | Museum (n) | [mu'ze:ʊm] |
| | | |
| agência (f) de notícias | Nachrichtenagentur (f) | ['na:xʀɪçtən?agɛn‚tu:ɐ] |
| jornal (m) | Zeitung (f) | ['tsaɪtʊŋ] |
| boate (casa noturna) | Nachtklub (m) | ['naxt‚klʊp] |
| | | |
| petróleo (m) | Erdöl (n) | ['e:ɐt‚?ø:l] |
| serviços (m pl) de remessa | Kurierdienst (m) | [ku'ʀi:ɐ‚di:nst] |
| indústria (f) farmacêutica | Pharmaindustrie (f) | ['faʁma?ɪndʊs‚tʀi:] |
| tipografia (f) | Druckindustrie (f) | [dʀʊk·ɪndʊs'tʀi:] |
| editora (f) | Verlag (m) | [fɛɐ'la:k] |
| | | |
| rádio (m) | Rundfunk (m) | ['ʀʊntfʊŋk] |
| imobiliário (m) | Immobilien (pl) | [ɪmo'bi:lɪən] |
| restaurante (m) | Restaurant (n) | [ʀɛsto'ʀaŋ] |
| | | |
| empresa (f) de segurança | Sicherheitsagentur (f) | ['zɪçɐhaɪts·agɛn'tu:ɐ] |
| esporte (m) | Sport (m) | [ʃpɔʁt] |
| bolsa (f) de valores | Börse (f) | ['bœʁzə] |
| loja (f) | Laden (m) | ['la:dən] |
| supermercado (m) | Supermarkt (m) | ['zu:pɐ‚maʁkt] |
| piscina (f) | Schwimmbad (n) | ['ʃvɪmba:t] |
| | | |
| alfaiataria (f) | Atelier (n) | [ate'lie:] |
| televisão (f) | Fernsehen (n) | ['fɛʁn‚ze:ən] |
| teatro (m) | Theater (n) | [te'a:tɐ] |
| comércio (m) | Handel (m) | ['handəl] |
| serviços (m pl) de transporte | Transporte (pl) | [tʀans'pɔʁtə] |
| viagens (f pl) | Reisen (pl) | ['ʀaɪzən] |
| | | |
| veterinário (m) | Tierarzt (m) | ['ti:ɐ‚?aʁtst] |
| armazém (m) | Warenlager (n) | ['va:ʀən‚la:gɐ] |
| recolha (f) do lixo | Müllabfuhr (f) | ['mʏl‚?apfu:ɐ] |

# Emprego. Negócios. Parte 2

## 118. Espetáculo. Feira

| | | |
|---|---|---|
| feira, exposição (f) | Ausstellung (f) | ['aʊsˌʃtɛlʊŋ] |
| feira (f) comercial | Handelsausstellung (f) | ['handəlsˌaʊsʃtɛlʊŋ] |
| participação (f) | Teilnahme (f) | ['taɪlˌnaːmə] |
| participar (vi) | teilnehmen (vi) | ['taɪlˌneːmən] |
| participante (m) | Teilnehmer (m) | ['taɪlˌneːmɐ] |
| diretor (m) | Direktor (m) | [diˈʀɛktoːɐ] |
| direção (f) | Messeverwaltung (f) | ['mɛsə·fɛɐ'valtʊŋ] |
| organizador (m) | Organisator (m) | [ɔʁganiˈzaːtoːɐ] |
| organizar (vt) | veranstalten (vt) | [fɛɐ'ʔanʃtaltən] |
| ficha (f) de inscrição | Anmeldeformular (n) | ['anmɛldə·foʁmuˌlaːɐ] |
| preencher (vt) | ausfüllen (vt) | ['aʊsˌfʏlən] |
| detalhes (m pl) | Details (pl) | [de'taɪs] |
| informação (f) | Information (f) | [ɪnfoʁmaˈtsjoːn] |
| preço (m) | Preis (m) | [pʀaɪs] |
| incluindo | einschließlich | ['aɪnʃliːslɪç] |
| incluir (vt) | einschließen (vt) | ['aɪnʃliːsən] |
| pagar (vt) | zahlen (vt) | ['tsaːlən] |
| taxa (f) de inscrição | Anmeldegebühr (f) | ['anmɛldə·gəˌbyːɐ] |
| entrada (f) | Eingang (m) | ['aɪnˌgaŋ] |
| pavilhão (m), salão (f) | Pavillon (m) | ['pavɪljɔŋ] |
| inscrever (vt) | registrieren (vt) | [ʀegɪs'tʀiːʀən] |
| crachá (m) | Namensschild (n) | ['naːmənsˌʃɪlt] |
| stand (m) | Stand (m) | [ʃtant] |
| reservar (vt) | reservieren (vt) | [ʀezɛʁ'viːʀən] |
| vitrine (f) | Vitrine (f) | [vi'tʀiːnə] |
| lâmpada (f) | Strahler (m) | ['ʃtʀaːlɐ] |
| design (m) | Design (n) | [di'zaɪn] |
| pôr (posicionar) | stellen (vt) | ['ʃtɛlən] |
| ser colocado, -a | gelegen sein | [gə'leːgən zaɪn] |
| distribuidor (m) | Distributor (m) | [dɪstʀi'buːtoːɐ] |
| fornecedor (m) | Lieferant (m) | [ˌliːfə'ʀant] |
| fornecer (vt) | liefern (vt) | ['liːfɐn] |
| país (m) | Land (n) | [lant] |
| estrangeiro (adj) | ausländisch | ['aʊsˌlɛndɪʃ] |
| produto (m) | Produkt (n) | [pʀo'dʊkt] |
| associação (f) | Assoziation (f) | [asɔtsia'tsjoːn] |
| sala (f) de conferência | Konferenzraum (m) | [kɔnfe'ʀɛntsˌʀaʊm] |

| congresso (m) | Kongress (m) | [kɔŋ'grɛs] |
| concurso (m) | Wettbewerb (m) | ['vɛtbə‚vɛʁp] |

| visitante (m) | Besucher (m) | [bə'zu:xɐ] |
| visitar (vt) | besuchen (vt) | [bə'zu:xən] |
| cliente (m) | Auftraggeber (m) | ['aʊftʀa:k‚ge:bɐ] |

## 119. Media

| jornal (m) | Zeitung (f) | ['tsaɪtʊŋ] |
| revista (f) | Zeitschrift (f) | ['tsaɪtʃʀɪft] |
| imprensa (f) | Presse (f) | ['pʀɛsə] |
| rádio (m) | Rundfunk (m) | ['ʀʊntfʊŋk] |
| estação (f) de rádio | Rundfunkstation (f) | ['ʀʊntfʊŋk·ʃta'tsjo:n] |
| televisão (f) | Fernsehen (n) | ['fɛʁn‚ze:ən] |

| apresentador (m) | Moderator (m) | [mode'ʀa:to:ɐ] |
| locutor (m) | Sprecher (m) | ['ʃpʀɛçɐ] |
| comentarista (m) | Kommentator (m) | [kɔmən'tato:ɐ] |

| jornalista (m) | Journalist (m) | [ʒʊʁna'lɪst] |
| correspondente (m) | Korrespondent (m) | [kɔʀɛspɔn'dɛnt] |
| repórter (m) fotográfico | Bildberichterstatter (m) | ['bɪlt·bə'ʀɪçt?ɛɐ‚ʃtatɐ] |
| repórter (m) | Reporter (m) | [ʀe'pɔʁtɐ] |

| redator (m) | Redakteur (m) | [ʀedak'tø:ɐ] |
| redator-chefe (m) | Chefredakteur (m) | ['ʃɛf·ʀedak‚tø:ɐ] |

| assinar a ... | abonnieren (vt) | [abɔ'ni:ʀən] |
| assinatura (f) | Abonnement (n) | [abɔnə'ma:ŋ] |
| assinante (m) | Abonnent (m) | [abɔ'nɛnt] |
| ler (vt) | lesen (vi, vt) | ['le:zən] |
| leitor (m) | Leser (m) | ['le:zɐ] |

| tiragem (f) | Auflage (f) | ['aʊf‚la:gə] |
| mensal (adj) | monatlich | ['mo:natlɪç] |
| semanal (adj) | wöchentlich | ['vœçəntlɪç] |
| número (jornal, revista) | Ausgabe (f) | ['aʊs‚ga:bə] |
| recente, novo (adj) | neueste (~ Ausgabe) | ['nɔɪstə] |

| manchete (f) | Titel (m) | ['ti:təl] |
| pequeno artigo (m) | Notiz (f) | [no'ti:ts] |
| coluna (~ semanal) | Rubrik (f) | [ʀu'bʀi:k] |
| artigo (m) | Artikel (m) | [‚aʁ'ti:kl] |
| página (f) | Seite (f) | ['zaɪtə] |

| reportagem (f) | Reportage (f) | [ʀepɔʁ'ta:ʒə] |
| evento (festa, etc.) | Ereignis (n) | [ɛɐ'?aɪgnɪs] |
| sensação (f) | Sensation (f) | [zɛnza'tsjo:n] |
| escândalo (m) | Skandal (m) | [skan'da:l] |
| escandaloso (adj) | skandalös | [skanda'lø:s] |
| grande (adj) | groß | [gʀo:s] |
| programa (m) | Sendung (f) | ['zɛndʊŋ] |
| entrevista (f) | Interview (n) | ['ɪntɐvju:] |

| transmissão (f) ao vivo | Live-Übertragung (f) | ['laɪf?y:bɐˌtʀaːɡʊŋ] |
| canal (m) | Kanal (m) | [ka'naːl] |

## 120. Agricultura

| agricultura (f) | Landwirtschaft (f) | ['lantvɪʀtʃaft] |
| camponês (m) | Bauer (m) | ['baʊɐ] |
| camponesa (f) | Bäuerin (f) | ['bɔɪɐʀɪn] |
| agricultor, fazendeiro (m) | Farmer (m) | ['faʁmɐ] |

| trator (m) | Traktor (m) | ['tʀaktoːɐ] |
| colheitadeira (f) | Mähdrescher (m) | ['mɛːˌdʀɛʃɐ] |

| arado (m) | Pflug (m) | [pfluːk] |
| arar (vt) | pflügen (vt) | ['pflyːɡən] |
| campo (m) lavrado | Acker (m) | ['akɐ] |
| sulco (m) | Furche (f) | ['fʊʁçə] |

| semear (vt) | säen (vt) | ['zɛːən] |
| plantadeira (f) | Sämaschine (f) | ['zɛːˈmaˈʃiːnə] |
| semeadura (f) | Saat (f) | ['zaːt] |

| foice (m) | Sense (f) | ['zɛnzə] |
| cortar com foice | mähen (vt) | ['mɛːən] |

| pá (f) | Schaufel (f) | ['ʃaʊfəl] |
| cavar (vt) | graben (vt) | ['ɡʀaːbən] |

| enxada (f) | Hacke (f) | ['hakə] |
| capinar (vt) | jäten (vt) | ['jɛːtən] |
| erva (f) daninha | Unkraut (n) | ['ʊnˌkʀaʊt] |

| regador (m) | Gießkanne (f) | ['ɡiːsˌkanə] |
| regar (plantas) | gießen (vt) | ['ɡiːsən] |
| rega (f) | Bewässerung (f) | [bə'vɛsəʀʊŋ] |

| forquilha (f) | Heugabel (f) | ['hɔɪˌɡaːbəl] |
| ancinho (m) | Rechen (m) | [ʀɛçən] |

| fertilizante (m) | Dünger (m) | ['dʏŋɐ] |
| fertilizar (vt) | düngen (vt) | ['dʏŋən] |
| estrume, esterco (m) | Mist (m) | [mɪst] |

| campo (m) | Feld (n) | [fɛlt] |
| prado (m) | Wiese (f) | ['viːzə] |
| horta (f) | Gemüsegarten (m) | [ɡə'myːzəˌɡaʁtən] |
| pomar (m) | Obstgarten (m) | ['oːpstˌɡaʁtən] |

| pastar (vt) | weiden (vt) | ['vaɪdən] |
| pastor (m) | Hirt (m) | [hɪʁt] |
| pastagem (f) | Weide (f) | ['vaɪdə] |

| pecuária (f) | Viehzucht (f) | ['fiːˌtsʊxt] |
| criação (f) de ovelhas | Schafzucht (f) | ['ʃaːfˌtsʊxt] |

| plantação (f) | Plantage (f) | [plan'ta:ʒə] |
| canteiro (m) | Beet (n) | ['be:t] |
| estufa (f) | Treibhaus (n) | ['tʀaɪpˌhaʊs] |

| seca (f) | Dürre (f) | ['dʏʀə] |
| seco (verão ~) | dürr, trocken | [dʏʁ], 'tʀɔkən] |

| grão (m) | Getreide (n) | [gə'tʀaɪdə] |
| cereais (m pl) | Getreidepflanzen (pl) | [gə'tʀaɪdəˌpflantsən] |
| colher (vt) | ernten (vt) | ['ɛʁntən] |

| moleiro (m) | Müller (m) | ['mʏlɐ] |
| moinho (m) | Mühle (f) | ['my:lə] |
| moer (vt) | mahlen (vt) | ['ma:lən] |
| farinha (f) | Mehl (n) | [me:l] |
| palha (f) | Stroh (n) | [ʃtʀo:] |

## 121. Construção. Processo de construção

| canteiro (m) de obras | Baustelle (f) | ['baʊˌʃtɛlə] |
| construir (vt) | bauen (vt) | ['baʊən] |
| construtor (m) | Bauarbeiter (m) | ['baʊʔaʁˌbaɪtɐ] |

| projeto (m) | Projekt (n) | [pʀo'jɛkt] |
| arquiteto (m) | Architekt (m) | [aʁçi'tɛkt] |
| operário (m) | Arbeiter (m) | ['aʁbaɪtɐ] |

| fundação (f) | Fundament (n) | [fʊnda'mɛnt] |
| telhado (m) | Dach (n) | [daχ] |
| estaca (f) | Pfahl (m) | [pfa:l] |
| parede (f) | Wand (f) | [vant] |

| colunas (f pl) de sustentação | Bewehrungsstahl (m) | [bə've:ʀʊŋsˌʃta:l] |
| andaime (m) | Gerüst (n) | [gə'ʀʏst] |

| concreto (m) | Beton (m) | [be'tɔŋ] |
| granito (m) | Granit (m) | [gʀa'ni:t] |
| pedra (f) | Stein (m) | [ʃtaɪn] |
| tijolo (m) | Ziegel (m) | ['tsi:gəl] |

| areia (f) | Sand (m) | [zant] |
| cimento (m) | Zement (m, n) | [tse'mɛnt] |
| emboço, reboco (m) | Putz (m) | [pʊts] |
| emboçar, rebocar (vt) | verputzen (vt) | [fɛɐ'pʊtsən] |

| tinta (f) | Farbe (f) | ['faʁbə] |
| pintar (vt) | färben (vt) | ['fɛʁbən] |
| barril (m) | Fass (n), Tonne (f) | [fas], ['tɔnə] |

| grua (f), guindaste (m) | Kran (m) | [kʀa:n] |
| erguer (vt) | aufheben (vt) | ['aʊfˌhe:bən] |
| baixar (vt) | herunterlassen (vt) | [hɛˈʀʊntɐˌlasən] |
| buldózer (m) | Planierraupe (f) | [pla'ni:ɐˌʀaʊpə] |
| escavadora (f) | Bagger (m) | ['bagɐ] |

| | | |
|---|---|---|
| caçamba (f) | Baggerschaufel (f) | ['bagəˌʃaʊfəl] |
| escavar (vt) | graben (vt) | ['gʀaːbən] |
| capacete (m) de proteção | Schutzhelm (m) | ['ʃʊtsˌhɛlm] |

## 122. Ciência. Investigação. Cientistas

| | | |
|---|---|---|
| ciência (f) | Wissenschaft (f) | ['vɪsənˌʃaft] |
| científico (adj) | wissenschaftlich | ['vɪsənˌʃaftlɪç] |
| cientista (m) | Wissenschaftler (m) | ['vɪsənˌʃaftlɐ] |
| teoria (f) | Theorie (f) | [teoˈʀiː] |
| | | |
| axioma (m) | Axiom (n) | [aˈksɪoːm] |
| análise (f) | Analyse (f) | [anaˈlyːzə] |
| analisar (vt) | analysieren (vt) | [ˌanalyˈziːʀən] |
| argumento (m) | Argument (n) | [aʁɡuˈmɛnt] |
| substância (f) | Substanz (f) | [zʊpsˈtants] |
| | | |
| hipótese (f) | Hypothese (f) | [ˌhypoˈteːzə] |
| dilema (m) | Dilemma (n) | [ˌdiˈlɛma] |
| tese (f) | Dissertation (f) | [dɪsɛʁtaˈtsjoːn] |
| dogma (m) | Dogma (n) | ['dɔgma] |
| | | |
| doutrina (f) | Doktrin (f) | [dɔkˈtʀiːn] |
| pesquisa (f) | Forschung (f) | ['fɔʁʃʊŋ] |
| pesquisar (vt) | forschen (vi) | ['fɔʁʃən] |
| testes (m pl) | Kontrolle (f) | [kɔnˈtʀɔlə] |
| laboratório (m) | Labor (n) | [laˈboːɐ] |
| | | |
| método (m) | Methode (f) | [meˈtoːdə] |
| molécula (f) | Molekül (n) | [moleˈkyːl] |
| monitoramento (m) | Monitoring (n) | ['moːnitoˌʀɪŋ] |
| descoberta (f) | Entdeckung (f) | [ɛntˈdɛkʊŋ] |
| | | |
| postulado (m) | Postulat (n) | [pɔstuˈlaːt] |
| princípio (m) | Prinzip (n) | [pʀɪnˈtsiːp] |
| prognóstico (previsão) | Prognose (f) | [pʀoˈgnoːzə] |
| prognosticar (vt) | prognostizieren (vt) | [pʀognɔstiˈtsiːʀən] |
| | | |
| síntese (f) | Synthese (f) | [zʏnˈteːzə] |
| tendência (f) | Tendenz (f) | [tɛnˈdɛnts] |
| teorema (m) | Theorem (n) | [teoˈʀeːm] |
| | | |
| ensinamentos (m pl) | Lehre (f) | ['leːʀə] |
| fato (m) | Tatsache (f) | ['taːtˌzaχə] |
| | | |
| expedição (f) | Expedition (f) | [ɛkspediˈtsjoːn] |
| experiência (f) | Experiment (n) | [ɛkspeʀiˈmɛnt] |
| | | |
| acadêmico (m) | Akademiemitglied (n) | [akadeˈmiːˌmɪtˌgliːt] |
| bacharel (m) | Bachelor (m) | ['bɛtʃələ] |
| doutor (m) | Doktor (m) | ['dɔktoːɐ] |
| professor (m) associado | Dozent (m) | [doˈtsɛnt] |
| mestrado (m) | Magister (m) | [maˈgɪstɐ] |
| professor (m) | Professor (m) | [pʀoˈfɛsoːɐ] |

# Profissões e ocupações

## 123. Procura de emprego. Demissão

| | | |
|---|---|---|
| trabalho (m) | Arbeit (f), Stelle (f) | ['aʁbaɪt], ['ʃtɛlə] |
| equipe (f) | Belegschaft (f) | [bə'le:kʃaft] |
| pessoal (m) | Personal (n) | [pɛʁzo'na:l] |
| carreira (f) | Karriere (f) | [ka'ʀie:ʀə] |
| perspectivas (f pl) | Perspektive (f) | [pɛʁspɛk'ti:və] |
| habilidades (f pl) | Können (n) | ['kœnən] |
| seleção (f) | Auswahl (f) | ['aʊsva:l] |
| agência (f) de emprego | Personalagentur (f) | [pɛʁzo'na:l·agɛn'tu:ɐ] |
| currículo (m) | Lebenslauf (m) | ['le:bəns,laʊf] |
| entrevista (f) de emprego | Vorstellungsgespräch (n) | ['fo:ɐʃtɛlʊŋs·gəˌʃpʀɛ:ç] |
| vaga (f) | Vakanz (f) | [va'kants] |
| salário (m) | Gehalt (n) | [gə'halt] |
| salário (m) fixo | festes Gehalt (n) | ['fɛstəs gə'halt] |
| pagamento (m) | Arbeitslohn (m) | ['aʁbaɪts,lo:n] |
| cargo (m) | Stellung (f) | ['ʃtɛlʊŋ] |
| dever (do empregado) | Pflicht (f), Aufgabe (f) | [pflɪçt], ['aʊf,ga:bə] |
| gama (f) de deveres | Aufgabenspektrum (n) | ['aʊf,ga:bən'ʃpɛktʀʊm] |
| ocupado (adj) | beschäftigt | [ˌbə'ʃɛftɪçt] |
| despedir, demitir (vt) | kündigen (vt) | ['kʏndɪgən] |
| demissão (f) | Kündigung (f) | ['kʏndɪgʊŋ] |
| desemprego (m) | Arbeitslosigkeit (f) | ['aʁbaɪts,lo:zɪçkaɪt] |
| desempregado (m) | Arbeitslose (m) | ['aʁbaɪts,lo:zə] |
| aposentadoria (f) | Rente (f), Ruhestand (m) | ['ʀɛntə], ['ʀu:ə,ʃtant] |
| aposentar-se (vr) | in Rente gehen | [ɪn 'ʀɛntə 'ge:ən] |

## 124. Gente de negócios

| | | |
|---|---|---|
| diretor (m) | Direktor (m) | [di'ʀɛkto:ɐ] |
| gerente (m) | Leiter (m) | ['laɪtɐ] |
| patrão, chefe (m) | Boss (m) | [bɔs] |
| superior (m) | Vorgesetzte (m) | ['fo:ɐgəˌzɛtstə] |
| superiores (m pl) | Vorgesetzten (pl) | ['fo:ɐgəˌzɛtstən] |
| presidente (m) | Präsident (m) | [pʀɛzi'dɛnt] |
| chairman (m) | Vorsitzende (m) | ['fo:ɐˌzɪtsəndə] |
| substituto (m) | Stellvertreter (m) | ['ʃtɛlfɛɐˌtʀe:tɐ] |
| assistente (m) | Helfer (m) | ['hɛlfɐ] |

| secretário (m) | Sekretär (m) | [zekʀe'tɛ:ɐ] |
| secretário (m) pessoal | Privatsekretär (m) | [pʀi'va:t·zekʀe'tɛ:ɐ] |

| homem (m) de negócios | Geschäftsmann (m) | [gə'ʃɛfts͵man] |
| empreendedor (m) | Unternehmer (m) | [͵untɐ'ne:mɐ] |
| fundador (m) | Gründer (m) | ['gʀʏndɐ] |
| fundar (vt) | gründen (vt) | ['gʀʏndən] |

| principiador (m) | Gründungsmitglied (n) | ['gʀʏndʊŋs͵mɪtgli:t] |
| parceiro, sócio (m) | Partner (m) | ['paʁtnɐ] |
| acionista (m) | Aktionär (m) | [aktsjo'nɛ:ɐ] |

| milionário (m) | Millionär (m) | [mɪljo'nɛ:ɐ] |
| bilionário (m) | Milliardär (m) | [͵mɪlɪaʁ'dɛ:ɐ] |
| proprietário (m) | Besitzer (m) | [bə'zɪtsɐ] |
| proprietário (m) de terras | Landbesitzer (m) | ['lantbə͵zɪtsɐ] |

| cliente (m) | Kunde (m) | ['kʊndə] |
| cliente (m) habitual | Stammkunde (m) | ['ʃtam͵kʊndə] |
| comprador (m) | Käufer (m) | ['kɔɪfɐ] |
| visitante (m) | Besucher (m) | [bə'zu:χɐ] |

| profissional (m) | Fachmann (m) | ['faχ͵man] |
| perito (m) | Experte (m) | [ɛks'pɛʁtə] |
| especialista (m) | Spezialist (m) | [ʃpetsɪa'lɪst] |

| banqueiro (m) | Bankier (m) | [baŋ'kɪe:] |
| corretor (m) | Makler (m) | ['ma:klɐ] |

| caixa (m, f) | Kassierer (m) | [ka'si:ʀɐ] |
| contador (m) | Buchhalter (m) | ['bu:χ͵haltɐ] |
| guarda (m) | Wächter (m) | ['vɛçtɐ] |

| investidor (m) | Investor (m) | [ɪn'vɛsto:ɐ] |
| devedor (m) | Schuldner (m) | ['ʃʊldnɐ] |
| credor (m) | Gläubiger (m) | ['glɔɪbɪgɐ] |
| mutuário (m) | Kreditnehmer (m) | [kʀe'di:t͵ne:mɐ] |

| importador (m) | Importeur (m) | [ɪmpɔʁ'tø:ɐ] |
| exportador (m) | Exporteur (m) | [ɛkspɔʁ'tø:ɐ] |

| produtor (m) | Hersteller (m) | ['he:ɐ͵ʃtɛlɐ] |
| distribuidor (m) | Distributor (m) | [dɪstʀi'bu:to:ɐ] |
| intermediário (m) | Vermittler (m) | [fɛɐ'mɪtlɐ] |

| consultor (m) | Berater (m) | [bə'ʀa:tɐ] |
| representante comercial | Vertreter (m) | [fɛɐ'tʀe:tɐ] |
| agente (m) | Agent (m) | [agɛnt] |
| agente (m) de seguros | Versicherungsagent (m) | [fɛɐ'zɪçəʀʊŋs·a'gɛnt] |

## 125. Profissões de serviços

| cozinheiro (m) | Koch (m) | [kɔχ] |
| chefe (m) de cozinha | Chefkoch (m) | ['ʃɛf͵kɔχ] |

| padeiro (m) | Bäcker (m) | ['bɛkɐ] |
| barman (m) | Barmixer (m) | ['baːɐˌmɪksɐ] |
| garçom (m) | Kellner (m) | ['kɛlnɐ] |
| garçonete (f) | Kellnerin (f) | ['kɛlnəʀɪn] |

| advogado (m) | Rechtsanwalt (m) | ['ʀɛçts?anˌvalt] |
| jurista (m) | Jurist (m) | [ju'ʀɪst] |
| notário (m) | Notar (m) | [no'taːɐ] |

| eletricista (m) | Elektriker (m) | [ˌe'lɛktʀikɐ] |
| encanador (m) | Klempner (m) | ['klɛmpnɐ] |
| carpinteiro (m) | Zimmermann (m) | ['tsɪmɐˌman] |

| massagista (m) | Masseur (m) | [ma'søːɐ] |
| massagista (f) | Masseurin (f) | [ma'søːʀɪn] |
| médico (m) | Arzt (m) | [aʁtst] |

| taxista (m) | Taxifahrer (m) | ['taksiˌfaːʀɐ] |
| condutor (automobilista) | Fahrer (m) | ['faːʀɐ] |
| entregador (m) | Ausfahrer (m) | ['aʊsˌfaːʀɐ] |

| camareira (f) | Zimmermädchen (n) | ['tsɪmɐˌmɛːtçən] |
| guarda (m) | Wächter (m) | ['vɛçtɐ] |
| aeromoça (f) | Flugbegleiterin (f) | ['fluːk·bəˌɡlaɪtəʀɪn] |

| professor (m) | Lehrer (m) | ['leːʀɐ] |
| bibliotecário (m) | Bibliothekar (m) | [biblioteˌka:ɐ] |
| tradutor (m) | Übersetzer (m) | [ˌyːbɐ'zɛtsɐ] |
| intérprete (m) | Dolmetscher (m) | ['dɔlmɛtʃɐ] |
| guia (m) | Fremdenführer (m) | ['fʀɛmdənˌfyːʀɐ] |

| cabeleireiro (m) | Friseur (m) | [fʀi'zøːɐ] |
| carteiro (m) | Briefträger (m) | ['bʀiːfˌtʀɛːɡɐ] |
| vendedor (m) | Verkäufer (m) | [fɛɐ'kɔɪfɐ] |

| jardineiro (m) | Gärtner (m) | ['ɡɛʁtnɐ] |
| criado (m) | Diener (m) | ['diːnɐ] |
| criada (f) | Magd (f) | [maːkt] |
| empregada (f) de limpeza | Putzfrau (f) | ['pʊtsˌfʀaʊ] |

## 126. Profissões militares e postos

| soldado (m) raso | einfacher Soldat (m) | ['aɪnfaxɐ zɔl'daːt] |
| sargento (m) | Feldwebel (m) | ['fɛltˌveːbəl] |
| tenente (m) | Leutnant (m) | ['lɔɪtnant] |
| capitão (m) | Hauptmann (m) | ['haʊptman] |

| major (m) | Major (m) | [ma'joːɐ] |
| coronel (m) | Oberst (m) | ['oːbɛst] |
| general (m) | General (m) | [genə'ʀaːl] |
| marechal (m) | Marschall (m) | ['maʁʃal] |
| almirante (m) | Admiral (m) | [ˌatmi'ʀaːl] |
| militar (m) | Militärperson (f) | [mili'tɛːɐˌpɛʁ'zoːn] |
| soldado (m) | Soldat (m) | [zɔl'daːt] |

| | | |
|---|---|---|
| oficial (m) | **Offizier** (m) | [ɔfi'tsiːɐ] |
| comandante (m) | **Kommandeur** (m) | [kɔman'døːɐ] |

| | | |
|---|---|---|
| guarda (m) de fronteira | **Grenzsoldat** (m) | ['gʀɛnts·zɔl‚daːt] |
| operador (m) de rádio | **Funker** (m) | ['fuŋkɐ] |
| explorador (m) | **Aufklärer** (m) | ['auf‚klɛːʀɐ] |
| sapador-mineiro (m) | **Pionier** (m) | [pɪo'niːɐ] |
| atirador (m) | **Schütze** (m) | ['ʃʏtsə] |
| navegador (m) | **Steuermann** (m) | ['ʃtɔɪɐ‚man] |

## 127. Oficiais. Padres

| | | |
|---|---|---|
| rei (m) | **König** (m) | ['køːnɪç] |
| rainha (f) | **Königin** (f) | ['køːnɪgɪn] |

| | | |
|---|---|---|
| príncipe (m) | **Prinz** (m) | [pʀɪnts] |
| princesa (f) | **Prinzessin** (f) | [pʀɪn'tsɛsɪn] |

| | | |
|---|---|---|
| czar (m) | **Zar** (m) | [tsaːɐ] |
| czarina (f) | **Zarin** (f) | ['tsaːʀɪn] |

| | | |
|---|---|---|
| presidente (m) | **Präsident** (m) | [pʀɛzi'dɛnt] |
| ministro (m) | **Minister** (m) | [mi'nɪstɐ] |
| primeiro-ministro (m) | **Ministerpräsident** (m) | [mi'nɪstɐ·pʀɛzi‚dɛnt] |
| senador (m) | **Senator** (m) | [ze'naːtoːɐ] |

| | | |
|---|---|---|
| diplomata (m) | **Diplomat** (m) | [‚diplo'maːt] |
| cônsul (m) | **Konsul** (m) | ['kɔnzʊl] |
| embaixador (m) | **Botschafter** (m) | ['boːtʃaftɐ] |
| conselheiro (m) | **Ratgeber** (m) | ['ʀaːt‚geːbɐ] |

| | | |
|---|---|---|
| funcionário (m) | **Beamte** (m) | [bə'ʔamtə] |
| prefeito (m) | **Präfekt** (m) | [pʀɛ'fɛkt] |
| Presidente (m) da Câmara | **Bürgermeister** (m) | ['bʏʀgɐ‚maɪstɐ] |

| | | |
|---|---|---|
| juiz (m) | **Richter** (m) | ['ʀɪçtɐ] |
| procurador (m) | **Staatsanwalt** (m) | ['ʃtaːts?an‚valt] |

| | | |
|---|---|---|
| missionário (m) | **Missionar** (m) | [‚mɪsjɔ'naːɐ] |
| monge (m) | **Mönch** (m) | [mœnç] |
| abade (m) | **Abt** (m) | [apt] |
| rabino (m) | **Rabbiner** (m) | [ʀa'biːnɐ] |

| | | |
|---|---|---|
| vizir (m) | **Wesir** (m) | [ve'ziːɐ] |
| xá (m) | **Schah** (n) | [ʃaχ] |
| xeique (m) | **Scheich** (m) | [ʃaɪç] |

## 128. Profissões agrícolas

| | | |
|---|---|---|
| abelheiro (m) | **Bienenzüchter** (m) | ['biːnən‚tsʏçtɐ] |
| pastor (m) | **Hirt** (m) | [hɪʀt] |
| agrônomo (m) | **Agronom** (m) | [agʀo'noːm] |

| | | |
|---|---|---|
| criador (m) de gado | Viehzüchter (m) | ['fi:ˌtsʏçtɐ] |
| veterinário (m) | Tierarzt (m) | ['ti:ɐˌʔaʁtst] |

| | | |
|---|---|---|
| agricultor, fazendeiro (m) | Farmer (m) | ['faʁmɐ] |
| vinicultor (m) | Winzer (m) | ['vɪntsɐ] |
| zoólogo (m) | Zoologe (m) | [tsoo'lo:gə] |
| vaqueiro (m) | Cowboy (m) | ['kaʊbɔɪ] |

## 129. Profissões artísticas

| | | |
|---|---|---|
| ator (m) | Schauspieler (m) | ['ʃaʊˌʃpi:lɐ] |
| atriz (f) | Schauspielerin (f) | ['ʃaʊˌʃpi:lərɪn] |

| | | |
|---|---|---|
| cantor (m) | Sänger (m) | ['zɛŋɐ] |
| cantora (f) | Sängerin (f) | ['zɛŋərɪn] |

| | | |
|---|---|---|
| bailarino (m) | Tänzer (m) | ['tɛntsɐ] |
| bailarina (f) | Tänzerin (f) | ['tɛntsərɪn] |

| | | |
|---|---|---|
| artista (m) | Künstler (m) | ['kʏnstlɐ] |
| artista (f) | Künstlerin (f) | ['kʏnstlərɪn] |

| | | |
|---|---|---|
| músico (m) | Musiker (m) | ['mu:zikɐ] |
| pianista (m) | Pianist (m) | [pɪa'nɪst] |
| guitarrista (m) | Gitarrist (m) | [gita'rɪst] |

| | | |
|---|---|---|
| maestro (m) | Dirigent (m) | [ˌdiʀi'gɛnt] |
| compositor (m) | Komponist (m) | [ˌkɔmpo'nɪst] |
| empresário (m) | Manager (m) | ['mɛnɪdʒɐ] |

| | | |
|---|---|---|
| diretor (m) de cinema | Regisseur (m) | [ʀeʒɪ'sø:ɐ] |
| produtor (m) | Produzent (m) | [pʀodu'tsɛnt] |
| roteirista (m) | Drehbuchautor (m) | ['dʀe:bu:χˌʔaʊto:ɐ] |
| crítico (m) | Kritiker (m) | ['kʀi:tɪkɐ] |

| | | |
|---|---|---|
| escritor (m) | Schriftsteller (m) | ['ʃʀɪftˌʃtɛlɐ] |
| poeta (m) | Dichter (m) | ['dɪçtɐ] |
| escultor (m) | Bildhauer (m) | ['bɪltˌhaʊɐ] |
| pintor (m) | Maler (m) | ['ma:lɐ] |

| | | |
|---|---|---|
| malabarista (m) | Jongleur (m) | [ʒɔŋ'glø:ɐ] |
| palhaço (m) | Clown (m) | [klaʊn] |
| acrobata (m) | Akrobat (m) | [akʀo'ba:t] |
| ilusionista (m) | Zauberkünstler (m) | ['tsaʊbɐˌkʏnstlɐ] |

## 130. Várias profissões

| | | |
|---|---|---|
| médico (m) | Arzt (m) | [aʁtst] |
| enfermeira (f) | Krankenschwester (f) | [kʀaŋkənˌʃvɛstɐ] |
| psiquiatra (m) | Psychiater (m) | [psy'çɪa:tɐ] |
| dentista (m) | Zahnarzt (m) | ['tsa:nˌʔaʁtst] |
| cirurgião (m) | Chirurg (m) | [çi'ʀuʁk] |

| astronauta (m) | Astronaut (m) | [astʀoˈnaʊt] |
| astrônomo (m) | Astronom (m) | [astʀoˈnoːm] |
| piloto (m) | Pilot (m) | [piˈloːt] |

| motorista (m) | Fahrer (m) | [ˈfaːʀɐ] |
| maquinista (m) | Lokführer (m) | [ˈlɔkˌfyːʀɐ] |
| mecânico (m) | Mechaniker (m) | [meˈçaːnikɐ] |

| mineiro (m) | Bergarbeiter (m) | [ˈbɛʀkʔaʊˌbaɪtɐ] |
| operário (m) | Arbeiter (m) | [ˈaʊbaɪtɐ] |
| serralheiro (m) | Schlosser (m) | [ˈʃlɔsɐ] |
| marceneiro (m) | Tischler (m) | [ˈtɪʃlɐ] |
| torneiro (m) | Dreher (m) | [ˈdʀeːɐ] |
| construtor (m) | Bauarbeiter (m) | [ˈbaʊʔaʊˌbaɪtɐ] |
| soldador (m) | Schweißer (m) | [ˈʃvaɪsɐ] |

| professor (m) | Professor (m) | [pʀoˈfɛsoːɐ] |
| arquiteto (m) | Architekt (m) | [aʊçiˈtɛkt] |
| historiador (m) | Historiker (m) | [hɪsˈtoːʀikɐ] |
| cientista (m) | Wissenschaftler (m) | [ˈvɪsənˌʃaftlɐ] |
| físico (m) | Physiker (m) | [ˈfyːzikɐ] |
| químico (m) | Chemiker (m) | [ˈçeːmikɐ] |

| arqueólogo (m) | Archäologe (m) | [aʊçɛoˈloːgə] |
| geólogo (m) | Geologe (m) | [geoˈloːgə] |
| pesquisador (cientista) | Forscher (m) | [ˈfɔʀʃɐ] |

| babysitter, babá (f) | Kinderfrau (f) | [ˈkɪndɐˌfʀaʊ] |
| professor (m) | Lehrer (m) | [ˈleːʀɐ] |

| redator (m) | Redakteur (m) | [ʀedakˈtøːɐ] |
| redator-chefe (m) | Chefredakteur (m) | [ˈʃɛfˑʀedakˌtøːɐ] |
| correspondente (m) | Korrespondent (m) | [kɔʀɛspɔnˈdɛnt] |
| datilógrafa (f) | Schreibkraft (f) | [ˈʃʀaɪpˌkʀaft] |

| designer (m) | Designer (m) | [diˈzaɪnɐ] |
| especialista (m) em informática | Computerspezialist (m) | [kɔmˈpjuːtɐˑʃpetsɪaˈlɪst] |

| programador (m) | Programmierer (m) | [pʀogʀaˈmiːʀɐ] |
| engenheiro (m) | Ingenieur (m) | [ɪnʒeˈnɪøːɐ] |

| marujo (m) | Seemann (m) | [ˈzeːman] |
| marinheiro (m) | Matrose (m) | [maˈtʀoːzə] |
| socorrista (m) | Retter (m) | [ˈʀɛtɐ] |

| bombeiro (m) | Feuerwehrmann (m) | [ˈfɔɪveːɐˌman] |
| polícia (f) | Polizist (m) | [poliˈtsɪst] |
| guarda-noturno (m) | Nachtwächter (m) | [ˈnaχtˌvɛçtɐ] |
| detetive (m) | Detektiv (m) | [detɛkˈtiːf] |

| funcionário (m) da alfândega | Zollbeamter (m) | [ˈtsɔlˑbəˌʔamtɐ] |
| guarda-costas (m) | Leibwächter (m) | [ˈlaɪpˌvɛçtɐ] |
| guarda (m) prisional | Gefängniswärter (m) | [gəˈfɛŋnɪsˑvɛʀtɐ] |
| inspetor (m) | Inspektor (m) | [ɪnˈspɛktoːɐ] |
| esportista (m) | Sportler (m) | [ˈʃpɔʊtlɐ] |
| treinador (m) | Trainer (m) | [ˈtʀɛːnɐ] |

| | | |
|---|---|---|
| açougueiro (m) | **Fleischer** (m) | ['flaɪʃɐ] |
| sapateiro (m) | **Schuster** (m) | ['ʃuːstɐ] |
| comerciante (m) | **Geschäftsmann** (m) | [gə'ʃɛfts‚man] |
| carregador (m) | **Ladearbeiter** (m) | ['laːdə‚aʁbaɪtɐ] |
| | | |
| estilista (m) | **Modedesigner** (m) | ['moːdə·di'zaɪnɐ] |
| modelo (f) | **Modell** (n) | [mo'dɛl] |

## 131. Ocupações. Estatuto social

| | | |
|---|---|---|
| estudante (~ de escola) | **Schüler** (m) | ['ʃyːlɐ] |
| estudante (~ universitária) | **Student** (m) | [ʃtu'dɛnt] |
| | | |
| filósofo (m) | **Philosoph** (m) | [filo'zoːf] |
| economista (m) | **Ökonom** (m) | [øko'noːm] |
| inventor (m) | **Erfinder** (m) | [ɛɐ'fɪndɐ] |
| | | |
| desempregado (m) | **Arbeitslose** (m) | ['aʁbaɪts‚loːzə] |
| aposentado (m) | **Rentner** (m) | ['ʀɛntnɐ] |
| espião (m) | **Spion** (m) | [ʃpi'oːn] |
| | | |
| preso, prisioneiro (m) | **Gefangene** (m) | [gə'faŋənə] |
| grevista (m) | **Streikender** (m) | ['ʃtʀaɪkəndɐ] |
| burocrata (m) | **Bürokrat** (m) | [‚byʀo'kʀaːt] |
| viajante (m) | **Reisende** (m) | ['ʀaɪzəndə] |
| | | |
| homossexual (m) | **Homosexuelle** (m) | [homozɛ'ksuɛlə] |
| hacker (m) | **Hacker** (m) | ['hɛkɐ] |
| hippie (m, f) | **Hippie** (m) | ['hɪpi] |
| | | |
| bandido (m) | **Bandit** (m) | [ban'diːt] |
| assassino (m) | **Killer** (m) | ['kɪlɐ] |
| drogado (m) | **Drogenabhängiger** (m) | ['dʀoːgən‚ʔaphɛŋɪgɐ] |
| traficante (m) | **Drogenhändler** (m) | ['dʀoːgən‚hɛndlɐ] |
| prostituta (f) | **Prostituierte** (f) | [‚pʀostitu'iːɐtə] |
| cafetão (m) | **Zuhälter** (m) | ['tsuː‚hɛltɐ] |
| | | |
| bruxo (m) | **Zauberer** (m) | ['tsaʊbəʀɐ] |
| bruxa (f) | **Zauberin** (f) | ['tsaʊbəʀɪn] |
| pirata (m) | **Seeräuber** (m) | ['zeː‚ʀɔɪbɐ] |
| escravo (m) | **Sklave** (m) | ['sklaːvə] |
| samurai (m) | **Samurai** (m) | [zamu'ʀaɪ] |
| selvagem (m) | **Wilde** (m) | ['vɪldə] |

# Desportos

## 132. Tipos de desportos. Desportistas

| esportista (m) | Sportler (m) | ['ʃpɔʁtlɐ] |
| tipo (m) de esporte | Sportart (f) | ['ʃpɔʁt?aːɐt] |
| | | |
| basquete (m) | Basketball (m) | ['baːskətbal] |
| jogador (m) de basquete | Basketballspieler (m) | ['baːskətbalˌʃpiːlɐ] |
| | | |
| beisebol (m) | Baseball (m, n) | ['bɛɪsbɔːl] |
| jogador (m) de beisebol | Baseballspieler (m) | ['beɪsbɔːlˌʃpiːlɐ] |
| | | |
| futebol (m) | Fußball (m) | ['fuːsbal] |
| jogador (m) de futebol | Fußballspieler (m) | ['fuːsbalˌʃpiːlɐ] |
| goleiro (m) | Torwart (m) | ['toːɐˌvaʁt] |
| | | |
| hóquei (m) | Eishockey (n) | ['aɪsˌhɔki] |
| jogador (m) de hóquei | Eishockeyspieler (m) | ['aɪshɔkiˌʃpiːlɐ] |
| | | |
| vôlei (m) | Volleyball (m) | ['vɔliˌbal] |
| jogador (m) de vôlei | Volleyballspieler (m) | ['vɔlibalˌʃpiːlɐ] |
| | | |
| boxe (m) | Boxen (n) | ['bɔksən] |
| boxeador (m) | Boxer (m) | ['bɔksɐ] |
| | | |
| luta (f) | Ringen (n) | ['ʁɪŋən] |
| lutador (m) | Ringkämpfer (m) | ['ʁɪŋˌkɛmpfɐ] |
| | | |
| caratê (m) | Karate (n) | [ka'ʁaːtə] |
| carateca (m) | Karatekämpfer (m) | [ka'ʁaːtəˌkɛmpfɐ] |
| | | |
| judô (m) | Judo (n) | ['juːdɔ] |
| judoca (m) | Judoka (m) | [ju'doːka] |
| | | |
| tênis (m) | Tennis (n) | ['tɛnɪs] |
| tenista (m) | Tennisspieler (m) | ['tɛnɪsˌʃpiːlɐ] |
| | | |
| natação (f) | Schwimmen (n) | ['ʃvɪmən] |
| nadador (m) | Schwimmer (m) | ['ʃvɪmɐ] |
| | | |
| esgrima (f) | Fechten (n) | ['fɛçtən] |
| esgrimista (m) | Fechter (m) | ['fɛçtɐ] |
| | | |
| xadrez (m) | Schach (n) | [ʃaχ] |
| jogador (m) de xadrez | Schachspieler (m) | ['ʃaχˌʃpiːlɐ] |
| | | |
| alpinismo (m) | Bergsteigen (n) | ['bɛʁkˌʃtaɪgən] |
| alpinista (m) | Bergsteiger (m) | ['bɛʁkˌʃtaɪgɐ] |
| corrida (f) | Lauf (m) | [laʊf] |

| corredor (m) | Läufer (m) | ['lɔɪfɐ] |
| atletismo (m) | Leichtathletik (f) | ['laɪçt?at͜le:tik] |
| atleta (m) | Athlet (m) | [at'le:t] |

| hipismo (m) | Pferdesport (m) | ['pfe:ɐdəʃpɔʁt] |
| cavaleiro (m) | Reiter (m) | ['ʀaɪtɐ] |

| patinação (f) artística | Eiskunstlauf (m) | ['aɪskʊnst͜laʊf] |
| patinador (m) | Eiskunstläufer (m) | ['aɪskʊnst͜lɔɪfɐ] |
| patinadora (f) | Eiskunstläuferin (f) | ['aɪskʊnst͜lɔɪfəʀɪn] |

| halterofilismo (m) | Gewichtheben (n) | [gə'vɪçt͜he:bən] |
| halterofilista (m) | Gewichtheber (m) | [gə'vɪçt͜he:bɐ] |

| corrida (f) de carros | Autorennen (n) | ['aʊtoʀɛnən] |
| piloto (m) | Rennfahrer (m) | ['ʀɛn͜fa:ʀɐ] |

| ciclismo (m) | Radfahren (n) | ['ʀa:t͜fa:ʀən] |
| ciclista (m) | Radfahrer (m) | ['ʀa:t͜fa:ʀɐ] |

| salto (m) em distância | Weitsprung (m) | ['vaɪt͜ʃpʀʊŋ] |
| salto (m) com vara | Stabhochsprung (m) | ['ʃta:pho:χ͜ʃpʀʊŋ] |
| atleta (m) de saltos | Springer (m) | ['ʃpʀɪŋɐ] |

## 133. Tipos de desportos. Diversos

| futebol (m) americano | American Football (m) | [ɛ'mɛʀɪkən 'fʊtbo:l] |
| badminton (m) | Federballspiel (n) | ['fe:də͜bal·ʃpi:l] |
| biatlo (m) | Biathlon (n) | ['bi:atlɔn] |
| bilhar (m) | Billard (n) | ['bɪljaʁt] |

| bobsled (m) | Bob (m) | [bɔp] |
| musculação (f) | Bodybuilding (n) | ['bɔdi͜bɪldɪŋ] |
| polo (m) aquático | Wasserballspiel (n) | ['vasɐbal͜ʃpi:l] |
| handebol (m) | Handball (m) | ['hant͜bal] |
| golfe (m) | Golf (n) | [gɔlf] |

| remo (m) | Rudern (n) | ['ʀu:dɐn] |
| mergulho (m) | Tauchen (n) | ['taʊχən] |
| corrida (f) de esqui | Skilanglauf (m) | ['ʃi:͜lantlɔɪf] |
| tênis (m) de mesa | Tischtennis (n) | [tɪʃ͜tɛnɪs] |

| vela (f) | Segelsport (m) | ['ze:gəl͜ʃpɔʁt] |
| rali (m) | Rallye (f, n) | ['ʀali] |
| rúgbi (m) | Rugby (n) | ['ʀakbi] |
| snowboard (m) | Snowboard (n) | ['sno:͜bo:ɐt] |
| arco-e-flecha (m) | Bogenschießen (n) | ['bo:gən͜ʃi:sən] |

## 134. Ginásio

| barra (f) | Hantel (f) | ['hantəl] |
| halteres (m pl) | Hanteln (pl) | ['hantəln] |

| | | |
|---|---|---|
| aparelho (m) de musculação | **Trainingsgerät** (n) | ['tʀɛ:nɪŋs·gə'ʀɛ:t] |
| bicicleta (f) ergométrica | **Fahrradtrainer** (m) | ['fa:ɐʀa:ˌtʀɛ:nɐ] |
| esteira (f) de corrida | **Laufband** (n) | ['laʊfˌbant] |
| | | |
| barra (f) fixa | **Reck** (n) | [ʀɛk] |
| barras (f pl) paralelas | **Barren** (m) | ['baʀən] |
| cavalo (m) | **Sprungpferd** (n) | ['ʃpʀɪŋˌpfe:ɐt] |
| tapete (m) de ginástica | **Matte** (f) | ['matə] |
| | | |
| corda (f) de saltar | **Sprungseil** (n) | ['ʃpʀʊŋˌzaɪl] |
| aeróbica (f) | **Aerobic** (n) | [ɛ'ʀo:bɪk] |
| ioga, yoga (f) | **Yoga** (m, n) | ['jo:ga] |

## 135. Hóquei

| | | |
|---|---|---|
| hóquei (m) | **Eishockey** (n) | ['aɪsˌhɔki] |
| jogador (m) de hóquei | **Eishockeyspieler** (m) | ['aɪshɔkiˌʃpi:lɐ] |
| jogar hóquei | **Hockey spielen** | ['hɔki 'ʃpi:lən] |
| gelo (m) | **Eis** (n) | [aɪs] |
| | | |
| disco (m) | **Puck** (m) | [pʊk] |
| taco (m) de hóquei | **Hockeyschläger** (m) | ['hɔkiˌʃlɛ:gɐ] |
| patins (m pl) de gelo | **Schlittschuhe** (pl) | ['ʃlɪtʃu:ə] |
| | | |
| muro (m) | **Bord** (m) | [bɔʀt] |
| tiro (m) | **Schuss** (m) | [ʃʊs] |
| | | |
| goleiro (m) | **Torwart** (m) | ['to:ɐˌvaʀt] |
| gol (m) | **Tor** (n) | [to:ɐ] |
| marcar um gol | **ein Tor schießen** | [aɪn 'to:ɐ 'ʃi:sən] |
| | | |
| tempo (m) | **Drittel** (n) | ['dʀɪtəl] |
| segundo tempo (m) | **zweites Drittel** (n) | ['tsvaɪtəs 'dʀɪtəl] |
| banco (m) de reservas | **Ersatzbank** (f) | [ɛɐ'zatsˌbaŋk] |

## 136. Futebol

| | | |
|---|---|---|
| futebol (m) | **Fußball** (m) | ['fu:sbal] |
| jogador (m) de futebol | **Fußballspieler** (m) | ['fu:sbalˌʃpi:lɐ] |
| jogar futebol | **Fußball spielen** | ['fu:sbal 'ʃpi:lən] |
| | | |
| Time (m) Principal | **Oberliga** (f) | ['o:bɐˌli:ga] |
| time (m) de futebol | **Fußballclub** (m) | ['fu:sbalˌklʊp] |
| treinador (m) | **Trainer** (m) | ['tʀɛ:nɐ] |
| proprietário (m) | **Besitzer** (m) | [bə'zɪtsɐ] |
| | | |
| equipe (f) | **Mannschaft** (f) | ['manʃaft] |
| capitão (m) | **Mannschaftskapitän** (m) | ['manʃafts·kapiˌtɛ:n] |
| jogador (m) | **Spieler** (m) | ['ʃpi:lɐ] |
| jogador (m) reserva | **Ersatzspieler** (m) | [ɛɐ'zatsˌʃpi:lɐ] |
| atacante (m) | **Stürmer** (m) | ['ʃtʏʀmɐ] |
| centroavante (m) | **Mittelstürmer** (m) | ['mɪtəlˌʃtʏʀmɐ] |

| | | |
|---|---|---|
| marcador (m) | Torjäger (m) | ['toːɐ̯jɛːɡɐ] |
| defesa (f) | Verteidiger (m) | [fɛɐ̯'taɪdɪɡɐ] |
| meio-campo (m) | Läufer (m) | ['lɔɪfɐ] |
| | | |
| jogo (m), partida (f) | Spiel (n) | [ʃpiːl] |
| encontrar-se (vr) | sich begegnen | [zɪç bə'ɡeːɡnən] |
| final (m) | Finale (n) | [fi'naːlə] |
| semifinal (f) | Halbfinale (n) | ['halpˌfiˌnaːlə] |
| campeonato (m) | Meisterschaft (f) | ['maɪstəˌʃaft] |
| | | |
| tempo (m) | Halbzeit (f) | ['halpˌtsaɪt] |
| primeiro tempo (m) | erste Halbzeit (f) | ['ɛʁstə 'halpˌtsaɪt] |
| intervalo (m) | Halbzeit (f) | ['halpˌtsaɪt] |
| | | |
| goleira (f) | Tor (n) | [toːɐ̯] |
| goleiro (m) | Torwart (m) | ['toːɐ̯ˌvaʁt] |
| trave (f) | Torpfosten (m) | ['toːɐ̯ˌpfɔstən] |
| travessão (m) | Torlatte (f) | ['toːɐ̯ˌlatə] |
| rede (f) | Netz (n) | [nɛts] |
| tomar um gol | ein Tor zulassen | [aɪn 'toːɐ̯ 'tsuːˌlasn] |
| | | |
| bola (f) | Ball (m) | [bal] |
| passe (m) | Pass (m) | [pas] |
| chute (m) | Schuss (m) | [ʃʊs] |
| chutar (vt) | schießen (vi) | ['ʃiːsən] |
| pontapé (m) | Freistoß (m) | ['fʁaɪˌʃtoːs] |
| escanteio (m) | Eckball (m) | ['ɛkˌbal] |
| | | |
| ataque (m) | Attacke (f) | [a'takə] |
| contra-ataque (m) | Gegenangriff (m) | ['ɡeːɡənˌʔangʁɪf] |
| combinação (f) | Kombination (f) | [kɔmbina'tsjoːn] |
| | | |
| árbitro (m) | Schiedsrichter (m) | ['ʃiːtsˌʁɪçtə] |
| apitar (vi) | pfeifen (vi) | ['pfaɪfən] |
| apito (m) | Pfeife (f) | ['pfaɪfə] |
| falta (f) | Foul (n) | [faʊl] |
| cometer a falta | foulen (vt) | ['faʊlən] |
| expulsar (vt) | vom Platz verweisen | [fɔm plats fɛɐ̯'vaɪzən] |
| | | |
| cartão (m) amarelo | gelbe Karte (f) | ['ɡɛlbə 'kaʁtə] |
| cartão (m) vermelho | rote Karte (f) | ['ʁoːtə 'kaʁtə] |
| desqualificação (f) | Disqualifizierung (f) | [dɪskvalifi'tsiːʁʊŋ] |
| desqualificar (vt) | disqualifizieren (vt) | [dɪskvalifi'tsiːʁən] |
| | | |
| pênalti (m) | Elfmeter (m) | [ɛlf'meːtɐ] |
| barreira (f) | Mauer (f) | ['maʊɐ] |
| marcar (vt) | ein Tor schießen | [aɪn 'toːɐ̯ 'ʃiːsən] |
| gol (m) | Tor (n) | [toːɐ̯] |
| marcar um gol | ein Tor schießen | [aɪn 'toːɐ̯ 'ʃiːsən] |
| | | |
| substituição (f) | Wechsel (m) | ['vɛksəl] |
| substituir (vt) | ersetzen (vt) | [ɛɐ̯'zɛtsən] |
| regras (f pl) | Regeln (pl) | ['ʁeːɡəln] |
| tática (f) | Taktik (f) | ['taktɪk] |
| estádio (m) | Stadion (n) | ['ʃtaːdjɔn] |
| arquibancadas (f pl) | Tribüne (f) | [tʁi'byːnə] |

| fã, torcedor (m) | Anhänger (m) | ['anˌhɛŋɐ] |
| gritar (vi) | schreien (vi) | ['ʃʀaɪən] |

| placar (m) | Anzeigetafel (f) | ['antsaɪgəˌta:fəl] |
| resultado (m) | Ergebnis (n) | [ɛɐ'ge:pnɪs] |

| derrota (f) | Niederlage (f) | ['ni:dɐˌla:gə] |
| perder (vt) | verlieren (vt) | [fɛɐ'li:ʀən] |
| empate (m) | Unentschieden (n) | ['ʊn?ɛntˌʃi:dən] |
| empatar (vi) | unentschieden spielen | ['ʊn?ɛntʃi:dən 'ʃpi:lən] |

| vitória (f) | Sieg (m) | [zi:k] |
| vencer (vi, vt) | gewinnen (vt) | [gə'vɪnən] |

| campeão (m) | Meister (m) | ['maɪstɐ] |
| melhor (adj) | der beste | [de:ɐ 'bɛstə] |
| felicitar (vt) | gratulieren (vi) | [gʀatu'li:ʀən] |

| comentarista (m) | Kommentator (m) | [kɔmən'tato:ɐ] |
| comentar (vt) | kommentieren (vt) | [kɔmɛn'ti:ʀən] |
| transmissão (f) | Übertragung (f) | [ˌy:bɐ'tʀa:gʊŋ] |

## 137. Esqui alpino

| esqui (m) | Ski (pl) | [ʃi:] |
| esquiar (vi) | Ski laufen | ['ʃi: 'laʊfən] |
| estação (f) de esqui | Skiort (m) | ['ʃi:ˌʔɔʁt] |
| teleférico (m) | Skilift (m) | ['ʃi:ˌlɪft] |

| bastões (m pl) de esqui | Skistöcke (pl) | ['ʃi:ʃtœkə] |
| declive (m) | Abhang (m) | ['apˌhaŋ] |
| slalom (m) | Slalom (m) | ['sla:lɔm] |

## 138. Tênis. Golfe

| golfe (m) | Golf (n) | [gɔlf] |
| clube (m) de golfe | Golfklub (m) | ['gɔlfˌklʊp] |
| jogador (m) de golfe | Golfspieler (m) | ['gɔlfʃpi:lɐ] |

| buraco (m) | Loch (n) | [lɔx] |
| taco (m) | Schläger (m) | ['ʃlɛ:gɐ] |
| trolley (m) | Golfwagen (m) | ['gɔlfˌva:gən] |

| tênis (m) | Tennis (n) | ['tɛnɪs] |
| quadra (f) de tênis | Tennisplatz (m) | ['tɛnɪsˌplats] |

| saque (m) | Aufschlag (m) | ['aʊfʃla:k] |
| sacar (vi) | angeben (vt) | ['anˌge:bən] |

| raquete (f) | Tennisschläger (m) | ['tɛnɪsʃlɛ:gɐ] |
| rede (f) | Netz (n) | [nɛts] |
| bola (f) | Ball (m) | [bal] |

## 139. Xadrez

| | | |
|---|---|---|
| xadrez (m) | Schach (n) | [ʃax] |
| peças (f pl) de xadrez | Schachfiguren (pl) | [ˈʃax·fiˌguːʀən] |
| jogador (m) de xadrez | Schachspieler (m) | [ˈʃaxˌʃpiːlə] |
| tabuleiro (m) de xadrez | Schachbrett (n) | [ˈʃaxˌbʀɛt] |
| peça (f) | Figur (f) | [fiˈguːɐ] |
| | | |
| brancas (f pl) | Weißen (pl) | [ˈvaɪsən] |
| pretas (f pl) | Schwarze (pl) | [ˈʃvaʁtsə] |
| | | |
| peão (m) | Bauer (m) | [ˈbauɐ] |
| bispo (m) | Läufer (m) | [ˈlɔɪfə] |
| cavalo (m) | Springer (m) | [ˈʃpʀɪŋə] |
| torre (f) | Turm (m) | [tuʁm] |
| dama (f) | Königin (f) | [ˈkøːnɪgɪn] |
| rei (m) | König (m) | [ˈkøːnɪç] |
| | | |
| vez (f) | Zug (m) | [tsuːk] |
| mover (vt) | einen Zug machen | [ˈaɪnən tsuːk ˈmaxən] |
| sacrificar (vt) | opfern (vt) | [ˈɔpfən] |
| roque (m) | Rochade (f) | [ʀoˈxaːdə] |
| xeque (m) | Schach (n) | [ʃax] |
| xeque-mate (m) | Matt (n) | [mat] |
| | | |
| torneio (m) de xadrez | Schachturnier (n) | [ˈʃax·tuʁˌniːɐ] |
| grão-mestre (m) | Großmeister (m) | [ˈgʀoːsˌmaɪstə] |
| combinação (f) | Kombination (f) | [kɔmbinaˈtsjoːn] |
| partida (f) | Partie (f) | [paʁˈtiː] |
| jogo (m) de damas | Damespiel (n) | [ˈdaːməˌʃpiːl] |

## 140. Boxe

| | | |
|---|---|---|
| boxe (m) | Boxen (n) | [ˈbɔksən] |
| combate (m) | Boxkampf (m) | [ˈbɔksˌkampf] |
| luta (f) de boxe | Zweikampf (m) | [ˈtsvaɪˌkampf] |
| round (m) | Runde (f) | [ˈʀʊndə] |
| | | |
| ringue (m) | Ring (m) | [ʀɪŋ] |
| gongo (m) | Gong (m, n) | [gɔŋ] |
| | | |
| murro, soco (m) | Schlag (m) | [ʃlaːk] |
| derrubada (f) | Knockdown (m) | [nɔkˈdaun] |
| | | |
| nocaute (m) | Knockout (m) | [nɔkˈʔaut] |
| nocautear (vt) | k.o. schlagen (vt) | [kaːˈʔoː ˈʃlaːgən] |
| | | |
| luva (f) de boxe | Boxhandschuh (m) | [ˈbɔks·hantˌʃuː] |
| juiz (m) | Schiedsrichter (m) | [ˈʃiːtsˌʀɪçtə] |
| | | |
| peso-pena (m) | Leichtgewicht (n) | [ˈlaɪçt·gəˌvɪçt] |
| peso-médio (m) | Mittelgewicht (n) | [ˈmɪtəl·gəˌvɪçt] |
| peso-pesado (m) | Schwergewicht (n) | [ˈʃveːɐ·gəˌvɪçt] |

## 141. Desportos. Diversos

| | | |
|---|---|---|
| Jogos (m pl) Olímpicos | Olympische Spiele (pl) | [o'lympɪʃə 'ʃpiːlə] |
| vencedor (m) | Sieger (m) | ['ziːɡɐ] |
| vencer (vi) | siegen (vi) | ['ziːɡən] |
| vencer (vi, vt) | gewinnen (vt) | [ɡə'vɪnən] |
| líder (m) | Tabellenführer (m) | [ta'bɛlən͜fyːʀɐ] |
| liderar (vt) | führen (vi) | ['fyːʀən] |
| primeiro lugar (m) | der erste Platz | [deːɐ 'ɛʁstə plats] |
| segundo lugar (m) | der zweite Platz | [deːɐ 'tsvaɪtə plats] |
| terceiro lugar (m) | der dritte Platz | [deːɐ 'dʀɪtə plats] |
| medalha (f) | Medaille (f) | [me'daljə] |
| troféu (m) | Trophäe (f) | [tʀo'fɛːə] |
| taça (f) | Pokal (m) | [pɔ'kaːl] |
| prêmio (m) | Preis (m) | [pʀaɪs] |
| prêmio (m) principal | Hauptpreis (m) | ['haʊpt͜pʀaɪs] |
| recorde (m) | Rekord (m) | [ʀe'kɔʁt] |
| estabelecer um recorde | einen Rekord aufstellen | ['aɪnən ʀe'kɔʁt 'aʊfʃtɛlən] |
| final (m) | Finale (n) | [fi'naːlə] |
| final (adj) | Final- | [fi'naːl] |
| campeão (m) | Meister (m) | ['maɪstɐ] |
| campeonato (m) | Meisterschaft (f) | ['maɪstɐʃaft] |
| estádio (m) | Stadion (n) | ['ʃtaːdjɔn] |
| arquibancadas (f pl) | Tribüne (f) | [tʀi'byːnə] |
| fã, torcedor (m) | Fan (m) | [fɛn] |
| adversário (m) | Gegner (m) | ['ɡeːɡnɐ] |
| partida (f) | Start (m) | [ʃtaʁt] |
| linha (f) de chegada | Ziel (n), Finish (n) | [tsiːl], ['fɪnɪʃ] |
| derrota (f) | Niederlage (f) | ['niːdɐ͜laːɡə] |
| perder (vt) | verlieren (vt) | [fɛɐ'liːʀən] |
| árbitro, juiz (m) | Schiedsrichter (m) | ['ʃiːts͜ʀɪçtɐ] |
| júri (m) | Jury (f) | ['ʒyːʀi] |
| resultado (m) | Ergebnis (n) | [ɛɐ'ɡeːpnɪs] |
| empate (m) | Unentschieden (n) | ['ʊnʔɛntʃiːdən] |
| empatar (vi) | unentschieden spielen | ['ʊnʔɛntʃiːdən 'ʃpiːlən] |
| ponto (m) | Punkt (m) | [pʊŋkt] |
| resultado (m) final | Ergebnis (n) | [ɛɐ'ɡeːpnɪs] |
| tempo (m) | Spielabschnitt (m) | ['ʃpiːl͜ʔapʃnɪt] |
| intervalo (m) | Halbzeit (f), Pause (f) | ['halp͜tsaɪt], ['paʊzə] |
| doping (m) | Doping (n) | ['doːpɪŋ] |
| penalizar (vt) | bestrafen (vt) | [bə'ʃtʀaːfən] |
| desqualificar (vt) | disqualifizieren (vt) | [dɪskvalifi'tsiːʀən] |
| aparelho, aparato (m) | Sportgerät (n) | ['ʃpɔʁt·ɡə͜ʀɛːt] |
| dardo (m) | Speer (m) | [ʃpeːɐ] |

| | | |
|---|---|---|
| peso (m) | **Kugel** (f) | ['ku:gəl] |
| bola (f) | **Kugel** (f) | ['ku:gəl] |
| | | |
| alvo, objetivo (m) | **Ziel** (n) | [tsi:l] |
| alvo (~ de papel) | **Zielscheibe** (f) | ['tsi:l‚ʃaɪbə] |
| disparar, atirar (vi) | **schießen** (vi) | ['ʃi:sən] |
| preciso (tiro ~) | **genau** | [gə'naʊ] |
| | | |
| treinador (m) | **Trainer** (m) | ['tʀɛ:nɐ] |
| treinar (vt) | **trainieren** (vt) | [tʀɛ'ni:ʀən] |
| treinar-se (vr) | **trainieren** (vi) | [tʀɛ'ni:ʀən] |
| treino (m) | **Training** (n) | ['tʀɛ:nɪŋ] |
| | | |
| academia (f) de ginástica | **Turnhalle** (f) | ['tʊʀn‚halə] |
| exercício (m) | **Übung** (f) | ['y:bʊŋ] |
| aquecimento (m) | **Aufwärmen** (n) | ['aʊf‚vɛʀmən] |

# Educação

## 142. Escola

| escola (f) | Schule (f) | ['ʃuːlə] |
| diretor (m) de escola | Schulleiter (m) | ['ʃuːlˌlaɪtə] |

| aluno (m) | Schüler (m) | ['ʃyːlə] |
| aluna (f) | Schülerin (f) | ['ʃyːlərɪn] |
| estudante (m) | Schuljunge (m) | ['ʃuːlˌjʊŋə] |
| estudante (f) | Schulmädchen (f) | ['ʃuːlˌmɛːtçən] |

| ensinar (vt) | lehren (vt) | ['leːʀən] |
| aprender (vt) | lernen (vt) | ['lɛʀnən] |
| decorar (vt) | auswendig lernen | ['aʊsˌvɛndɪç 'lɛʀnən] |

| estudar (vi) | lernen (vi) | ['lɛʀnən] |
| estar na escola | in der Schule sein | [ɪn deːɐ 'ʃuːlə zaɪn] |
| ir à escola | die Schule besuchen | [di 'ʃuːlə bə'zuːχən] |

| alfabeto (m) | Alphabet (n) | [alfa'beːt] |
| disciplina (f) | Fach (n) | [faχ] |

| sala (f) de aula | Klassenraum (m) | ['klasənˌʀaʊm] |
| lição, aula (f) | Stunde (f) | ['ʃtʊndə] |
| recreio (m) | Pause (f) | ['paʊzə] |
| toque (m) | Schulglocke (f) | ['ʃuːlˌglɔkə] |
| classe (f) | Schulbank (f) | ['ʃuːlˌbaŋk] |
| quadro (m) negro | Tafel (f) | ['taːfəl] |

| nota (f) | Note (f) | ['noːtə] |
| boa nota (f) | gute Note (f) | ['guːtə 'noːtə] |
| nota (f) baixa | schlechte Note (f) | ['ʃlɛçtə 'noːtə] |
| dar uma nota | eine Note geben | ['aɪnə 'noːtə 'geːbən] |

| erro (m) | Fehler (m) | ['feːlə] |
| errar (vi) | Fehler machen | ['feːlə 'maχən] |
| corrigir (~ um erro) | korrigieren (vt) | [kɔʀi'giːʀən] |
| cola (f) | Spickzettel (m) | ['ʃpɪkˌtsɛtəl] |

| dever (m) de casa | Hausaufgabe (f) | ['haʊsʔaʊfˌgaːbə] |
| exercício (m) | Übung (f) | ['yːbʊŋ] |

| estar presente | anwesend sein | ['anˌveːzənt zaɪn] |
| estar ausente | fehlen (vi) | ['feːlən] |
| faltar às aulas | versäumen (vt) | [fɛɐ'zɔɪmən] |

| punir (vt) | bestrafen (vt) | [bə'ʃtʀaːfən] |
| punição (f) | Strafe (f) | ['ʃtʀaːfə] |
| comportamento (m) | Benehmen (n) | [bə'neːmən] |

| boletim (m) escolar | Zeugnis (n) | ['tsɔɪknɪs] |
| lápis (m) | Bleistift (m) | ['blaɪˌʃtɪft] |
| borracha (f) | Radiergummi (m) | [ʀa'diːɐˌɡʊmi] |
| giz (m) | Kreide (f) | ['kʀaɪdə] |
| porta-lápis (m) | Federkasten (m) | ['feːdɐˌkastən] |

| mala, pasta, mochila (f) | Schulranzen (m) | ['ʃuːlˌʀantsən] |
| caneta (f) | Kugelschreiber, Stift (m) | ['kuːɡəlˌʃʀaɪbɐ], [ʃtɪft] |
| caderno (m) | Heft (n) | [hɛft] |
| livro (m) didático | Lehrbuch (n) | ['leːɐˌbuːx] |
| compasso (m) | Zirkel (m) | ['tsɪʀkəl] |

| traçar (vt) | zeichnen (vt) | ['tsaɪçnən] |
| desenho (m) técnico | Zeichnung (f) | ['tsaɪçnʊŋ] |

| poesia (f) | Gedicht (n) | [ɡə'dɪçt] |
| de cor | auswendig | ['aʊsˌvɛndɪç] |
| decorar (vt) | auswendig lernen | ['aʊsˌvɛndɪç 'lɛʀnən] |

| férias (f pl) | Ferien (pl) | ['feːʀɪən] |
| estar de férias | in den Ferien sein | [ɪn dən 'feːʀɪən zaɪn] |
| passar as férias | Ferien verbringen | ['feːʀɪən fɛɐ'bʀɪŋən] |

| teste (m), prova (f) | Test (m), Prüfung (f) | [tɛst], ['pʀyːfʊŋ] |
| redação (f) | Aufsatz (m) | ['aʊfˌzats] |
| ditado (m) | Diktat (n) | [dɪk'taːt] |
| exame (m), prova (f) | Prüfung (f) | ['pʀyːfʊŋ] |
| fazer prova | Prüfungen ablegen | ['pʀyːfʊŋən 'apˌleːɡən] |
| experiência (~ química) | Experiment (n) | [ɛkspeʀi'mɛnt] |

## 143. Colégio. Universidade

| academia (f) | Akademie (f) | [akade'miː] |
| universidade (f) | Universität (f) | [univɛʀzi'tɛːt] |
| faculdade (f) | Fakultät (f) | [fakʊl'tɛːt] |

| estudante (m) | Student (m) | [ʃtu'dɛnt] |
| estudante (f) | Studentin (f) | [ʃtu'dɛntɪn] |
| professor (m) | Lehrer (m) | ['leːʀɐ] |

| auditório (m) | Hörsaal (m) | ['høːɐˌzaːl] |
| graduado (m) | Hochschulabsolvent (m) | ['hoːxʃuːlʔapzɔlˌvɛnt] |

| diploma (m) | Diplom (n) | [di'ploːm] |
| tese (f) | Dissertation (f) | [dɪsɛʀta'tsjoːn] |

| estudo (obra) | Forschung (f) | ['fɔʀʃʊŋ] |
| laboratório (m) | Labor (n) | [la'boːɐ] |

| palestra (f) | Vorlesung (f) | ['foːɐˌleːzʊŋ] |
| colega (m) de curso | Kommilitone (m) | [ˌkɔmili'toːnə] |

| bolsa (f) de estudos | Stipendium (n) | [ʃti'pɛndɪʊm] |
| grau (m) acadêmico | akademischer Grad (m) | [aka'deːmɪʃɐ ɡʀaːt] |

## 144. Ciências. Disciplinas

| matemática (f) | Mathematik (f) | [matema'ti:k] |
| álgebra (f) | Algebra (f) | ['algebʀa] |
| geometria (f) | Geometrie (f) | [ˌgeome'tʀi:] |

| astronomia (f) | Astronomie (f) | [astʀono'mi:] |
| biologia (f) | Biologie (f) | [ˌbiolo'gi:] |
| geografia (f) | Erdkunde (f) | ['e:ɐtˌkʊndə] |
| geologia (f) | Geologie (f) | [ˌgeolo'gi:] |
| história (f) | Geschichte (f) | [gə'ʃɪçtə] |

| medicina (f) | Medizin (f) | [medi'tsi:n] |
| pedagogia (f) | Pädagogik (f) | [pɛda'go:gɪk] |
| direito (m) | Recht (n) | [ʀɛçt] |

| física (f) | Physik (f) | [fy'zi:k] |
| química (f) | Chemie (f) | [çe'mi:] |
| filosofia (f) | Philosophie (f) | [filozo'fi:] |
| psicologia (f) | Psychologie (f) | [psyçolo'gi:] |

## 145. Sistema de escrita. Ortografia

| gramática (f) | Grammatik (f) | [gʀa'matɪk] |
| vocabulário (m) | Lexik (f) | ['lɛksɪk] |
| fonética (f) | Phonetik (f) | [fo:'ne:tɪk] |

| substantivo (m) | Substantiv (n) | ['zʊpstanti:f] |
| adjetivo (m) | Adjektiv (n) | ['atjɛkti:f] |
| verbo (m) | Verb (n) | [vɛʀp] |
| advérbio (m) | Adverb (n) | [at'vɛʀp] |

| pronome (m) | Pronomen (n) | [pʀo'no:mən] |
| interjeição (f) | Interjektion (f) | [ˌɪntɐjɛk'tsjo:n] |
| preposição (f) | Präposition (f) | [pʀɛpozi'tsjo:n] |

| raiz (f) | Wurzel (f) | ['vʊʀtsəl] |
| terminação (f) | Endung (f) | ['ɛndʊŋ] |
| prefixo (m) | Vorsilbe (f) | ['fo:ɐˌzɪlbə] |
| sílaba (f) | Silbe (f) | ['zɪlbə] |
| sufixo (m) | Suffix (n), Nachsilbe (f) | ['zʊfɪks], ['na:χˌzɪlbə] |

| acento (m) | Betonung (f) | [bə'to:nʊŋ] |
| apóstrofo (f) | Apostroph (m) | [apo'stʀo:f] |

| ponto (m) | Punkt (m) | [pʊŋkt] |
| vírgula (f) | Komma (n) | ['kɔma] |
| ponto e vírgula (m) | Semikolon (n) | [zemi'ko:lɔn] |
| dois pontos (m pl) | Doppelpunkt (m) | ['dɔpəlˌpʊŋkt] |
| reticências (f pl) | Auslassungspunkte (pl) | ['aʊslasʊŋsˌpʊŋktə] |

| ponto (m) de interrogação | Fragezeichen (n) | ['fʀa:gəˌtsaɪçən] |
| ponto (m) de exclamação | Ausrufezeichen (n) | ['aʊsʀu:fəˌtsaɪçən] |

| aspas (f pl) | Anführungszeichen (pl) | ['anfy:ʀʊŋs‚tsaɪçən] |
|---|---|---|
| entre aspas | in Anführungszeichen | [ɪn 'anfy:ʀʊŋs‚tsaɪçən] |
| parênteses (m pl) | runde Klammern (pl) | ['ʀʊndə 'klamen] |
| entre parênteses | in Klammern | [ɪn 'klamen] |

| hífen (m) | Bindestrich (m) | ['bɪndəʃtʀɪç] |
|---|---|---|
| travessão (m) | Gedankenstrich (m) | [gə'daŋkənʃtʀɪç] |
| espaço (m) | Leerzeichen (n) | ['le:ɐ‚tsaɪçən] |

| letra (f) | Buchstabe (m) | ['bu:χʃta:bə] |
|---|---|---|
| letra (f) maiúscula | Großbuchstabe (m) | ['gʀo:sbu:χʃta:bə] |

| vogal (f) | Vokal (m) | [vo'ka:l] |
|---|---|---|
| consoante (f) | Konsonant (m) | [‚kɔnzo'nant] |

| frase (f) | Satz (m) | [zats] |
|---|---|---|
| sujeito (m) | Subjekt (n) | ['zʊpjɛkt] |
| predicado (m) | Prädikat (n) | [pʀɛdi'ka:t] |

| linha (f) | Zeile (f) | ['tsaɪlə] |
|---|---|---|
| em uma nova linha | in einer neuen Zeile | [ɪn 'aɪnɐ 'nɔɪən 'tsaɪlə] |
| parágrafo (m) | Absatz (m) | ['ap‚zats] |

| palavra (f) | Wort (n) | [vɔʁt] |
|---|---|---|
| grupo (m) de palavras | Wortverbindung (f) | ['vɔʁtfɛɐ‚bɪndʊŋ] |
| expressão (f) | Redensart (f) | ['ʀe:dəns‚ʔa:ɐt] |
| sinônimo (m) | Synonym (n) | [zyno'ny:m] |
| antônimo (m) | Antonym (n) | [anto'ny:m] |

| regra (f) | Regel (f) | ['ʀe:gəl] |
|---|---|---|
| exceção (f) | Ausnahme (f) | ['aʊs‚na:mə] |
| correto (adj) | richtig | ['ʀɪçtɪç] |

| conjugação (f) | Konjugation (f) | [‚kɔnjuga'tsjo:n] |
|---|---|---|
| declinação (f) | Deklination (f) | [‚deklina'tsjo:n] |
| caso (m) | Kasus (m) | ['ka:zʊs] |
| pergunta (f) | Frage (f) | ['fʀa:gə] |
| sublinhar (vt) | unterstreichen (vt) | [‚ʊntɐ'ʃtʀaɪçən] |
| linha (f) pontilhada | punktierte Linie (f) | [pʊŋk'ti:ɐtə 'li:nɪə] |

## 146. Línguas estrangeiras

| língua (f) | Sprache (f) | ['ʃpʀa:χə] |
|---|---|---|
| estrangeiro (adj) | Fremd- | ['fʀɛmt] |
| língua (f) estrangeira | Fremdsprache (f) | ['fʀɛmtʃpʀa:χə] |
| estudar (vt) | studieren (vt) | [ʃtu'di:ʀən] |
| aprender (vt) | lernen (vt) | ['lɛʁnən] |

| ler (vt) | lesen (vi, vt) | ['le:zən] |
|---|---|---|
| falar (vi) | sprechen (vi, vt) | ['ʃpʀɛçən] |
| entender (vt) | verstehen (vt) | [fɛɐ'ʃte:ən] |
| escrever (vt) | schreiben (vi, vt) | ['ʃʀaɪbən] |
| rapidamente | schnell | [ʃnɛl] |
| devagar, lentamente | langsam | ['laŋza:m] |

| fluentemente | fließend | ['fli:sənt] |
| regras (f pl) | Regeln (pl) | ['ʀe:gəln] |
| gramática (f) | Grammatik (f) | [gʀa'matɪk] |
| vocabulário (m) | Vokabular (n) | [vokabu'la:ɐ] |
| fonética (f) | Phonetik (f) | [fo:'ne:tɪk] |

| livro (m) didático | Lehrbuch (n) | ['le:ɐ‚bu:χ] |
| dicionário (m) | Wörterbuch (n) | ['vœʁtə‚bu:χ] |
| manual (m) autodidático | Selbstlernbuch (n) | ['zɛlpst‚lɛɐnbu:χ] |
| guia (m) de conversação | Sprachführer (m) | ['ʃpʀa:χ‚fy:ʀɐ] |

| fita (f) cassete | Kassette (f) | [ka'sɛtə] |
| videoteipe (m) | Videokassette (f) | ['vi:deo·ka'sɛtə] |
| CD (m) | CD (f) | [tse:'de:] |
| DVD (m) | DVD (f) | [defaʊ'de:] |

| alfabeto (m) | Alphabet (n) | [alfa'be:t] |
| soletrar (vt) | buchstabieren (vt) | [‚bu:χʃta'bi:ʀən] |
| pronúncia (f) | Aussprache (f) | ['aʊsˌʃpʀa:χə] |

| sotaque (m) | Akzent (m) | [ak'tsɛnt] |
| com sotaque | mit Akzent | [mɪt ak'tsɛnt] |
| sem sotaque | ohne Akzent | ['o:nə ak'tsɛnt] |

| palavra (f) | Wort (n) | [vɔʁt] |
| sentido (m) | Bedeutung (f) | [bə'dɔɪtʊŋ] |

| curso (m) | Kurse (pl) | ['kʊʀzə] |
| inscrever-se (vr) | sich einschreiben | [zɪç 'aɪnˌʃʀaɪbən] |
| professor (m) | Lehrer (m) | ['le:ʀɐ] |

| tradução (processo) | Übertragung (f) | [‚y:bɐ'tʀa:gʊŋ] |
| tradução (texto) | Übersetzung (f) | [‚y:bɐ'zɛtsʊŋ] |
| tradutor (m) | Übersetzer (m) | [‚y:bɐ'zɛtsɐ] |
| intérprete (m) | Dolmetscher (m) | ['dɔlmɛtʃɐ] |

| poliglota (m) | Polyglott (m, f) | [poly'glɔt] |
| memória (f) | Gedächtnis (n) | [gə'dɛçtnɪs] |

## 147. Personagens de contos de fadas

| Papai Noel (m) | Weihnachtsmann (m) | ['vaɪnaχtsˌman] |
| Cinderela (f) | Aschenputtel (n) | ['aʃənpʊtəl] |
| sereia (f) | Nixe (f) | ['nɪksə] |
| Netuno (m) | Neptun (m) | [nɛp'tu:n] |

| bruxo, feiticeiro (m) | Zauberer (m) | ['tsaʊbəʀɐ] |
| fada (f) | Zauberin (f) | ['tsaʊbəʀɪn] |
| mágico (adj) | magisch, Zauber- | ['ma:gɪʃ], ['tsaʊbɐ] |
| varinha (f) mágica | Zauberstab (m) | ['tsaʊbɐˌʃta:p] |

| conto (m) de fadas | Märchen (n) | ['mɛ:ɐçən] |
| milagre (m) | Wunder (n) | ['vʊndə] |
| anão (m) | Zwerg (m) | [tsvɛʁk] |

| transformar-se em ... | sich verwandeln in ... | [zɪç fɛɐ'vandəln ɪn] |
| fantasma (m) | Gespenst (n) | [gə'ʃpɛnst] |
| fantasma (m) | Geist (m) | [gaɪst] |
| monstro (m) | Ungeheuer (n) | ['ʊngə‚hɔɪɐ] |
| dragão (m) | Drache (m) | ['dʀaχə] |
| gigante (m) | Riese (m) | ['ʀiːzə] |

## 148. Signos do Zodíaco

| Áries (f) | Widder (m) | ['vɪdɐ] |
| Touro (m) | Stier (m) | [ʃtiːɐ] |
| Gêmeos (m pl) | Zwillinge (pl) | ['tsvɪlɪŋə] |
| Câncer (m) | Krebs (m) | [kʀeːps] |
| Leão (m) | Löwe (m) | ['løːvə] |
| Virgem (f) | Jungfrau (f) | ['jʊŋfʀaʊ] |

| Libra (f) | Waage (f) | ['vaːgə] |
| Escorpião (m) | Skorpion (m) | [skɔʁ'pjoːn] |
| Sagitário (m) | Schütze (m) | ['ʃʏtsə] |
| Capricórnio (m) | Steinbock (m) | ['ʃtaɪn‚bɔk] |
| Aquário (m) | Wassermann (m) | ['vasɐ‚man] |
| Peixes (pl) | Fische (pl) | ['fɪʃə] |

| caráter (m) | Charakter (m) | [ka'ʀaktɐ] |
| traços (m pl) do caráter | Charakterzüge (pl) | [ka'ʀaktɐ‚tsyːgə] |
| comportamento (m) | Benehmen (n) | [bə'neːmən] |
| prever a sorte | wahrsagen (vt) | ['vaːɐ‚zaːgən] |
| adivinha (f) | Wahrsagerin (f) | ['vaːɐ‚zaːgəʀɪn] |
| horóscopo (m) | Horoskop (n) | [hoʀo'skoːp] |

# Artes

## 149. Teatro

| | | |
|---|---|---|
| teatro (m) | Theater (n) | [te'a:tɐ] |
| ópera (f) | Oper (f) | ['o:pɐ] |
| opereta (f) | Operette (f) | [opə'ʀɛtə] |
| balé (m) | Ballett (n) | [ba'lɛt] |
| | | |
| cartaz (m) | Theaterplakat (n) | [te'a:tɐ·pla'ka:t] |
| companhia (f) de teatro | Truppe (f) | ['tʀʊpə] |
| turnê (f) | Tournee (f) | [tʊʁ'ne:] |
| estar em turnê | auf Tournee sein | [aʊf tʊʁ'ne: zaɪn] |
| ensaiar (vt) | proben (vt) | ['pʀo:bən] |
| ensaio (m) | Probe (f) | ['pʀo:bə] |
| repertório (m) | Spielplan (m) | ['ʃpi:l‚pla:n] |
| | | |
| apresentação (f) | Aufführung (f) | ['aʊffy:ʀʊŋ] |
| espetáculo (m) | Vorstellung (f) | ['fo:ɐ‚ʃtɛlʊŋ] |
| peça (f) | Theaterstück (n) | [te'a:tɐ‚ʃtʏk] |
| | | |
| entrada (m) | Karte (f) | ['kaʁtə] |
| bilheteira (f) | Theaterkasse (f) | [te'a:tɐ‚'kasə] |
| hall (m) | Halle (f) | ['halə] |
| vestiário (m) | Garderobe (f) | [gaʁdə'ʀo:bə] |
| senha (f) numerada | Garderobennummer (f) | [gaʁdə'ʀobən‚nʊmɐ] |
| binóculo (m) | Opernglas (n) | ['o:pɐn‚gla:s] |
| lanterninha (m) | Platzanweiser (m) | ['plats?an‚vaɪzɐ] |
| | | |
| plateia (f) | Parkett (n) | [paʁ'kɛt] |
| balcão (m) | Balkon (m) | [bal'ko:n] |
| primeiro balcão (m) | der erste Rang | [de:ɐ 'ɛʁstə ʀaŋ] |
| camarote (m) | Loge (f) | ['lo:ʒə] |
| fila (f) | Reihe (f) | ['ʀaɪə] |
| assento (m) | Platz (m) | [plats] |
| | | |
| público (m) | Publikum (n) | ['pu:blikʊm] |
| espectador (m) | Zuschauer (m) | ['tsu:ʃaʊɐ] |
| aplaudir (vt) | klatschen (vi) | ['klatʃən] |
| aplauso (m) | Applaus (m) | [a'plaʊs] |
| ovação (f) | Ovation (f) | [ova'tsjo:n] |
| | | |
| palco (m) | Bühne (f) | ['by:nə] |
| cortina (f) | Vorhang (m) | ['fo:ɐ‚haŋ] |
| cenário (m) | Dekoration (f) | [dekoʀa'tsjo:n] |
| bastidores (m pl) | Kulissen (pl) | [ku'lɪsən] |
| | | |
| cena (f) | Szene (f) | ['stse:nə] |
| ato (m) | Akt (m) | [akt] |
| intervalo (m) | Pause (f) | ['paʊzə] |

## 150. Cinema

| | | |
|---|---|---|
| ator (m) | Schauspieler (m) | [ˈʃaʊˌʃpiːlɐ] |
| atriz (f) | Schauspielerin (f) | [ˈʃaʊˌʃpiːləRɪn] |
| | | |
| cinema (m) | Kino (n) | [ˈkiːno] |
| filme (m) | Film (m) | [fɪlm] |
| episódio (m) | Folge (f) | [ˈfɔlgə] |
| | | |
| filme (m) policial | Krimi (m) | [ˈkRɪmi] |
| filme (m) de ação | Actionfilm (m) | [ˈɛkʃən·film] |
| filme (m) de aventuras | Abenteuerfilm (m) | [ˈaːbəntɔɪɐˌfɪlm] |
| filme (m) de ficção científica | Science-Fiction-Film (m) | [ˌsaɪənsˈfɪkʃən·fɪlm] |
| filme (m) de horror | Horrorfilm (m) | [ˈhɔʀoːɐˌfɪlm] |
| | | |
| comédia (f) | Komödie (f) | [koˈmøːdɪə] |
| melodrama (m) | Melodrama (n) | [meloˈdʀaːma] |
| drama (m) | Drama (n) | [ˈdʀaːma] |
| | | |
| filme (m) de ficção | Spielfilm (m) | [ˈʃpiːlˈfɪlm] |
| documentário (m) | Dokumentarfilm (m) | [dokumɛnˈtaːɐ·fɪlm] |
| desenho (m) animado | Zeichentrickfilm (m) | [ˈtsaɪçənˌtRɪk·fɪlm] |
| cinema (m) mudo | Stummfilm (m) | [ˈʃtʊm·fɪlm] |
| | | |
| papel (m) | Rolle (f) | [ˈRɔlə] |
| papel (m) principal | Hauptrolle (f) | [ˈhaʊptˌRɔlə] |
| representar (vt) | spielen (vi) | [ˈʃpiːlən] |
| | | |
| estrela (f) de cinema | Filmstar (m) | [ˈfɪlmˌʃtaːɐ] |
| conhecido (adj) | bekannt | [bəˈkant] |
| famoso (adj) | berühmt | [bəˈRyːmt] |
| popular (adj) | populär | [popuˈlɛːɐ] |
| | | |
| roteiro (m) | Drehbuch (n) | [ˈdRɛːˌbuːχ] |
| roteirista (m) | Drehbuchautor (m) | [ˈdRɛːbuːχˌʔaʊtoːɐ] |
| diretor (m) de cinema | Regisseur (m) | [Reʒɪˈsøːɐ] |
| produtor (m) | Produzent (m) | [pRoduˈtsɛnt] |
| assistente (m) | Assistent (m) | [asɪsˈtɛnt] |
| diretor (m) de fotografia | Kameramann (m) | [ˈkaməRaˌman] |
| dublê (m) | Stuntman (m) | [ˈstantmɛn] |
| dublê (m) de corpo | Double (n) | [ˈduːbəl] |
| | | |
| filmar (vt) | einen Film drehen | [ˈaɪnən fɪlm ˈdRɛːən] |
| audição (f) | Probe (f) | [ˈpRoːbə] |
| filmagem (f) | Dreharbeiten (pl) | [ˈdRɛːʔaʁˌbaɪtən] |
| equipe (f) de filmagem | Filmteam (n) | [ˈfɪlmˌtiːm] |
| set (m) de filmagem | Filmset (m) | [ˈfɪlmsɛt] |
| câmera (f) | Filmkamera (f) | [ˈfɪlmˌkaməRa] |
| | | |
| cinema (m) | Kino (n) | [ˈkiːno] |
| tela (f) | Leinwand (f) | [ˈlaɪnˌvant] |
| exibir um filme | einen Film zeigen | [ˈaɪnən fɪlm ˈtsaɪgən] |
| | | |
| trilha (f) sonora | Tonspur (f) | [ˈtoːnˌʃpuːɐ] |
| efeitos (m pl) especiais | Spezialeffekte (pl) | [ʃpeˈtsɪaːl·ɛˈfɛktə] |

| legendas (f pl) | Untertitel (pl) | ['ʊntɐˌtiːtəl] |
| crédito (m) | Abspann (m) | ['apˌʃpan] |
| tradução (f) | Übersetzung (f) | [ˌyːbɐ'zɛtsʊŋ] |

## 151. Pintura

| arte (f) | Kunst (f) | [kʊnst] |
| belas-artes (f pl) | schönen Künste (pl) | ['ʃøːnən 'kʏnstə] |
| galeria (f) de arte | Kunstgalerie (f) | ['kʊnstˌgaləˈʀiː] |
| exibição (f) de arte | Kunstausstellung (f) | ['kʊnst·'aʊsˌʃtɛlʊŋ] |

| pintura (f) | Malerei (f) | [ˌmaːləˈʀaɪ] |
| arte (f) gráfica | Graphik (f) | ['gʀaːfɪk] |
| arte (f) abstrata | abstrakte Kunst (f) | [ap'stʀaktə kʊnst] |
| impressionismo (m) | Impressionismus (m) | [ɪmpʀɛsjoˈnɪsmʊs] |

| pintura (f), quadro (m) | Bild (n) | [bɪlt] |
| desenho (m) | Zeichnung (f) | ['tsaɪçnʊŋ] |
| cartaz, pôster (m) | Plakat (n) | [plaˈkaːt] |

| ilustração (f) | Illustration (f) | [ɪlustʀaˈtsjoːn] |
| miniatura (f) | Miniatur (f) | [minɪaˈtuːɐ] |
| cópia (f) | Kopie (f) | [koˈpiː] |
| reprodução (f) | Reproduktion (f) | [ʀɛpʀodʊkˈtsjoːn] |

| mosaico (m) | Mosaik (n) | [mozaˈiːk] |
| vitral (m) | Glasmalerei (f) | [glaːsˌmaːləˈʀaɪ] |
| afresco (m) | Fresko (n) | ['fʀɛsko] |
| gravura (f) | Gravüre (f) | [gʀaˈvyːʀə] |

| busto (m) | Büste (f) | ['byːstə] |
| escultura (f) | Skulptur (f) | [skʊlp'tuːɐ] |
| estátua (f) | Statue (f) | ['ʃtaːtuə] |
| gesso (m) | Gips (m) | [gɪps] |
| em gesso (adj) | aus Gips | [ˌaʊs 'gɪps] |

| retrato (m) | Porträt (n) | [pɔʁ'tʀɛː] |
| autorretrato (m) | Selbstporträt (n) | ['zɛlpst·pɔʁˌtʀɛː] |
| paisagem (f) | Landschaftsbild (n) | ['lantʃaftsˌbɪlt] |
| natureza (f) morta | Stillleben (n) | ['ʃtɪlˌleːbən] |
| caricatura (f) | Karikatur (f) | [kaʀikaˈtuːɐ] |
| esboço (m) | Entwurf (m) | [ɛnt'vʊʁf] |

| tinta (f) | Farbe (f) | ['faʁbə] |
| aquarela (f) | Aquarellfarbe (f) | [akvaˈʀɛlˌfaʁbə] |
| tinta (f) a óleo | Öl (n) | [øːl] |
| lápis (m) | Bleistift (m) | ['blaɪˌʃtɪft] |
| tinta (f) nanquim | Tusche (f) | ['tʊʃə] |
| carvão (m) | Kohle (f) | ['koːlə] |

| desenhar (vt) | zeichnen (vt) | ['tsaɪçnən] |
| pintar (vt) | malen (vi, vt) | ['maːlən] |
| posar (vi) | Modell stehen | [mo'dɛl 'ʃteːən] |
| modelo (m) | Modell (n) | [mo'dɛl] |

| modelo (f) | Modell (n) | [mo'dɛl] |
| pintor (m) | Maler (m) | ['ma:lɐ] |
| obra (f) | Kunstwerk (n) | ['kʊnst͜vɛʁk] |
| obra-prima (f) | Meisterwerk (n) | ['maɪstɐ͜vɛʁk] |
| estúdio (m) | Atelier (n), Werkstatt (f) | [ate'lie:], ['vɛʁkʃtat] |

| tela (f) | Leinwand (f) | ['laɪn͜vant] |
| cavalete (m) | Staffelei (f) | [ʃtafə'laɪ] |
| paleta (f) | Palette (f) | [pa'lɛtə] |

| moldura (f) | Rahmen (m) | ['ʁa:mən] |
| restauração (f) | Restauration (f) | [ʁɛstaʊʁa'tsjo:n] |
| restaurar (vt) | restaurieren (vt) | [ʁɛstaʊ'ʁi:ʁən] |

## 152. Literatura & Poesia

| literatura (f) | Literatur (f) | [lɪtəʁa'tu:ɐ] |
| autor (m) | Autor (m) | ['aʊto:ɐ] |
| pseudônimo (m) | Pseudonym (n) | [psɔɪdo'ny:m] |

| livro (m) | Buch (n) | [bu:χ] |
| volume (m) | Band (m) | [bant] |
| índice (m) | Inhaltsverzeichnis (n) | ['ɪnhalts·fɛɐ͜tsaɪçnɪs] |
| página (f) | Seite (f) | ['zaɪtə] |
| protagonista (m) | Hauptperson (f) | ['haʊpt͜pɛʁ'zo:n] |
| autógrafo (m) | Autogramm (n) | [aʊto'gʁam] |

| conto (m) | Kurzgeschichte (f) | ['kʊʁts·gə͜ʃɪçtə] |
| novela (f) | Erzählung (f) | [ɛɐ'tsɛ:lʊŋ] |
| romance (m) | Roman (m) | [ʁo'ma:n] |
| obra (f) | Werk (n) | [vɛʁk] |
| fábula (m) | Fabel (f) | ['fa:bəl] |
| romance (m) policial | Krimi (m) | ['kʁɪmi] |

| verso (m) | Gedicht (n) | [gə'dɪçt] |
| poesia (f) | Dichtung (f), Poesie (f) | ['dɪçtʊŋ], [͜poe'zi:] |
| poema (m) | Gedicht (n) | [gə'dɪçt] |
| poeta (m) | Dichter (m) | ['dɪçtɐ] |

| ficção (f) | schöne Literatur (f) | ['ʃø:nə lɪtəʁa'tu:ɐ] |
| ficção (f) científica | Science-Fiction (f) | [͜saɪəns'fɪkʃən] |
| aventuras (f pl) | Abenteuer (n) | ['a:bəntɔɪɐ] |
| literatura (f) didática | Schülerliteratur (pl) | ['ʃy:le·lɪtəʁa͜tu:ɐ] |
| literatura (f) infantil | Kinderliteratur (f) | ['kɪnde·lɪtəʁa͜tu:ɐ] |

## 153. Circo

| circo (m) | Zirkus (m) | ['tsɪʁkʊs] |
| circo (m) ambulante | Wanderzirkus (m) | ['vande͜tsɪʁkʊs] |
| programa (m) | Programm (n) | [pʁo'gʁam] |
| apresentação (f) | Vorstellung (f) | ['fo:ɐ͜ʃtɛlʊŋ] |
| número (m) | Nummer (f) | ['nʊmɐ] |

| picadeiro (f) | Manege (f) | [ma'neːʒə] |
| pantomima (f) | Pantomime (f) | [ˌpanto'miːmə] |
| palhaço (m) | Clown (m) | [klaʊn] |

| acrobata (m) | Akrobat (m) | [akʀo'baːt] |
| acrobacia (f) | Akrobatik (f) | [akʀo'baːtɪk] |
| ginasta (m) | Turner (m) | ['tʊʁnɐ] |
| ginástica (f) | Turnen (n) | ['tʊʁnən] |
| salto (m) mortal | Salto (m) | ['zalto] |

| homem (m) forte | Kraftmensch (m) | ['kʀaftˌmɛnʃ] |
| domador (m) | Bändiger, Dompteur (m) | ['bɛndɪgɐ], [dɔmp'tøːɐ] |
| cavaleiro (m) equilibrista | Reiter (m) | ['ʀaɪtɐ] |
| assistente (m) | Assistent (m) | [asɪs'tɛnt] |

| truque (m) | Trick (m) | [tʀɪk] |
| truque (m) de mágica | Zaubertrick (m) | ['tsaʊbɐˌtʀɪk] |
| ilusionista (m) | Zauberkünstler (m) | ['tsaʊbɐˌkʏnstlɐ] |

| malabarista (m) | Jongleur (m) | [ʒɔŋ'gløːɐ] |
| fazer malabarismos | jonglieren (vi) | [ʒɔŋ'gliːʀən] |
| adestrador (m) | Dresseur (m) | [dʀɛ'søːɐ] |
| adestramento (m) | Dressur (f) | [dʀɛ'suːɐ] |
| adestrar (vt) | dressieren (vt) | [dʀɛ'siːʀən] |

## 154. Música. Música popular

| música (f) | Musik (f) | [mu'ziːk] |
| músico (m) | Musiker (m) | ['muːzikɐ] |
| instrumento (m) musical | Musikinstrument (n) | [mu'ziːkʔɪnstʀuˌmɛnt] |
| tocar ... | spielen (vt) | ['ʃpiːlən] |

| guitarra (f) | Gitarre (f) | [ˌgi'ʀafə] |
| violino (m) | Geige (f) | ['gaɪgə] |
| violoncelo (m) | Cello (n) | ['tʃɛlo] |
| contrabaixo (m) | Kontrabass (m) | ['kɔntʀaˌbas] |
| harpa (f) | Harfe (f) | ['haʁfə] |

| piano (m) | Klavier (n) | [kla'viːɐ] |
| piano (m) de cauda | Flügel (m) | ['flyːgəl] |
| órgão (m) | Orgel (f) | ['ɔʁgəl] |

| instrumentos (m pl) de sopro | Blasinstrumente (pl) | ['blaːsʔɪnstʀuˌmɛntə] |
| oboé (m) | Oboe (f) | [o'boːe] |
| saxofone (m) | Saxophon (n) | [ˌzakso'foːn] |
| clarinete (m) | Klarinette (f) | [klaʀi'nɛtə] |
| flauta (f) | Flöte (f) | ['fløːtə] |
| trompete (m) | Trompete (f) | [tʀɔm'peːtə] |

| acordeão (m) | Akkordeon (n) | [a'kɔʁdeˌɔn] |
| tambor (m) | Trommel (f) | ['tʀɔməl] |

| dueto (m) | Duo (n) | ['duːo] |
| trio (m) | Trio (n) | ['tʀiːo] |

| quarteto (m) | Quartett (n) | [kvaʁ'tɛt] |
| coro (m) | Chor (m) | [ko:ɐ] |
| orquestra (f) | Orchester (n) | [ɔʁ'kɛstɐ] |

| música (f) pop | Popmusik (f) | ['pɔp·mu‚zi:k] |
| música (f) rock | Rockmusik (f) | ['ʀɔk·mu‚zi:k] |
| grupo (m) de rock | Rockgruppe (f) | ['ʀɔk‚gʀʊpə] |
| jazz (m) | Jazz (m) | [dʒɛs] |

| ídolo (m) | Idol (n) | [i'do:l] |
| fã, admirador (m) | Verehrer (m) | [fɛɐ'ʔe:ʀɐ] |

| concerto (m) | Konzert (n) | [kɔn'tsɛʁt] |
| sinfonia (f) | Sinfonie (f) | [zɪnfo'ni:] |
| composição (f) | Komposition (f) | [kɔmpozi'tsjo:n] |
| compor (vt) | komponieren (vt) | [kɔmpo'ni:ʀən] |

| canto (m) | Gesang (m) | [gə'zaŋ] |
| canção (f) | Lied (n) | [li:t] |
| melodia (f) | Melodie (f) | [melo'di:] |
| ritmo (m) | Rhythmus (m) | ['ʀʏtmʊs] |
| blues (m) | Blues (m) | [blu:s] |

| notas (f pl) | Noten (pl) | ['no:tən] |
| batuta (f) | Taktstock (m) | ['taktʃtɔk] |
| arco (m) | Bogen (m) | ['bo:gən] |
| corda (f) | Saite (f) | ['zaɪtə] |
| estojo (m) | Koffer (m) | ['kɔfɐ] |

# Descanso. Entretenimento. Viagens

## 155. Viagens

| | | |
|---|---|---|
| turismo (m) | Tourismus (m) | [tu'rɪsmʊs] |
| turista (m) | Tourist (m) | [tu'rɪst] |
| viagem (f) | Reise (f) | ['raɪzə] |
| aventura (f) | Abenteuer (n) | ['a:bəntɔɪɐ] |
| percurso (curta viagem) | Fahrt (f) | [fa:ɐt] |
| | | |
| férias (f pl) | Urlaub (m) | ['u:ɐ̯laʊp] |
| estar de férias | auf Urlaub sein | [aʊf 'u:ɐ̯laʊp zaɪn] |
| descanso (m) | Erholung (f) | [ɛɐ'ho:lʊŋ] |
| | | |
| trem (m) | Zug (m) | [tsu:k] |
| de trem (chegar ~) | mit dem Zug | [mɪt dem tsu:k] |
| avião (m) | Flugzeug (n) | ['flu:k͜tsɔɪk] |
| de avião | mit dem Flugzeug | [mɪt dem 'flu:k͜tsɔɪk] |
| de carro | mit dem Auto | [mɪt dem 'aʊto] |
| de navio | mit dem Schiff | [mɪt dem ʃɪf] |
| | | |
| bagagem (f) | Gepäck (n) | [gə'pɛk] |
| mala (f) | Koffer (m) | ['kɔfe] |
| carrinho (m) | Gepäckwagen (m) | [gə'pɛk͜va:gən] |
| | | |
| passaporte (m) | Pass (m) | [pas] |
| visto (m) | Visum (n) | ['vi:zʊm] |
| passagem (f) | Fahrkarte (f) | ['fa:ɐ̯ka͜tə] |
| passagem (f) aérea | Flugticket (n) | ['flu:k͜tɪkət] |
| | | |
| guia (m) de viagem | Reiseführer (m) | ['raɪzə͜fy:ʀɐ] |
| mapa (m) | Landkarte (f) | ['lant͜ka͜tə] |
| área (f) | Gegend (f) | ['ge:gənt] |
| lugar (m) | Ort (m) | [ɔɐt] |
| | | |
| exotismo (m) | Exotika (pl) | [ɛ'kso:tika] |
| exótico (adj) | exotisch | [ɛ'kso:tɪʃ] |
| surpreendente (adj) | erstaunlich | [ɛɐ'ʃtaʊnlɪç] |
| | | |
| grupo (m) | Gruppe (f) | ['gʀʊpə] |
| excursão (f) | Ausflug (m) | ['aʊs͜flu:k] |
| guia (m) | Reiseleiter (m) | ['raɪzə͜laɪtɐ] |

## 156. Hotel

| | | |
|---|---|---|
| hotel (m) | Hotel (n) | [ho'tɛl] |
| motel (m) | Motel (n) | [mo'tɛl] |
| três estrelas | drei Sterne | [dʀaɪ 'ʃtɛɐnə] |

| cinco estrelas | fünf Sterne | [fʏnf 'ʃtɛʁnə] |
| ficar (vi, vt) | absteigen (vi) | ['apˌʃtaɪɡən] |

| quarto (m) | Hotelzimmer (n) | [ho'tɛlˌtsɪmɐ] |
| quarto (m) individual | Einzelzimmer (n) | ['aɪntsəlˌtsɪmɐ] |
| quarto (m) duplo | Zweibettzimmer (n) | ['tsvaɪbɛtˌtsɪmɐ] |
| reservar um quarto | reservieren (vt) | [ʁezɛʁ'vi:ʁən] |

| meia pensão (f) | Halbpension (f) | ['halp·panˌzjo:n] |
| pensão (f) completa | Vollpension (f) | ['fɔl·panˌzjo:n] |

| com banheira | mit Bad | [mɪt 'ba:t] |
| com chuveiro | mit Dusche | [mɪt 'du:ʃə] |
| televisão (m) por satélite | Satellitenfernsehen (n) | [zatɛ'li:tənˌfɛʁnze:ən] |
| ar (m) condicionado | Klimaanlage (f) | ['kli:maˌʔanla:ɡə] |
| toalha (f) | Handtuch (n) | ['hantˌtu:χ] |
| chave (f) | Schlüssel (m) | ['ʃlʏsəl] |

| administrador (m) | Verwalter (m) | [fɛɐ'valtɐ] |
| camareira (f) | Zimmermädchen (n) | ['tsɪmɐˌmɛ:tçən] |
| bagageiro (m) | Träger (m) | ['tʁɛ:ɡɐ] |
| porteiro (m) | Portier (m) | [pɔʁ'tɪe:] |

| restaurante (m) | Restaurant (n) | [ʁɛsto'ʁaŋ] |
| bar (m) | Bar (f) | [ba:ɐ] |
| café (m) da manhã | Frühstück (n) | ['fʁy:ʃtʏk] |
| jantar (m) | Abendessen (n) | ['a:bəntˌʔɛsən] |
| bufê (m) | Buffet (n) | [bʏ'fe:] |

| saguão (m) | Foyer (n) | [foa'je:] |
| elevador (m) | Aufzug (m), Fahrstuhl (m) | ['aʊfˌtsu:k], ['fa:ɐˌʃtu:l] |

| NÃO PERTURBE | BITTE NICHT STÖREN! | ['bɪtə nɪçt 'ʃtø:ʁən] |
| PROIBIDO FUMAR! | RAUCHEN VERBOTEN! | ['ʁaʊχən fɛɐ'bo:tən] |

## 157. Livros. Leitura

| livro (m) | Buch (n) | [bu:χ] |
| autor (m) | Autor (m) | ['aʊto:ɐ] |
| escritor (m) | Schriftsteller (m) | ['ʃʁɪftˌʃtɛlɐ] |
| escrever (~ um livro) | verfassen (vt) | [fɛɐ'fasən] |

| leitor (m) | Leser (m) | ['le:zɐ] |
| ler (vt) | lesen (vi, vt) | ['le:zən] |
| leitura (f) | Lesen (n) | ['le:zən] |

| para si | still | [ʃtɪl] |
| em voz alta | laut | [laʊt] |

| publicar (vt) | verlegen (vt) | [fɛɐ'le:ɡən] |
| publicação (f) | Ausgabe (f) | ['aʊsˌga:bə] |
| editor (m) | Herausgeber (m) | [hə'ʁaʊsˌge:bɐ] |
| editora (f) | Verlag (m) | [fɛɐ'la:k] |
| sair (vi) | erscheinen (vi) | [ɛɐ'ʃaɪnən] |

| lançamento (m) | Erscheinen (n) | [ɛɐ'ʃaɪnən] |
| tiragem (f) | Auflage (f) | ['aʊflaːgə] |

| livraria (f) | Buchhandlung (f) | ['buːχˌhandlʊŋ] |
| biblioteca (f) | Bibliothek (f) | [biblio'teːk] |

| novela (f) | Erzählung (f) | [ɛɐ'tsɛːlʊŋ] |
| conto (m) | Kurzgeschichte (f) | ['kʊʁtsˌgəʃɪçtə] |
| romance (m) | Roman (m) | [ʁo'maːn] |
| romance (m) policial | Krimi (m) | ['kʁɪmi] |

| memórias (f pl) | Memoiren (pl) | [me'moaːʁən] |
| lenda (f) | Legende (f) | [le'gɛndə] |
| mito (m) | Mythos (m) | ['myːtɔs] |

| poesia (f) | Gedichte (pl) | [gə'dɪçtə] |
| autobiografia (f) | Autobiographie (f) | [aʊtobiogʁa'fiː] |
| obras (f pl) escolhidas | ausgewählte Werke (pl) | ['aʊsgəˌvɛːltə 'vɛʁkə] |
| ficção (f) científica | Science-Fiction (f) | [ˌsaɪəns'fɪkʃən] |

| título (m) | Titel (m) | ['tiːtəl] |
| introdução (f) | Einleitung (f) | ['aɪnlaɪtʊŋ] |
| folha (f) de rosto | Titelseite (f) | ['tiːtəlˌzaɪtə] |

| capítulo (m) | Kapitel (n) | [ka'pɪtəl] |
| excerto (m) | Auszug (m) | ['aʊstsuːk] |
| episódio (m) | Episode (f) | [epi'zoːdə] |

| enredo (m) | Sujet (n) | [zy'ʒeː] |
| conteúdo (m) | Inhalt (m) | ['ɪnˌhalt] |
| índice (m) | Inhaltsverzeichnis (n) | ['ɪnhaltsfɛɐˌtsaɪçnɪs] |
| protagonista (m) | Hauptperson (f) | ['haʊptˌpɛʁˈzoːn] |

| volume (m) | Band (m) | [bant] |
| capa (f) | Buchdecke (f) | ['buːχˌdɛkə] |
| encadernação (f) | Einband (m) | ['aɪnˌbant] |
| marcador (m) de página | Lesezeichen (n) | ['leːzəˌtsaɪçən] |

| página (f) | Seite (f) | ['zaɪtə] |
| folhear (vt) | blättern (vi) | ['blɛten] |
| margem (f) | Ränder (pl) | ['ʁɛndə] |
| anotação (f) | Notiz (f) | [no'tiːts] |
| nota (f) de rodapé | Anmerkung (f) | ['anmɛʁkʊŋ] |

| texto (m) | Text (m) | [tɛkst] |
| fonte (f) | Schrift (f) | [ʃʁɪft] |
| falha (f) de impressão | Druckfehler (m) | ['dʁʊkˌfeːlə] |

| tradução (f) | Übersetzung (f) | [ˌyːbɐ'zɛtsʊŋ] |
| traduzir (vt) | übersetzen (vt) | [ˌyːbɐ'zɛtsən] |
| original (m) | Original (n) | [oʁigi'naːl] |

| famoso (adj) | berühmt | [bə'ʁyːmt] |
| desconhecido (adj) | unbekannt | ['ʊnbəkant] |
| interessante (adj) | interessant | [ɪntəʁɛ'sant] |
| best-seller (m) | Bestseller (m) | ['bɛstˌzɛlə] |

| | | |
|---|---|---|
| dicionário (m) | Wörterbuch (n) | ['vœʁtɐˌbuːχ] |
| livro (m) didático | Lehrbuch (n) | ['leːɐˌbuːχ] |
| enciclopédia (f) | Enzyklopädie (f) | [ˌɛntsyklopɛ'diː] |

## 158. Caça. Pesca

| | | |
|---|---|---|
| caça (f) | Jagd (f) | [jaːkt] |
| caçar (vi) | jagen (vi) | ['jagən] |
| caçador (m) | Jäger (m) | ['jɛːgɐ] |

| | | |
|---|---|---|
| disparar, atirar (vi) | schießen (vi) | ['ʃiːsən] |
| rifle (m) | Gewehr (n) | [gə've:ɐ] |
| cartucho (m) | Patrone (f) | [pa'tʀoːnə] |
| chumbo (m) de caça | Schrot (n) | [ʃʀoːt] |

| | | |
|---|---|---|
| armadilha (f) | Falle (f) | ['falə] |
| armadilha (com corda) | Schlinge (f) | ['ʃlɪŋə] |
| cair na armadilha | in die Falle gehen | [ɪn di 'falə 'geːən] |
| pôr a armadilha | eine Falle stellen | ['aɪnə 'falə 'ʃtɛlən] |

| | | |
|---|---|---|
| caçador (m) furtivo | Wilddieb (m) | ['vɪltˌdiːp] |
| caça (animais) | Wild (n) | [vɪlt] |
| cão (m) de caça | Jagdhund (m) | ['jaːktˌhʊnt] |
| safári (m) | Safari (f) | [za'faːʀi] |
| animal (m) empalhado | ausgestopftes Tier (n) | ['aʊsˌgə'ʃtɔpftəs 'tiːɐ] |

| | | |
|---|---|---|
| pescador (m) | Fischer (m) | ['fɪʃɐ] |
| pesca (f) | Fischen (n) | ['fɪʃən] |
| pescar (vt) | angeln, fischen (vt) | ['aŋəln], ['fɪʃən] |

| | | |
|---|---|---|
| vara (f) de pesca | Angel (f) | ['aŋl] |
| linha (f) de pesca | Angelschnur (f) | ['aŋlˌʃnuːɐ] |
| anzol (m) | Haken (m) | ['haːkən] |

| | | |
|---|---|---|
| boia (f), flutuador (m) | Schwimmer (m) | ['ʃvɪmɐ] |
| isca (f) | Köder (m) | ['køːdɐ] |

| | | |
|---|---|---|
| lançar a linha | die Angel auswerfen | [di 'aŋl 'aʊsˌvɛʁfən] |
| morder (peixe) | anbeißen (vi) | ['anbaɪsən] |

| | | |
|---|---|---|
| pesca (f) | Fang (m) | [faŋ] |
| buraco (m) no gelo | Eisloch (n) | ['aɪsˌlɔχ] |

| | | |
|---|---|---|
| rede (f) | Netz (n) | [nɛts] |
| barco (m) | Boot (n) | ['boːt] |

| | | |
|---|---|---|
| pescar com rede | mit dem Netz fangen | [mɪt dem 'nɛts 'faŋən] |
| lançar a rede | das Netz hineinwerfen | [das nɛts hɪ'naɪnˌvɛʁfən] |
| puxar a rede | das Netz einholen | [das nɛts 'aɪnˌhoːlən] |
| cair na rede | ins Netz gehen | [ɪns nɛts 'geːən] |

| | | |
|---|---|---|
| baleeiro (m) | Walfänger (m) | ['vaːlˌfɛŋɐ] |
| baleeira (f) | Walfangschiff (n) | ['vaːlfaŋˌʃɪf] |
| arpão (m) | Harpune (f) | [haʁ'puːnə] |

## 159. Jogos. Bilhar

| bilhar (m) | Billard (n) | ['bɪljaʁt] |
| sala (f) de bilhar | Billardzimmer (n) | ['bɪljaʁt͜tsɪmə] |
| bola (f) de bilhar | Billardkugel (f) | ['bɪljaʁt͜ku:gəl] |
| | | |
| embolsar uma bola | eine Kugel einlochen | ['aɪnə 'ku:gəl 'aɪnlɔχən] |
| taco (m) | Queue (n) | [kø:] |
| caçapa (f) | Tasche (f), Loch (n) | ['taʃə], [lɔχ] |

## 160. Jogos. Jogar cartas

| ouros (m pl) | Karo (n) | ['ka:ʀo] |
| espadas (f pl) | Pik (n) | [pi:k] |
| copas (f pl) | Herz (n) | [hɛʁts] |
| paus (m pl) | Kreuz (n) | [kʀɔɪts] |
| | | |
| ás (m) | As (n) | [as] |
| rei (m) | König (m) | ['kø:nɪç] |
| dama (f), rainha (f) | Dame (f) | ['da:mə] |
| valete (m) | Bube (m) | ['bu:bə] |
| | | |
| carta (f) de jogar | Spielkarte (f) | ['ʃpi:l͜kaʁtə] |
| cartas (f pl) | Karten (pl) | ['kaʁtən] |
| trunfo (m) | Trumpf (m) | [tʀʊmpf] |
| baralho (m) | Kartenspiel (n) | ['kaʁtənʃpi:l] |
| | | |
| ponto (m) | Punkt (m) | [pʊŋkt] |
| dar, distribuir (vt) | ausgeben (vt) | ['aʊs͜ge:bən] |
| embaralhar (vt) | mischen (vt) | ['mɪʃən] |
| vez, jogada (f) | Zug (m) | [tsu:k] |
| trapaceiro (m) | Falschspieler (m) | ['falʃʃpi:lɐ] |

## 161. Casino. Roleta

| cassino (m) | Kasino (n) | [ka'zi:no] |
| roleta (f) | Roulette (n) | [ʀu'lɛt] |
| aposta (f) | Einsatz (m) | ['aɪn͜zats] |
| apostar (vt) | setzen (vt) | ['zɛtsən] |
| | | |
| vermelho (m) | Rot (n) | [ʀo:t] |
| preto (m) | Schwarz (n) | ['ʃvaʁts] |
| apostar no vermelho | auf Rot setzen | [aʊf ʀo:t 'zɛtsən] |
| apostar no preto | auf Schwarz setzen | [aʊf ʃvaʁts 'zɛtsən] |
| | | |
| croupier (m, f) | Croupier (m) | [kʀu'pɪe:] |
| girar da roleta | das Rad drehen | [das ʀa:t 'dʀe:ən] |
| regras (f pl) do jogo | Spielregeln (pl) | ['ʃpi:l͜ʀe:gəln] |
| ficha (f) | Spielmarke (f) | ['ʃpi:l͜maʁkə] |
| ganhar (vi, vt) | gewinnen (vt) | [gə'vɪnən] |
| ganho (m) | Gewinn (m) | [gə'vɪn] |

| perder (dinheiro) | verlieren (vt) | [fɛɐ'liːʁən] |
| perda (f) | Verlust (m) | [fɛɐ'lʊst] |

| jogador (m) | Spieler (m) | ['ʃpiːlɐ] |
| blackjack, vinte-e-um (m) | Blackjack (n) | ['blɛkˌdʒɛk] |
| jogo (m) de dados | Würfelspiel (n) | ['vʏɐfəlˌʃpiːl] |
| dados (m pl) | Würfeln (pl) | ['vʏɐfəln] |
| caça-níqueis (m) | Spielautomat (m) | ['ʃpiːlʔautoˌmaːt] |

## 162. Descanso. Jogos. Diversos

| passear (vi) | spazieren gehen (vi) | [ʃpa'tsiːʁən 'geːən] |
| passeio (m) | Spaziergang (m) | [ʃpa'tsiːɐˌgaŋ] |
| viagem (f) de carro | Fahrt (f) | [faːɐt] |
| aventura (f) | Abenteuer (n) | ['aːbəntɔɪɐ] |
| piquenique (m) | Picknick (n) | ['pɪkˌnɪk] |

| jogo (m) | Spiel (n) | [ʃpiːl] |
| jogador (m) | Spieler (m) | ['ʃpiːlɐ] |
| partida (f) | Partie (f) | [paɐ'tiː] |

| colecionador (m) | Sammler (m) | ['zamlɐ] |
| colecionar (vt) | sammeln (vt) | ['zaməln] |
| coleção (f) | Sammlung (f) | ['zamlʊŋ] |

| palavras (f pl) cruzadas | Kreuzworträtsel (n) | ['krɔɪtsvɔɐtˌʁɛːtsəl] |
| hipódromo (m) | Rennbahn (f) | ['ʁɛnˌbaːn] |
| discoteca (f) | Diskothek (f) | [dɪsko'teːk] |

| sauna (f) | Sauna (f) | ['zaʊna] |
| loteria (f) | Lotterie (f) | [lɔtə'ʁiː] |

| campismo (m) | Wanderung (f) | ['vandəʁʊŋ] |
| acampamento (m) | Lager (n) | ['laːgɐ] |
| barraca (f) | Zelt (n) | [tsɛlt] |
| bússola (f) | Kompass (m) | ['kɔmpas] |
| campista (m) | Tourist (m) | [tu'ʁɪst] |

| ver (vt), assistir à ... | fernsehen (vi) | ['fɛɐnˌzeːən] |
| telespectador (m) | Fernsehzuschauer (m) | ['fɛɐnzeːˌtsuːʃaʊɐ] |
| programa (m) de TV | Fernsehsendung (f) | ['fɛɐnzeːˌzɛndʊŋ] |

## 163. Fotografia

| máquina (f) fotográfica | Kamera (f) | ['kaməʁa] |
| foto, fotografia (f) | Foto (n) | ['foːto] |

| fotógrafo (m) | Fotograf (m) | [foto'gʁaːf] |
| estúdio (m) fotográfico | Fotostudio (n) | ['fotoˌʃtuːdɪo] |
| álbum (m) de fotografias | Fotoalbum (n) | ['fotoˌʔalbʊm] |
| lente (f) fotográfica | Objektiv (n) | [ɔpjɛk'tiːf] |
| lente (f) teleobjetiva | Teleobjektiv (n) | ['teleʔɔpjɛkˌtiːf] |

| filtro (m) | Filter (n) | ['fɪltɐ] |
| lente (f) | Linse (f) | ['lɪnzə] |

| ótica (f) | Optik (f) | ['ɔptɪk] |
| abertura (f) | Blende (f) | ['blɛndə] |
| exposição (f) | Belichtungszeit (f) | [bə'lɪçtuŋs̩tsaɪt] |
| visor (m) | Sucher (m) | ['zu:χɐ] |

| câmera (f) digital | Digitalkamera (f) | [digi'ta:l̩kamɐʀa] |
| tripé (m) | Stativ (n) | [ʃta'ti:f] |
| flash (m) | Blitzgerät (n) | ['blɪts·gə̩ʀɛ:t] |

| fotografar (vt) | fotografieren (vt) | [fotogʀa'fi:ʀən] |
| tirar fotos | aufnehmen (vt) | ['aʊf̩ne:mən] |
| fotografar-se (vr) | sich fotografieren lassen | [zɪç fotogʀa'fi:ʀən 'lasən] |

| foco (m) | Fokus (m) | ['fo:kʊs] |
| focar (vt) | den Fokus einstellen | [den 'fo:kʊs 'aɪn̩ʃtɛlən] |
| nítido (adj) | scharf | [ʃaʁf] |
| nitidez (f) | Schärfe (f) | ['ʃɛʁfə] |

| contraste (m) | Kontrast (m) | [kɔn'tʀast] |
| contrastante (adj) | kontrastreich | [kɔn'tʀast̩ʀaɪç] |

| retrato (m) | Aufnahme (f) | ['aʊf̩na:mə] |
| negativo (m) | Negativ (n) | ['ne:gati:f] |
| filme (m) | Film (m) | [fɪlm] |
| fotograma (m) | Einzelbild (n) | ['aintsəl·bilt] |
| imprimir (vt) | drucken (vt) | ['dʀʊkən] |

## 164. Praia. Natação

| praia (f) | Strand (m) | [ʃtʀant] |
| areia (f) | Sand (m) | [zant] |
| deserto (adj) | menschenleer | ['mɛnʃən̩le:ɐ] |

| bronzeado (m) | Bräune (f) | ['bʀɔɪnə] |
| bronzear-se (vr) | sich bräunen | [zɪç 'bʀɔɪnən] |
| bronzeado (adj) | gebräunt | [gə'bʀɔɪnt] |
| protetor (m) solar | Sonnencreme (f) | ['zɔnən̩kʀɛ:m] |

| biquíni (m) | Bikini (m) | [bi'ki:ni] |
| maiô (m) | Badeanzug (m) | ['ba:də̩ʔantsu:k] |
| calção (m) de banho | Badehose (f) | ['ba:də̩ho:zə] |

| piscina (f) | Schwimmbad (n) | ['ʃvɪmba:t] |
| nadar (vi) | schwimmen (vi) | ['ʃvɪmən] |
| chuveiro (m), ducha (f) | Dusche (f) | ['du:ʃə] |
| mudar, trocar (vt) | sich umkleiden | [zɪç 'ʊmklaɪdən] |
| toalha (f) | Handtuch (n) | ['hant̩tu:χ] |

| barco (m) | Boot (n) | ['bo:t] |
| lancha (f) | Motorboot (n) | ['mo:to:ɐ̩bo:t] |
| esqui (m) aquático | Wasserski (m) | ['vasɐ̩ʃi:] |

| barco (m) de pedais | Tretboot (n) | ['tʀe:t.bo:t] |
| surf, surfe (m) | Surfen (n) | ['sœ:ɐfən] |
| surfista (m) | Surfer (m) | ['sœɐfɐ] |

| equipamento (m) de mergulho | Tauchgerät (n) | ['taʊx·gə'ʀɛ:t] |
| pé (m pl) de pato | Schwimmflossen (pl) | ['ʃvɪm.flɔsən] |
| máscara (f) | Maske (f) | ['maskə] |
| mergulhador (m) | Taucher (m) | ['taʊxɐ] |
| mergulhar (vi) | tauchen (vi) | ['taʊxən] |
| debaixo d'água | unter Wasser | ['ʊntɐ 'vasɐ] |

| guarda-sol (m) | Sonnenschirm (m) | ['zɔnən.ʃɪʀm] |
| espreguiçadeira (f) | Liege (f) | ['li:gə] |
| óculos (m pl) de sol | Sonnenbrille (f) | ['zɔnən.bʀɪlə] |
| colchão (m) de ar | Schwimmmatratze (f) | ['ʃvɪm·ma'tʀatsə] |

| brincar (vi) | spielen (vi, vt) | ['ʃpi:lən] |
| ir nadar | schwimmen gehen | ['ʃvɪmən 'ge:ən] |

| bola (f) de praia | Ball (m) | [bal] |
| encher (vt) | aufblasen (vt) | ['aʊf.bla:zən] |
| inflável (adj) | aufblasbar | ['aʊf.blasba:ɐ] |

| onda (f) | Welle (f) | ['vɛlə] |
| boia (f) | Boje (f) | ['bo:jə] |
| afogar-se (vr) | ertrinken (vi) | [ɛɐ'tʀɪŋkən] |

| salvar (vt) | retten (vt) | ['ʀɛtən] |
| colete (m) salva-vidas | Schwimmweste (f) | ['ʃvɪm.vɛstə] |
| observar (vt) | beobachten (vt) | [bə'ʔo:baxtən] |
| salva-vidas (pessoa) | Bademeister (m) | ['ba:də.maɪstɐ] |

# EQUIPAMENTO TÉCNICO. TRANSPORTES

## Equipamento técnico. Transportes

### 165. Computador

| | | |
|---|---|---|
| computador (m) | Computer (m) | [kɔm'pjuːtɐ] |
| computador (m) portátil | Laptop (m), Notebook (n) | ['lɛptɔp], ['nɔutbʊk] |
| | | |
| ligar (vt) | einschalten (vt) | ['aɪnʃaltən] |
| desligar (vt) | abstellen (vt) | ['apʃtɛlən] |
| | | |
| teclado (m) | Tastatur (f) | [tasta'tuːɐ] |
| tecla (f) | Taste (f) | ['tastə] |
| mouse (m) | Maus (f) | [maʊs] |
| tapete (m) para mouse | Mousepad (n) | ['maʊspɛt] |
| | | |
| botão (m) | Knopf (m) | [knɔpf] |
| cursor (m) | Cursor (m) | ['køːɐze] |
| | | |
| monitor (m) | Monitor (m) | ['moːnitoːɐ] |
| tela (f) | Schirm (m) | [ʃɪʁm] |
| | | |
| disco (m) rígido | Festplatte (f) | ['fɛstplatə] |
| capacidade (f) do disco rígido | Festplattengröße (f) | ['fɛstplatən,gʁøːsə] |
| memória (f) | Speicher (m) | ['ʃpaɪçɐ] |
| memória RAM (f) | Arbeitsspeicher (m) | ['aʁbaɪtsʃpaɪçɐ] |
| | | |
| arquivo (m) | Datei (f) | [da'taɪ] |
| pasta (f) | Ordner (m) | ['ɔʁdnɐ] |
| abrir (vt) | öffnen (vt) | ['œfnən] |
| fechar (vt) | schließen (vt) | ['ʃliːsən] |
| | | |
| salvar (vt) | speichern (vt) | ['ʃpaɪçɐn] |
| deletar (vt) | löschen (vt) | ['lœʃən] |
| copiar (vt) | kopieren (vt) | [ko'piːʁən] |
| ordenar (vt) | sortieren (vt) | [zɔʁ'tiːʁən] |
| copiar (vt) | transferieren (vt) | [tʁansfə'ʁiːʁən] |
| | | |
| programa (m) | Programm (n) | [pʁo'gʁam] |
| software (m) | Software (f) | ['sɔftwɛːɐ] |
| programador (m) | Programmierer (m) | [pʁogʁa'miːʁɐ] |
| programar (vt) | programmieren (vt) | [pʁogʁa'miːʁən] |
| | | |
| hacker (m) | Hacker (m) | ['hɛkɐ] |
| senha (f) | Kennwort (n) | ['kɛn,vɔʁt] |
| vírus (m) | Virus (m, n) | ['viːʁʊs] |
| detectar (vt) | entdecken (vt) | [ɛnt'dɛkən] |
| byte (m) | Byte (n) | [baɪt] |

| megabyte (m) | Megabyte (n) | ['me:ga,baɪt] |
| dados (m pl) | Daten (pl) | ['da:tən] |
| base (f) de dados | Datenbank (f) | ['da:tən,baŋk] |

| cabo (m) | Kabel (n) | ['ka:bəl] |
| desconectar (vt) | trennen (vt) | ['tʀɛnən] |
| conectar (vt) | anschließen (vt) | ['anʃli:sən] |

## 166. Internet. E-mail

| internet (f) | Internet (n) | ['ɪntɛnɛt] |
| browser (m) | Browser (m) | ['bʀaʊzɐ] |
| motor (m) de busca | Suchmaschine (f) | ['zu:χ·maʃi:nə] |
| provedor (m) | Provider (m) | [ˌpʀo'vaɪdɐ] |

| webmaster (m) | Webmaster (m) | ['vɛp,ma:stɐ] |
| website (m) | Website (f) | ['vɛp,saɪt] |
| web page (f) | Webseite (f) | ['vɛp,zaɪtə] |

| endereço (m) | Adresse (f) | [a'dʀɛsə] |
| livro (m) de endereços | Adressbuch (n) | [a'dʀɛs,bu:χ] |

| caixa (f) de correio | Mailbox (f) | ['mɛjl,bɔks] |
| correio (m) | Post (f) | [pɔst] |
| cheia (caixa de correio) | überfüllt | [y:bɐ'fʏlt] |

| mensagem (f) | Mitteilung (f) | ['mɪt,taɪlʊŋ] |
| mensagens (f pl) recebidas | eingehenden Nachrichten | ['aɪn,ge:əndən 'na:χʀɪçtən] |
| mensagens (f pl) enviadas | ausgehenden Nachrichten | ['aʊs,ge:əndən 'na:χʀɪçtən] |

| remetente (m) | Absender (m) | ['ap,zɛndɐ] |
| enviar (vt) | senden (vt) | ['zɛndən] |
| envio (m) | Absendung (f) | ['ap,zɛndʊŋ] |

| destinatário (m) | Empfänger (m) | [ɛm'pfɛŋɐ] |
| receber (vt) | empfangen (vt) | [ɛm'pfaŋən] |

| correspondência (f) | Briefwechsel (m) | ['bʀi:f,vɛksəl] |
| corresponder-se (vr) | im Briefwechsel stehen | [ɪm 'bʀi:f,vɛksəl 'ʃte:ən] |

| arquivo (m) | Datei (f) | [da'taɪ] |
| fazer download, baixar (vt) | herunterladen (vt) | [hɛ'ʀʊntɐ,la:dən] |
| criar (vt) | schaffen (vt) | ['ʃafən] |
| deletar (vt) | löschen (vt) | ['lœʃən] |
| deletado (adj) | gelöscht | [gə'lœʃt] |

| conexão (f) | Verbindung (f) | [fɛɐ'bɪndʊŋ] |
| velocidade (f) | Geschwindigkeit (f) | [gə'ʃvɪndɪç·kaɪt] |
| modem (m) | Modem (m, n) | ['mo:dɛm] |
| acesso (m) | Zugang (m) | ['tsu:gaŋ] |
| porta (f) | Port (m) | [pɔʀt] |
| conexão (f) | Anschluss (m) | ['anʃlʊs] |

| conectar (vi) | sich anschließen | [zɪç 'anˌʃliːsən] |
| escolher (vt) | auswählen (vt) | ['aʊsˌvɛːlən] |
| buscar (vt) | suchen (vt) | ['zuːχən] |

## 167. Eletricidade

| eletricidade (f) | Elektrizität (f) | [elɛktʀitsiˈtɛːt] |
| elétrico (adj) | elektrisch | [eˈlɛktʀɪʃ] |
| planta (f) elétrica | Elektrizitätswerk (n) | [elɛktʀitsiˈtɛːtsˌvɛʁk] |
| energia (f) | Energie (f) | [enɛʁˈgiː] |
| energia (f) elétrica | Strom (m) | [ʃtʀoːm] |

| lâmpada (f) | Glühbirne (f) | ['glyːˌbɪʁnə] |
| lanterna (f) | Taschenlampe (f) | ['taʃənˌlampə] |
| poste (m) de iluminação | Straßenlaterne (f) | ['ʃtʀaːsən·laˌtɛʁnə] |

| luz (f) | Licht (n) | [lɪçt] |
| ligar (vt) | einschalten (vt) | ['aɪnˌʃaltən] |
| desligar (vt) | ausschalten (vt) | ['aʊsˌʃaltən] |
| apagar a luz | das Licht ausschalten | [das lɪçt 'aʊsˌʃaltən] |

| queimar (vi) | durchbrennen (vi) | ['dʊʁçˌbʀɛnən] |
| curto-circuito (m) | Kurzschluss (m) | ['kuʁtsˌʃlʊs] |
| ruptura (f) | Riß (m) | [ʀɪs] |
| contato (m) | Kontakt (m) | [kɔn'takt] |

| interruptor (m) | Schalter (m) | ['ʃaltɐ] |
| tomada (de parede) | Steckdose (f) | ['ʃtɛkˌdoːzə] |
| plugue (m) | Stecker (m) | ['ʃtɛkɐ] |
| extensão (f) | Verlängerung (f) | [fɛɐ'lɛŋəʀʊŋ] |

| fusível (m) | Sicherung (f) | ['zɪçəʀʊŋ] |
| fio, cabo (m) | Draht (m) | [dʀaːt] |
| instalação (f) elétrica | Verdrahtung (f) | [fɛɐ'dʀaːtʊŋ] |

| ampère (m) | Ampere (n) | [am'peːɐ] |
| amperagem (f) | Stromstärke (f) | ['ʃtʀoːmˌʃtɛʁkə] |
| volt (m) | Volt (n) | [vɔlt] |
| voltagem (f) | Voltspannung (f) | ['vɔltˌʃpanʊŋ] |

| aparelho (m) elétrico | Elektrogerät (n) | [e'lɛktʀo·gəˌʀɛːt] |
| indicador (m) | Indikator (m) | [ɪndi'kaːtoːɐ] |

| eletricista (m) | Elektriker (m) | [ˌe'lɛktʀikɐ] |
| soldar (vt) | löten (vt) | ['løːtən] |
| soldador (m) | Lötkolben (m) | ['løːtˌkɔlbən] |
| corrente (f) elétrica | Strom (m) | [ʃtʀoːm] |

## 168. Ferramentas

| ferramenta (f) | Werkzeug (n) | ['vɛʁkˌtsɔɪk] |
| ferramentas (f pl) | Werkzeuge (pl) | ['vɛʁkˌtsɔɪgə] |

| equipamento (m) | Ausrüstung (f) | ['aʊs‚ʀʏstʊŋ] |
| martelo (m) | Hammer (m) | ['hamɐ] |
| chave (f) de fenda | Schraubenzieher (m) | ['ʃʀaʊbəntsiːɐ] |
| machado (m) | Axt (f) | [akst] |

| serra (f) | Säge (f) | ['zɛːgə] |
| serrar (vt) | sägen (vt) | ['zɛːgən] |
| plaina (f) | Hobel (m) | ['hoːbl] |
| aplainar (vt) | hobeln (vt) | ['hoːbəln] |
| soldador (m) | Lötkolben (m) | ['løːt‚kɔlbən] |
| soldar (vt) | löten (vt) | ['løːtən] |

| lima (f) | Feile (f) | ['faɪlə] |
| tenaz (f) | Kneifzange (f) | ['knaɪf‚tsaŋə] |
| alicate (m) | Flachzange (f) | ['flaχ‚tsaŋə] |
| formão (m) | Stemmeisen (n) | ['ʃtɛm‚ʔaɪzən] |

| broca (f) | Bohrer (m) | ['boːʀɐ] |
| furadeira (f) elétrica | Bohrmaschine (f) | ['boːɐ·maʃiːnə] |
| furar (vt) | bohren (vt) | ['boːʀən] |

| faca (f) | Messer (n) | ['mɛsɐ] |
| lâmina (f) | Klinge (f) | ['klɪŋə] |

| afiado (adj) | scharf | [ʃaʀf] |
| cego (adj) | stumpf | [ʃtʊmpf] |
| embotar-se (vr) | stumpf werden (vi) | [ʃtʊmpf 'veːɐdən] |
| afiar, amolar (vt) | schärfen (vt) | ['ʃɛʀfən] |

| parafuso (m) | Bolzen (m) | ['bɔltsən] |
| porca (f) | Mutter (f) | ['mʊtɐ] |
| rosca (f) | Gewinde (n) | [gə'vɪndə] |
| parafuso (para madeira) | Holzschraube (f) | ['hɔlts‚ʀaʊbə] |

| prego (m) | Nagel (m) | ['naːgəl] |
| cabeça (f) do prego | Nagelkopf (m) | ['naːgəl‚kɔpf] |

| régua (f) | Lineal (n) | [line'aːl] |
| fita (f) métrica | Metermaß (n) | ['meːtɐ‚maːs] |
| nível (m) | Wasserwaage (f) | ['vasɐ‚vaːgə] |
| lupa (f) | Lupe (f) | ['luːpə] |

| medidor (m) | Messinstrument (n) | ['mɛsʔɪnstʀu‚mɛnt] |
| medir (vt) | messen (vt) | ['mɛsən] |
| escala (f) | Skala (f) | ['skaːla] |
| indicação (f), registro (m) | Ablesung (f) | ['aplə‚zʊŋ] |

| compressor (m) | Kompressor (m) | [kɔm'pʀɛsoːɐ] |
| microscópio (m) | Mikroskop (n) | [mikʀo'skoːp] |

| bomba (f) | Pumpe (f) | ['pʊmpə] |
| robô (m) | Roboter (m) | ['ʀobotɐ] |
| laser (m) | Laser (m) | ['leːzə] |

| chave (f) de boca | Schraubenschlüssel (m) | ['ʃʀaʊbən‚ʃlʏsəl] |
| fita (f) adesiva | Klebeband (n) | ['kleːbə‚bant] |

| | | |
|---|---|---|
| cola (f) | Klebstoff (m) | ['kle:pˌʃtɔf] |
| lixa (f) | Sandpapier (n) | ['zant·paˌpi:ɐ] |
| mola (f) | Sprungfeder (f) | ['ʃpʀʊŋˌfe:dɐ] |
| ímã (m) | Magnet (m) | [ma'gne:t] |
| luva (f) | Handschuhe (pl) | ['hantʃu:ɐ] |

| | | |
|---|---|---|
| corda (f) | Leine (f) | ['laɪnə] |
| cabo (~ de nylon, etc.) | Schnur (f) | [ʃnu:ɐ] |
| fio (m) | Draht (m) | [dʀa:t] |
| cabo (~ elétrico) | Kabel (n) | ['ka:bəl] |

| | | |
|---|---|---|
| marreta (f) | schwerer Hammer (m) | ['ʃve:ʀe 'hamɐ] |
| pé de cabra (m) | Brecheisen (n) | ['bʀɛç,ʔaɪzən] |
| escada (f) de mão | Leiter (f) | ['laɪtɐ] |
| escada (m) | Trittleiter (f) | ['tʀɪtˌlaɪtɐ] |

| | | |
|---|---|---|
| enroscar (vt) | zudrehen (vt) | [tsu:'dʀe:ən] |
| desenroscar (vt) | abdrehen (vt) | ['apˌdʀe:ən] |
| apertar (vt) | zusammendrücken (vt) | [tsu'zamənˌdʀʏkən] |
| colar (vt) | ankleben (vt) | ['anˌkle:bən] |
| cortar (vt) | schneiden (vt) | ['ʃnaɪdən] |

| | | |
|---|---|---|
| falha (f) | Störung (f) | ['ʃtø:ʀʊŋ] |
| conserto (m) | Reparatur (f) | [ʀepaʀa'tu:ɐ] |
| consertar, reparar (vt) | reparieren (vt) | [ʀepa'ʀi:ʀən] |
| regular, ajustar (vt) | einstellen (vt) | ['aɪnʃtɛlən] |

| | | |
|---|---|---|
| verificar (vt) | prüfen (vt) | ['pʀy:fən] |
| verificação (f) | Prüfung (f) | ['pʀy:fʊŋ] |
| indicação (f), registro (m) | Ablesung (f) | ['aple:zʊŋ] |

| | | |
|---|---|---|
| seguro (adj) | sicher | ['zɪçɐ] |
| complicado (adj) | kompliziert | [kɔmpli'tsi:ɐt] |

| | | |
|---|---|---|
| enferrujar (vi) | verrosten (vi) | [fɛɐ'ʀɔstən] |
| enferrujado (adj) | rostig | ['ʀɔstɪç] |
| ferrugem (f) | Rost (m) | [ʀɔst] |

# Transportes

## 169. Avião

| | | |
|---|---|---|
| avião (m) | Flugzeug (n) | ['flu:k̩tsɔɪk] |
| passagem (f) aérea | Flugticket (n) | ['flu:k̩tɪkət] |
| companhia (f) aérea | Fluggesellschaft (f) | ['flu:kgə̩zɛlʃaft] |
| aeroporto (m) | Flughafen (m) | ['flu:k̩ha:fən] |
| supersônico (adj) | Überschall- | ['y:bə̩ʃal] |

| | | |
|---|---|---|
| comandante (m) do avião | Flugkapitän (m) | ['flu:k·kapi̩tɛ:n] |
| tripulação (f) | Besatzung (f) | [bə'zatsʊn] |
| piloto (m) | Pilot (m) | [pi'lo:t] |
| aeromoça (f) | Flugbegleiterin (f) | ['flu:k·bə̩glaɪtəʀɪn] |
| copiloto (m) | Steuermann (m) | ['ʃtɔɪɐ̩man] |

| | | |
|---|---|---|
| asas (f pl) | Flügel (pl) | ['fly:gəl] |
| cauda (f) | Schwanz (m) | [ʃvants] |
| cabine (f) | Kabine (f) | [ka'bi:nə] |
| motor (m) | Motor (m) | ['mo:to:ɐ] |
| trem (m) de pouso | Fahrgestell (n) | ['fa:ɐ·gə̩ʃtɛl] |
| turbina (f) | Turbine (f) | [tʊʁ'bi:nə] |

| | | |
|---|---|---|
| hélice (f) | Propeller (m) | [pʀo'pɛlɐ] |
| caixa-preta (f) | Flugschreiber (m) | ['flu:kʃʀaɪbɐ] |
| coluna (f) de controle | Steuerrad (n) | ['ʃtɔɪɐ̩ʀa:t] |
| combustível (m) | Treibstoff (m) | ['tʀaɪpʃtɔf] |

| | | |
|---|---|---|
| instruções (f pl) de segurança | Sicherheitskarte (f) | ['zɪçɐhaɪts̩kaʁtə] |
| máscara (f) de oxigênio | Sauerstoffmaske (f) | ['zaʊɐʃtɔf̩maskə] |
| uniforme (m) | Uniform (f) | ['ʊni̩fɔʁm] |

| | | |
|---|---|---|
| colete (m) salva-vidas | Rettungsweste (f) | ['ʀɛtʊŋs̩vɛstə] |
| paraquedas (m) | Fallschirm (m) | ['falʃɪʁm] |

| | | |
|---|---|---|
| decolagem (f) | Abflug, Start (m) | ['ap̩flu:k], [ʃtaʁt] |
| descolar (vi) | starten (vi) | ['ʃtaʁtən] |
| pista (f) de decolagem | Startbahn (f) | ['ʃtaʁtba:n] |

| | | |
|---|---|---|
| visibilidade (f) | Sicht (f) | [zɪçt] |
| voo (m) | Flug (m) | [flu:k] |

| | | |
|---|---|---|
| altura (f) | Höhe (f) | ['hø:ə] |
| poço (m) de ar | Luftloch (n) | ['lʊft̩lɔx] |

| | | |
|---|---|---|
| assento (m) | Platz (m) | [plats] |
| fone (m) de ouvido | Kopfhörer (m) | ['kɔpf̩hø:ʀɐ] |
| mesa (f) retrátil | Klapptisch (m) | ['klap̩tɪʃ] |
| janela (f) | Bullauge (n) | ['bʊl̩ʔaʊɡə] |
| corredor (m) | Durchgang (m) | ['dʊʁç̩gaŋ] |

## 170. Comboio

| | | |
|---|---|---|
| trem (m) | Zug (m) | [tsu:k] |
| trem (m) elétrico | elektrischer Zug (m) | [e'lɛktRɪʃɐ tsu:k] |
| trem (m) | Schnellzug (m) | ['ʃnɛlˌtsu:k] |
| locomotiva (f) diesel | Diesellok (f) | ['di:zəlˌlɔk] |
| locomotiva (f) a vapor | Dampflok (f) | ['dampfˌlɔk] |
| | | |
| vagão (f) de passageiros | Personenwagen (m) | [pɛʁ'zo:nənˌva:gən] |
| vagão-restaurante (m) | Speisewagen (m) | ['ʃpaɪzəˌva:gən] |
| | | |
| carris (m pl) | Schienen (pl) | ['ʃi:nən] |
| estrada (f) de ferro | Eisenbahn (f) | ['aɪzən·ba:n] |
| travessa (f) | Bahnschwelle (f) | ['ba:nʃvɛlə] |
| | | |
| plataforma (f) | Bahnsteig (m) | ['ba:nʃtaɪk] |
| linha (f) | Gleis (n) | ['glaɪs] |
| semáforo (m) | Eisenbahnsignal (n) | ['aɪzənba:n·zɪ'gna:l] |
| estação (f) | Station (f) | [ʃta'tsjo:n] |
| | | |
| maquinista (m) | Lokführer (m) | ['lɔkˌfy:ʀɐ] |
| bagageiro (m) | Träger (m) | ['tʀɛ:gɐ] |
| hospedeiro, -a (m, f) | Schaffner (m) | ['ʃafnɐ] |
| passageiro (m) | Fahrgast (m) | ['fa:ɐˌgast] |
| revisor (m) | Kontrolleur (m) | [kɔntʀo'lø:ɐ] |
| | | |
| corredor (m) | Flur (m) | [flu:ɐ] |
| freio (m) de emergência | Notbremse (f) | ['no:tˌbʀɛmzə] |
| | | |
| compartimento (m) | Abteil (n) | [ap'taɪl] |
| cama (f) | Liegeplatz (m), Schlafkoje (f) | ['li:gəˌplats], ['ʃla:fˌko:jə] |
| cama (f) de cima | oberer Liegeplatz (m) | ['o:bɐʀɐ 'li:gəˌplats] |
| cama (f) de baixo | unterer Liegeplatz (m) | ['ʊntɐʀɐ 'li:gəˌplats] |
| roupa (f) de cama | Bettwäsche (f) | ['bɛtˌvɛʃə] |
| | | |
| passagem (f) | Fahrkarte (f) | ['fa:ɐˌkaʁtə] |
| horário (m) | Fahrplan (m) | ['fa:ɐˌpla:n] |
| painel (m) de informação | Anzeigetafel (f) | ['antsaɪgəˌta:fəl] |
| | | |
| partir (vt) | abfahren (vi) | ['apˌfa:ʀən] |
| partida (f) | Abfahrt (f) | ['apˌfa:ɐt] |
| chegar (vi) | ankommen (vi) | ['anˌkɔmən] |
| chegada (f) | Ankunft (f) | ['ankʊnft] |
| | | |
| chegar de trem | mit dem Zug kommen | [mɪt dem tsu:k 'kɔmən] |
| pegar o trem | in den Zug einsteigen | [ɪn den tsu:k 'aɪnˌʃtaɪgən] |
| descer de trem | aus dem Zug aussteigen | ['aʊs dem tsu:k 'aʊsˌʃtaɪgən] |
| | | |
| acidente (m) ferroviário | Zugunglück (n) | ['tsu:kʔʊnˌglʏk] |
| descarrilar (vi) | entgleisen (vi) | [ɛnt'glaɪzən] |
| | | |
| locomotiva (f) a vapor | Dampflok (f) | ['dampfˌlɔk] |
| foguista (m) | Heizer (m) | ['haɪtsɐ] |
| fornalha (f) | Feuerbuchse (f) | ['fɔɪɐˌbʊksə] |
| carvão (m) | Kohle (f) | ['ko:lə] |

## 171. Barco

| navio (m) | Schiff (n) | [ʃɪf] |
| embarcação (f) | Fahrzeug (n) | ['faːɐ̯ˌtsɔɪk] |

| barco (m) a vapor | Dampfer (m) | ['dampfɐ] |
| barco (m) fluvial | Motorschiff (n) | ['moːtoːɐ̯ˌʃɪf] |
| transatlântico (m) | Kreuzfahrtschiff (n) | ['krɔɪtsfaːɐ̯tˌʃɪf] |
| cruzeiro (m) | Kreuzer (m) | ['krɔɪtsɐ] |

| iate (m) | Jacht (f) | [jaχt] |
| rebocador (m) | Schlepper (m) | ['ʃlɛpɐ] |
| barcaça (f) | Lastkahn (m) | [lastˌkaːn] |
| ferry (m) | Fähre (f) | ['fɛːʀɐ] |

| veleiro (m) | Segelschiff (n) | ['zeːɡəlˌʃɪf] |
| bergantim (m) | Brigantine (f) | [bʀɪɡan'tiːnə] |

| quebra-gelo (m) | Eisbrecher (m) | ['aɪsˌbʀɛçɐ] |
| submarino (m) | U-Boot (n) | ['uːboːt] |

| bote, barco (m) | Boot (n) | ['boːt] |
| baleeira (bote salva-vidas) | Dingi (n) | ['dɪŋɡi] |
| bote (m) salva-vidas | Rettungsboot (n) | ['ʀɛtʊŋsˌboːt] |
| lancha (f) | Motorboot (n) | ['moːtoːɐ̯ˌboːt] |

| capitão (m) | Kapitän (m) | [kapi'tɛn] |
| marinheiro (m) | Matrose (m) | [ma'tʀoːzə] |
| marujo (m) | Seemann (m) | ['zeːman] |
| tripulação (f) | Besatzung (f) | [bə'zatsʊŋ] |

| contramestre (m) | Bootsmann (m) | ['boːtsman] |
| grumete (m) | Schiffsjunge (m) | ['ʃɪfsˌjʊŋə] |
| cozinheiro (m) de bordo | Schiffskoch (m) | ['ʃɪfsˌkɔχ] |
| médico (m) de bordo | Schiffsarzt (m) | ['ʃɪfsˌʔaʁtst] |

| convés (m) | Deck (n) | [dɛk] |
| mastro (m) | Mast (m) | [mast] |
| vela (f) | Segel (n) | [zeːɡəl] |

| porão (m) | Schiffsraum (m) | ['ʃɪfsˌʀaʊm] |
| proa (f) | Bug (m) | [buːk] |
| popa (f) | Heck (n) | [hɛk] |
| remo (m) | Ruder (n) | ['ʀuːdɐ] |
| hélice (f) | Schraube (f) | ['ʃʀaʊbə] |

| cabine (m) | Kajüte (f) | [ka'jyːtə] |
| sala (f) dos oficiais | Messe (f) | ['mɛsə] |
| sala (f) das máquinas | Maschinenraum (m) | [ma'ʃiːnənˌʀaʊm] |
| ponte (m) de comando | Brücke (f) | ['bʀʏkə] |
| sala (f) de comunicações | Funkraum (m) | ['fʊŋkˌʀaʊm] |
| onda (f) | Radiowelle (f) | ['ʀaːdɪoˌvɛlə] |
| diário (m) de bordo | Schiffstagebuch (n) | ['ʃɪfsˑˌtaːɡəbuːχ] |
| luneta (f) | Fernrohr (n) | ['fɛʁnˌʀoːɐ̯] |
| sino (m) | Glocke (f) | ['ɡlɔkə] |

| | | |
|---|---|---|
| bandeira (f) | Fahne (f) | ['fa:nə] |
| cabo (m) | Seil (n) | [zaɪl] |
| nó (m) | Knoten (m) | ['kno:tən] |

| | | |
|---|---|---|
| corrimão (m) | Geländer (n) | [gə'lɛndɐ] |
| prancha (f) de embarque | Treppe (f) | ['tʀɛpə] |

| | | |
|---|---|---|
| âncora (f) | Anker (m) | ['aŋkɐ] |
| recolher a âncora | den Anker lichten | [den 'aŋkɐ 'lɪçtən] |
| jogar a âncora | Anker werfen | ['aŋkɐ ˌvɛʀfən] |
| amarra (corrente de âncora) | Ankerkette (f) | ['ankɐˌkɛtə] |

| | | |
|---|---|---|
| porto (m) | Hafen (m) | ['ha:fən] |
| cais, amarradouro (m) | Anlegestelle (f) | ['anle:gəˌʃtɛlə] |
| atracar (vi) | anlegen (vi) | ['anˌle:gən] |
| desatracar (vi) | abstoßen (vt) | ['apˌʃto:sən] |

| | | |
|---|---|---|
| viagem (f) | Reise (f) | ['ʀaɪzə] |
| cruzeiro (m) | Kreuzfahrt (f) | ['kʀɔɪtsˌfa:ɐt] |
| rumo (m) | Kurs (m) | [kuʀs] |
| itinerário (m) | Reiseroute (f) | ['ʀaɪzəˌʀu:tə] |

| | | |
|---|---|---|
| canal (m) de navegação | Fahrwasser (n) | ['fa:ɐˌvasɐ] |
| banco (m) de areia | Untiefe (f) | ['ʊnˌti:fə] |
| encalhar (vt) | stranden (vi) | ['ʃtʀandən] |

| | | |
|---|---|---|
| tempestade (f) | Sturm (m) | [ʃtʊʀm] |
| sinal (m) | Signal (n) | [zɪ'gna:l] |
| afundar-se (vr) | untergehen (vi) | ['ʊntɐˌge:ən] |
| Homem ao mar! | Mann über Bord! | [man 'y:bɐ bɔʀt] |
| SOS | SOS | [ɛso:'ʔɛs] |
| boia (f) salva-vidas | Rettungsring (m) | ['ʀɛtʊŋsˌʀɪŋ] |

## 172. Aeroporto

| | | |
|---|---|---|
| aeroporto (m) | Flughafen (m) | ['flu:kˌha:fən] |
| avião (m) | Flugzeug (n) | ['flu:kˌtsɔɪk] |
| companhia (f) aérea | Fluggesellschaft (f) | ['flu:kgəˌzɛlʃaft] |
| controlador (m) de tráfego aéreo | Fluglotse (m) | ['flu:kˌlo:tsə] |

| | | |
|---|---|---|
| partida (f) | Abflug (m) | ['apˌflu:k] |
| chegada (f) | Ankunft (f) | ['ankʊnft] |
| chegar (vi) | anfliegen (vi) | ['anˌfli:gən] |

| | | |
|---|---|---|
| hora (f) de partida | Abflugzeit (f) | ['apflu:kˌtsaɪt] |
| hora (f) de chegada | Ankunftszeit (f) | ['ankʊnftsˌtsaɪt] |

| | | |
|---|---|---|
| estar atrasado | sich verspäten | [zɪç fɛɐ'ʃpɛ:tən] |
| atraso (m) de voo | Abflugverspätung (f) | ['apflu:k·fɛɐ'ʃpɛ:tʊŋ] |

| | | |
|---|---|---|
| painel (m) de informação | Anzeigetafel (f) | ['antsaɪgəˌta:fəl] |
| informação (f) | Information (f) | [ɪnfoɐma'tsjo:n] |
| anunciar (vt) | ankündigen (vt) | ['ankʏndɪgən] |

| voo (m) | Flug (m) | [flu:k] |
| alfândega (f) | Zollamt (n) | ['tsɔl‚ʔamt] |
| funcionário (m) da alfândega | Zollbeamter (m) | ['tsɔl·bə‚ʔamtə] |

| declaração (f) alfandegária | Zolldeklaration (f) | ['tsɔl·deklaʀa'tsjo:n] |
| preencher (vt) | ausfüllen (vt) | ['aʊs‚fʏlən] |
| preencher a declaração | die Zollerklärung ausfüllen | [di 'tsɔl·ɛɐ'klɛ:ʀʊŋ 'aʊs‚fʏlən] |
| controle (m) de passaporte | Passkontrolle (f) | ['pas·kɔn‚tʀɔlə] |

| bagagem (f) | Gepäck (n) | [gə'pɛk] |
| bagagem (f) de mão | Handgepäck (n) | ['hant·gə‚pɛk] |
| carrinho (m) | Kofferkuli (m) | ['kɔfe‚ku:li] |

| pouso (m) | Landung (f) | ['landʊŋ] |
| pista (f) de pouso | Landebahn (f) | ['landə‚ba:n] |
| aterrissar (vi) | landen (vi) | ['landən] |
| escada (f) de avião | Fluggasttreppe (f) | ['flu:kgast‚tʀɛpə] |

| check-in (m) | Check-in (n) | [tʃɛk?in] |
| balcão (m) do check-in | Check-in-Schalter (m) | [tʃɛk?in 'ʃaltə] |
| fazer o check-in | sich registrieren lassen | [zɪç ʀegɪs'tʀi:ʀən 'lasən] |
| cartão (m) de embarque | Bordkarte (f) | ['bɔɐt‚kaɐtə] |
| portão (m) de embarque | Abfluggate (n) | ['apflu:k‚geɪt] |

| trânsito (m) | Transit (m) | [tʀan'zi:t] |
| esperar (vi, vt) | warten (vi) | ['vaɐtən] |
| sala (f) de espera | Wartesaal (m) | ['vaɐtə‚za:l] |
| despedir-se (acompanhar) | begleiten (vt) | [bə'glaɪtən] |
| despedir-se (dizer adeus) | sich verabschieden | [zɪç fɛɐ'apˌʃi:dən] |

## 173. Bicicleta. Motocicleta

| bicicleta (f) | Fahrrad (n) | ['fa:ɐˌʀa:t] |
| lambreta (f) | Motorroller (m) | ['mo:to:ɐˌʀɔlə] |
| moto (f) | Motorrad (n) | ['mo:to:ɐˌʀa:t] |

| ir de bicicleta | Rad fahren | [ʀa:t 'fa:ʀən] |
| guidão (m) | Lenkstange (f) | ['lɛŋkˌʃtaŋə] |
| pedal (m) | Pedal (n) | [pe'da:l] |
| freios (m pl) | Bremsen (pl) | ['bʀɛmzən] |
| banco, selim (m) | Sattel (m) | ['zatəl] |

| bomba (f) | Pumpe (f) | ['pʊmpə] |
| bagageiro (m) de teto | Gepäckträger (m) | [gə'pɛkˌtʀɛ:gə] |
| lanterna (f) | Scheinwerfer (m) | ['ʃaɪnˌvɛɐfə] |
| capacete (m) | Helm (m) | [hɛlm] |

| roda (f) | Rad (n) | [ʀa:t] |
| para-choque (m) | Schutzblech (n) | ['ʃʊtsˌblɛç] |
| aro (m) | Felge (f) | ['fɛlgə] |
| raio (m) | Speiche (f) | ['ʃpaɪçə] |

# Carros

## 174. Tipos de carros

| | | |
|---|---|---|
| carro, automóvel (m) | Auto (n) | ['auto] |
| carro (m) esportivo | Sportwagen (m) | ['ʃpɔʁt‚va:gən] |
| | | |
| limusine (f) | Limousine (f) | [limu'zi:nə] |
| todo o terreno (m) | Geländewagen (m) | [gə'lɛndə‚va:gən] |
| conversível (m) | Kabriolett (n) | [kabʀio'lɛt] |
| minibus (m) | Kleinbus (m) | ['klaɪn‚bʊs] |
| | | |
| ambulância (f) | Krankenwagen (m) | ['kʀaŋkən‚va:gən] |
| limpa-neve (m) | Schneepflug (m) | ['ʃne:‚pflu:k] |
| | | |
| caminhão (m) | Lastkraftwagen (m) | ['lastkʀaft‚va:gən] |
| caminhão-tanque (m) | Tankwagen (m) | ['taŋk‚va:gən] |
| perua, van (f) | Kastenwagen (m) | ['kastən‚va:gən] |
| caminhão-trator (m) | Sattelzug (m) | ['zatəl‚tsu:k] |
| reboque (m) | Anhänger (m) | ['an‚hɛŋə] |
| | | |
| confortável (adj) | komfortabel | [kɔmfɔʁ'ta:bəl] |
| usado (adj) | gebraucht | [gə'bʀauχt] |

## 175. Carros. Carroçaria

| | | |
|---|---|---|
| capô (m) | Motorhaube (f) | ['mo:to:ɐ‚haubə] |
| para-choque (m) | Kotflügel (m) | ['ko:tfly:gəl] |
| teto (m) | Dach (n) | [daχ] |
| | | |
| para-brisa (m) | Windschutzscheibe (f) | ['vɪntʃʊts‚ʃaɪbə] |
| retrovisor (m) | Rückspiegel (m) | ['ʀʏkʃpi:gəl] |
| esguicho (m) | Scheibenwaschanlage (f) | ['ʃaɪbən·'vaʃʔan‚la:gə] |
| limpadores (m) de para-brisas | Scheibenwischer (m) | ['ʃaɪbən‚vɪʃə] |
| | | |
| vidro (m) lateral | Seitenscheibe (f) | ['zaɪtənʃaɪbə] |
| elevador (m) do vidro | Fensterheber (m) | ['fɛnstə‚he:bə] |
| antena (f) | Antenne (f) | [an'tɛnə] |
| teto (m) solar | Schiebedach (n) | ['ʃi:bə‚daχ] |
| | | |
| para-choque (m) | Stoßstange (f) | ['ʃto:s‚ʃtaŋə] |
| porta-malas (f) | Kofferraum (m) | ['kɔfə‚ʀaʊm] |
| bagageira (f) | Dachgepäckträger (m) | ['daχ·gəpɛk‚tʀɛ:gə] |
| porta (f) | Wagenschlag (m) | ['va:gənʃla:k] |
| maçaneta (f) | Türgriff (m) | ['ty:ɐ‚gʀɪf] |
| fechadura (f) | Türschloss (n) | ['ty:ɐ‚ʃlɔs] |
| placa (f) | Nummernschild (n) | ['nʊmənʃɪlt] |
| silenciador (m) | Auspufftopf (m) | ['auspʊf‚tɔpf] |

| tanque (m) de gasolina | Benzintank (m) | [bɛn'tsi:n‚taŋk] |
| tubo (m) de exaustão | Auspuffrohr (n) | ['auspuf‚ro:ɐ] |

| acelerador (m) | Gas (n) | [ga:s] |
| pedal (m) | Pedal (n) | [pe'da:l] |
| pedal (m) do acelerador | Gaspedal (n) | ['gas·pe'da:l] |

| freio (m) | Bremse (f) | ['bʁɛmzə] |
| pedal (m) do freio | Bremspedal (n) | ['bʁɛmz·pe'da:l] |
| frear (vt) | bremsen (vi) | ['bʁɛmzən] |
| freio (m) de mão | Handbremse (f) | ['hant‚bʁɛmzə] |

| embreagem (f) | Kupplung (f) | ['kuplʊŋ] |
| pedal (m) da embreagem | Kupplungspedal (n) | ['kuplʊŋs·pe'da:l] |
| disco (m) de embreagem | Kupplungsscheibe (f) | ['kuplʊŋsʃaɪbə] |
| amortecedor (m) | Stoßdämpfer (m) | ['ʃto:s·dɛmpfɐ] |

| roda (f) | Rad (n) | [ʁa:t] |
| pneu (m) estepe | Reserverad (n) | [ʁe'zɛʁvə‚ʁa:t] |
| pneu (m) | Reifen (m) | ['ʁaɪfən] |
| calota (f) | Radkappe (f) | ['ʁa:t‚kapə] |

| rodas (f pl) motrizes | Triebräder (pl) | ['tʁi:p‚ʁɛ:dɐ] |
| de tração dianteira | mit Vorderantrieb | [mɪt 'fo:ɐde:ɐ‚ʔantʁi:p] |
| de tração traseira | mit Hinterradantrieb | [mɪt 'hɪntɐʁa:t‚ʔantʁi:p] |
| de tração às 4 rodas | mit Allradantrieb | [mɪt 'alʁa:t‚ʔantʁi:p] |

| caixa (f) de mudanças | Getriebe (n) | [gə'tʁi:bə] |
| automático (adj) | Automatik- | [auto'ma:tɪk] |
| mecânico (adj) | Schalt- | ['ʃalt] |
| alavanca (f) de câmbio | Schalthebel (m) | ['ʃalt‚he:bəl] |

| farol (m) | Scheinwerfer (m) | ['ʃaɪn‚vɛʁfɐ] |
| faróis (m pl) | Scheinwerfer (pl) | ['ʃaɪn‚vɛʁfɐ] |

| farol (m) baixo | Abblendlicht (n) | ['apblɛnt‚lɪçt] |
| farol (m) alto | Fernlicht (n) | ['fɛʁn‚lɪçt] |
| luzes (f pl) de parada | Stopplicht (n) | ['ʃtɔp‚lɪçt] |

| luzes (f pl) de posição | Standlicht (n) | ['ʃtant‚lɪçt] |
| luzes (f pl) de emergência | Warnblinker (m) | ['vaʁn‚blɪŋkɐ] |
| faróis (m pl) de neblina | Nebelscheinwerfer (pl) | ['ne:bəlʃaɪnvɛʁfɐ] |
| pisca-pisca (m) | Blinker (m) | ['blɪŋkɐ] |
| luz (f) de marcha ré | Rückfahrscheinwerfer (m) | ['ʁʏkfa:ɐʃaɪnvɛʁfɐ] |

## 176. Carros. Habitáculo

| interior (do carro) | Wageninnere (n) | ['va:gən‚ʔɪnəʁə] |
| de couro | Leder- | ['le:dɐ] |
| de veludo | aus Velours | [aus və'lu:ɐ] |
| estofamento (m) | Polster (n) | ['pɔlstɐ] |

| indicador (m) | Instrument (n) | [‚ɪnstʁu'mɛnt] |
| painel (m) | Armaturenbrett (n) | [aʁma'tu:ʁən‚bʁɛt] |

| velocímetro (m) | Tachometer (m) | [taxo'me:tɐ] |
| ponteiro (m) | Nadel (f) | ['na:dəl] |

| hodômetro, odômetro (m) | Kilometerzähler (m) | [kilo'me:tɐ͵tsɛ:lɐ] |
| indicador (m) | Anzeige (f) | ['an͵tsaɪɡə] |
| nível (m) | Pegel (m) | ['pe:ɡəl] |
| luz (f) de aviso | Kontrollleuchte (f) | [kɔn'tʀɔl͵lɔɪçtə] |

| volante (m) | Steuerrad (n) | ['ʃtɔɪɐ͵ʀa:t] |
| buzina (f) | Hupe (f) | ['hu:pə] |
| botão (m) | Knopf (m) | [knɔpf] |
| interruptor (m) | Umschalter (m) | ['ʊmʃaltɐ] |

| assento (m) | Sitz (m) | [zɪts] |
| costas (f pl) do assento | Rückenlehne (f) | ['ʀʏkən͵le:nə] |
| cabeceira (f) | Kopfstütze (f) | ['kɔpfʃtʏtsə] |
| cinto (m) de segurança | Sicherheitsgurt (m) | ['zɪçɐhaɪts͵ɡʊʀt] |
| apertar o cinto | sich anschnallen | [zɪç 'anʃnalən] |
| ajuste (m) | Einstellung (f) | ['aɪnʃtɛlʊŋ] |

| airbag (m) | Airbag (m) | ['ɛ:ɐ·bak] |
| ar (m) condicionado | Klimaanlage (f) | ['kli:ma͵ʔanla:ɡə] |

| rádio (m) | Radio (n) | ['ʀa:dɪo] |
| leitor (m) de CD | CD-Spieler (m) | [tse:'de: 'ʃpi:lɐ] |
| ligar (vt) | einschalten (vt) | ['aɪnʃaltən] |
| antena (f) | Antenne (f) | [an'tɛnə] |
| porta-luvas (m) | Handschuhfach (n) | ['hantʃu:͵faχ] |
| cinzeiro (m) | Aschenbecher (m) | ['aʃən·bɛçɐ] |

## 177. Carros. Motor

| motor (m) | Triebwerk (n) | ['tʀi:p͵vɛʀk] |
| motor (m) | Motor (m) | ['mo:to:ɐ] |
| a diesel | Diesel- | ['di:zəl] |
| a gasolina | Benzin- | [bɛn'tsi:n] |

| cilindrada (f) | Hubraum (m) | ['hu:p͵ʀaʊm] |
| potência (f) | Leistung (f) | ['laɪstʊŋ] |
| cavalo (m) de potência | Pferdestärke (f) | ['pfe:ɐdəʃtɛʀkə] |
| pistão (m) | Kolben (m) | [kɔlbən] |
| cilindro (m) | Zylinder (m) | [tsy'lɪndɐ] |
| válvula (f) | Ventil (n) | [vɛn'ti:l] |

| injetor (m) | Injektor (m) | [ɪn'jɛktɔ:ɐ] |
| gerador (m) | Generator (m) | [ɡenə'ʀa:to:ɐ] |
| carburador (m) | Vergaser (m) | [fɛɐ'ga:zɐ] |
| óleo (m) de motor | Motoröl (n) | ['mo:to:ɐ͵ʔø:l] |

| radiador (m) | Kühler (m) | ['ky:lɐ] |
| líquido (m) de arrefecimento | Kühlflüssigkeit (f) | [ky:l'flʏsɪç͵kaɪt] |
| ventilador (m) | Ventilator (m) | [vɛnti'la:to:ɐ] |
| bateria (f) | Autobatterie (f) | ['aʊtobatə͵ʀi:] |
| dispositivo (m) de arranque | Anlasser (m) | ['an͵lasɐ] |

| ignição (f) | Zündung (f) | ['tsʏndʊŋ] |
| vela (f) de ignição | Zündkerze (f) | ['tsʏnt̩kɛʁtsə] |

| terminal (m) | Klemme (f) | ['klɛmə] |
| terminal (m) positivo | Pluspol (m) | ['plʊs̩po:l] |
| terminal (m) negativo | Minuspol (m) | ['mi:nʊs̩po:l] |
| fusível (m) | Sicherung (f) | ['zɪçəʁʊŋ] |

| filtro (m) de ar | Luftfilter (m, n) | ['lʊft̩fɪltɐ] |
| filtro (m) de óleo | Ölfilter (m) | ['ø:l̩fɪltɐ] |
| filtro (m) de combustível | Treibstofffilter (m) | ['tʁaɪpʃtɔf̩fɪltɐ] |

## 178. Carros. Batidas. Reparação

| acidente (m) de carro | Unfall (m) | ['ʊnfal] |
| acidente (m) rodoviário | Verkehrsunfall (m) | [fɛɐ̯'ke:ɐ̯s?ʊn̩fal] |
| bater (~ num muro) | fahren gegen ... | ['fa:ʁən 'ge:gən] |
| sofrer um acidente | verunglücken (vi) | [fɛɐ̯'?ʊnɡlʏkən] |
| dano (m) | Schaden (m) | ['ʃa:dən] |
| intato | heil | ['haɪl] |

| pane (f) | Panne (f) | ['panə] |
| avariar (vi) | kaputtgehen (vi) | [ka'pʊt̩ge:ən] |
| cabo (m) de reboque | Abschleppseil (n) | ['apʃlɛp̩zaɪl] |

| furo (m) | Reifenpanne (f) | ['ʁaɪfən̩panə] |
| estar furado | platt sein | [plat zaɪn] |
| encher (vt) | pumpen (vt) | ['pʊmpən] |
| pressão (f) | Druck (m) | [dʁʊk] |
| verificar (vt) | prüfen (vt) | ['pʁy:fən] |

| reparo (m) | Reparatur (f) | [ʁepaʁa'tu:ɐ] |
| oficina (f) automotiva | Reparaturwerkstatt (f) | [ʁepaʁa̩tu:ɐ'vɛʁkʃtat] |
| peça (f) de reposição | Ersatzteil (m, n) | [ɛɐ̯'zats̩taɪl] |
| peça (f) | Einzelteil (m, n) | ['aɪntsəl̩taɪl] |

| parafuso (com porca) | Bolzen (m) | ['bɔltsən] |
| parafuso (m) | Schraube (f) | ['ʃʁaʊbə] |
| porca (f) | Mutter (f) | ['mʊtɐ] |
| arruela (f) | Scheibe (f) | ['ʃaɪbə] |
| rolamento (m) | Lager (n) | ['la:gɐ] |

| tubo (m) | Rohr (n) | [ʁo:ɐ] |
| junta, gaxeta (f) | Dichtung (f) | ['dɪçtʊŋ] |
| fio, cabo (m) | Draht (m) | [dʁa:t] |

| macaco (m) | Wagenheber (m) | ['va:gən̩he:bɐ] |
| chave (f) de boca | Schraubenschlüssel (m) | ['ʃʁaʊbən̩ʃlʏsəl] |
| martelo (m) | Hammer (m) | ['hamɐ] |
| bomba (f) | Pumpe (f) | ['pʊmpə] |
| chave (f) de fenda | Schraubenzieher (m) | ['ʃʁaʊbəntsi:ɐ] |

| extintor (m) | Feuerlöscher (m) | ['fɔɪɐ̩lœʃɐ] |
| triângulo (m) de emergência | Warndreieck (n) | ['vaʁn̩dʁaɪɛk] |

| | | |
|---|---|---|
| morrer (motor) | abwürgen (vi) | ['apˌvʏʁgən] |
| paragem, "morte" (f) | Anhalten (n) | ['anhaltən] |
| estar quebrado | kaputt sein | [ka'pʊt zaɪn] |

| | | |
|---|---|---|
| superaquecer-se (vr) | überhitzt werden | [y:bɐ'hɪtst 've:ɐdən] |
| entupir-se (vr) | verstopft sein | [fɛɐ'ʃtɔpft zaɪn] |
| congelar-se (vr) | einfrieren (vi) | ['aɪnˌfʁi:ʁən] |
| rebentar (vi) | zerplatzen (vi) | [tsɛɐ'platsən] |

| | | |
|---|---|---|
| pressão (f) | Druck (m) | [dʁʊk] |
| nível (m) | Pegel (m) | ['pe:gəl] |
| frouxo (adj) | schlaff | [ʃlaf] |

| | | |
|---|---|---|
| batida (f) | Delle (f) | ['dɛlə] |
| ruído (m) | Klopfen (n) | ['klɔpfən] |
| fissura (f) | Riß (m) | [ʁɪs] |
| arranhão (m) | Kratzer (m) | ['kʁatsɐ] |

## 179. Carros. Estrada

| | | |
|---|---|---|
| estrada (f) | Fahrbahn (f) | ['fa:ɐˌba:n] |
| autoestrada (f) | Schnellstraße (f) | ['ʃnɛlˌʃtʁa:sə] |
| rodovia (f) | Autobahn (f) | ['aʊtoˌba:n] |
| direção (f) | Richtung (f) | ['ʁɪçtʊŋ] |
| distância (f) | Entfernung (f) | [ɛnt'fɛʁnʊŋ] |

| | | |
|---|---|---|
| ponte (f) | Brücke (f) | ['bʁʏkə] |
| parque (m) de estacionamento | Parkplatz (m) | ['paʁkˌplats] |
| praça (f) | Platz (m) | [plats] |
| nó (m) rodoviário | Autobahnkreuz (n) | ['aʊtoba:nˌkʁɔɪts] |
| túnel (m) | Tunnel (m) | ['tʊnəl] |

| | | |
|---|---|---|
| posto (m) de gasolina | Tankstelle (f) | ['taŋkˌʃtɛlə] |
| parque (m) de estacionamento | Parkplatz (m) | ['paʁkˌplats] |
| bomba (f) de gasolina | Zapfsäule (f) | ['tsapfˌzɔɪlə] |
| oficina (f) automotiva | Reparaturwerkstatt (f) | [ʁepaʁaˌtu:ɐ'vɛʁkˌʃtat] |
| abastecer (vt) | tanken (vt) | ['taŋkən] |
| combustível (m) | Treibstoff (m) | ['tʁaɪpˌʃtɔf] |
| galão (m) de gasolina | Kanister (m) | [ka'nɪstɐ] |

| | | |
|---|---|---|
| asfalto (m) | Asphalt (m) | [as'falt] |
| marcação (f) de estradas | Markierung (f) | [maʁ'ki:ʁʊŋ] |
| meio-fio (m) | Bordstein (m) | ['bɔʁtˌʃtaɪn] |
| guard-rail (m) | Leitplanke (f) | ['laɪtˌplaŋkə] |
| valeta (f) | Graben (m) | ['gʁa:bən] |
| acostamento (m) | Straßenrand (m) | ['ʃtʁa:sənˌʁant] |
| poste (m) de luz | Straßenlaterne (f) | ['ʃtʁa:sən·laˌtɛʁnə] |

| | | |
|---|---|---|
| dirigir (vt) | fahren (vt) | ['fa:ʁən] |
| virar (~ para a direita) | abbiegen (vi) | ['apˌbi:gən] |
| dar retorno | umkehren (vi) | ['ʊmˌke:ʁən] |
| ré (f) | Rückwärtsgang (m) | ['ʁʏkvɛʁtsˌgaŋ] |
| buzinar (vi) | hupen (vi) | ['hu:pən] |
| buzina (f) | Hupe (f) | ['hu:pə] |

| | | |
|---|---|---|
| atolar-se (vr) | stecken (vi) | ['ʃtɛkən] |
| patinar (na lama) | durchdrehen (vi) | ['dʊʁç͜dʀeːən] |
| desligar (vt) | abstellen (vt) | ['apʃtɛlən] |

| | | |
|---|---|---|
| velocidade (f) | Geschwindigkeit (f) | [gə'ʃvɪndɪç·kaɪt] |
| exceder a velocidade | Geschwindigkeit überschreiten | [gə'ʃvɪndɪç·kaɪt ˌyːbə'ʃʀaɪtən] |
| multar (vt) | bestrafen (vt) | [bə'ʃtʀaːfən] |
| semáforo (m) | Ampel (f) | ['ampəl] |
| carteira (f) de motorista | Führerschein (m) | ['fyːʀɐ͜ʃaɪn] |

| | | |
|---|---|---|
| passagem (f) de nível | Bahnübergang (m) | ['baːnʔyːbɐˌgaŋ] |
| cruzamento (m) | Straßenkreuzung (f) | ['ʃtʀaːsənˌkʀɔɪtsʊŋ] |
| faixa (f) | Fußgängerüberweg (m) | ['fuːsˌgɛŋɐ·yːbɐ've:k] |
| curva (f) | Kehre (f) | ['keːʀə] |
| zona (f) de pedestres | Fußgängerzone (f) | ['fuːsgɛŋɐˌtsoːnə] |

## 180. Sinais de trânsito

| | | |
|---|---|---|
| código (m) de trânsito | Verkehrsregeln (pl) | [fɛɐ'keːɐsˌʀeːgəln] |
| sinal (m) de trânsito | Verkehrszeichen (n) | [fɛɐ'keːɐsˌtsaɪçən] |
| ultrapassagem (f) | Überholen (n) | [yːbɐ'hoːlən] |
| curva (f) | Kurve (f) | ['kʊʁvə] |
| retorno (m) | Wende (f) | ['vɛndə] |
| rotatória (f) | Kreisverkehr (m) | ['kʀaɪs·fɛɐˌkeːɐ] |

| | | |
|---|---|---|
| sentido proibido | Einfahrt verboten | ['aɪnˌfaːɐt fɛɐ'boːtən] |
| trânsito proibido | Verkehr verboten | [fɛɐ'keːɐ fɛɐ'boːtən] |
| proibido de ultrapassar | Überholverbot | [yːbɐ'hoːlˈfɛɐˌboːt] |
| estacionamento proibido | Parken verboten | ['paʁkən fɛɐ'boːtən] |
| paragem proibida | Halteverbot | ['haltə·fɛɐˌboːt] |

| | | |
|---|---|---|
| curva (f) perigosa | gefährliche Kurve (f) | [gə'fɛːɐlɪçə 'kʊʁvə] |
| descida (f) perigosa | Gefälle (n) | [gə'fɛlə] |
| trânsito de sentido único | Einbahnstraße (f) | ['aɪnbaːnˌʃtʀaːsə] |
| faixa (f) | Fußgängerüberweg (m) | ['fuːsˌgɛŋɐ·yːbɐ've:k] |
| pavimento (m) escorregadio | Schleudergefahr | ['ʃlɔɪdɐˌgə'faːɐ] |
| conceder passagem | Vorfahrt gewähren! | ['foːɐfaɐt gə'vɛːʀən] |

# PESSOAS. EVENTOS

## Eventos

### 181. Férias. Evento

| | | |
|---|---|---|
| festa (f) | Fest (n) | [fɛst] |
| feriado (m) nacional | Nationalfeiertag (m) | [natsjɔ'na:lˌfaɪɐta:k] |
| feriado (m) | Feiertag (m) | ['faɪɐˌta:k] |
| festejar (vt) | feiern (vt) | ['faɪɐn] |
| | | |
| evento (festa, etc.) | Ereignis (n) | [ɛɐ'ʔaɪgnɪs] |
| evento (banquete, etc.) | Veranstaltung (f) | [fɛɐ'ʔanʃtaltʊŋ] |
| banquete (m) | Bankett (n) | [baŋ'kɛt] |
| recepção (f) | Empfang (m) | [ɛm'pfaŋ] |
| festim (m) | Festmahl (n) | ['fɛstˌma:l] |
| | | |
| aniversário (m) | Jahrestag (m) | ['ja:ʀəsˌta:k] |
| jubileu (m) | Jubiläumsfeier (f) | [jubi'lɛ:ʊmsˌfaɪɐ] |
| celebrar (vt) | begehen (vt) | [bə'ge:ən] |
| | | |
| Ano (m) Novo | Neujahr (n) | ['nɔɪja:ɐ] |
| Feliz Ano Novo! | Frohes Neues Jahr! | [ˌfʀo:əs 'nɔɪəs ja:ɐ] |
| | | |
| Natal (m) | Weihnachten (n) | ['vaɪnaxtən] |
| Feliz Natal! | Frohe Weihnachten! | [ˌfʀo:ə 'vaɪnaxtən] |
| árvore (f) de Natal | Tannenbaum (m) | ['tanənˌbaʊm] |
| fogos (m pl) de artifício | Feuerwerk (n) | ['fɔɪɐˌvɛʀk] |
| | | |
| casamento (m) | Hochzeit (f) | ['hɔxˌtsaɪt] |
| noivo (m) | Bräutigam (m) | ['bʀɔɪtɪgam] |
| noiva (f) | Braut (f) | [bʀaʊt] |
| | | |
| convidar (vt) | einladen (vt) | ['aɪnˌla:dən] |
| convite (m) | Einladung (f) | ['aɪnˌla:dʊŋ] |
| | | |
| convidado (m) | Gast (m) | [gast] |
| visitar (vt) | besuchen (vt) | [bə'zu:xən] |
| receber os convidados | Gäste empfangen | ['gɛstə ɛm'pfaŋən] |
| | | |
| presente (m) | Geschenk (n) | [gə'ʃɛŋk] |
| oferecer, dar (vt) | schenken (vt) | ['ʃɛŋkən] |
| receber presentes | Geschenke bekommen | [gə'ʃɛŋkə bə'kɔmən] |
| buquê (m) de flores | Blumenstrauß (m) | ['blu:mənˌʃtʀaʊs] |
| | | |
| felicitações (f pl) | Glückwunsch (m) | ['glʏkˌvʊnʃ] |
| felicitar (vt) | gratulieren (vi) | [gʀatu'li:ʀən] |
| cartão (m) de parabéns | Glückwunschkarte (f) | ['glʏkvʊnʃˌkaʀtə] |
| enviar um cartão postal | eine Karte abschicken | ['aɪnə 'kaʀtə 'apˌʃɪkən] |

| receber um cartão postal | eine Karte erhalten | ['aɪnə 'kaʁtə ɛɐ'haltən] |
| brinde (m) | Trinkspruch (m) | ['tʀɪŋkʃpʀʊχ] |
| oferecer (vt) | anbieten (vt) | ['anbiːtən] |
| champanhe (m) | Champagner (m) | [ʃam'panjɐ] |

| divertir-se (vr) | sich amüsieren | [zɪç amy'ziːʀən] |
| diversão (f) | Fröhlichkeit (f) | ['fʀøːlɪç͜kaɪt] |
| alegria (f) | Freude (f) | ['fʀɔɪdə] |

| dança (f) | Tanz (m) | [tants] |
| dançar (vi) | tanzen (vi, vt) | ['tantsən] |

| valsa (f) | Walzer (m) | ['valtsɐ] |
| tango (m) | Tango (m) | ['taŋgo] |

## 182. Funerais. Enterro

| cemitério (m) | Friedhof (m) | ['fʀiːt͜hoːf] |
| sepultura (f), túmulo (m) | Grab (n) | [gʀaːp] |
| cruz (f) | Kreuz (n) | [kʀɔɪts] |
| lápide (f) | Grabstein (m) | ['gʀaːpʃtaɪn] |
| cerca (f) | Zaun (m) | [tsaʊn] |
| capela (f) | Kapelle (f) | [ka'pɛlə] |

| morte (f) | Tod (m) | [toːt] |
| morrer (vi) | sterben (vi) | ['ʃtɛʁbən] |
| defunto (m) | Verstorbene (m) | [fɛɐ'ʃtoʁbənɐ] |
| luto (m) | Trauer (f) | ['tʀaʊɐ] |

| enterrar, sepultar (vt) | begraben (vt) | [bə'gʀaːbən] |
| funerária (f) | Bestattungsinstitut (n) | [bə'ʃtatʊŋs?ɪnsti͜tuːt] |
| funeral (m) | Begräbnis (n) | [bə'gʀɛːpnɪs] |

| coroa (f) de flores | Kranz (m) | [kʀants] |
| caixão (m) | Sarg (m) | [zaʁk] |
| carro (m) funerário | Katafalk (m) | [kata'falk] |
| mortalha (f) | Totenhemd (n) | ['toːtən͜hɛmt] |

| procissão (f) funerária | Trauerzug (m) | ['tʀaʊɐ͜tsuːk] |
| urna (f) funerária | Urne (f) | ['ʊʁnə] |
| crematório (m) | Krematorium (n) | [kʀema'toːʀiʊm] |

| obituário (m), necrologia (f) | Nachruf (m) | ['naːχʀʊːf] |
| chorar (vi) | weinen (vi) | ['vaɪnən] |
| soluçar (vi) | schluchzen (vi) | ['ʃlʊχtsən] |

## 183. Guerra. Soldados

| pelotão (m) | Zug (m) | [tsuːk] |
| companhia (f) | Kompanie (f) | [kɔmpa'niː] |
| regimento (m) | Regiment (n) | [ʀegi'mɛnt] |
| exército (m) | Armee (f) | [aʁ'meː] |

| divisão (f) | Division (f) | [divi'zjo:n] |
| esquadrão (m) | Abteilung (f) | [ap'taɪlʊŋ] |
| hoste (f) | Heer (n) | [he:ɐ] |

| soldado (m) | Soldat (m) | [zɔl'da:t] |
| oficial (m) | Offizier (m) | [ɔfi'tsi:ɐ] |

| soldado (m) raso | Soldat (m) | [zɔl'da:t] |
| sargento (m) | Feldwebel (m) | ['fɛlt‚ve:bəl] |
| tenente (m) | Leutnant (m) | ['lɔɪtnant] |
| capitão (m) | Hauptmann (m) | ['haʊptman] |
| major (m) | Major (m) | [ma'jo:ɐ] |

| coronel (m) | Oberst (m) | ['o:bɛst] |
| general (m) | General (m) | [genə'ʀa:l] |

| marujo (m) | Matrose (m) | [ma'tʀo:zə] |
| capitão (m) | Kapitän (m) | [kapi'tɛn] |
| contramestre (m) | Bootsmann (m) | ['bo:tsman] |

| artilheiro (m) | Artillerist (m) | ['aʁtɪləʀɪst] |
| soldado (m) paraquedista | Fallschirmjäger (m) | ['falʃɪʁmˌjɛ:gɐ] |
| piloto (m) | Pilot (m) | [pi'lo:t] |

| navegador (m) | Steuermann (m) | ['ʃtɔɪɐˌman] |
| mecânico (m) | Mechaniker (m) | [me'ça:nikɐ] |

| sapador-mineiro (m) | Pionier (m) | [pɪo'ni:ɐ] |
| paraquedista (m) | Fallschirmspringer (m) | ['falʃɪʁmˌʃpʀɪŋɐ] |

| explorador (m) | Aufklärer (m) | ['aʊfˌklɛ:ʀɐ] |
| atirador (m) de tocaia | Scharfschütze (m) | ['ʃaʁfˌʃʏtsə] |

| patrulha (f) | Patrouille (f) | [pa'tʀʊljə] |
| patrulhar (vt) | patrouillieren (vi) | [patʀʊl'ji:ʀən] |
| sentinela (f) | Wache (f) | ['vaχə] |

| guerreiro (m) | Krieger (m) | ['kʀi:gɐ] |
| patriota (m) | Patriot (m) | [patʀi'o:t] |

| herói (m) | Held (m) | [hɛlt] |
| heroína (f) | Heldin (f) | ['hɛldɪn] |

| traidor (m) | Verräter (m) | [fɛɐ'ʀɛ:tɐ] |
| trair (vt) | verraten (vt) | [fɛɐ'ʀa:tən] |

| desertor (m) | Deserteur (m) | [dezɛʁ'tø:ɐ] |
| desertar (vt) | desertieren (vi) | [dezɛʁ'ti:ʀən] |

| mercenário (m) | Söldner (m) | ['zœldnɐ] |
| recruta (m) | Rekrut (m) | [ʀe'kʀu:t] |
| voluntário (m) | Freiwillige (m) | [ˌfʀaɪvɪlɪgə] |

| morto (m) | Getoetete (m) | [gə'tø:tətə] |
| ferido (m) | Verwundete (m) | [fɛɐ'vʊndətə] |
| prisioneiro (m) de guerra | Kriegsgefangene (m) | ['kʀi:ks‧gəˌfaŋənə] |

## 184. Guerra. Ações militares. Parte 1

| | | |
|---|---|---|
| guerra (f) | Krieg (m) | [kʀiːk] |
| guerrear (vt) | Krieg führen | [kʀiːk 'fyːʀən] |
| guerra (f) civil | Bürgerkrieg (m) | ['byʀgɐˌkʀiːk] |

| | | |
|---|---|---|
| perfidamente | heimtückisch | ['haɪmˌtʏkɪʃ] |
| declaração (f) de guerra | Kriegserklärung (f) | ['kʀiːksʔɛɐˌklɛːʀʊŋ] |
| declarar guerra | erklären (vt) | [ɛɐ'klɛːʀən] |
| agressão (f) | Aggression (f) | [agʀɛ'sjoːn] |
| atacar (vt) | einfallen (vt) | ['aɪnˌfalən] |

| | | |
|---|---|---|
| invadir (vt) | einfallen (vi) | ['aɪnˌfalən] |
| invasor (m) | Invasoren (pl) | [ɪnva'zoːʀən] |
| conquistador (m) | Eroberer (m) | [ɛɐ'ʔoːbəʀɐ] |

| | | |
|---|---|---|
| defesa (f) | Verteidigung (f) | [fɛɐ'taɪdɪgʊŋ] |
| defender (vt) | verteidigen (vt) | [fɛɐ'taɪdɪgən] |
| defender-se (vr) | sich verteidigen | [zɪç fɛɐ'taɪdɪgən] |

| | | |
|---|---|---|
| inimigo (m) | Feind (m) | [faɪnt] |
| adversário (m) | Gegner (m) | ['geːgnɐ] |
| inimigo (adj) | Feind- | [faɪnt] |

| | | |
|---|---|---|
| estratégia (f) | Strategie (f) | [ʃtʀate'giː] |
| tática (f) | Taktik (f) | ['taktɪk] |

| | | |
|---|---|---|
| ordem (f) | Befehl (m) | [bə'feːl] |
| comando (m) | Anordnung (f) | ['anˌʔɔʀdnʊŋ] |
| ordenar (vt) | befehlen (vt) | [ˌbə'feːlən] |
| missão (f) | Auftrag (m) | ['aʊfˌtʀaːk] |
| secreto (adj) | geheim | [gə'haɪm] |

| | | |
|---|---|---|
| batalha (f) | Gefecht (n) | [gə'fɛçt] |
| combate (m) | Kampf (m) | [kampf] |

| | | |
|---|---|---|
| ataque (m) | Angriff (m) | ['anˌgʀɪf] |
| assalto (m) | Sturm (m) | [ʃtʊʀm] |
| assaltar (vt) | stürmen (vt) | ['ʃtʏʀmən] |
| assédio, sítio (m) | Belagerung (f) | [bə'laːgəʀʊŋ] |

| | | |
|---|---|---|
| ofensiva (f) | Angriff (m) | ['anˌgʀɪf] |
| tomar à ofensiva | angreifen (vt) | ['anˌgʀaɪfən] |

| | | |
|---|---|---|
| retirada (f) | Rückzug (m) | ['ʀʏkˌtsuːk] |
| retirar-se (vr) | sich zurückziehen | [zɪç tsu'ʀʏkˌtsiːən] |

| | | |
|---|---|---|
| cerco (m) | Einkesselung (f) | ['aɪnˌkɛsəlʊŋ] |
| cercar (vt) | einkesseln (vt) | ['aɪnˌkɛsəln] |

| | | |
|---|---|---|
| bombardeio (m) | Bombenangriff (m) | ['bɔmbənˌʔangʀɪf] |
| lançar uma bomba | eine Bombe abwerfen | ['aɪnə 'bɔmbə 'apˌvɛʀfən] |
| bombardear (vt) | bombardieren (vt) | [bɔmbaʀ'diːʀən] |
| explosão (f) | Explosion (f) | [ɛksplo'zjoːn] |
| tiro (m) | Schuss (m) | [ʃʊs] |

| dar um tiro | schießen (vt) | ['ʃi:sən] |
| tiroteio (m) | Schießerei (f) | [ʃi:sə'ʀaɪ] |

| apontar para ... | zielen auf ... | ['tsi:lən aʊf] |
| apontar (vt) | richten (vt) | ['ʀɪçtən] |
| acertar (vt) | treffen (vt) | ['tʀɛfən] |

| afundar (~ um navio, etc.) | versenken (vt) | [fɛɛ'zɛŋkən] |
| brecha (f) | Loch (n) | [lɔx] |
| afundar-se (vr) | versinken (vi) | [fɛɛ'zɪŋkən] |

| frente (m) | Front (f) | [fʀɔnt] |
| evacuação (f) | Evakuierung (f) | [evaku'i:ʀʊŋ] |
| evacuar (vt) | evakuieren (vt) | [evaku'i:ʀən] |

| trincheira (f) | Schützengraben (m) | ['ʃʏtsən‚gʀa:bən] |
| arame (m) enfarpado | Stacheldraht (m) | ['ʃtaxəl‚dʀa:t] |
| barreira (f) anti-tanque | Sperre (f) | ['ʃpɛʀə] |
| torre (f) de vigia | Wachtturm (m) | ['vaxt‚tuʁm] |

| hospital (m) militar | Lazarett (n) | [latsa'ʀɛt] |
| ferir (vt) | verwunden (vt) | [fɛɛ'vʊndən] |
| ferida (f) | Wunde (f) | ['vʊndə] |
| ferido (m) | Verwundete (m) | [fɛɛ'vʊndətə] |
| ficar ferido | verletzt sein | [fɛɛ'lɛtst zaɪn] |
| grave (ferida ~) | schwer | [ʃve:ɐ] |

## 185. Guerra. Ações militares. Parte 2

| cativeiro (m) | Gefangenschaft (f) | [gə'faŋənʃaft] |
| capturar (vt) | gefangen nehmen (vt) | [gə'faŋən 'ne:mən] |
| estar em cativeiro | in Gefangenschaft sein | [ɪn gə'faŋənʃaft zaɪn] |
| ser aprisionado | in Gefangenschaft geraten | [ɪn gə'faŋənʃaft gə'ʀa:tən] |

| campo (m) de concentração | Konzentrationslager (n) | [kɔntsɛntʀa'tsjo:ns‚la:gə] |
| prisioneiro (m) de guerra | Kriegsgefangene (m) | ['kʀi:ks·gə‚faŋənə] |
| escapar (vi) | fliehen (vi) | ['fli:ən] |

| trair (vt) | verraten (vt) | [fɛɛ'ʀa:tən] |
| traidor (m) | Verräter (m) | [fɛɛ'ʀɛ:tɐ] |
| traição (f) | Verrat (m) | [fɛɛ'ʀa:t] |

| fuzilar, executar (vt) | erschießen (vt) | [ɛɐ'ʃi:sən] |
| fuzilamento (m) | Erschießung (f) | [ɛɐ'ʃi:sʊŋ] |

| equipamento (m) | Ausrüstung (f) | ['aʊs‚ʀʏstʊŋ] |
| insígnia (f) de ombro | Schulterstück (n) | ['ʃʊltɐ‚ʃtʏk] |
| máscara (f) de gás | Gasmaske (f) | ['ga:s‚maskə] |

| rádio (m) | Funkgerät (n) | ['fʊŋk·gə‚ʀɛ:t] |
| cifra (f), código (m) | Chiffre (f) | ['ʃɪfʀə] |
| conspiração (f) | Geheimhaltung (f) | [gə'haɪm‚haltʊŋ] |
| senha (f) | Kennwort (n) | ['kɛn‚vɔʁt] |
| mina (f) | Mine (f) | ['mi:nə] |

| minar (vt) | Minen legen | ['mi:nən 'le:gən] |
| campo (m) minado | Minenfeld (n) | ['mi:nən‚fɛlt] |

| alarme (m) aéreo | Luftalarm (m) | ['lʊft?a‚laʁm] |
| alarme (m) | Alarm (m) | [a'laʁm] |
| sinal (m) | Signal (n) | [zɪ'gna:l] |
| sinalizador (m) | Signalrakete (f) | [zɪ'gna:l·ʀa‚ke:tə] |

| quartel-general (m) | Hauptquartier (n) | ['haʊpt·kvaʁ‚ti:ɐ] |
| reconhecimento (m) | Aufklärung (f) | ['aʊf‚klɛ:ʀʊŋ] |
| situação (f) | Lage (f) | ['la:gə] |
| relatório (m) | Bericht (m) | [bə'ʀɪçt] |
| emboscada (f) | Hinterhalt (m) | ['hɪntɐ‚halt] |
| reforço (m) | Verstärkung (f) | [fɛɐ'ʃtɛʀkʊŋ] |

| alvo (m) | Zielscheibe (f) | ['tsi:l‚ʃaɪbə] |
| campo (m) de tiro | Schießplatz (m) | ['ʃi:s‚plats] |
| manobras (f pl) | Manöver (n) | [ma'nø:vɐ] |

| pânico (m) | Panik (f) | ['pa:nɪk] |
| devastação (f) | Verwüstung (f) | [fɛɐ'vy:stʊŋ] |
| ruínas (f pl) | Trümmer (pl) | ['tʀʏmɐ] |
| destruir (vt) | zerstören (vt) | [tsɛɐ'ʃtø:ʀən] |

| sobreviver (vi) | überleben (vi) | [‚y:bɐ'le:bən] |
| desarmar (vt) | entwaffnen (vt) | [ɛnt'vafnən] |
| manusear (vt) | handhaben (vt) | ['hant‚ha:bən] |

| Sentido! | Stillgestanden! | ['ʃtɪlgəˌʃtandən] |
| Descansar! | Rühren! | ['ʀy:ʀən] |

| façanha (f) | Heldentat (f) | ['hɛldənˌta:t] |
| juramento (m) | Eid (m), Schwur (m) | [aɪt], [ʃvu:ɐ] |
| jurar (vi) | schwören (vi, vt) | ['ʃvø:ʀən] |

| condecoração (f) | Lohn (m) | [lo:n] |
| condecorar (vt) | auszeichnen (vt) | ['aʊs‚tsaɪçnən] |
| medalha (f) | Medaille (f) | [me'daljə] |
| ordem (f) | Orden (m) | ['ɔʁdən] |

| vitória (f) | Sieg (m) | [zi:k] |
| derrota (f) | Niederlage (f) | ['ni:dɐ‚la:gə] |
| armistício (m) | Waffenstillstand (m) | ['vafənˌʃtɪlʃtant] |

| bandeira (f) | Fahne (f) | ['fa:nə] |
| glória (f) | Ruhm (m) | [ʀu:m] |
| parada (f) | Parade (f) | [pa'ʀa:də] |
| marchar (vi) | marschieren (vi) | [maʁ'ʃi:ʀən] |

## 186. Armas

| arma (f) | Waffe (f) | ['vafə] |
| arma (f) de fogo | Schusswaffe (f) | ['ʃʊs‚vafə] |
| arma (f) branca | blanke Waffe (f) | ['blaŋkə 'vafə] |

| arma (f) química | chemischen Waffen (pl) | [çe:miʃən 'vafən] |
| nuclear (adj) | Kern-, Atom- | [kɛʁn], [a'to:m] |
| arma (f) nuclear | Kernwaffe (f) | ['kɛʁn‚vafə] |

| bomba (f) | Bombe (f) | ['bɔmbə] |
| bomba (f) atômica | Atombombe (f) | [a'to:m‚bɔmbə] |

| pistola (f) | Pistole (f) | [pɪs'to:lə] |
| rifle (m) | Gewehr (n) | [gə've:ɐ] |
| semi-automática (f) | Maschinenpistole (f) | [ma'ʃi:nən·pɪs‚to:lə] |
| metralhadora (f) | Maschinengewehr (n) | [ma'ʃi:nən·gə‚ve:ɐ] |

| boca (f) | Mündung (f) | ['mʏndʊŋ] |
| cano (m) | Lauf (m) | [laʊf] |
| calibre (m) | Kaliber (n) | [‚ka'li:bɐ] |

| gatilho (m) | Abzug (m) | ['ap‚tsu:k] |
| mira (f) | Visier (n) | [vi'zi:ɐ] |
| carregador (m) | Magazin (n) | [maga'tsi:n] |
| coronha (f) | Kolben (m) | [kɔlbən] |

| granada (f) de mão | Handgranate (f) | ['hant·gʁa‚na:tə] |
| explosivo (m) | Sprengstoff (m) | ['ʃpʁɛŋ‚ʃtɔf] |

| bala (f) | Kugel (f) | ['ku:gəl] |
| cartucho (m) | Patrone (f) | [pa'tʁo:nə] |
| carga (f) | Ladung (f) | ['la:dʊŋ] |
| munições (f pl) | Munition (f) | [muni'tsjo:n] |

| bombardeiro (m) | Bomber (m) | ['bɔmbɐ] |
| avião (m) de caça | Kampfflugzeug (n) | ['kampfflu:k‚tsɔɪk] |
| helicóptero (m) | Hubschrauber (m) | ['hu:p‚ʃʁaʊbɐ] |

| canhão (m) antiaéreo | Flugabwehrkanone (f) | [flu:k'ʔapve:ɐka‚no:nə] |
| tanque (m) | Panzer (m) | ['pantsɐ] |
| canhão (de um tanque) | Panzerkanone (f) | ['pantsɐ‚ka'no:nə] |

| artilharia (f) | Artillerie (f) | ['aʁtɪləʁi:] |
| canhão (m) | Haubitze (f), Kanone (f) | [haʊ'bɪtsə], [ka'no:nə] |
| fazer a pontaria | richten (vt) | ['ʁɪçtən] |

| projétil (m) | Geschoß (n) | [gə'ʃo:s] |
| granada (f) de morteiro | Wurfgranate (f) | ['vʊʁf·gʁa'na:tə] |
| morteiro (m) | Granatwerfer (m) | [gʁa'na:t‚vɛʁfɐ] |
| estilhaço (m) | Splitter (m) | ['ʃplɪtɐ] |

| submarino (m) | U-Boot (n) | ['u:bo:t] |
| torpedo (m) | Torpedo (m) | [tɔʁ'pe:do] |
| míssil (m) | Rakete (f) | [ʁa'ke:tə] |

| carregar (uma arma) | laden (vt) | ['la:dən] |
| disparar, atirar (vi) | schießen (vi) | ['ʃi:sən] |
| apontar para ... | zielen auf ... | ['tsi:lən aʊf] |
| baioneta (f) | Bajonett (n) | [‚bajo'nɛt] |
| espada (f) | Degen (m) | ['de:gən] |
| sabre (m) | Säbel (m) | ['zɛ:bəl] |

| | | |
|---|---|---|
| lança (f) | Speer (m) | [ʃpeːɐ] |
| arco (m) | Bogen (m) | ['boːgən] |
| flecha (f) | Pfeil (m) | [pfaɪl] |
| mosquete (m) | Muskete (f) | [mʊs'keːtə] |
| besta (f) | Armbrust (f) | ['aʁmˌbʁʊst] |

## 187. Povos da antiguidade

| | | |
|---|---|---|
| primitivo (adj) | vorzeitlich | ['foːɐˌtsaɪtlɪç] |
| pré-histórico (adj) | prähistorisch | [ˌpʁɛhɪs'toːʁɪʃ] |
| antigo (adj) | alt | [alt] |
| | | |
| Idade (f) da Pedra | Steinzeit (f) | ['ʃtaɪnˌtsaɪt] |
| Idade (f) do Bronze | Bronzezeit (f) | ['bʁɔŋsəˌtsaɪt] |
| Era (f) do Gelo | Eiszeit (f) | ['aɪsˌtsaɪt] |
| | | |
| tribo (f) | Stamm (m) | [ʃtam] |
| canibal (m) | Kannibale (m) | [kani'baːlə] |
| caçador (m) | Jäger (m) | ['jɛːgɐ] |
| caçar (vi) | jagen (vi) | ['jagən] |
| mamute (m) | Mammut (n) | ['mamʊt] |
| | | |
| caverna (f) | Höhle (f) | ['høːlə] |
| fogo (m) | Feuer (n) | ['fɔɪɐ] |
| fogueira (f) | Lagerfeuer (n) | ['laːgɐˌfɔɪɐ] |
| pintura (f) rupestre | Höhlenmalerei (f) | ['høːlən·maːləˌʁaɪ] |
| | | |
| ferramenta (f) | Werkzeug (n) | ['vɛʁkˌtsɔɪk] |
| lança (f) | Speer (m) | [ʃpeːɐ] |
| machado (m) de pedra | Steinbeil (n), Steinaxt (f) | ['ʃtaɪnˌbaɪl], ['ʃtaɪnˌakst] |
| | | |
| guerrear (vt) | Krieg führen | [kʁiːk 'fyːʁən] |
| domesticar (vt) | domestizieren (vt) | [domɛsti'tsiːʁən] |
| | | |
| ídolo (m) | Idol (n) | [i'doːl] |
| adorar, venerar (vt) | anbeten (vt) | ['anˌbeːtən] |
| | | |
| superstição (f) | Aberglaube (m) | ['aːbɐˌglaʊbə] |
| ritual (m) | Ritus (m), Ritual (n) | ['ʁiːtʊs], [ʁi'tuaːl] |
| | | |
| evolução (f) | Evolution (f) | [evolu'tsjoːn] |
| desenvolvimento (m) | Entwicklung (f) | [ɛnt'vɪklʊŋ] |
| | | |
| extinção (f) | Verschwinden (n) | [fɛɐ'ʃvɪndən] |
| adaptar-se (vr) | sich anpassen | [zɪç 'anˌpasən] |
| | | |
| arqueologia (f) | Archäologie (f) | [aʁçɛolo'giː] |
| arqueólogo (m) | Archäologe (m) | [aʁçɛo'loːgə] |
| arqueológico (adj) | archäologisch | [aʁçɛo'loːgɪʃ] |
| | | |
| escavação (sítio) | Ausgrabungsstätte (f) | ['aʊsgʁaːbʊŋsˌʃtɛtə] |
| escavações (f pl) | Ausgrabungen (pl) | ['aʊsgʁaːbʊŋən] |
| achado (m) | Fund (m) | [fʊnt] |
| fragmento (m) | Fragment (n) | [fʁa'gmɛnt] |

## 188. Idade média

| | | |
|---|---|---|
| povo (m) | Volk (n) | [fɔlk] |
| povos (m pl) | Völker (pl) | ['fœlkɐ] |
| tribo (f) | Stamm (m) | [ʃtam] |
| tribos (f pl) | Stämme (pl) | ['ʃtɛmə] |
| bárbaros (pl) | Barbaren (pl) | [baʁ'baːʀən] |
| galeses (pl) | Gallier (pl) | ['galɪɐ] |
| godos (pl) | Goten (pl) | ['goːtən] |
| eslavos (pl) | Slawen (pl) | ['slaːvən] |
| viquingues (pl) | Wikinger (pl) | ['viːkɪŋɐ] |
| romanos (pl) | Römer (pl) | ['ʀøːmɐ] |
| romano (adj) | römisch | ['ʀøːmɪʃ] |
| bizantinos (pl) | Byzantiner (pl) | [bytsan'tiːnɐ] |
| Bizâncio | Byzanz (n) | [by'tsants] |
| bizantino (adj) | byzantinisch | [bytsan'tiːnɪʃ] |
| imperador (m) | Kaiser (m) | ['kaɪzɐ] |
| líder (m) | Häuptling (m) | ['hɔɪptlɪŋ] |
| poderoso (adj) | mächtig | ['mɛçtɪç] |
| rei (m) | König (m) | ['køːnɪç] |
| governante (m) | Herrscher (m) | ['hɛʁʃɐ] |
| cavaleiro (m) | Ritter (m) | ['ʀɪtɐ] |
| senhor feudal (m) | Feudalherr (m) | [fɔɪ'daːlˌhɛʁ] |
| feudal (adj) | feudal, Feudal- | [fɔɪ'daːl] |
| vassalo (m) | Vasall (m) | [va'zal] |
| duque (m) | Herzog (m) | ['hɛʁtsoːk] |
| conde (m) | Graf (m) | [gʀaːf] |
| barão (m) | Baron (m) | [ba'ʀoːn] |
| bispo (m) | Bischof (m) | ['bɪʃɔf] |
| armadura (f) | Rüstung (f) | ['ʀʏstʊŋ] |
| escudo (m) | Schild (m) | [ʃɪlt] |
| espada (f) | Schwert (n) | [ʃveːɐt] |
| viseira (f) | Visier (n) | [vi'ziːɐ] |
| cota (f) de malha | Panzerhemd (n) | ['pantsəˌhɛmt] |
| cruzada (f) | Kreuzzug (m) | ['kʀɔɪtsˌtsuːk] |
| cruzado (m) | Kreuzritter (m) | ['kʀɔɪtsˌʀɪtɐ] |
| território (m) | Territorium (n) | [tɛʀi'toːʀiʊm] |
| atacar (vt) | einfallen (vt) | ['aɪnˌfalən] |
| conquistar (vt) | erobern (vt) | [ɛɐ'ʔoːbɐn] |
| ocupar, invadir (vt) | besetzen (vt) | [bə'zɛtsən] |
| assédio, sítio (m) | Belagerung (f) | [bə'laːgəʀʊŋ] |
| sitiado (adj) | belagert | [bə'laːgɐt] |
| assediar, sitiar (vt) | belagern (vt) | [bə'laːgɐn] |
| inquisição (f) | Inquisition (f) | [ɪnkvizi'tsjoːn] |
| inquisidor (m) | Inquisitor (m) | [ɪnkvi'ziːtoːɐ] |

| tortura (f) | Folter (f) | ['fɔltɐ] |
| cruel (adj) | grausam | ['gʀaʊˌzaːm] |
| herege (m) | Häretiker (m) | [hɛ'ʀetikɐ] |
| heresia (f) | Häresie (f) | [hɛʀe'ziː] |

| navegação (f) marítima | Seefahrt (f) | ['zeːˌfaːɐt] |
| pirata (m) | Seeräuber (m) | ['zeːˌʀɔɪbɐ] |
| pirataria (f) | Seeräuberei (f) | ['zeːˌʀɔɪbəʀaɪ] |
| abordagem (f) | Enterung (f) | ['ɛnteʀʊŋ] |
| presa (f), butim (m) | Beute (f) | ['bɔɪtə] |
| tesouros (m pl) | Schätze (pl) | ['ʃɛtsə] |

| descobrimento (m) | Entdeckung (f) | [ɛnt'dɛkʊŋ] |
| descobrir (novas terras) | entdecken (vt) | [ɛnt'dɛkən] |
| expedição (f) | Expedition (f) | [ɛkspedi'tsjoːn] |

| mosqueteiro (m) | Musketier (m) | [mʊske'tiːɐ] |
| cardeal (m) | Kardinal (m) | [ˌkaʁdi'naːl] |
| heráldica (f) | Heraldik (f) | [he'ʀaldɪk] |
| heráldico (adj) | heraldisch | [he'ʀaldɪʃ] |

## 189. Líder. Chefe. Autoridades

| rei (m) | König (m) | ['køːnɪç] |
| rainha (f) | Königin (f) | ['køːnɪgɪn] |
| real (adj) | königlich | ['køːnɪklɪç] |
| reino (m) | Königreich (n) | ['køːnɪkˌʀaɪç] |

| príncipe (m) | Prinz (m) | [pʀɪnts] |
| princesa (f) | Prinzessin (f) | [pʀɪn'tsɛsɪn] |

| presidente (m) | Präsident (m) | [pʀɛzi'dɛnt] |
| vice-presidente (m) | Vizepräsident (m) | ['fiːtsə·pʀɛziˌdɛnt] |
| senador (m) | Senator (m) | [ze'naːtoːɐ] |

| monarca (m) | Monarch (m) | [mo'naʁç] |
| governante (m) | Herrscher (m) | ['hɛʁʃɐ] |
| ditador (m) | Diktator (m) | [dɪk'taːtoːɐ] |
| tirano (m) | Tyrann (m) | [ty'ʀan] |
| magnata (m) | Magnat (m) | [ma'gnaːt] |

| diretor (m) | Direktor (m) | [di'ʀɛktoːɐ] |
| chefe (m) | Chef (m) | [ʃɛf] |
| gerente (m) | Leiter (m) | ['laɪtɐ] |
| patrão (m) | Boss (m) | [bɔs] |
| dono (m) | Eigentümer (m) | ['aɪgəntyːmɐ] |

| chefe (m) | Leiter (m) | ['laɪtɐ] |
| autoridades (f pl) | Behörden (pl) | [bə'høːɐdən] |
| superiores (m pl) | Vorgesetzten (pl) | ['foːɐgəˌzɛtstən] |

| governador (m) | Gouverneur (m) | [guvɛʁ'nøːɐ] |
| cônsul (m) | Konsul (m) | ['kɔnzʊl] |
| diplomata (m) | Diplomat (m) | [ˌdiplo'maːt] |

| Presidente (m) da Câmara | Bürgermeister (m) | ['bʏʁgɐˌmaɪstɐ] |
| xerife (m) | Sheriff (m) | ['ʃɛʁɪf] |

| imperador (m) | Kaiser (m) | ['kaɪzɐ] |
| czar (m) | Zar (m) | [tsaːɐ] |
| faraó (m) | Pharao (m) | ['faːʁao] |
| cã, khan (m) | Khan (m) | [kaːn] |

## 190. Estrada. Caminho. Direções

| estrada (f) | Fahrbahn (f) | ['faːɐˌbaːn] |
| via (f) | Weg (m) | [veːk] |

| rodovia (f) | Autobahn (f) | ['aʊtoˌbaːn] |
| autoestrada (f) | Schnellstraße (f) | ['ʃnɛlˌʃtʁaːsə] |
| estrada (f) nacional | Bundesstraße (f) | ['bʊndəsˌʃtʁaːsə] |

| estrada (f) principal | Hauptstraße (f) | ['haʊptˌʃtʁaːsə] |
| estrada (f) de terra | Feldweg (m) | ['fɛltˌveːk] |

| trilha (f) | Pfad (m) | [pfaːt] |
| pequena trilha (f) | Fußweg (m) | ['fuːsˌveːk] |

| Onde? | Wo? | [voː] |
| Para onde? | Wohin? | [vo'hɪn] |
| De onde? | Woher? | [vo'heːɐ] |

| direção (f) | Richtung (f) | ['ʁɪçtʊŋ] |
| indicar (~ o caminho) | zeigen (vt) | ['tsaɪgən] |

| para a esquerda | nach links | [naːχ lɪŋks] |
| para a direita | nach rechts | [naːχ ʁɛçts] |
| em frente | geradeaus | [gəʁaːdə'ʔaʊs] |
| para trás | zurück | [tsu'ʁʏk] |

| curva (f) | Kurve (f) | ['kʊʁvə] |
| virar (~ para a direita) | abbiegen (vi) | ['apˌbiːgən] |
| dar retorno | umkehren (vi) | ['ʊmˌkeːʁən] |

| estar visível | sichtbar sein | ['zɪçtbaːɐ zaɪn] |
| aparecer (vi) | erscheinen (vi) | [ɛɐ'ʃaɪnən] |

| paragem (pausa) | Aufenthalt (m) | ['aʊfʔɛnthalt] |
| descansar (vi) | sich erholen | [zɪç ɛɐ'hoːlən] |
| descanso, repouso (m) | Erholung (f) | [ɛɐ'hoːlʊŋ] |

| perder-se (vr) | sich verirren | [zɪç fɛɐ'ʔɪʁən] |
| conduzir a ... (caminho) | führen (in ..., nach ...) | ['fyːʁən] |
| chegar a ... | ankommen in ... | ['anˌkɔmən in] |
| trecho (m) | Strecke (f) | ['ʃtʁɛkə] |

| asfalto (m) | Asphalt (m) | [as'falt] |
| meio-fio (m) | Bordstein (m) | ['bɔʁtˌʃtaɪn] |
| valeta (f) | Graben (m) | ['gʁaːbən] |

| tampa (f) de esgoto | Gully (m, n) | ['gʊli] |
| acostamento (m) | Straßenrand (m) | ['ʃtʀaːsənˌʀant] |
| buraco (m) | Schlagloch (n) | ['ʃlaːkˌlɔx] |

| ir (a pé) | gehen (vi) | ['geːən] |
| ultrapassar (vt) | überholen (vt) | [ˌyːbɐ'hoːlən] |

| passo (m) | Schritt (m) | [ʃʀɪt] |
| a pé | zu Fuß | [tsu 'fuːs] |

| bloquear (vt) | blockieren (vt) | [blɔ'kiːʀən] |
| cancela (f) | Schlagbaum (m) | ['ʃlaːkˌbaʊm] |
| beco (m) sem saída | Sackgasse (f) | ['zakˌgasə] |

## 191. Violação da lei. Criminosos. Parte 1

| bandido (m) | Bandit (m) | [ban'diːt] |
| crime (m) | Verbrechen (n) | [fɛɐ'bʀɛçən] |
| criminoso (m) | Verbrecher (m) | [fɛɐ'bʀɛçɐ] |

| ladrão (m) | Dieb (m) | [diːp] |
| roubar (vt) | stehlen (vt) | ['ʃteːlən] |
| roubo (atividade) | Diebstahl (m) | ['diːpˌʃtaːl] |
| furto (m) | Stehlen (n) | ['ʃteːlən] |

| raptar, sequestrar (vt) | kidnappen (vt) | ['kɪtˌnɛpən] |
| sequestro (m) | Kidnapping (n) | ['kɪtˌnɛpɪŋ] |
| sequestrador (m) | Kidnapper (m) | ['kɪtˌnɛpɐ] |

| resgate (m) | Lösegeld (n) | ['løːzəˌgɛlt] |
| pedir resgate | Lösegeld verlangen | ['løːzəˌgɛlt fɛɐ'laŋən] |

| roubar (vt) | rauben (vt) | ['ʀaʊbən] |
| assalto, roubo (m) | Raub (m) | ['ʀaʊp] |
| assaltante (m) | Räuber (m) | ['ʀɔɪbɐ] |

| extorquir (vt) | erpressen (vt) | [ɛɐ'pʀɛsən] |
| extorsionário (m) | Erpresser (m) | [ɛɐ'pʀɛsɐ] |
| extorsão (f) | Erpressung (f) | [ɛɐ'pʀɛsʊŋ] |

| matar, assassinar (vt) | morden (vt) | ['mɔʁdən] |
| homicídio (m) | Mord (m) | [mɔʁt] |
| homicida, assassino (m) | Mörder (m) | ['mœʁdɐ] |

| tiro (m) | Schuss (m) | [ʃʊs] |
| dar um tiro | schießen (vt) | ['ʃiːsən] |
| matar a tiro | erschießen (vt) | [ɛɐ'ʃiːsən] |
| disparar, atirar (vi) | feuern (vi) | ['fɔɪɐn] |
| tiroteio (m) | Schießerei (f) | [ʃiːsə'ʀaɪ] |

| incidente (m) | Vorfall (m) | ['foːɐfal] |
| briga (~ de rua) | Schlägerei (f) | [ʃlɛːgə'ʀaɪ] |
| Socorro! | Hilfe! | ['hɪlfə] |
| vítima (f) | Opfer (n) | ['ɔpfɐ] |

| danificar (vt) | beschädigen (vt) | [bə'ʃɛ:dɪgən] |
| dano (m) | Schaden (m) | ['ʃa:dən] |
| cadáver (m) | Leiche (f) | ['laɪçə] |
| grave (adj) | schwer | [ʃveːɐ] |

| atacar (vt) | angreifen (vt) | ['anˌgʀaɪfən] |
| bater (espancar) | schlagen (vt) | ['ʃla:gən] |
| espancar (vt) | verprügeln (vt) | [fɛɐ'pʀy:gəln] |
| tirar, roubar (dinheiro) | wegnehmen (vt) | ['vɛkˌne:mən] |
| esfaquear (vt) | erstechen (vt) | [ɛɐ'ʃtɛçən] |
| mutilar (vt) | verstümmeln (vt) | [fɛɐ'ʃtʏməln] |
| ferir (vt) | verwunden (vt) | [fɛɐ'vʊndən] |

| chantagem (f) | Erpressung (f) | [ɛɐ'pʀɛsʊŋ] |
| chantagear (vt) | erpressen (vt) | [ɛɐ'pʀɛsən] |
| chantagista (m) | Erpresser (m) | [ɛɐ'pʀɛsɐ] |

| extorsão (f) | Schutzgelderpressung (f) | ['ʃʊtsgɛlt?ɛɐˌpʀɛsʊŋ] |
| extorsionário (m) | Erpresser (m) | [ɛɐ'pʀɛsɐ] |
| gângster (m) | Gangster (m) | ['gɛŋstɐ] |
| máfia (f) | Mafia (f) | ['mafɪa] |

| punguista (m) | Taschendieb (m) | ['taʃənˌdi:p] |
| assaltante, ladrão (m) | Einbrecher (m) | ['aɪnˌbʀɛçɐ] |
| contrabando (m) | Schmuggel (m) | ['ʃmʊgəl] |
| contrabandista (m) | Schmuggler (m) | ['ʃmʊglɐ] |

| falsificação (f) | Fälschung (f) | ['fɛlʃʊŋ] |
| falsificar (vt) | fälschen (vt) | ['fɛlʃən] |
| falsificado (adj) | gefälscht | [gə'fɛlʃt] |

## 192. Violação da lei. Criminosos. Parte 2

| estupro (m) | Vergewaltigung (f) | [fɛɐgə'valtɪgʊŋ] |
| estuprar (vt) | vergewaltigen (vt) | [fɛɐgə'valtɪgən] |
| estuprador (m) | Gewalttäter (m) | [gə'valtˌtɛ:tɐ] |
| maníaco (m) | Besessene (m) | [bə'zɛsənə] |

| prostituta (f) | Prostituierte (f) | [ˌpʀostitu'i:ɐtə] |
| prostituição (f) | Prostitution (f) | [pʀostitu'tsjo:n] |
| cafetão (m) | Zuhälter (m) | ['tsu:ˌhɛltɐ] |

| drogado (m) | Drogenabhängiger (m) | ['dʀo:gənˌ?aphɛŋɪgɐ] |
| traficante (m) | Drogenhändler (m) | ['dʀo:gənˌhɛndlɐ] |

| explodir (vt) | sprengen (vt) | ['ʃpʀɛŋən] |
| explosão (f) | Explosion (f) | [ɛksplo'zjo:n] |
| incendiar (vt) | in Brand stecken | [ɪn bʀant 'ʃtɛkən] |
| incendiário (m) | Brandstifter (m) | ['bʀantˌʃtɪftɐ] |

| terrorismo (m) | Terrorismus (m) | [tɛʀo'ʀɪsmʊs] |
| terrorista (m) | Terrorist (m) | [tɛʀo'ʀɪst] |
| refém (m) | Geisel (m, f) | ['gaɪzəl] |
| enganar (vt) | betrügen (vt) | [bə'tʀy:gən] |

| engano (m) | Betrug (m) | [bə'tʀuːk] |
| vigarista (m) | Betrüger (m) | [bə'tʀyːɐ] |

| subornar (vt) | bestechen (vt) | [bə'ʃtɛçən] |
| suborno (atividade) | Bestechlichkeit (f) | [bə'ʃtɛçlɪçkaɪt] |
| suborno (dinheiro) | Bestechungsgeld (n) | [bə'ʃtɛçuŋsˌgɛlt] |

| veneno (m) | Gift (n) | [gɪft] |
| envenenar (vt) | vergiften (vt) | [fɛɐ'gɪftən] |
| envenenar-se (vr) | sich vergiften | [zɪç fɛɐ'gɪftən] |

| suicídio (m) | Selbstmord (m) | ['zɛlpstˌmɔʁt] |
| suicida (m) | Selbstmörder (m) | ['zɛlpstˌmœʁdɐ] |

| ameaçar (vt) | drohen (vi) | ['dʀoːən] |
| ameaça (f) | Drohung (f) | ['dʀoːuŋ] |
| atentar contra a vida de ... | versuchen (vt) | [fɛɐ'zuːxən] |
| atentado (m) | Attentat (n) | ['atəntaːt] |

| roubar (um carro) | stehlen (vt) | ['ʃteːlən] |
| sequestrar (um avião) | entführen (vt) | [ɛnt'fyːʀən] |

| vingança (f) | Rache (f) | ['ʀaxə] |
| vingar (vt) | sich rächen | [zɪç 'ʀɛçən] |

| torturar (vt) | foltern (vt) | ['fɔltɐn] |
| tortura (f) | Folter (f) | ['fɔltɐ] |
| atormentar (vt) | quälen (vt) | ['kvɛːlən] |

| pirata (m) | Seeräuber (m) | ['zeːˌʀɔɪbɐ] |
| desordeiro (m) | Rowdy (m) | ['ʀaʊdi] |
| armado (adj) | bewaffnet | [bə'vafnət] |
| violência (f) | Gewalt (f) | [gə'valt] |
| ilegal (adj) | ungesetzlich | ['ʊngəˌzɛtslɪç] |

| espionagem (f) | Spionage (f) | [ʃpio'naːʒə] |
| espionar (vi) | spionieren (vi) | [ʃpɪo'niːʀən] |

## 193. Polícia. Lei. Parte 1

| justiça (sistema de ~) | Justiz (f) | [jʊs'tiːts] |
| tribunal (m) | Gericht (n) | [gə'ʀɪçt] |

| juiz (m) | Richter (m) | ['ʀɪçtɐ] |
| jurados (m pl) | Geschworenen (pl) | [gə'ʃvoːʀənən] |
| tribunal (m) do júri | Geschworenengericht (n) | [gə'ʃvoːʀənən·gəˌʀɪçt] |
| julgar (vt) | richten (vt) | ['ʀɪçtən] |

| advogado (m) | Rechtsanwalt (m) | ['ʀɛçts?anˌvalt] |
| réu (m) | Angeklagte (m) | ['angəˌklaːktə] |
| banco (m) dos réus | Anklagebank (f) | ['anklaːgə·baŋk] |

| acusação (f) | Anklage (f) | ['anklaːgə] |
| acusado (m) | Beschuldigte (m) | [bə'ʃʊldɪçtə] |

| sentença (f) | Urteil (n) | ['ʊʁˌtaɪl] |
| sentenciar (vt) | verurteilen (vt) | [fɛɐ'ʔʊʁtaɪlən] |

| culpado (m) | Schuldige (m) | ['ʃʊldɪgə] |
| punir (vt) | bestrafen (vt) | [bə'ʃtʁa:fən] |
| punição (f) | Strafe (f) | ['ʃtʁa:fə] |

| multa (f) | Geldstrafe (f) | ['gɛltˌʃtʁa:fə] |
| prisão (f) perpétua | lebenslange Haft (f) | ['le:bənsˌlaŋə haft] |
| pena (f) de morte | Todesstrafe (f) | ['to:dəsˌʃtʁa:fə] |
| cadeira (f) elétrica | elektrischer Stuhl (m) | [e'lɛktʁɪʃə ʃtu:l] |
| forca (f) | Galgen (m) | [galgən] |

| executar (vt) | hinrichten (vt) | ['hɪnˌʁɪçtən] |
| execução (f) | Hinrichtung (f) | ['hɪnˌʁɪçtʊŋ] |

| prisão (f) | Gefängnis (n) | [gə'fɛŋnɪs] |
| cela (f) de prisão | Zelle (f) | ['tsɛlə] |

| escolta (f) | Eskorte (f) | [ɛs'kɔʁtə] |
| guarda (m) prisional | Gefängniswärter (m) | [gə'fɛŋnɪs·vɛʁtə] |
| preso, prisioneiro (m) | Gefangene (m) | [gə'faŋənə] |

| algemas (f pl) | Handschellen (pl) | ['hantʃɛlən] |
| algemar (vt) | Handschellen anlegen | ['hantʃɛlən 'anˌle:gən] |

| fuga, evasão (f) | Ausbruch (m) | ['aʊsˌbʁʊχ] |
| fugir (vi) | ausbrechen (vi) | ['aʊsˌbʁɛçən] |
| desaparecer (vi) | verschwinden (vi) | [fɛɐ'ʃvɪndən] |
| soltar, libertar (vt) | aus ... entlassen | ['aʊs ... ɛnt'lasn] |
| anistia (f) | Amnestie (f) | [amnɛs'ti:] |

| polícia (instituição) | Polizei (f) | [ˌpoli'tsaɪ ] |
| polícia (m) | Polizist (m) | [poli'tsɪst] |
| delegacia (f) de polícia | Polizeiwache (f) | [poli'tsaɪˌvaχə] |
| cassetete (m) | Gummiknüppel (m) | ['gʊmiˌknʏpəl] |
| megafone (m) | Sprachrohr (n) | ['ʃpʁa:χˌʁo:ɐ] |

| carro (m) de patrulha | Streifenwagen (m) | ['ʃtʁaɪfənˌva:gən] |
| sirene (f) | Sirene (f) | [ˌzi'ʁe:nə] |
| ligar a sirene | die Sirene einschalten | [di ˌzi'ʁe:nə 'aɪnˌʃaltən] |
| toque (m) da sirene | Sirenengeheul (n) | [zi'ʁe:nən·gə'hɔɪl] |

| cena (f) do crime | Tatort (m) | ['ta:tˌʔɔʁt] |
| testemunha (f) | Zeuge (m) | ['tsɔɪgə] |
| liberdade (f) | Freiheit (f) | ['fʁaɪhaɪt] |
| cúmplice (m) | Komplize (m) | [kɔm'pli:tsə] |
| escapar (vi) | verschwinden (vi) | [fɛɐ'ʃvɪndən] |
| traço (não deixar ~s) | Spur (f) | [ʃpu:ɐ] |

## 194. Polícia. Lei. Parte 2

| procura (f) | Fahndung (f) | ['fa:ndʊŋ] |
| procurar (vt) | suchen (vt) | ['zu:χən] |

| suspeita (f) | Verdacht (m) | [fɛɐ'daχt] |
| suspeito (adj) | verdächtig | [fɛɐ'dɛçtɪç] |
| parar (veículo, etc.) | anhalten (vt) | ['an‚haltən] |
| deter (fazer parar) | verhaften (vt) | [fɛɐ'haftən] |

| caso (~ criminal) | Fall (m), Klage (f) | [faːl], ['klaːgə] |
| investigação (f) | Untersuchung (f) | [ʊnte'zuːχʊŋ] |
| detetive (m) | Detektiv (m) | [detɛk'tiːf] |
| investigador (m) | Ermittlungsrichter (m) | [ɛɐ'mɪtlʊŋs‚ʀɪçtɐ] |
| versão (f) | Version (f) | [vɛʀ'zjoːn] |

| motivo (m) | Motiv (n) | [mo'tiːf] |
| interrogatório (m) | Verhör (n) | [fɛɐ'høːɐ] |
| interrogar (vt) | verhören (vt) | [fɛɐ'høːʀən] |
| questionar (vt) | vernehmen (vt) | [fɛɐ'neːmən] |
| verificação (f) | Kontrolle, Prüfung (f) | [kɔn'tʀɔlə], ['pʀyːfʊŋ] |

| batida (f) policial | Razzia (f) | ['ʀatsɪa] |
| busca (f) | Durchsuchung (f) | [dʊʀç'zuːχʊŋ] |
| perseguição (f) | Verfolgung (f) | [fɛɐ'fɔlgʊŋ] |
| perseguir (vt) | nachjagen (vi) | ['naːχˌjaːgən] |
| seguir, rastrear (vt) | verfolgen (vt) | [fɛɐ'fɔlgən] |

| prisão (f) | Verhaftung (f) | [fɛɐ'haftʊŋ] |
| prender (vt) | verhaften (vt) | [fɛɐ'haftən] |
| pegar, capturar (vt) | fangen (vt) | ['faŋən] |
| captura (f) | Festnahme (f) | ['fɛstˌnaːmə] |

| documento (m) | Dokument (n) | [ˌdoku'mɛnt] |
| prova (f) | Beweis (m) | [bə'vaɪs] |
| provar (vt) | beweisen (vt) | [bə'vaɪzən] |
| pegada (f) | Fußspur (f) | ['fuːsˌʃpuːɐ] |
| impressões (f pl) digitais | Fingerabdrücke (pl) | ['fɪŋɐˌʔapdʀʏkə] |
| prova (f) | Beweisstück (n) | [bə'vaɪsʃtʏk] |

| álibi (m) | Alibi (n) | ['aːlibi] |
| inocente (adj) | unschuldig | ['ʊnʃʊldɪç] |
| injustiça (f) | Ungerechtigkeit (f) | ['ʊngəˌʀɛçtɪçkaɪt] |
| injusto (adj) | ungerecht | ['ʊngəˌʀɛçt] |

| criminal (adj) | Kriminal- | [kʀimi'naːl] |
| confiscar (vt) | beschlagnahmen (vt) | [bə'ʃlaːkˌnaːmən] |
| droga (f) | Droge (f) | ['dʀoːgə] |
| arma (f) | Waffe (f) | ['vafə] |
| desarmar (vt) | entwaffnen (vt) | [ɛnt'vafnən] |
| ordenar (vt) | befehlen (vt) | [ˌbə'feːlən] |
| desaparecer (vi) | verschwinden (vi) | [fɛɐ'ʃvɪndən] |

| lei (f) | Gesetz (n) | [gə'zɛts] |
| legal (adj) | gesetzlich | [gə'zɛtslɪç] |
| ilegal (adj) | ungesetzlich | ['ʊngəˌzɛtslɪç] |

| responsabilidade (f) | Verantwortlichkeit (f) | [fɛɐ'ʔantvɔʀtlɪçkaɪt] |
| responsável (adj) | verantwortlich | [fɛɐ'ʔantvɔʀtlɪç] |

# NATUREZA

# A Terra. Parte 1

## 195. Espaço sideral

| | | |
|---|---|---|
| espaço, cosmo (m) | Kosmos (m) | ['kɔsmɔs] |
| espacial, cósmico (adj) | kosmisch, Raum- | ['kɔsmɪʃ], ['ʀaʊm] |
| espaço (m) cósmico | Weltraum (m) | ['vɛltʀaʊm] |
| mundo (m) | All (n) | [al] |
| universo (m) | Universum (n) | [uni'vɛʀzʊm] |
| galáxia (f) | Galaxie (f) | [gala'ksi:] |
| estrela (f) | Stern (m) | [ʃtɛʀn] |
| constelação (f) | Gestirn (n) | [gə'ʃtɪʀn] |
| planeta (m) | Planet (m) | [pla'ne:t] |
| satélite (m) | Satellit (m) | [zatɛ'li:t] |
| meteorito (m) | Meteorit (m) | [meteo'ʀi:t] |
| cometa (m) | Komet (m) | [ko'me:t] |
| asteroide (m) | Asteroid (m) | [asteʀo'i:t] |
| órbita (f) | Umlaufbahn (f) | ['ʊmlaʊf,ba:n] |
| girar (vi) | sich drehen | [zɪç 'dʀe:ən] |
| atmosfera (f) | Atmosphäre (f) | [ʔatmo'sfɛ:ʀə] |
| Sol (m) | Sonne (f) | ['zɔnə] |
| Sistema (m) Solar | Sonnensystem (n) | ['zɔnən·zʏs,te:m] |
| eclipse (m) solar | Sonnenfinsternis (f) | ['zɔnən,fɪnstɛnɪs] |
| Terra (f) | Erde (f) | ['e:ɐdə] |
| Lua (f) | Mond (m) | [mo:nt] |
| Marte (m) | Mars (m) | [maʀs] |
| Vênus (f) | Venus (f) | ['ve:nʊs] |
| Júpiter (m) | Jupiter (m) | ['ju:pitɐ] |
| Saturno (m) | Saturn (m) | [za'tʊʀn] |
| Mercúrio (m) | Merkur (m) | [mɛʀ'ku:ɐ] |
| Urano (m) | Uran (m) | [u'ʀa:n] |
| Netuno (m) | Neptun (m) | [nɛp'tu:n] |
| Plutão (m) | Pluto (m) | ['plu:to] |
| Via Láctea (f) | Milchstraße (f) | ['mɪlçʃtʀa:sə] |
| Ursa Maior (f) | Der Große Bär | [de:ɐ 'gʀo:sə bɛ:ɐ] |
| Estrela Polar (f) | Polarstern (m) | [po'la:ɐʃtɛʀn] |
| marciano (m) | Marsbewohner (m) | ['maʀs·bə,vo:nɐ] |
| extraterrestre (m) | Außerirdischer (m) | ['aʊsɐ,ʔɪʀdɪʃɐ] |

| alienígena (m) | außerirdisches Wesen (n) | ['ausɐˌʔɪʁdɪʃəs 'veːzən] |
| disco (m) voador | fliegende Untertasse (f) | ['fliːɡəndə 'ʊntɐˌtasə] |

| espaçonave (f) | Raumschiff (n) | ['ʁaʊmˌʃɪf] |
| estação (f) orbital | Raumstation (f) | ['ʁaʊmˌʃtatsjoːn] |
| lançamento (m) | Raketenstart (m) | [ʁa'keːtənˌʃtaʁt] |

| motor (m) | Triebwerk (n) | ['tʁiːpˌvɛʁk] |
| bocal (m) | Düse (f) | ['dyːzə] |
| combustível (m) | Treibstoff (m) | ['tʁaɪpˌʃtɔf] |

| cabine (f) | Kabine (f) | [ka'biːnə] |
| antena (f) | Antenne (f) | [an'tɛnə] |
| vigia (f) | Bullauge (n) | ['bʊlˌʔaʊɡə] |
| bateria (f) solar | Sonnenbatterie (f) | ['zɔnənˌbatə'ʁiː] |
| traje (m) espacial | Raumanzug (m) | ['ʁaʊmˌʔantsuːk] |

| imponderabilidade (f) | Schwerelosigkeit (f) | ['ʃveːʁəˌloːzɪçkaɪt] |
| oxigênio (m) | Sauerstoff (m) | ['zaʊɐˌʃtɔf] |

| acoplagem (f) | Ankopplung (f) | ['ankɔplʊŋ] |
| fazer uma acoplagem | koppeln (vi) | ['kɔpəln] |

| observatório (m) | Observatorium (n) | [ɔpzɛʁva'toːʁiʊm] |
| telescópio (m) | Teleskop (n) | [tele'skoːp] |
| observar (vt) | beobachten (vt) | [bə'ʔoːbaxtən] |
| explorar (vt) | erforschen (vt) | [ɛɐ'fɔʁʃən] |

## 196. A Terra

| Terra (f) | Erde (f) | ['eːɐdə] |
| globo terrestre (Terra) | Erdkugel (f) | ['eːɐt·kuːɡəl] |
| planeta (m) | Planet (m) | [pla'neːt] |

| atmosfera (f) | Atmosphäre (f) | [ʔatmo'sfɛːʁə] |
| geografia (f) | Geographie (f) | [ˌɡeoɡʁa'fiː] |
| natureza (f) | Natur (f) | [na'tuːɐ] |

| globo (mapa esférico) | Globus (m) | ['ɡloːbʊs] |
| mapa (m) | Landkarte (f) | ['lantˌkaʁtə] |
| atlas (m) | Atlas (m) | ['atlas] |

| Europa (f) | Europa (n) | [ɔɪ'ʁoːpa] |
| Ásia (f) | Asien (n) | ['aːziən] |

| África (f) | Afrika (n) | ['aːfʁika] |
| Austrália (f) | Australien (n) | [aʊs'tʁaːliən] |

| América (f) | Amerika (n) | [a'meːʁika] |
| América (f) do Norte | Nordamerika (n) | ['nɔʁtʔaˌmeːʁika] |
| América (f) do Sul | Südamerika (n) | ['zyːtʔaˌmeːʁika] |

| Antártida (f) | Antarktis (f) | [ant'ʔaʁktɪs] |
| Ártico (m) | Arktis (f) | ['aʁktɪs] |

## 197. Pontos cardeais

| | | |
|---|---|---|
| norte (m) | Norden (m) | ['nɔʁdən] |
| para norte | nach Norden | [na:χ 'nɔʁdən] |
| no norte | im Norden | [ɪm 'nɔʁdən] |
| do norte (adj) | nördlich | ['nœʁtlɪç] |
| | | |
| sul (m) | Süden (m) | ['zy:dən] |
| para sul | nach Süden | [na:χ 'zy:dən] |
| no sul | im Süden | [ɪm 'zy:dən] |
| do sul (adj) | südlich | ['zy:tlɪç] |
| | | |
| oeste, ocidente (m) | Westen (m) | ['vɛstən] |
| para oeste | nach Westen | [na:χ 'vɛstən] |
| no oeste | im Westen | [ɪm 'vɛstən] |
| ocidental (adj) | westlich, West- | ['vɛstlɪç], [vɛst] |
| | | |
| leste, oriente (m) | Osten (m) | ['ɔstən] |
| para leste | nach Osten | [na:χ 'ɔstən] |
| no leste | im Osten | [ɪm 'ɔstən] |
| oriental (adj) | östlich | ['œstlɪç] |

## 198. Mar. Oceano

| | | |
|---|---|---|
| mar (m) | Meer (n), See (f) | [me:ɐ], [ze:] |
| oceano (m) | Ozean (m) | ['o:tsea:n] |
| golfo (m) | Golf (m) | [gɔlf] |
| estreito (m) | Meerenge (f) | ['me:ɐˌʔɛŋə] |
| | | |
| terra (f) firme | Festland (n) | ['fɛstˌlant] |
| continente (m) | Kontinent (m) | ['kɔntinɛnt] |
| ilha (f) | Insel (f) | ['ɪnzəl] |
| península (f) | Halbinsel (f) | ['halpˌʔɪnzəl] |
| arquipélago (m) | Archipel (m) | [ˌaʁçi'pe:l] |
| | | |
| baía (f) | Bucht (f) | [buχt] |
| porto (m) | Hafen (m) | ['ha:fən] |
| lagoa (f) | Lagune (f) | [la'gu:nə] |
| cabo (m) | Kap (n) | [kap] |
| | | |
| atol (m) | Atoll (n) | [a'tɔl] |
| recife (m) | Riff (n) | [ʁɪf] |
| coral (m) | Koralle (f) | [ko'ʁalə] |
| recife (m) de coral | Korallenriff (n) | [ko'ʁalənˌʁɪf] |
| | | |
| profundo (adj) | tief | [ti:f] |
| profundidade (f) | Tiefe (f) | ['ti:fə] |
| abismo (m) | Abgrund (m) | ['apˌgʁʊnt] |
| fossa (f) oceânica | Graben (m) | ['gʁa:bən] |
| | | |
| corrente (f) | Strom (m) | [ʃtʁo:m] |
| banhar (vt) | umspülen (vt) | ['ʊmˌʃpy:lən] |
| litoral (m) | Ufer (n) | ['u:fɐ] |

| | | |
|---|---|---|
| costa (f) | Küste (f) | ['kʏstə] |
| maré (f) alta | Flut (f) | [fluːt] |
| refluxo (m) | Ebbe (f) | ['ɛbə] |
| restinga (f) | Sandbank (f) | ['zantˌbaŋk] |
| fundo (m) | Boden (m) | ['boːdən] |

| | | |
|---|---|---|
| onda (f) | Welle (f) | ['vɛlə] |
| crista (f) da onda | Wellenkamm (m) | ['vɛlənˌkam] |
| espuma (f) | Schaum (m) | [ʃaʊm] |

| | | |
|---|---|---|
| tempestade (f) | Sturm (m) | [ʃtʊʁm] |
| furacão (m) | Orkan (m) | [ɔʁ'kaːn] |
| tsunami (m) | Tsunami (m) | [tsu'naːmi] |
| calmaria (f) | Windstille (f) | ['vɪntʃtɪlə] |
| calmo (adj) | ruhig | ['ʁuːɪç] |

| | | |
|---|---|---|
| polo (m) | Pol (m) | [poːl] |
| polar (adj) | Polar- | [po'laːɐ] |

| | | |
|---|---|---|
| latitude (f) | Breite (f) | ['bʁaɪtə] |
| longitude (f) | Länge (f) | ['lɛŋə] |
| paralela (f) | Breitenkreis (m) | ['bʁaɪtəən·kʁaɪs] |
| equador (m) | Äquator (m) | [ɛ'kvaːtoːɐ] |

| | | |
|---|---|---|
| céu (m) | Himmel (m) | ['hɪməl] |
| horizonte (m) | Horizont (m) | [hoʁi'tsɔnt] |
| ar (m) | Luft (f) | [lʊft] |

| | | |
|---|---|---|
| farol (m) | Leuchtturm (m) | ['lɔɪçtˌtʊʁm] |
| mergulhar (vi) | tauchen (vi) | ['taʊχən] |
| afundar-se (vr) | versinken (vi) | [fɛɐ'zɪŋkən] |
| tesouros (m pl) | Schätze (pl) | ['ʃɛtsə] |

## 199. Nomes de Mares e Oceanos

| | | |
|---|---|---|
| Oceano (m) Atlântico | Atlantischer Ozean (m) | [atˌlantɪʃɐ 'oːtseaːn] |
| Oceano (m) Índico | Indischer Ozean (m) | ['ɪndɪʃɐ 'oːtseaːn] |
| Oceano (m) Pacífico | Pazifischer Ozean (m) | [pa'tsiːfɪʃɐ 'oːtseaːn] |
| Oceano (m) Ártico | Arktischer Ozean (m) | ['aʁktɪʃɐ 'oːtseaːn] |

| | | |
|---|---|---|
| Mar (m) Negro | Schwarzes Meer (n) | ['ʃvaʁtsəs 'meːɐ] |
| Mar (m) Vermelho | Rotes Meer (n) | ['ʁoːtəs 'meːɐ] |
| Mar (m) Amarelo | Gelbes Meer (n) | ['gɛlbəs 'meːɐ] |
| Mar (m) Branco | Weißes Meer (n) | [vaɪsəs 'meːɐ] |

| | | |
|---|---|---|
| Mar (m) Cáspio | Kaspisches Meer (n) | ['kaspɪʃəs meːɐ] |
| Mar (m) Morto | Totes Meer (n) | ['toːtəs meːɐ] |
| Mar (m) Mediterrâneo | Mittelmeer (n) | ['mɪtəlˌmeːɐ] |

| | | |
|---|---|---|
| Mar (m) Egeu | Ägäisches Meer (n) | [ɛ'gɛːɪʃəs 'meːɐ] |
| Mar (m) Adriático | Adriatisches Meer (n) | [adʁi'aːtɪʃəs 'meːɐ] |

| | | |
|---|---|---|
| Mar (m) Arábico | Arabisches Meer (n) | [a'ʁaːbɪʃəs 'meːɐ] |
| Mar (m) do Japão | Japanisches Meer (n) | [ja'paːnɪʃəs meːɐ] |

| Mar (m) de Bering | Beringmeer (n) | ['be:ʀɪŋˌme:ɐ] |
| Mar (m) da China Meridional | Südchinesisches Meer (n) | ['zy:t‿çi'ne:zɪʃəs me:ɐ] |

| Mar (m) de Coral | Korallenmeer (n) | [ko'ʀalənˌme:ɐ] |
| Mar (m) de Tasman | Tasmansee (f) | [tas'ma:n·ze:] |
| Mar (m) do Caribe | Karibisches Meer (n) | [ka'ʀi:bɪʃəs 'me:ɐ] |

| Mar (m) de Barents | Barentssee (f) | ['ba:ʀənts·ze:] |
| Mar (m) de Kara | Karasee (f) | ['kaʀaˌze:] |

| Mar (m) do Norte | Nordsee (f) | ['nɔʁtˌze:] |
| Mar (m) Báltico | Ostsee (f) | ['ɔstze:] |
| Mar (m) da Noruega | Nordmeer (n) | ['nɔʁtˌme:ɐ] |

## 200. Montanhas

| montanha (f) | Berg (m) | [bɛʁk] |
| cordilheira (f) | Gebirgskette (f) | [gə'bɪʁksˌkɛtə] |
| serra (f) | Bergrücken (m) | ['bɛʁkˌʀʏkən] |

| cume (m) | Gipfel (m) | ['gɪpfəl] |
| pico (m) | Spitze (f) | ['ʃpɪtsə] |
| pé (m) | Bergfuß (m) | ['bɛʁkˌfu:s] |
| declive (m) | Abhang (m) | ['apˌhaŋ] |

| vulcão (m) | Vulkan (m) | [vʊl'ka:n] |
| vulcão (m) ativo | tätiger Vulkan (m) | ['tɛːtɪgɐ vʊl'ka:n] |
| vulcão (m) extinto | schlafender Vulkan (m) | ['ʃla:fəndɐ vʊl'ka:n] |

| erupção (f) | Ausbruch (m) | ['aʊsˌbʀʊx] |
| cratera (f) | Krater (m) | ['kʀa:tɐ] |
| magma (m) | Magma (n) | ['magma] |
| lava (f) | Lava (f) | ['la:va] |
| fundido (lava ~a) | glühend heiß | ['gly:ənt 'haɪs] |

| cânion, desfiladeiro (m) | Cañon (m) | [ka'njɔn] |
| garganta (f) | Schlucht (f) | [ʃlʊxt] |
| fenda (f) | Spalte (f) | ['ʃpaltə] |
| precipício (m) | Abgrund (m) | ['apˌgʀʊnt] |

| passo, colo (m) | Gebirgspass (m) | [gə'bɪʁksˌpas] |
| planalto (m) | Plateau (n) | [pla'to:] |
| falésia (f) | Fels (m) | [fɛls] |
| colina (f) | Hügel (m) | ['hy:gəl] |

| geleira (f) | Gletscher (m) | ['glɛtʃɐ] |
| cachoeira (f) | Wasserfall (m) | ['vasɐˌfal] |
| gêiser (m) | Geiser (m) | ['gaɪzɐ] |
| lago (m) | See (m) | [ze:] |

| planície (f) | Ebene (f) | ['e:bənə] |
| paisagem (f) | Landschaft (f) | ['lantʃaft] |
| eco (m) | Echo (n) | ['ɛço] |
| alpinista (m) | Bergsteiger (m) | ['bɛʁkˌʃtaɪgɐ] |

| escalador (m) | Kletterer (m) | ['klɛtəʀɐ] |
| conquistar (vt) | bezwingen (vt) | [bə'tsvɪŋən] |
| subida, escalada (f) | Aufstieg (m) | ['aʊfʃtiːk] |

## 201. Nomes de montanhas

| Alpes (m pl) | Alpen (pl) | ['alpən] |
| Monte Branco (m) | Montblanc (m) | [moŋ'blaŋ] |
| Pirineus (m pl) | Pyrenäen (pl) | [pyʀe'nɛːən] |

| Cárpatos (m pl) | Karpaten (pl) | [kaʁ'paːtən] |
| Urais (m pl) | Ural (m), Uralgebirge (n) | [u'ʀaːl], [u'ʀaːl·gə'bɪʁgə] |
| Cáucaso (m) | Kaukasus (m) | ['kaʊkazʊs] |
| Elbrus (m) | Elbrus (m) | [ɛl'bʀʊs] |

| Altai (m) | Altai (m) | [al'taɪ] |
| Tian Shan (m) | Tian Shan (m) | ['tjaːn 'ʃaːn] |
| Pamir (m) | Pamir (m) | [pa'miːɐ] |
| Himalaia (m) | Himalaja (m) | [hima'laːja] |
| monte Everest (m) | Everest (m) | ['ɛvəʀɛst] |

| Cordilheira (f) dos Andes | Anden (pl) | ['andən] |
| Kilimanjaro (m) | Kilimandscharo (m) | [kiliman'dʒaːʀo] |

## 202. Rios

| rio (m) | Fluss (m) | [flʊs] |
| fonte, nascente (f) | Quelle (f) | ['kvɛlə] |
| leito (m) de rio | Flussbett (n) | ['flʊs,bɛt] |
| bacia (f) | Stromgebiet (n) | ['ʃtʀoːm·gə'biːt] |
| desaguar no … | einmünden in … | ['aɪn,mʏndən ɪn] |

| afluente (m) | Nebenfluss (m) | ['neːbən,flʊs] |
| margem (do rio) | Ufer (n) | ['uːfɐ] |

| corrente (f) | Strom (m) | [ʃtʀoːm] |
| rio abaixo | stromabwärts | ['ʃtʀoːm,apvɛʁts] |
| rio acima | stromaufwärts | ['ʃtʀoːm,aʊfvɛʁts] |

| inundação (f) | Überschwemmung (f) | [y:bɐ'ʃvɛmʊŋ] |
| cheia (f) | Hochwasser (n) | ['hoːχ,vasɐ] |
| transbordar (vi) | aus den Ufern treten | ['aʊs den 'uːfɐn 'tʀeːtən] |
| inundar (vt) | überfluten (vt) | [,yːbɐ'fluːtən] |

| banco (m) de areia | Sandbank (f) | ['zant,baŋk] |
| corredeira (f) | Stromschnelle (f) | ['ʃtʀoːm,ʃnɛlə] |

| barragem (f) | Damm (m) | [dam] |
| canal (m) | Kanal (m) | [ka'naːl] |
| reservatório (m) de água | Stausee (m) | ['ʃtaʊzeː] |
| eclusa (f) | Schleuse (f) | ['ʃlɔɪzə] |
| corpo (m) de água | Gewässer (n) | [gə'vɛsɐ] |

| | | |
|---|---|---|
| pântano (m) | **Sumpf** (m), **Moor** (n) | [zʊmpf], [moːɐ] |
| lamaçal (m) | **Marsch** (f) | [maʁʃ] |
| redemoinho (m) | **Strudel** (m) | [ˈʃtʁuːdəl] |

| | | |
|---|---|---|
| riacho (m) | **Bach** (m) | [baχ] |
| potável (adj) | **Trink-** | [ˈtʁɪŋk] |
| doce (água) | **Süß-** | [zyːs] |

| | | |
|---|---|---|
| gelo (m) | **Eis** (n) | [aɪs] |
| congelar-se (vr) | **zufrieren** (vi) | [ˈtsuːˌfʁiːʀən] |

## 203. Nomes de rios

| | | |
|---|---|---|
| rio Sena (m) | **Seine** (f) | [ˈzɛːnə] |
| rio Loire (m) | **Loire** (f) | [luˈaːʀ] |

| | | |
|---|---|---|
| rio Tâmisa (m) | **Themse** (f) | [ˈtɛmzə] |
| rio Reno (m) | **Rhein** (m) | [ʀaɪn] |
| rio Danúbio (m) | **Donau** (f) | [ˈdoːnaʊ] |

| | | |
|---|---|---|
| rio Volga (m) | **Wolga** (f) | [ˈvoːlga] |
| rio Don (m) | **Don** (m) | [dɔn] |
| rio Lena (m) | **Lena** (f) | [ˈleːna] |

| | | |
|---|---|---|
| rio Amarelo (m) | **Gelber Fluss** (m) | [ˈgɛlbɐ ˈflʊs] |
| rio Yangtzé (m) | **Jangtse** (m) | [ˈjangtsɛ] |
| rio Mekong (m) | **Mekong** (m) | [ˈmeːkɔŋ] |
| rio Ganges (m) | **Ganges** (m) | [ˈgaŋgɛs], [ˈgaŋəs] |

| | | |
|---|---|---|
| rio Nilo (m) | **Nil** (m) | [niːl] |
| rio Congo (m) | **Kongo** (m) | [ˈkɔŋgo] |
| rio Cubango (m) | **Okavango** (m) | [ɔkaˈvaŋgo] |
| rio Zambeze (m) | **Sambesi** (m) | [zamˈbeːzi] |
| rio Limpopo (m) | **Limpopo** (m) | [limpɔˈpo] |
| rio Mississippi (m) | **Mississippi** (m) | [mɪsɪˈsɪpi] |

## 204. Floresta

| | | |
|---|---|---|
| floresta (f), bosque (m) | **Wald** (m) | [valt] |
| florestal (adj) | **Wald-** | [ˈvalt] |

| | | |
|---|---|---|
| mata (f) fechada | **Dickicht** (n) | [ˈdɪkɪçt] |
| arvoredo (m) | **Gehölz** (n) | [gəˈhœlts] |
| clareira (f) | **Lichtung** (f) | [ˈlɪçtʊŋ] |

| | | |
|---|---|---|
| matagal (m) | **Dickicht** (n) | [ˈdɪkɪçt] |
| mato (m), caatinga (f) | **Gebüsch** (n) | [gəˈbʏʃ] |

| | | |
|---|---|---|
| pequena trilha (f) | **Fußweg** (m) | [ˈfuːsˌveːk] |
| ravina (f) | **Erosionsrinne** (f) | [eʀoˈzɪoːnsˈʀɪnə] |
| árvore (f) | **Baum** (m) | [baʊm] |
| folha (f) | **Blatt** (n) | [blat] |

| folhagem (f) | Laub (n) | [laʊp] |
| queda (f) das folhas | Laubfall (m) | ['laʊpˌfal] |
| cair (vi) | fallen (vi) | ['falən] |
| topo (m) | Wipfel (m) | ['vɪpfəl] |

| ramo (m) | Zweig (m) | [tsvaɪk] |
| galho (m) | Ast (m) | [ast] |
| botão (m) | Knospe (f) | ['knɔspə] |
| agulha (f) | Nadel (f) | ['naːdəl] |
| pinha (f) | Zapfen (m) | ['tsapfən] |

| buraco (m) de árvore | Höhlung (f) | ['høːˌlʊŋ] |
| ninho (m) | Nest (n) | [nɛst] |
| toca (f) | Höhle (f) | ['høːlə] |

| tronco (m) | Stamm (m) | [ʃtam] |
| raiz (f) | Wurzel (f) | ['vʊʁtsəl] |
| casca (f) de árvore | Rinde (f) | ['ʁɪndə] |
| musgo (m) | Moos (n) | ['moːs] |

| arrancar pela raiz | entwurzeln (vt) | [ɛnt'vʊʁtsəln] |
| cortar (vt) | fällen (vt) | ['fɛlən] |
| desflorestar (vt) | abholzen (vt) | ['apˌhɔltsən] |
| toco, cepo (m) | Baumstumpf (m) | ['baʊmˌʃtʊmpf] |

| fogueira (f) | Lagerfeuer (n) | ['laːgəˌfɔɪɐ] |
| incêndio (m) florestal | Waldbrand (m) | ['valtˌbʁant] |
| apagar (vt) | löschen (vt) | ['lœʃən] |

| guarda-parque (m) | Förster (m) | ['fœʁstɐ] |
| proteção (f) | Schutz (m) | [ʃʊts] |
| proteger (a natureza) | beschützen (vt) | [bə'ʃʏtsən] |
| caçador (m) furtivo | Wilddieb (m) | ['vɪltˌdiːp] |
| armadilha (f) | Falle (f) | ['falə] |

| colher (cogumelos) | sammeln (vt) | ['zaməln] |
| colher (bagas) | pflücken (vt) | ['pflʏkən] |
| perder-se (vr) | sich verirren | [zɪç fɛɐ'ʔɪʁən] |

## 205. Recursos naturais

| recursos (m pl) naturais | Naturressourcen (pl) | [na'tuːɐ·ʁɛ'sʊʁsən] |
| minerais (m pl) | Bodenschätze (pl) | ['boːdənˌʃɛtsə] |
| depósitos (m pl) | Vorkommen (n) | ['foːɐˌkɔmən] |
| jazida (f) | Feld (n) | [fɛlt] |

| extrair (vt) | gewinnen (vt) | [gə'vɪnən] |
| extração (f) | Gewinnung (f) | [gə'vɪnʊŋ] |
| minério (m) | Erz (n) | [eːɐts] |
| mina (f) | Bergwerk (n) | ['bɛʁkˌvɛʁk] |
| poço (m) de mina | Schacht (m) | [ʃaxt] |
| mineiro (m) | Bergarbeiter (m) | ['bɛʁkʔaʁˌbaɪtɐ] |
| gás (m) | Erdgas (n) | ['eːɐt·gaːs] |
| gasoduto (m) | Gasleitung (f) | ['gaːsˌlaɪtʊŋ] |

| petróleo (m) | Erdöl (n) | ['e:ɐt͡ʔøːl] |
| oleoduto (m) | Erdölleitung (f) | ['e:ɐt͡ʔøːl͡laɪtʊŋ] |
| poço (m) de petróleo | Ölquelle (f) | ['øːl͡kvɛlə] |
| torre (f) petrolífera | Bohrturm (m) | ['boːɐ͡tʊʁm] |
| petroleiro (m) | Tanker (m) | ['taŋkɐ] |

| areia (f) | Sand (m) | [zant] |
| calcário (m) | Kalkstein (m) | ['kalk͡ʃtaɪn] |
| cascalho (m) | Kies (m) | [kiːs] |
| turfa (f) | Torf (m) | [tɔʁf] |
| argila (f) | Ton (m) | [toːn] |
| carvão (m) | Kohle (f) | ['koːlə] |

| ferro (m) | Eisen (n) | ['aɪzən] |
| ouro (m) | Gold (n) | [gɔlt] |
| prata (f) | Silber (n) | ['zɪlbə] |
| níquel (m) | Nickel (n) | ['nɪkəl] |
| cobre (m) | Kupfer (n) | ['kʊpfə] |

| zinco (m) | Zink (n) | [tsɪŋk] |
| manganês (m) | Mangan (n) | [man'gaːn] |
| mercúrio (m) | Quecksilber (n) | ['kvɛk͡zɪlbə] |
| chumbo (m) | Blei (n) | [blaɪ] |

| mineral (m) | Mineral (n) | [mɪne'ʁaːl] |
| cristal (m) | Kristall (m) | [kʁɪs'tal] |
| mármore (m) | Marmor (m) | ['maʁmoːɐ] |
| urânio (m) | Uran (n) | [u'ʁaːn] |

# A Terra. Parte 2

## 206. Tempo

| | | |
|---|---|---|
| tempo (m) | Wetter (n) | ['vɛtɐ] |
| previsão (f) do tempo | Wetterbericht (m) | ['vɛtɐbəˌʀɪçt] |
| temperatura (f) | Temperatur (f) | [tɛmpəʀa'tu:ɐ] |
| termômetro (m) | Thermometer (n) | [tɛʀmo'me:tɐ] |
| barômetro (m) | Barometer (n) | [baʀo'me:tɐ] |
| | | |
| úmido (adj) | feucht | [fɔɪçt] |
| umidade (f) | Feuchtigkeit (f) | ['fɔɪçtɪçkaɪt] |
| calor (m) | Hitze (f) | ['hɪtsə] |
| tórrido (adj) | glutheiß | ['glu:tˌhaɪs] |
| está muito calor | ist heiß | [ist haɪs] |
| | | |
| está calor | ist warm | [ist vaʀm] |
| quente (morno) | warm | [vaʀm] |
| | | |
| está frio | ist kalt | [ist kalt] |
| frio (adj) | kalt | [kalt] |
| | | |
| sol (m) | Sonne (f) | ['zɔnə] |
| brilhar (vi) | scheinen (vi) | ['ʃaɪnən] |
| de sol, ensolarado | sonnig | ['zɔnɪç] |
| nascer (vi) | aufgehen (vi) | ['aʊfˌge:ən] |
| pôr-se (vr) | untergehen (vi) | ['ʊntɐˌge:ən] |
| | | |
| nuvem (f) | Wolke (f) | ['vɔlkə] |
| nublado (adj) | bewölkt | [bə'vœlkt] |
| nuvem (f) preta | Regenwolke (f) | ['ʀe:gənˌvɔlkə] |
| escuro, cinzento (adj) | trüb | [tʀy:p] |
| | | |
| chuva (f) | Regen (m) | ['ʀe:gən] |
| está a chover | Es regnet | [ɛs 'ʀe:gnət] |
| | | |
| chuvoso (adj) | regnerisch | ['ʀe:gnəʀɪʃ] |
| chuviscar (vi) | nieseln (vi) | ['ni:zəln] |
| | | |
| chuva (f) torrencial | strömender Regen (m) | ['ʃtʀø:məntə 'ʀe:gən] |
| aguaceiro (m) | Regenschauer (m) | ['ʀe:gənˌʃaʊɐ] |
| forte (chuva, etc.) | stark | [ʃtaʀk] |
| | | |
| poça (f) | Pfütze (f) | ['pfʏtsə] |
| molhar-se (vr) | nass werden (vi) | [nas 've:ɐdən] |
| | | |
| nevoeiro (m) | Nebel (m) | ['ne:bəl] |
| de nevoeiro | neblig | ['ne:blɪç] |
| neve (f) | Schnee (m) | [ʃne:] |
| está nevando | Es schneit | [ɛs 'ʃnaɪt] |

## 207. Tempo extremo. Catástrofes naturais

| | | |
|---|---|---|
| trovoada (f) | Gewitter (n) | [gə'vɪtɐ] |
| relâmpago (m) | Blitz (m) | [blɪts] |
| relampejar (vi) | blitzen (vi) | ['blɪtsən] |
| | | |
| trovão (m) | Donner (m) | ['dɔnɐ] |
| trovejar (vi) | donnern (vi) | ['dɔnɐn] |
| está trovejando | Es donnert | [ɛs 'dɔnɐt] |
| | | |
| granizo (m) | Hagel (m) | ['haːgəl] |
| está caindo granizo | Es hagelt | [ɛs 'haːgəlt] |
| | | |
| inundar (vt) | überfluten (vt) | [ˌyːbɐ'fluːtən] |
| inundação (f) | Überschwemmung (f) | [yːbɐ'ʃvɛmʊŋ] |
| | | |
| terremoto (m) | Erdbeben (n) | ['eːɐtˌbeːbən] |
| abalo, tremor (m) | Erschütterung (f) | [ɛɐ'ʃʏtəʀʊŋ] |
| epicentro (m) | Epizentrum (n) | [ˌepi'tsɛntʀʊm] |
| | | |
| erupção (f) | Ausbruch (m) | ['aʊsˌbʀʊχ] |
| lava (f) | Lava (f) | ['laːva] |
| | | |
| tornado (m) | Wirbelsturm (m) | ['vɪʀbəlˌʃtʊʀm] |
| tornado (m) | Tornado (m) | [tɔʀ'naːdo] |
| tufão (m) | Taifun (m) | [taɪ'fuːn] |
| | | |
| furacão (m) | Orkan (m) | [ɔʀ'kaːn] |
| tempestade (f) | Sturm (m) | [ʃtʊʀm] |
| tsunami (m) | Tsunami (m) | [tsu'naːmi] |
| | | |
| ciclone (m) | Zyklon (m) | [tsy'kloːn] |
| mau tempo (m) | Unwetter (n) | ['ʊnˌvɛtɐ] |
| incêndio (m) | Brand (m) | [bʀant] |
| catástrofe (f) | Katastrophe (f) | [ˌkatas'tʀoːfə] |
| meteorito (m) | Meteorit (m) | [meteo'ʀiːt] |
| | | |
| avalanche (f) | Lawine (f) | [la'viːnə] |
| deslizamento (m) de neve | Schneelawine (f) | ['ʃneːlaˌviːnə] |
| nevasca (f) | Schneegestöber (n) | ['ʃneːgəˌʃtøːbɐ] |
| tempestade (f) de neve | Schneesturm (m) | ['ʃneːˌʃtʊʀm] |

## 208. Ruídos. Sons

| | | |
|---|---|---|
| silêncio (m) | Stille (f) | ['ʃtɪlə] |
| som (m) | Laut (m) | [laʊt] |
| ruído, barulho (m) | Lärm (m) | [lɛʀm] |
| fazer barulho | lärmen (vi) | ['lɛʀmən] |
| ruidoso, barulhento (adj) | lärmend | ['lɛʀmənt] |
| | | |
| alto | laut | [laʊt] |
| alto (ex. voz ~a) | laut | [laʊt] |
| constante (ruído, etc.) | ständig | ['ʃtɛndɪç] |

| grito (m) | Schrei (m) | [ʃʀaɪ] |
| gritar (vi) | schreien (vi) | [ˈʃʀaɪən] |
| sussurro (m) | Flüstern (n) | [ˈflʏstən] |
| sussurrar (vi, vt) | flüstern (vt) | [ˈflʏstən] |

| latido (m) | Gebell (n) | [gəˈbɛl] |
| latir (vi) | bellen (vi) | [ˈbɛlən] |

| gemido (m) | Stöhnen (n) | [ˈʃtøːnən] |
| gemer (vi) | stöhnen (vi) | [ˈʃtøːnən] |
| tosse (f) | Husten (m) | [ˈhuːstən] |
| tossir (vi) | husten (vi) | [ˈhuːstən] |

| assobio (m) | Pfiff (m) | [pfɪf] |
| assobiar (vi) | pfeifen (vi) | [ˈpfaɪfən] |
| batida (f) | Klopfen (n) | [ˈklɔpfən] |
| bater (à porta) | klopfen (vi) | [ˈklɔpfən] |

| estalar (vi) | krachen (vi) | [ˈkʀaxən] |
| estalido (m) | Krachen (n) | [ˈkʀaxən] |

| sirene (f) | Sirene (f) | [ˌziˈʀeːnə] |
| apito (m) | Pfeife (f) | [ˈpfaɪfə] |
| apitar (vi) | pfeifen (vi) | [ˈpfaɪfən] |
| buzina (f) | Hupe (f) | [ˈhuːpə] |
| buzinar (vi) | hupen (vi) | [ˈhuːpən] |

## 209. Inverno

| inverno (m) | Winter (m) | [ˈvɪntɐ] |
| de inverno | Winter- | [ˈvɪntɐ] |
| no inverno | im Winter | [ɪm ˈvɪntɐ] |

| neve (f) | Schnee (m) | [ʃneː] |
| está nevando | Es schneit | [ɛs ˈʃnaɪt] |
| queda (f) de neve | Schneefall (m) | [ˈʃneːˌfal] |
| amontoado (m) de neve | Schneewehe (f) | [ˈʃneːˌveːə] |

| floco (m) de neve | Schneeflocke (f) | [ˈʃneːˌflɔkə] |
| bola (f) de neve | Schneeball (m) | [ˈʃneːˌbal] |
| boneco (m) de neve | Schneemann (m) | [ˈʃneːˌman] |
| sincelo (m) | Eiszapfen (m) | [ˈaɪsˌtsapfən] |

| dezembro (m) | Dezember (m) | [deˈtsɛmbɐ] |
| janeiro (m) | Januar (m) | [ˈjanuaːɐ] |
| fevereiro (m) | Februar (m) | [ˈfeːbʀuaːɐ] |

| gelo (m) | Frost (m) | [fʀɔst] |
| gelado (tempo ~) | frostig, Frost- | [ˈfʀɔstɪç], [fʀɔst] |

| abaixo de zero | unter Null | [ˈʊntɐ ˈnʊl] |
| primeira geada (f) | leichter Frost (m) | [ˈlaɪçtɐ fʀɔst] |
| geada (f) branca | Reif (m) | [ʀaɪf] |
| frio (m) | Kälte (f) | [ˈkɛltə] |

| | | |
|---|---|---|
| está frio | **Es ist kalt** | [ɛs ist kalt] |
| casaco (m) de pele | **Pelzmantel** (m) | ['pɛlts͵mantəl] |
| mitenes (f pl) | **Fausthandschuhe** (pl) | ['faʊst·hantʃu:ə] |
| | | |
| adoecer (vi) | **erkranken** (vi) | [ɛɐ'kʀaŋkən] |
| resfriado (m) | **Erkältung** (f) | [ɛɐ'kɛltʊŋ] |
| ficar resfriado | **sich erkälten** | [zɪç ɛɐ'kɛltən] |
| | | |
| gelo (m) | **Eis** (n) | [aɪs] |
| gelo (m) na estrada | **Glatteis** (n) | ['glat͵ʔaɪs] |
| congelar-se (vr) | **zufrieren** (vi) | ['tsu:͵fʀi:ʀən] |
| bloco (m) de gelo | **Eisscholle** (f) | ['aɪsʃɔlə] |
| | | |
| esqui (m) | **Ski** (pl) | [ʃi:] |
| esquiador (m) | **Skiläufer** (m) | ['ʃi:͵lɔɪfə] |
| esquiar (vi) | **Ski laufen** | ['ʃi: 'laʊfən] |
| patinar (vi) | **Schlittschuh laufen** | ['ʃlɪtʃu: 'laʊfən] |

# Fauna

## 210. Mamíferos. Predadores

| predador (m) | Raubtier (n) | ['ʀaʊptiːɐ] |
|---|---|---|
| tigre (m) | Tiger (m) | ['tiːgɐ] |
| leão (m) | Löwe (m) | ['løːvə] |
| lobo (m) | Wolf (m) | [vɔlf] |
| raposa (f) | Fuchs (m) | [fʊks] |

| jaguar (m) | Jaguar (m) | ['jaːguaːɐ] |
|---|---|---|
| leopardo (m) | Leopard (m) | [leo'paʁt] |
| chita (f) | Gepard (m) | [ge'paʁt] |

| pantera (f) | Panther (m) | ['pantɐ] |
|---|---|---|
| puma (m) | Puma (m) | ['puːma] |
| leopardo-das-neves (m) | Schneeleopard (m) | ['ʃneːleo,paʁt] |
| lince (m) | Luchs (m) | [lʊks] |

| coiote (m) | Kojote (m) | [ko'joːtə] |
|---|---|---|
| chacal (m) | Schakal (m) | [ʃa'kaːl] |
| hiena (f) | Hyäne (f) | ['hyɛːnə] |

## 211. Animais selvagens

| animal (m) | Tier (n) | [tiːɐ] |
|---|---|---|
| besta (f) | Bestie (f) | ['bɛstɪə] |

| esquilo (m) | Eichhörnchen (n) | ['aɪç,hœʁnçən] |
|---|---|---|
| ouriço (m) | Igel (m) | ['iːgəl] |
| lebre (f) | Hase (m) | ['haːzə] |
| coelho (m) | Kaninchen (n) | [ka'niːnçən] |

| texugo (m) | Dachs (m) | [daks] |
|---|---|---|
| guaxinim (m) | Waschbär (m) | ['vaʃ,bɛːɐ] |
| hamster (m) | Hamster (m) | ['hamstɐ] |
| marmota (f) | Murmeltier (n) | ['mʊʁməl,tiːɐ] |

| toupeira (f) | Maulwurf (m) | ['maʊl,vʊʁf] |
|---|---|---|
| rato (m) | Maus (f) | [maʊs] |
| ratazana (f) | Ratte (f) | ['ʀatə] |
| morcego (m) | Fledermaus (f) | ['fleːdɐ,maʊs] |

| arminho (m) | Hermelin (n) | [hɛʁmə'liːn] |
|---|---|---|
| zibelina (f) | Zobel (m) | ['tsoːbəl] |
| marta (f) | Marder (m) | ['maʁdɐ] |
| doninha (f) | Wiesel (n) | ['viːzəl] |
| visom (m) | Nerz (m) | [nɛʁts] |

| | | |
|---|---|---|
| castor (m) | **Biber** (m) | ['bi:bɐ] |
| lontra (f) | **Fischotter** (m) | ['fɪʃˌʔɔtɐ] |
| | | |
| cavalo (m) | **Pferd** (n) | [pfe:ɐt] |
| alce (m) | **Elch** (m) | [ɛlç] |
| veado (m) | **Hirsch** (m) | [hɪʁʃ] |
| camelo (m) | **Kamel** (n) | [ka'me:l] |
| | | |
| bisão (m) | **Bison** (m) | ['bi:zɔn] |
| auroque (m) | **Wisent** (m) | ['vi:zɛnt] |
| búfalo (m) | **Büffel** (m) | ['bʏfəl] |
| | | |
| zebra (f) | **Zebra** (n) | ['tse:bʁa] |
| antílope (m) | **Antilope** (f) | [anti'lo:pə] |
| corça (f) | **Reh** (n) | [ʁe:] |
| gamo (m) | **Damhirsch** (m) | ['damhɪʁʃ] |
| camurça (f) | **Gämse** (f) | ['gɛmzə] |
| javali (m) | **Wildschwein** (n) | ['vɪltʃvaɪn] |
| | | |
| baleia (f) | **Wal** (m) | [va:l] |
| foca (f) | **Seehund** (m) | ['ze:ˌhʊnt] |
| morsa (f) | **Walroß** (n) | ['va:lˌʁɔs] |
| urso-marinho (m) | **Seebär** (m) | ['ze:ˌbɛ:ɐ] |
| golfinho (m) | **Delfin** (m) | [dɛl'fi:n] |
| | | |
| urso (m) | **Bär** (m) | [bɛ:ɐ] |
| urso (m) polar | **Eisbär** (m) | ['aɪsˌbɛ:ɐ] |
| panda (m) | **Panda** (m) | ['panda] |
| | | |
| macaco (m) | **Affe** (m) | ['afə] |
| chimpanzé (m) | **Schimpanse** (m) | [ʃɪm'panzə] |
| orangotango (m) | **Orang-Utan** (m) | ['o:ʁaŋˌʔu:tan] |
| gorila (m) | **Gorilla** (m) | [go'ʁɪla] |
| macaco (m) | **Makak** (m) | [ma'kak] |
| gibão (m) | **Gibbon** (m) | ['gɪbɔn] |
| | | |
| elefante (m) | **Elefant** (m) | [ele'fant] |
| rinoceronte (m) | **Nashorn** (n) | ['na:sˌhoʁn] |
| girafa (f) | **Giraffe** (f) | [ˌgi'ʁafə] |
| hipopótamo (m) | **Flusspferd** (n) | ['flʊsˌpfe:ɐt] |
| | | |
| canguru (m) | **Känguru** (n) | ['kɛŋguʁu] |
| coala (m) | **Koala** (m) | [ko'a:la] |
| | | |
| mangusto (m) | **Manguste** (f) | [maŋ'gʊstə] |
| chinchila (f) | **Chinchilla** (n) | [tʃɪn'tʃɪla] |
| cangambá (f) | **Stinktier** (n) | ['ʃtɪŋkˌti:ɐ] |
| porco-espinho (m) | **Stachelschwein** (n) | ['ʃtaχəlʃvaɪn] |

## 212. Animais domésticos

| | | |
|---|---|---|
| gata (f) | **Katze** (f) | ['katsə] |
| gato (m) macho | **Kater** (m) | ['ka:tɐ] |
| cão (m) | **Hund** (m) | [hʊnt] |

| | | |
|---|---|---|
| cavalo (m) | Pferd (n) | [pfeːɐt] |
| garanhão (m) | Hengst (m) | ['hɛŋst] |
| égua (f) | Stute (f) | ['ʃtuːtə] |

| | | |
|---|---|---|
| vaca (f) | Kuh (f) | [kuː] |
| touro (m) | Stier (m) | [ʃtiːɐ] |
| boi (m) | Ochse (m) | ['ɔksə] |

| | | |
|---|---|---|
| ovelha (f) | Schaf (n) | [ʃaːf] |
| carneiro (m) | Widder (m) | ['vɪdɐ] |
| cabra (f) | Ziege (f) | ['tsiːgə] |
| bode (m) | Ziegenbock (m) | ['tsiːgənˌbɔk] |

| | | |
|---|---|---|
| burro (m) | Esel (m) | ['eːzəl] |
| mula (f) | Maultier (n) | ['maʊlˌtiːɐ] |

| | | |
|---|---|---|
| porco (m) | Schwein (n) | [ʃvaɪn] |
| leitão (m) | Ferkel (n) | ['fɛʁkəl] |
| coelho (m) | Kaninchen (n) | [ka'niːnçən] |

| | | |
|---|---|---|
| galinha (f) | Huhn (n) | [huːn] |
| galo (m) | Hahn (m) | [haːn] |

| | | |
|---|---|---|
| pata (f), pato (m) | Ente (f) | ['ɛntə] |
| pato (m) | Enterich (m) | ['ɛntəʁɪç] |
| ganso (m) | Gans (f) | [gans] |

| | | |
|---|---|---|
| peru (m) | Puter (m) | ['puːtɐ] |
| perua (f) | Pute (f) | ['puːtə] |

| | | |
|---|---|---|
| animais (m pl) domésticos | Haustiere (pl) | ['haʊsˌtiːʁə] |
| domesticado (adj) | zahm | [tsaːm] |
| domesticar (vt) | zähmen (vt) | ['tsɛːmən] |
| criar (vt) | züchten (vt) | ['tsʏçtən] |

| | | |
|---|---|---|
| fazenda (f) | Farm (f) | [faʁm] |
| aves (f pl) domésticas | Geflügel (n) | [gə'flyːgəl] |
| gado (m) | Vieh (n) | [fiː] |
| rebanho (m), manada (f) | Herde (f) | ['heːɐdə] |

| | | |
|---|---|---|
| estábulo (m) | Pferdestall (m) | ['pfeːɐdəˌʃtal] |
| chiqueiro (m) | Schweinestall (m) | ['ʃvaɪnəˌʃtal] |
| estábulo (m) | Kuhstall (m) | ['kuːˌʃtal] |
| coelheira (f) | Kaninchenstall (m) | [ka'niːnçənˌʃtal] |
| galinheiro (m) | Hühnerstall (m) | ['hyːnɐˌʃtal] |

## 213. Cães. Raças de cães

| | | |
|---|---|---|
| cão (m) | Hund (m) | [hʊnt] |
| cão pastor (m) | Schäferhund (m) | ['ʃɛːfɐˌhʊnt] |
| pastor-alemão (m) | Deutsche Schäferhund (m) | ['dɔɪtʃə 'ʃɛːfɐˌhʊnt] |
| poodle (m) | Pudel (m) | ['puːdəl] |
| linguicinha (f) | Dachshund (m) | ['daksˌhʊnt] |
| buldogue (m) | Bulldogge (f) | ['bʊlˌdɔgə] |

| boxer (m) | Boxer (m) | ['bɔksɐ] |
| mastim (m) | Mastiff (m) | ['mastɪf] |
| rottweiler (m) | Rottweiler (m) | ['ʀɔtvaɪlɐ] |
| dóberman (m) | Dobermann (m) | ['doːbɐˌman] |

| basset (m) | Basset (m) | [ba'seː] |
| pastor inglês (m) | Bobtail (m) | ['bɔpteːl] |
| dálmata (m) | Dalmatiner (m) | [ˌdalma'tiːnɐ] |
| cocker spaniel (m) | Cocker-Spaniel (m) | ['kɔkɐ 'ʃpanɪɐl] |

| terra-nova (m) | Neufundländer (m) | [nɔɪ'fʊntˌlɛndɐ] |
| são-bernardo (m) | Bernhardiner (m) | [bɛʀnhaʀ'diːnɐ] |

| husky (m) siberiano | Eskimohund (m) | ['ɛskimoˌhʊnt] |
| Chow-chow (m) | Chow-Chow (m) | ['tʃau'tʃau] |
| spitz alemão (m) | Spitz (m) | [ʃpɪts] |
| pug (m) | Mops (m) | [mɔps] |

## 214. Sons produzidos pelos animais

| latido (m) | Gebell (n) | [gə'bɛl] |
| latir (vi) | bellen (vi) | ['bɛlən] |
| miar (vi) | miauen (vi) | [mi'auən] |
| ronronar (vi) | schnurren (vi) | ['ʃnʊʀən] |

| mugir (vaca) | muhen (vi) | ['muːən] |
| bramir (touro) | brüllen (vi) | ['bʀʏlən] |
| rosnar (vi) | knurren (vi) | ['knʊʀən] |

| uivo (m) | Heulen (n) | ['hɔɪlən] |
| uivar (vi) | heulen (vi) | ['hɔɪlən] |
| ganir (vi) | winseln (vi) | ['vɪnzəln] |

| balir (vi) | meckern (vi) | ['mɛkɐn] |
| grunhir (vi) | grunzen (vi) | ['gʀʊntsən] |
| guinchar (vi) | kreischen (vi) | ['kʀaɪʃən] |

| coaxar (sapo) | quaken (vi) | ['kvaːkən] |
| zumbir (inseto) | summen (vi) | ['zʊmən] |
| ziziar (vi) | zirpen (vi) | ['tsɪʀpən] |

## 215. Animais jovens

| cria (f), filhote (m) | Tierkind (n) | ['tiːɐˌkɪnt] |
| gatinho (m) | Kätzchen (n) | ['kɛtsçən] |
| ratinho (m) | Mausjunge (n) | ['mausˌjʊŋə] |
| cachorro (m) | Hündchen (n), Welpe (m) | ['hʏntçən], ['vɛlpə] |

| filhote (m) de lebre | Häschen (n) | ['hɛːsçən] |
| coelhinho (m) | Kaninchenjunge (n) | [ka'niːnçənˌjʊŋə] |
| lobinho (m) | Wolfsjunge (n) | ['vɔlfsˌjʊŋə] |
| filhote (m) de raposa | Fuchsjunge (n) | ['fʊksˌjʊŋə] |

| | | |
|---|---|---|
| filhote (m) de urso | Bärenjunge (n) | ['bɛːʀənˌjʊŋə] |
| filhote (m) de leão | Löwenjunge (n) | ['løːvənˌjʊŋə] |
| filhote (m) de tigre | junger Tiger (m) | ['jʏŋə 'tiːgɐ] |
| filhote (m) de elefante | Elefantenjunge (n) | [ele'fantənˌjʊŋə] |

| | | |
|---|---|---|
| leitão (m) | Ferkel (n) | ['fɛʁkəl] |
| bezerro (m) | Kalb (n) | [kalp] |
| cabrito (m) | Ziegenkitz (n) | ['tsiːgənˌkɪts] |
| cordeiro (m) | Lamm (n) | [lam] |
| filhote (m) de veado | Hirschkalb (n) | ['hɪʁʃˌkalp] |
| cria (f) de camelo | Kamelfohlen (n) | [ka'meːlˌfoːlən] |

| | | |
|---|---|---|
| filhote (m) de serpente | junge Schlange (f) | ['jʊŋə 'ʃlaŋə] |
| filhote (m) de rã | Fröschlein (n) | ['fʀœʃlain] |

| | | |
|---|---|---|
| cria (f) de ave | junger Vogel (m) | ['jʏŋə 'foːgəl] |
| pinto (m) | Küken (n) | ['kyːkən] |
| patinho (m) | Entlein (n) | ['ɛntlain] |

## 216. Pássaros

| | | |
|---|---|---|
| pássaro (m), ave (f) | Vogel (m) | ['foːgəl] |
| pombo (m) | Taube (f) | ['taʊbə] |
| pardal (m) | Spatz (m) | [ʃpats] |
| chapim-real (m) | Meise (f) | ['maɪzə] |
| pega-rabuda (f) | Elster (f) | ['ɛlstɐ] |

| | | |
|---|---|---|
| corvo (m) | Rabe (m) | ['ʀaːbə] |
| gralha-cinzenta (f) | Krähe (f) | ['kʀɛːə] |
| gralha-de-nuca-cinzenta (f) | Dohle (f) | ['doːlə] |
| gralha-calva (f) | Saatkrähe (f) | ['zaːtˌkʀɛːə] |

| | | |
|---|---|---|
| pato (m) | Ente (f) | ['ɛntə] |
| ganso (m) | Gans (f) | [gans] |
| faisão (m) | Fasan (m) | [fa'zaːn] |

| | | |
|---|---|---|
| águia (f) | Adler (m) | ['aːdlɐ] |
| açor (m) | Habicht (m) | ['haːbɪçt] |
| falcão (m) | Falke (m) | ['falkə] |
| abutre (m) | Greif (m) | [gʀaɪf] |
| condor (m) | Kondor (m) | ['kɔndoːɐ] |

| | | |
|---|---|---|
| cisne (m) | Schwan (m) | [ʃvaːn] |
| grou (m) | Kranich (m) | ['kʀaːnɪç] |
| cegonha (f) | Storch (m) | [ʃtɔʁç] |

| | | |
|---|---|---|
| papagaio (m) | Papagei (m) | [papa'gaɪ] |
| beija-flor (m) | Kolibri (m) | ['koːlibʀi] |
| pavão (m) | Pfau (m) | [pfaʊ] |

| | | |
|---|---|---|
| avestruz (m) | Strauß (m) | [ʃtʀaʊs] |
| garça (f) | Reiher (m) | ['ʀaɪɐ] |
| flamingo (m) | Flamingo (m) | [fla'mɪŋgo] |
| pelicano (m) | Pelikan (m) | ['peːlikaːn] |

| rouxinol (m) | Nachtigall (f) | ['naχtɪgal] |
| andorinha (f) | Schwalbe (f) | ['ʃvalbə] |

| tordo-zornal (m) | Drossel (f) | ['dʀɔsəl] |
| tordo-músico (m) | Singdrossel (f) | ['zɪŋˌdʀɔsəl] |
| melro-preto (m) | Amsel (f) | ['amzəl] |

| andorinhão (m) | Segler (m) | ['zeːglɐ] |
| cotovia (f) | Lerche (f) | ['lɛʀçə] |
| codorna (f) | Wachtel (f) | ['vaχtəl] |

| pica-pau (m) | Specht (m) | [ʃpɛçt] |
| cuco (m) | Kuckuck (m) | ['kʊkʊk] |
| coruja (f) | Eule (f) | ['ɔɪlə] |
| bufo-real (m) | Uhu (m) | ['uːhu] |
| tetraz-grande (m) | Auerhahn (m) | ['aʊɐˌhaːn] |
| tetraz-lira (m) | Birkhahn (m) | ['bɪʀkˌhaːn] |
| perdiz-cinzenta (f) | Rebhuhn (n) | ['ʀeːpˌhuːn] |

| estorninho (m) | Star (m) | [ʃtaːɐ] |
| canário (m) | Kanarienvogel (m) | [kaˈnaːʀɪənˌfoːgəl] |
| galinha-do-mato (f) | Haselhuhn (n) | ['haːzəlˌhuːn] |
| tentilhão (m) | Buchfink (m) | ['buːχfɪŋk] |
| dom-fafe (m) | Gimpel (m) | ['gɪmpəl] |

| gaivota (f) | Möwe (f) | ['møːvə] |
| albatroz (m) | Albatros (m) | ['albatʀɔs] |
| pinguim (m) | Pinguin (m) | ['pɪŋguiːn] |

## 217. Pássaros. Canto e sons

| cantar (vi) | singen (vt) | ['zɪŋən] |
| gritar, chamar (vi) | schreien (vi) | ['ʃʀaɪən] |
| cantar (o galo) | kikeriki schreien | [ˌkikəʀiˈkiː ˈʃʀaɪən] |
| cocorocó (m) | kikeriki | [ˌkikəʀiˈkiː] |

| cacarejar (vi) | gackern (vi) | ['gakɐn] |
| crocitar (vi) | krächzen (vi) | ['kʀɛçtsən] |
| grasnar (vi) | schnattern (vi) | ['ʃnatɐn] |
| piar (vi) | piepsen (vi) | ['piːpsən] |
| chilrear, gorjear (vi) | zwitschern (vi) | ['tsvɪtʃɐn] |

## 218. Peixes. Animais marinhos

| brema (f) | Brachse (f) | ['bʀaksə] |
| carpa (f) | Karpfen (m) | ['kaʀpfən] |
| perca (f) | Barsch (m) | [baʀʃ] |
| siluro (m) | Wels (m) | [vɛls] |
| lúcio (m) | Hecht (m) | [hɛçt] |

| salmão (m) | Lachs (m) | [laks] |
| esturjão (m) | Stör (m) | [ʃtøːɐ] |

| arenque (m) | Hering (m) | ['he:ʀɪŋ] |
| salmão (m) do Atlântico | atlantische Lachs (m) | [at'lantɪʃə laks] |
| cavala, sarda (f) | Makrele (f) | [ma'kʀe:lə] |
| solha (f), linguado (m) | Scholle (f) | ['ʃɔlə] |

| lúcio perca (m) | Zander (m) | ['tsandɐ] |
| bacalhau (m) | Dorsch (m) | [dɔʁʃ] |
| atum (m) | Tunfisch (m) | ['tu:nfɪʃ] |
| truta (f) | Forelle (f) | [ˌfo'ʀɛlə] |

| enguia (f) | Aal (m) | [a:l] |
| raia (f) elétrica | Zitterrochen (m) | ['tsɪtɐˌʀɔχən] |
| moreia (f) | Muräne (f) | [mu'ʀɛ:nə] |
| piranha (f) | Piranha (m) | [pi'ʀanja] |

| tubarão (m) | Hai (m) | [haɪ] |
| golfinho (m) | Delfin (m) | [dɛl'fi:n] |
| baleia (f) | Wal (m) | [va:l] |

| caranguejo (m) | Krabbe (f) | ['kʀabə] |
| água-viva (f) | Meduse (f) | [me'du:zə] |
| polvo (m) | Krake (m) | ['kʀa:kə] |

| estrela-do-mar (f) | Seestern (m) | ['ze:ˌʃtɛʁn] |
| ouriço-do-mar (m) | Seeigel (m) | ['ze:ˌʔi:gəl] |
| cavalo-marinho (m) | Seepferdchen (n) | ['ze:ˌpfe:ɐtçən] |

| ostra (f) | Auster (f) | ['aʊstɐ] |
| camarão (m) | Garnele (f) | [gaʁ'ne:lə] |
| lagosta (f) | Hummer (m) | ['hʊmɐ] |
| lagosta (f) | Languste (f) | [laŋ'gʊstə] |

## 219. Anfíbios. Répteis

| cobra (f) | Schlange (f) | ['ʃlaŋə] |
| venenoso (adj) | Gift-, giftig | [gɪft], ['gɪftɪç] |

| víbora (f) | Viper (f) | ['vi:pɐ] |
| naja (f) | Kobra (f) | ['ko:bʀa] |
| píton (m) | Python (m) | ['py:tɔn] |
| jiboia (f) | Boa (f) | ['bo:a] |

| cobra-de-água (f) | Ringelnatter (f) | ['ʀɪŋəlˌnatɐ] |
| cascavel (f) | Klapperschlange (f) | ['klapɐˌʃlaŋə] |
| anaconda (f) | Anakonda (f) | [ana'kɔnda] |

| lagarto (m) | Eidechse (f) | ['aɪdɛksə] |
| iguana (f) | Leguan (m) | ['le:gua:n] |
| varano (m) | Waran (m) | [va'ʀa:n] |
| salamandra (f) | Salamander (m) | [zala'mandɐ] |
| camaleão (m) | Chamäleon (n) | [ka'mɛ:leˌɔn] |
| escorpião (m) | Skorpion (m) | [skɔʁ'pjo:n] |
| tartaruga (f) | Schildkröte (f) | ['ʃɪltˌkʀø:tə] |
| rã (f) | Frosch (m) | [fʀɔʃ] |

| sapo (m) | Kröte (f) | ['krø:tə] |
| crocodilo (m) | Krokodil (n) | [kroko'di:l] |

## 220. Insetos

| inseto (m) | Insekt (n) | [ɪn'zɛkt] |
| borboleta (f) | Schmetterling (m) | ['ʃmɛtelɪŋ] |
| formiga (f) | Ameise (f) | ['a:maɪzə] |
| mosca (f) | Fliege (f) | ['fli:gə] |
| mosquito (m) | Mücke (f) | ['mʏkə] |
| escaravelho (m) | Käfer (m) | ['kɛ:fə] |

| vespa (f) | Wespe (f) | ['vɛspə] |
| abelha (f) | Biene (f) | ['bi:nə] |
| mamangaba (f) | Hummel (f) | ['hʊməl] |
| moscardo (m) | Bremse (f) | ['brɛmzə] |

| aranha (f) | Spinne (f) | ['ʃpɪnə] |
| teia (f) de aranha | Spinnennetz (n) | ['ʃpɪnən,nɛts] |

| libélula (f) | Libelle (f) | [li'bɛlə] |
| gafanhoto (m) | Grashüpfer (m) | ['gra:s,hʏpfə] |
| traça (f) | Schmetterling (m) | ['ʃmɛtelɪŋ] |

| barata (f) | Schabe (f) | ['ʃa:bə] |
| carrapato (m) | Zecke (f) | ['tsɛkə] |
| pulga (f) | Floh (m) | [flo:] |
| borrachudo (m) | Kriebelmücke (f) | ['kri:bəl,mʏkə] |

| gafanhoto (m) | Heuschrecke (f) | ['hɔɪʃrɛkə] |
| caracol (m) | Schnecke (f) | ['ʃnɛkə] |
| grilo (m) | Heimchen (n) | ['haɪmçən] |
| pirilampo, vaga-lume (m) | Leuchtkäfer (m) | ['lɔɪçt,kɛ:fə] |
| joaninha (f) | Marienkäfer (m) | [ma'ri:ən,kɛ:fə] |
| besouro (m) | Maikäfer (m) | ['maɪ,kɛ:fə] |

| sanguessuga (f) | Blutegel (m) | ['blu:t,ʔe:gəl] |
| lagarta (f) | Raupe (f) | ['raʊpə] |
| minhoca (f) | Wurm (m) | [vʊʁm] |
| larva (f) | Larve (f) | ['laʁfə] |

## 221. Animais. Partes do corpo

| bico (m) | Schnabel (m) | ['ʃna:bəl] |
| asas (f pl) | Flügel (pl) | ['fly:gəl] |
| pata (f) | Fuß (m) | [fu:s] |
| plumagem (f) | Gefieder (n) | [gə'fi:də] |
| pena, pluma (f) | Feder (f) | ['fe:də] |
| crista (f) | Haube (f) | ['haʊbə] |

| brânquias, guelras (f pl) | Kiemen (pl) | ['ki:mən] |
| ovas (f pl) | Laich (m) | [laɪç] |

| | | |
|---|---|---|
| larva (f) | Larve (f) | ['laʁfə] |
| barbatana (f) | Flosse (f) | ['flɔsə] |
| escama (f) | Schuppe (f) | ['ʃʊpə] |
| presa (f) | Stoßzahn (m) | ['ʃto:sˌtsa:n] |
| pata (f) | Pfote (f) | ['pfo:tə] |
| focinho (m) | Schnauze (f) | ['ʃnaʊtsə] |
| boca (f) | Rachen (m) | ['ʀaxən] |
| cauda (f), rabo (m) | Schwanz (m) | [ʃvants] |
| bigodes (m pl) | Barthaar (n) | ['ba:ətˌha:ɐ] |
| casco (m) | Huf (m) | [hu:f] |
| corno (m) | Horn (n) | [hɔʁn] |
| carapaça (f) | Panzer (m) | ['pantsɐ] |
| concha (f) | Muschel (f) | ['mʊʃl] |
| casca (f) de ovo | Schale (f) | ['ʃa:lə] |
| pelo (m) | Fell (n) | [fɛl] |
| pele (f), couro (m) | Haut (f) | [haʊt] |

## 222. Ações dos animais

| | | |
|---|---|---|
| voar (vi) | fliegen (vi) | ['fli:gən] |
| dar voltas | herumfliegen (vi) | [hɛ'ʀʊmˌfli:gən] |
| voar (para longe) | wegfliegen (vi) | ['vɛkˌfli:gən] |
| bater as asas | schlagen (vi) | ['ʃla:gən] |
| bicar (vi) | picken (vt) | ['pɪkən] |
| incubar (vt) | bebrüten (vt) | [bə'bʀy:tən] |
| sair do ovo | ausschlüpfen (vi) | ['aʊsˌʃlʏpfən] |
| fazer o ninho | ein Nest bauen | [aɪn nɛst 'baʊən] |
| rastejar (vi) | kriechen (vi) | ['kʀi:çən] |
| picar (vt) | stechen (vt) | ['ʃtɛçən] |
| morder (cachorro, etc.) | beißen (vt) | ['baɪsən] |
| cheirar (vt) | schnüffeln (vt) | ['ʃnʏfəln] |
| latir (vi) | bellen (vi) | ['bɛlən] |
| silvar (vi) | zischen (vi) | ['tsɪʃən] |
| assustar (vt) | erschrecken (vt) | [ɛɐ'ʃʀɛkən] |
| atacar (vt) | angreifen (vt) | ['anˌgʀaɪfən] |
| roer (vt) | nagen (vi) | ['na:gən] |
| arranhar (vt) | kratzen (vt) | ['kʀatsən] |
| esconder-se (vr) | sich verstecken | [zɪç fɛɐ'ʃtɛkən] |
| brincar (vi) | spielen (vi) | ['ʃpi:lən] |
| caçar (vi) | jagen (vi) | ['jagən] |
| hibernar (vi) | Winterschlaf halten | ['vɪntɐˌʃla:f 'haltən] |
| extinguir-se (vr) | aussterben (vi) | ['aʊsˌʃtɛʁbən] |

## 223. Animais. Habitats

| | | |
|---|---|---|
| hábitat (m) | Lebensraum (f) | ['le:bəns͵raʊm] |
| migração (f) | Wanderung (f) | ['vandəʀʊŋ] |
| | | |
| montanha (f) | Berg (m) | [bɛʁk] |
| recife (m) | Riff (n) | [ʀɪf] |
| falésia (f) | Fels (m) | [fɛls] |
| | | |
| floresta (f) | Wald (m) | [valt] |
| selva (f) | Dschungel (m, n) | ['dʒʊŋəl] |
| savana (f) | Savanne (f) | [za'vanə] |
| tundra (f) | Tundra (f) | ['tʊndʀa] |
| | | |
| estepe (f) | Steppe (f) | ['ʃtɛpə] |
| deserto (m) | Wüste (f) | ['vy:stə] |
| oásis (m) | Oase (f) | [o'a:zə] |
| | | |
| mar (m) | Meer (n), See (f) | [me:ɐ], [ze:] |
| lago (m) | See (m) | [ze:] |
| oceano (m) | Ozean (m) | ['o:tsea:n] |
| | | |
| pântano (m) | Sumpf (m) | [zʊmpf] |
| de água doce | Süßwasser- | ['zy:s͵vasɐ] |
| lagoa (f) | Teich (m) | [taɪç] |
| rio (m) | Fluss (m) | [flʊs] |
| | | |
| toca (f) do urso | Höhle (f), Bau (m) | ['hø:lə], [baʊ] |
| ninho (m) | Nest (n) | [nɛst] |
| buraco (m) de árvore | Höhlung (f) | ['hø:͵lʊŋ] |
| toca (f) | Loch (n) | [lɔχ] |
| formigueiro (m) | Ameisenhaufen (m) | ['a:maɪzən·haʊfən] |

## 224. Cuidados com os animais

| | | |
|---|---|---|
| jardim (m) zoológico | Zoo (m) | ['tso:] |
| reserva (f) natural | Schutzgebiet (n) | ['ʃʊtsgə͵bi:t] |
| | | |
| viveiro (m) | Zucht (f) | [tsʊχt] |
| jaula (f) de ar livre | Freigehege (n) | ['fʀaɪ·gə'he:gə] |
| jaula, gaiola (f) | Käfig (m) | ['kɛ:fɪç] |
| casinha (f) de cachorro | Hundehütte (f) | ['hʊndə'hytə] |
| | | |
| pombal (m) | Taubenschlag (m) | ['taʊbənʃla:k] |
| aquário (m) | Aquarium (n) | [a'kva:ʀiʊm] |
| delfinário (m) | Delphinarium (n) | [dɛlfi'na:ʀɪʊm] |
| | | |
| criar (vt) | züchten (vt) | ['tsʏçtən] |
| cria (f) | Wurf (m) | [vʊʁf] |
| domesticar (vt) | zähmen (vt) | ['tsɛ:mən] |
| adestrar (vt) | dressieren (vt) | [dʀɛ'si:ʀən] |
| ração (f) | Futter (n) | ['fʊtɐ] |
| alimentar (vt) | füttern (vt) | ['fʏtɐn] |

| | | |
|---|---|---|
| loja (f) de animais | Zoohandlung (f) | [tsoo'handluŋ] |
| focinheira (m) | Maulkorb (m) | ['maʊl‚kɔʁp] |
| coleira (f) | Halsband (n) | ['hals‚bant] |
| nome (do animal) | Rufname (m) | ['ʁu:f‚na:mə] |
| pedigree (m) | Stammbaum (m) | ['ʃtam‚baʊm] |

## 225. Animais. Diversos

| | | |
|---|---|---|
| alcateia (f) | Rudel (n) | ['ʁu:dəl] |
| bando (pássaros) | Vogelschwarm (m) | ['fo:gəl‚ʃvaʁm] |
| cardume (peixes) | Schwarm (m) | [ʃvaʁm] |
| manada (cavalos) | Pferdeherde (f) | ['pfe:ədə‚he:ədə] |
| macho (m) | Männchen (n) | ['mɛnçən] |
| fêmea (f) | Weibchen (n) | ['vaɪpçən] |
| faminto (adj) | hungrig | ['huŋʁɪç] |
| selvagem (adj) | wild | [vɪlt] |
| perigoso (adj) | gefährlich | [gə'fɛ:ɐlɪç] |

## 226. Cavalos

| | | |
|---|---|---|
| cavalo (m) | Pferd (n) | [pfe:ɐt] |
| raça (f) | Rasse (f) | ['ʁasə] |
| potro (m) | Fohlen (n) | ['fo:lən] |
| égua (f) | Stute (f) | ['ʃtu:tə] |
| mustangue (m) | Mustang (m) | ['mʊstaŋ] |
| pônei (m) | Pony (n) | ['pɔni] |
| cavalo (m) de tiro | schweres Zugpferd (n) | ['ʃve:ʁəs 'tsu:k‚pfe:ɐt] |
| crina (f) | Mähne (f) | ['mɛnə] |
| rabo (m) | Schwanz (m) | [ʃvants] |
| casco (m) | Huf (m) | [hu:f] |
| ferradura (f) | Hufeisen (n) | ['hu:f‚ʔaɪzən] |
| ferrar (vt) | beschlagen (vt) | [bə'ʃla:gən] |
| ferreiro (m) | Schmied (m) | [ʃmi:t] |
| sela (f) | Sattel (m) | ['zatəl] |
| estribo (m) | Steigbügel (m) | ['ʃtaɪk‚by:gəl] |
| brida (f) | Zaum (m) | [tsaʊm] |
| rédeas (f pl) | Zügel (pl) | ['tsy:gəl] |
| chicote (m) | Peitsche (f) | ['paɪtʃə] |
| cavaleiro (m) | Reiter (m) | ['ʁaɪtə] |
| colocar sela | satteln (vt) | ['zatəln] |
| montar no cavalo | besteigen (vt) | [bə'ʃtaɪgən] |
| galope (m) | Galopp (m) | [ga'lɔp] |
| galopar (vi) | galoppieren (vi) | [galɔ'pi:ʁən] |

| | | |
|---|---|---|
| trote (m) | **Trab** (m) | [tʀaːp] |
| a trote | **im Trab** | [ɪm tʀaːp] |
| ir a trote | **traben** (vi) | ['tʀaːbən] |
| | | |
| cavalo (m) de corrida | **Rennpferd** (n) | ['ʀɛn͵pfeːɐt] |
| corridas (f pl) | **Rennen** (n) | ['ʀɛnən] |
| | | |
| estábulo (m) | **Pferdestall** (m) | ['pfeːɐdəʃtal] |
| alimentar (vt) | **füttern** (vt) | ['fʏtɐn] |
| feno (m) | **Heu** (n) | [hɔɪ] |
| dar água | **tränken** (vt) | ['tʀɛŋkən] |
| limpar (vt) | **striegeln** (vt) | ['ʃtʀiːgəln] |
| | | |
| carroça (f) | **Pferdewagen** (m) | ['pfeːɐdə͵vaːgən] |
| pastar (vi) | **weiden** (vi) | ['vaɪdən] |
| relinchar (vi) | **wiehern** (vi) | ['viːɐn] |
| dar um coice | **ausschlagen** (vi) | ['aʊsʃlaːgən] |

# Flora

## 227. Árvores

| | | |
|---|---|---|
| árvore (f) | Baum (m) | [baʊm] |
| decídua (adj) | Laub- | [laʊp] |
| conífera (adj) | Nadel- | ['na:dəl] |
| perene (adj) | immergrün | ['ɪmɐˌɡʀy:n] |
| | | |
| macieira (f) | Apfelbaum (m) | ['apfəlˌbaʊm] |
| pereira (f) | Birnbaum (m) | ['bɪʀnˌbaʊm] |
| cerejeira (f) | Süßkirschbaum (m) | ['zy:skɪʁʃˌbaʊm] |
| ginjeira (f) | Sauerkirschbaum (m) | [zaʊə'kɪʁʃˌbaʊm] |
| ameixeira (f) | Pflaumenbaum (m) | ['pflaʊmənˌbaʊm] |
| | | |
| bétula (f) | Birke (f) | ['bɪʁkə] |
| carvalho (m) | Eiche (f) | ['aɪçə] |
| tília (f) | Linde (f) | ['lɪndə] |
| choupo-tremedor (m) | Espe (f) | ['ɛspə] |
| bordo (m) | Ahorn (m) | ['a:hɔʁn] |
| espruce (m) | Fichte (f) | ['fɪçtə] |
| pinheiro (m) | Kiefer (f) | ['ki:fə] |
| alerce, lariço (m) | Lärche (f) | ['lɛʁçə] |
| abeto (m) | Tanne (f) | ['tanə] |
| cedro (m) | Zeder (f) | ['tse:dɐ] |
| | | |
| choupo, álamo (m) | Pappel (f) | ['papəl] |
| tramazeira (f) | Vogelbeerbaum (m) | ['fo:gəlbe:ɐˌbaʊm] |
| salgueiro (m) | Weide (f) | ['vaɪdə] |
| amieiro (m) | Erle (f) | ['ɛʁlə] |
| faia (f) | Buche (f) | ['bu:χə] |
| ulmeiro, olmo (m) | Ulme (f) | ['ʊlmə] |
| freixo (m) | Esche (f) | ['ɛʃə] |
| castanheiro (m) | Kastanie (f) | [kas'ta:niə] |
| | | |
| magnólia (f) | Magnolie (f) | [mag'no:lɪə] |
| palmeira (f) | Palme (f) | ['palmə] |
| cipreste (m) | Zypresse (f) | [tsy'pʀɛsə] |
| | | |
| mangue (m) | Mangrovenbaum (m) | [maŋ'gʀo:vənˌbaʊm] |
| embondeiro, baobá (m) | Baobab (m) | ['ba:obap] |
| eucalipto (m) | Eukalyptus (m) | [ɔɪka'lʏptʊs] |
| sequoia (f) | Mammutbaum (m) | ['mamʊtˌbaʊm] |

## 228. Arbustos

| | | |
|---|---|---|
| arbusto (m) | Strauch (m) | [ʃtʀaʊχ] |
| arbusto (m), moita (f) | Gebüsch (n) | [gə'bʏʃ] |

| videira (f) | Weinstock (m) | ['vaɪnˌʃtɔk] |
| vinhedo (m) | Weinberg (m) | ['vaɪnˌbɛʁk] |

| framboeseira (f) | Himbeerstrauch (m) | ['hɪmbeːɐˌʃtʁaʊx] |
| groselheira-negra (f) | schwarze Johannisbeere (f) | ['ʃvaʁtsə joː'hanɪsbeːʁə] |
| groselheira-vermelha (f) | rote Johannisbeere (f) | ['ʁoːtə joː'hanɪsbeːʁə] |
| groselheira (f) espinhosa | Stachelbeerstrauch (m) | ['ʃtaxəlbeːɐˌʃtʁaʊx] |

| acácia (f) | Akazie (f) | [a'kaːtsiə] |
| bérberis (f) | Berberitze (f) | [bɛʁbə'ʁɪtsə] |
| jasmim (m) | Jasmin (m) | [jas'miːn] |

| junípero (m) | Wacholder (m) | [va'xɔldɐ] |
| roseira (f) | Rosenstrauch (m) | ['ʁoːzənˌʃtʁaʊx] |
| roseira (f) brava | Heckenrose (f) | ['hɛkənˌʁoːzə] |

## 229. Cogumelos

| cogumelo (m) | Pilz (m) | [pɪlts] |
| cogumelo (m) comestível | essbarer Pilz (m) | ['ɛsbaːʁɐ pɪlts] |
| cogumelo (m) venenoso | Giftpilz (m) | ['gɪftˌpɪlts] |
| chapéu (m) | Hut (m) | [huːt] |
| pé, caule (m) | Stiel (m) | [ʃtiːl] |

| boleto, porcino (m) | Steinpilz (m) | ['ʃtaɪnˌpɪlts] |
| boleto (m) alaranjado | Rotkappe (f) | ['ʁoːtˌkapə] |
| boleto (m) de bétula | Birkenpilz (m) | ['bɪʁkənˌpɪlts] |
| cantarelo (m) | Pfifferling (m) | ['pfɪfɐlɪŋ] |
| rússula (f) | Täubling (m) | ['tɔyplɪŋ] |

| morchella (f) | Morchel (f) | ['mɔʁçəl] |
| agário-das-moscas (m) | Fliegenpilz (m) | ['fliːgənˌpɪlts] |
| cicuta (f) verde | Grüner Knollenblätterpilz (m) | ['gʁyːnɐ 'knɔlən·blɛtəˌpɪlts] |

## 230. Frutos. Bagas

| fruta (f) | Frucht (f) | [fʁʊxt] |
| frutas (f pl) | Früchte (pl) | ['fʁʏçtə] |
| maçã (f) | Apfel (m) | ['apfəl] |
| pera (f) | Birne (f) | ['bɪʁnə] |
| ameixa (f) | Pflaume (f) | ['pflaʊmə] |

| morango (m) | Erdbeere (f) | ['eːɐtˌbeːʁə] |
| ginja (f) | Sauerkirsche (f) | ['zaʊɐˌkɪʁʃə] |
| cereja (f) | Süßkirsche (f) | ['zyːsˌkɪʁʃə] |
| uva (f) | Weintrauben (pl) | ['vaɪnˌtʁaʊbən] |

| framboesa (f) | Himbeere (f) | ['hɪmˌbeːʁə] |
| groselha (f) negra | schwarze Johannisbeere (f) | ['ʃvaʁtsə joː'hanɪsbeːʁə] |
| groselha (f) vermelha | rote Johannisbeere (f) | ['ʁoːtə joː'hanɪsbeːʁə] |
| groselha (f) espinhosa | Stachelbeere (f) | ['ʃtaxəlˌbeːʁə] |

| | | |
|---|---|---|
| oxicoco (m) | Moosbeere (f) | ['mo:s‚be:ʀə] |
| laranja (f) | Apfelsine (f) | [apfəl'zi:nə] |
| tangerina (f) | Mandarine (f) | [‚manda'ʀi:nə] |
| abacaxi (m) | Ananas (f) | ['ananas] |
| banana (f) | Banane (f) | [ba'na:nə] |
| tâmara (f) | Dattel (f) | ['datəl] |

| | | |
|---|---|---|
| limão (m) | Zitrone (f) | [tsi'tʀo:nə] |
| damasco (m) | Aprikose (f) | [‚apʀi'ko:zə] |
| pêssego (m) | Pfirsich (m) | ['pfiʁzɪç] |
| quiuí (m) | Kiwi, Kiwifrucht (f) | ['ki:vi], ['ki:vi‚fʀuχt] |
| toranja (f) | Grapefruit (f) | ['gʀɛɪp‚fʀu:t] |

| | | |
|---|---|---|
| baga (f) | Beere (f) | ['be:ʀə] |
| bagas (f pl) | Beeren (pl) | ['be:ʀən] |
| arando (m) vermelho | Preiselbeere (f) | ['pʀaɪzəl‚be:ʀə] |
| morango-silvestre (m) | Walderdbeere (f) | ['valt?e:ɐt‚be:ʀə] |
| mirtilo (m) | Heidelbeere (f) | ['haɪdəl‚be:ʀə] |

## 231. Flores. Plantas

| | | |
|---|---|---|
| flor (f) | Blume (f) | ['blu:mə] |
| buquê (m) de flores | Blumenstrauß (m) | ['blu:mənʃtʀaʊs] |

| | | |
|---|---|---|
| rosa (f) | Rose (f) | ['ʀo:zə] |
| tulipa (f) | Tulpe (f) | ['tʊlpə] |
| cravo (m) | Nelke (f) | ['nɛlkə] |
| gladíolo (m) | Gladiole (f) | [‚gla'dɪo:lə] |

| | | |
|---|---|---|
| centáurea (f) | Kornblume (f) | ['kɔʁn‚blu:mə] |
| campainha (f) | Glockenblume (f) | ['glɔkən‚blu:mə] |
| dente-de-leão (m) | Löwenzahn (m) | ['lø:vən‚tsa:n] |
| camomila (f) | Kamille (f) | [ka'mɪlə] |

| | | |
|---|---|---|
| aloé (m) | Aloe (f) | ['a:loe] |
| cacto (m) | Kaktus (m) | ['kaktʊs] |
| fícus (m) | Gummibaum (m) | ['gʊmi‚baʊm] |

| | | |
|---|---|---|
| lírio (m) | Lilie (f) | ['li:liə] |
| gerânio (m) | Geranie (f) | [ge'ʀa:nɪə] |
| jacinto (m) | Hyazinthe (f) | [hya'tsɪntə] |

| | | |
|---|---|---|
| mimosa (f) | Mimose (f) | [mi'mo:zə] |
| narciso (m) | Narzisse (f) | [naʁ'tsɪsə] |
| capuchinha (f) | Kapuzinerkresse (f) | [‚kapu'tsi:nɐ‚kʀɛsə] |

| | | |
|---|---|---|
| orquídea (f) | Orchidee (f) | [‚ɔʁçi'de:ə] |
| peônia (f) | Pfingstrose (f) | ['pfɪŋst‚ʀo:zə] |
| violeta (f) | Veilchen (n) | ['faɪlçən] |

| | | |
|---|---|---|
| amor-perfeito (m) | Stiefmütterchen (n) | ['ʃti:f‚mʏtɐçən] |
| não-me-esqueças (m) | Vergissmeinnicht (n) | [‚fɛɐ'gɪs·maɪn·nɪçt] |
| margarida (f) | Gänseblümchen (n) | ['gɛnzə‚bly:mçən] |
| papoula (f) | Mohn (m) | [mo:n] |

| cânhamo (m) | Hanf (m) | [hanf] |
| hortelã, menta (f) | Minze (f) | ['mɪntsə] |

| lírio-do-vale (m) | Maiglöckchen (n) | ['maɪˌglœkçən] |
| campânula-branca (f) | Schneeglöckchen (n) | ['ʃne:glœkçən] |

| urtiga (f) | Brennnessel (f) | ['bʀɛnˌnɛsəl] |
| azedinha (f) | Sauerampfer (m) | ['zaʊɐˌʔampfɐ] |
| nenúfar (m) | Seerose (f) | ['ze:ˌʀo:zə] |
| samambaia (f) | Farn (m) | [faʁn] |
| líquen (m) | Flechte (f) | ['flɛçtə] |

| estufa (f) | Gewächshaus (n) | [gə'vɛksˌhaʊs] |
| gramado (m) | Rasen (m) | ['ʀa:zən] |
| canteiro (m) de flores | Blumenbeet (n) | ['blu:məən·be:t] |

| planta (f) | Pflanze (f) | ['pflantsə] |
| grama (f) | Gras (n) | [gʀa:s] |
| folha (f) de grama | Grashalm (m) | ['gʀa:sˌhalm] |

| folha (f) | Blatt (n) | [blat] |
| pétala (f) | Blütenblatt (n) | ['bly:tənˌblat] |
| talo (m) | Stiel (m) | [ʃti:l] |
| tubérculo (m) | Knolle (f) | ['knɔlə] |

| broto, rebento (m) | Jungpflanze (f) | ['jʊŋˌpflantsə] |
| espinho (m) | Dorn (m) | [dɔʁn] |

| florescer (vi) | blühen (vi) | ['bly:ən] |
| murchar (vi) | welken (vi) | ['vɛlkən] |
| cheiro (m) | Geruch (m) | [gə'ʀʊx] |
| cortar (flores) | abschneiden (vt) | ['apˌʃnaɪdən] |
| colher (uma flor) | pflücken (vt) | ['pflʏkən] |

## 232. Cereais, grãos

| grão (m) | Getreide (n) | [gə'tʀaɪdə] |
| cereais (plantas) | Getreidepflanzen (pl) | [gə'tʀaɪdəˌpflantsən] |
| espiga (f) | Ähre (f) | ['ɛ:ʀə] |

| trigo (m) | Weizen (m) | ['vaɪtsən] |
| centeio (m) | Roggen (m) | ['ʀɔgən] |
| aveia (f) | Hafer (m) | ['ha:fɐ] |
| painço (m) | Hirse (f) | ['hɪʁzə] |
| cevada (f) | Gerste (f) | ['gɛʁstə] |
| milho (m) | Mais (m) | ['maɪs] |
| arroz (m) | Reis (m) | [ʀaɪs] |
| trigo-sarraceno (m) | Buchweizen (m) | ['bu:xˌvaɪtsən] |

| ervilha (f) | Erbse (f) | ['ɛʁpsə] |
| feijão (m) roxo | weiße Bohne (f) | ['vaɪsə 'bo:nə] |
| soja (f) | Sojabohne (f) | ['zo:jaˌbo:nə] |
| lentilha (f) | Linse (f) | ['lɪnzə] |
| feijão (m) | Bohnen (pl) | ['bo:nən] |

## 233. Vegetais. Verduras

| | | |
|---|---|---|
| vegetais (m pl) | Gemüse (n) | [gə'my:zə] |
| verdura (f) | grünes Gemüse (pl) | ['gʀy:nəs gə'my:zə] |
| | | |
| tomate (m) | Tomate (f) | [to'ma:tə] |
| pepino (m) | Gurke (f) | ['gʊʁkə] |
| cenoura (f) | Karotte (f) | [ka'ʀɔtə] |
| batata (f) | Kartoffel (f) | [kaʁ'tɔfəl] |
| cebola (f) | Zwiebel (f) | ['tsvi:bəl] |
| alho (m) | Knoblauch (m) | ['kno:p,laʊχ] |
| | | |
| couve (f) | Kohl (m) | [ko:l] |
| couve-flor (f) | Blumenkohl (m) | ['blu:mən,ko:l] |
| couve-de-bruxelas (f) | Rosenkohl (m) | ['ʀo:zən,ko:l] |
| brócolis (m pl) | Brokkoli (m) | ['bʀɔkoli] |
| | | |
| beterraba (f) | Rote Bete (f) | [,ʀo:tə'be:tə] |
| berinjela (f) | Aubergine (f) | [,obɛʁ'ʒi:nə] |
| abobrinha (f) | Zucchini (f) | [tsʊ'ki:ni] |
| abóbora (f) | Kürbis (m) | ['kyʁbɪs] |
| nabo (m) | Rübe (f) | ['ʀy:bə] |
| | | |
| salsa (f) | Petersilie (f) | [petə'zi:lɪə] |
| endro, aneto (m) | Dill (m) | [dɪl] |
| alface (f) | Kopf Salat (m) | [kɔpf za'la:t] |
| aipo (m) | Sellerie (m) | ['zɛləʀi] |
| aspargo (m) | Spargel (m) | ['ʃpaʁgəl] |
| espinafre (m) | Spinat (m) | [ʃpi'na:t] |
| | | |
| ervilha (f) | Erbse (f) | ['ɛʁpsə] |
| feijão (~ soja, etc.) | Bohnen (pl) | ['bo:nən] |
| milho (m) | Mais (m) | ['maɪs] |
| feijão (m) roxo | weiße Bohne (f) | ['vaɪsə 'bo:nə] |
| | | |
| pimentão (m) | Pfeffer (m) | ['pfɛfə] |
| rabanete (m) | Radieschen (n) | [ʀa'di:sçən] |
| alcachofra (f) | Artischocke (f) | [aʁti'ʃɔkə] |

# GEOGRAFIA REGIONAL

## Países. Nacionalidades

### 234. Europa Ocidental

| | | |
|---|---|---|
| Europa (f) | Europa (n) | [ɔɪ'ʀoːpa] |
| União (f) Europeia | Europäische Union (f) | [ˌɔɪʀo'pɛːɪʃə ʔu'njoːn] |
| europeu (m) | Europäer (m) | [ˌɔɪʀo'pɛːɐ] |
| europeu (adj) | europäisch | [ˌɔɪʀo'pɛːɪʃ] |
| | | |
| Áustria (f) | Österreich (n) | ['øːstəʀaɪç] |
| austríaco (m) | Österreicher (m) | ['øːstɐʀaɪçɐ] |
| austríaca (f) | Österreicherin (f) | ['øːsteˌʀaɪçəʀɪn] |
| austríaco (adj) | österreichisch | ['øːstɐʀaɪçɪʃ] |
| | | |
| Grã-Bretanha (f) | Großbritannien (n) | [ɡʀoːsbʀi'taniən] |
| Inglaterra (f) | England (n) | ['ɛŋlant] |
| inglês (m) | Brite (m) | ['bʀɪtə] |
| inglesa (f) | Britin (f) | ['bʀɪtɪn] |
| inglês (adj) | englisch | ['ɛŋlɪʃ] |
| | | |
| Bélgica (f) | Belgien (n) | ['bɛlɡɪən] |
| belga (m) | Belgier (m) | ['bɛlɡɪɐ] |
| belga (f) | Belgierin (f) | ['bɛlɡɪəʀɪn] |
| belga (adj) | belgisch | ['bɛlɡɪʃ] |
| | | |
| Alemanha (f) | Deutschland (n) | ['dɔɪtʃlant] |
| alemão (m) | Deutsche (m) | ['dɔɪtʃə] |
| alemã (f) | Deutsche (f) | ['dɔɪtʃə] |
| alemão (adj) | deutsch | [dɔɪtʃ] |
| | | |
| Países Baixos (m pl) | Niederlande (f) | ['niːdeˌlandə] |
| Holanda (f) | Holland (n) | ['hɔlant] |
| holandês (m) | Holländer (m) | ['hɔlɛndɐ] |
| holandesa (f) | Holländerin (f) | ['hɔlɛndəʀɪn] |
| holandês (adj) | holländisch | ['hɔlɛndɪʃ] |
| | | |
| Grécia (f) | Griechenland (n) | ['ɡʀiːçənˌlant] |
| grego (m) | Grieche (m) | ['ɡʀiːçə] |
| grega (f) | Griechin (f) | ['ɡʀiːçɪn] |
| grego (adj) | griechisch | ['ɡʀiːçɪʃ] |
| | | |
| Dinamarca (f) | Dänemark (n) | ['dɛːnəˌmaʀk] |
| dinamarquês (m) | Däne (m) | ['dɛːnə] |
| dinamarquesa (f) | Dänin (f) | ['dɛːnɪn] |
| dinamarquês (adj) | dänisch | ['dɛːnɪʃ] |
| Irlanda (f) | Irland (n) | ['ɪʀlant] |
| irlandês (m) | Ire (m) | ['iːʀə] |

| | | |
|---|---|---|
| irlandesa (f) | Irin (f) | ['i:ʀɪn] |
| irlandês (adj) | irisch | ['i:ʀɪʃ] |
| | | |
| Islândia (f) | Island (n) | ['i:slant] |
| islandês (m) | Isländer (m) | ['i:sˌlɛndɐ] |
| islandesa (f) | Isländerin (f) | ['i:sˌlɛndɐʀɪn] |
| islandês (adj) | isländisch | ['i:sˌlɛndɪʃ] |
| | | |
| Espanha (f) | Spanien (n) | ['ʃpa:nɪən] |
| espanhol (m) | Spanier (m) | ['ʃpa:nɪɐ] |
| espanhola (f) | Spanierin (f) | ['ʃpa:nɪɐʀɪn] |
| espanhol (adj) | spanisch | ['ʃpa:nɪʃ] |
| | | |
| Itália (f) | Italien (n) | [i'ta:lɪən] |
| italiano (m) | Italiener (m) | [ˌital'ɪe:nɐ] |
| italiana (f) | Italienerin (f) | [ˌital'ɪe:nɐʀɪn] |
| italiano (adj) | italienisch | [ˌita'lɪe:nɪʃ] |
| | | |
| Chipre (m) | Zypern (n) | ['tsy:pɐn] |
| cipriota (m) | Zypriot (m) | [tsypʀi'o:t] |
| cipriota (f) | Zypriotin (f) | [tsypʀi'o:tɪn] |
| cipriota (adj) | zyprisch | ['tsy:pʀɪʃ] |
| | | |
| Malta (f) | Malta (n) | ['malta] |
| maltês (m) | Malteser (m) | [mal'te:zɐ] |
| maltesa (f) | Malteserin (f) | [mal'te:zɐʀɪn] |
| maltês (adj) | maltesisch | [mal'te:zɪʃ] |
| | | |
| Noruega (f) | Norwegen (n) | ['nɔʁˌve:gən] |
| norueguês (m) | Norweger (m) | ['nɔʁˌve:gɐ] |
| norueguesa (f) | Norwegerin (f) | ['nɔʁˌve:gɐʀɪn] |
| norueguês (adj) | norwegisch | ['nɔʁve:gɪʃ] |
| | | |
| Portugal (m) | Portugal (n) | ['pɔʁtugal] |
| português (m) | Portugiese (m) | [pɔʁtu'gi:zə] |
| portuguesa (f) | Portugiesin (f) | [pɔʁtu'gi:zɪn] |
| português (adj) | portugiesisch | [pɔʁtu'gi:zɪʃ] |
| | | |
| Finlândia (f) | Finnland (n) | ['fɪnlant] |
| finlandês (m) | Finne (m) | ['fɪnə] |
| finlandesa (f) | Finnin (f) | ['fɪnɪn] |
| finlandês (adj) | finnisch | ['fɪnɪʃ] |
| | | |
| França (f) | Frankreich (n) | ['fʀaŋkʀaɪç] |
| francês (m) | Franzose (m) | [fʀan'tso:zə] |
| francesa (f) | Französin (f) | [fʀan'tsø:zɪn] |
| francês (adj) | französisch | [fʀan'tsø:zɪʃ] |
| | | |
| Suécia (f) | Schweden (n) | ['ʃve:dən] |
| sueco (m) | Schwede (m) | ['ʃve:də] |
| sueca (f) | Schwedin (f) | ['ʃve:dɪn] |
| sueco (adj) | schwedisch | ['ʃve:dɪʃ] |
| | | |
| Suíça (f) | Schweiz (f) | [ʃvaɪts] |
| suíço (m) | Schweizer (m) | ['ʃvaɪtsɐ] |
| suíça (f) | Schweizerin (f) | ['ʃvaɪtsɐʀɪn] |

| suíço (adj) | schweizerisch | ['ʃvaɪtsəʀɪʃ] |
| Escócia (f) | Schottland (n) | ['ʃɔtlant] |
| escocês (m) | Schotte (m) | ['ʃɔtə] |
| escocesa (f) | Schottin (f) | ['ʃɔtɪn] |
| escocês (adj) | schottisch | ['ʃɔtɪʃ] |

| Vaticano (m) | Vatikan (m) | [vati'ka:n] |
| Liechtenstein (m) | Liechtenstein (n) | ['lɪçtənˌʃtaɪn] |
| Luxemburgo (m) | Luxemburg (n) | ['lʊksəmˌbʊʁk] |
| Mônaco (m) | Monaco (n) | [mo'nako] |

## 235. Europa Central e de Leste

| Albânia (f) | Albanien (n) | [al'ba:niən] |
| albanês (m) | Albaner (m) | [al'ba:nɐ] |
| albanesa (f) | Albanerin (f) | [al'ba:nəʀɪn] |
| albanês (adj) | albanisch | [al'ba:nɪʃ] |

| Bulgária (f) | Bulgarien (n) | [bʊl'ga:ʀiən] |
| búlgaro (m) | Bulgare (m) | [bʊl'ga:ʀə] |
| búlgara (f) | Bulgarin (f) | [bʊl'ga:ʀɪn] |
| búlgaro (adj) | bulgarisch | [bʊl'ga:ʀɪʃ] |

| Hungria (f) | Ungarn (n) | ['ʊŋgaʁn] |
| húngaro (m) | Ungar (m) | ['ʊŋgaʁ] |
| húngara (f) | Ungarin (f) | ['ʊŋgaʀɪn] |
| húngaro (adj) | ungarisch | ['ʊŋgaʀɪʃ] |

| Letônia (f) | Lettland (n) | ['lɛtlant] |
| letão (m) | Lette (m) | ['lɛtə] |
| letã (f) | Lettin (f) | ['lɛtɪn] |
| letão (adj) | lettisch | ['lɛtɪʃ] |

| Lituânia (f) | Litauen (n) | ['lɪtaʊən] |
| lituano (m) | Litauer (m) | ['li:taʊə] |
| lituana (f) | Litauerin (f) | ['li:taʊəʀɪn] |
| lituano (adj) | litauisch | ['lɪtaʊɪʃ] |

| Polônia (f) | Polen (n) | ['po:lən] |
| polonês (m) | Pole (m) | ['po:lə] |
| polonesa (f) | Polin (f) | ['po:lɪn] |
| polonês (adj) | polnisch | ['pɔlnɪʃ] |

| Romênia (f) | Rumänien (n) | [ʀu'mɛ:niən] |
| romeno (m) | Rumäne (m) | [ʀu'mɛ:nə] |
| romena (f) | Rumänin (f) | [ʀu'mɛ:nɪn] |
| romeno (adj) | rumänisch | [ʀu'mɛ:nɪʃ] |

| Sérvia (f) | Serbien (n) | ['zɛʁbiən] |
| sérvio (m) | Serbe (m) | ['zɛʁbə] |
| sérvia (f) | Serbin (f) | ['zɛʁbɪn] |
| sérvio (adj) | serbisch | ['zɛʁbɪʃ] |
| Eslováquia (f) | Slowakei (f) | [slova'kaɪ] |
| eslovaco (m) | Slowake (m) | [slo'va:kə] |

| eslovaca (f) | Slowakin (f) | [slo'va:kɪn] |
| eslovaco (adj) | slowakisch | [slo'va:kɪʃ] |

| Croácia (f) | Kroatien (n) | [kʀo'a:tsɪən] |
| croata (m) | Kroate (m) | [kʀo'a:tə] |
| croata (f) | Kroatin (f) | [kʀo'a:tɪn] |
| croata (adj) | kroatisch | [kʀo'a:tɪʃ] |

| República (f) Checa | Tschechien (n) | ['tʃɛçɪən] |
| checo (m) | Tscheche (m) | ['tʃɛçə] |
| checa (f) | Tschechin (f) | ['tʃɛçɪn] |
| checo (adj) | tschechisch | ['tʃɛçɪʃ] |

| Estônia (f) | Estland (n) | ['ɛstlant] |
| estônio (m) | Este (m) | ['ɛstə] |
| estônia (f) | Estin (f) | ['ɛstɪn] |
| estônio (adj) | estnisch | ['ɛstnɪʃ] |

| Bósnia e Herzegovina (f) | Bosnien und Herzegowina (n) | ['bosnɪən ʊnt ˌhɛʀtsə'gɔvina:] |
| Macedônia (f) | Makedonien (n) | [makə'do:nɪən] |
| Eslovênia (f) | Slowenien (n) | [slo've:nɪən] |
| Montenegro (m) | Montenegro (n) | [mɔnte'ne:gʀo] |

## 236. Países da ex-URSS

| Azerbaijão (m) | Aserbaidschan (n) | [ˌazɛʀbaɪ'dʒa:n] |
| azeri (m) | Aserbaidschaner (m) | [azɛʀbaɪ'dʒa:nɐ] |
| azeri (f) | Aserbaidschanerin (f) | [azɛʀbaɪ'dʒa:nəʀɪn] |
| azeri, azerbaijano (adj) | aserbaidschanisch | [ˌazɛʀbaɪ'dʒa:nɪʃ] |

| Armênia (f) | Armenien (n) | [aʀ'me:nɪən] |
| armênio (m) | Armenier (m) | [aʀ'me:nɪɐ] |
| armênia (f) | Armenierin (f) | [aʀ'me:nɪəʀɪn] |
| armênio (adj) | armenisch | [aʀ'me:nɪʃ] |

| Belarus | Weißrussland (n) | ['vaɪsˌʀʊslant] |
| bielorrusso (m) | Weißrusse (m) | ['vaɪsˌʀʊsə] |
| bielorrussa (f) | Weißrussin (f) | ['vaɪsˌʀʊsɪn] |
| bielorrusso (adj) | weißrussisch | ['vaɪsˌʀʊsɪʃ] |

| Geórgia (f) | Georgien (n) | [ge'ɔʀgɪən] |
| georgiano (m) | Georgier (m) | [ge'ɔʀgɪɐ] |
| georgiana (f) | Georgierin (f) | [ge'ɔʀgɪəʀɪn] |
| georgiano (adj) | georgisch | [ge'ɔʀgɪʃ] |

| Cazaquistão (m) | Kasachstan (n) | ['ka:zaχˌsta:n] |
| cazaque (m) | Kasache (m) | [ka'zaχə] |
| cazaque (f) | Kasachin (f) | [ka'zaχɪn] |
| cazaque (adj) | kasachisch | [ˌka'zaχɪʃ] |

| Quirguistão (m) | Kirgisien (n) | ['kɪʀgi:zɪən] |
| quirguiz (m) | Kirgise (m) | [kɪʀ'gi:zə] |
| quirguiz (f) | Kirgisin (f) | [kɪʀ'gi:zɪn] |

| quirguiz (adj) | kirgisisch | [kɪʁ'gi:zɪʃ] |
| Moldávia (f) | Moldawien (n) | [mɔl'da:vɪən] |
| moldavo (m) | Moldauer (m) | ['mɔldaʊɐ] |
| moldava (f) | Moldauerin (f) | ['mɔldaʊɐˌʁɪn] |
| moldavo (adj) | moldauisch | ['mɔldaʊɪʃ] |

| Rússia (f) | Russland (n) | ['ʁʊslant] |
| russo (m) | Russe (m) | ['ʁʊsə] |
| russa (f) | Russin (f) | ['ʁʊsɪn] |
| russo (adj) | russisch | ['ʁʊsɪʃ] |

| Tajiquistão (m) | Tadschikistan (n) | [ta'dʒi:kɪsta:n] |
| tajique (m) | Tadschike (m) | [ta'dʒi:kə] |
| tajique (f) | Tadschikin (f) | [ta'dʒi:kɪn] |
| tajique (adj) | tadschikisch | [ta'dʒi:kɪʃ] |

| Turquemenistão (m) | Turkmenistan (n) | [tʊʁk'me:nɪsta:n] |
| turcomeno (m) | Turkmene (m) | [tʊʁk'me:nə] |
| turcomena (f) | Turkmenin (f) | [tʊʁk'me:nɪn] |
| turcomeno (adj) | turkmenisch | [tʊʁk'me:nɪʃ] |

| Uzbequistão (f) | Usbekistan (n) | [ʊs'be:kɪsta:n] |
| uzbeque (m) | Usbeke (m) | [ʊs'be:kə] |
| uzbeque (f) | Usbekin (f) | [ʊs'be:kɪn] |
| uzbeque (adj) | usbekisch | [us'be:kɪʃ] |

| Ucrânia (f) | Ukraine (f) | [ˌukʁa'i:nə] |
| ucraniano (m) | Ukrainer (m) | [ukʁa'i:nɐ] |
| ucraniana (f) | Ukrainerin (f) | [ukʁa'i:nəʁɪn] |
| ucraniano (adj) | ukrainisch | [ukʁa'i:nɪʃ] |

## 237. Asia

| Ásia (f) | Asien (n) | ['a:zɪən] |
| asiático (adj) | asiatisch | [a'zia:tɪʃ] |

| Vietnã (m) | Vietnam (n) | [vɪɛt'nam] |
| vietnamita (m) | Vietnamese (m) | [vɪɛtna'me:zə] |
| vietnamita (f) | Vietnamesin (f) | [vɪɛtna'me:zɪn] |
| vietnamita (adj) | vietnamesisch | [ˌvɪɛtna'me:zɪʃ] |

| Índia (f) | Indien (n) | ['ɪndɪən] |
| indiano (m) | Inder (m) | ['ɪndɐ] |
| indiana (f) | Inderin (f) | ['ɪndəʁɪn] |
| indiano (adj) | indisch | ['ɪndɪʃ] |

| Israel (m) | Israel (n) | ['ɪsʁae:l] |
| israelense (m) | Israeli (m) | [ˌɪsʁa'e:li] |
| israelita (f) | Israeli (f) | [ˌɪsʁa'e:li] |
| israelense (adj) | israelisch | [ɪsʁa'e:lɪʃ] |

| judeu (m) | Jude (m) | ['ju:də] |
| judia (f) | Jüdin (f) | ['jy:dɪn] |
| judeu (adj) | jüdisch | ['jy:dɪʃ] |

| China (f) | China (n) | ['çi:na] |
| chinês (m) | Chinese (m) | [çi'ne:zə] |
| chinesa (f) | Chinesin (f) | [çi'ne:zɪn] |
| chinês (adj) | chinesisch | [çi'ne:zɪʃ] |

| coreano (m) | Koreaner (m) | [koʀe'a:nɐ] |
| coreana (f) | Koreanerin (f) | [koʀe'a:nəʀɪn] |
| coreano (adj) | koreanisch | [koʀe'a:nɪʃ] |

| Líbano (m) | Libanon (m, n) | ['li:banɔn] |
| libanês (m) | Libanese (m) | [liba'ne:zə] |
| libanesa (f) | Libanesin (f) | [liba'ne:zɪn] |
| libanês (adj) | libanesisch | [liba'ne:zɪʃ] |

| Mongólia (f) | Mongolei (f) | [ˌmɔŋgo'laɪ] |
| mongol (m) | Mongole (m) | [mɔŋ'go:lə] |
| mongol (f) | Mongolin (f) | [mɔŋ'go:lɪn] |
| mongol (adj) | mongolisch | [mɔŋ'go:lɪʃ] |

| Malásia (f) | Malaysia (n) | [ma'laɪzɪa] |
| malaio (m) | Malaie (m) | [ma'laɪə] |
| malaia (f) | Malaiin (f) | [ma'lajɪn] |
| malaio (adj) | malaiisch | [ma'laɪʃ] |

| Paquistão (m) | Pakistan (n) | ['pa:kɪsta:n] |
| paquistanês (m) | Pakistaner (m) | [pakɪs'ta:nɐ] |
| paquistanesa (f) | Pakistanerin (f) | [pakɪs'ta:nəʀɪn] |
| paquistanês (adj) | pakistanisch | [pakɪs'ta:nɪʃ] |

| Arábia (f) Saudita | Saudi-Arabien (n) | [ˌzaʊdiʔa'ʀa:bɪən] |
| árabe (m) | Araber (m) | ['a:ʀabɐ] |
| árabe (f) | Araberin (f) | ['a:ʀabəʀɪn] |
| árabe (adj) | arabisch | [a'ʀa:bɪʃ] |

| Tailândia (f) | Thailand (n) | ['taɪlant] |
| tailandês (m) | Thailänder (m) | ['taɪˌlɛndɐ] |
| tailandesa (f) | Thailänderin (f) | ['taɪˌlɛndəʀɪn] |
| tailandês (adj) | thailändisch | ['taɪlɛndɪʃ] |

| Taiwan (m) | Taiwan (n) | [taɪ'va:n] |
| taiwanês (m) | Taiwaner (m) | [taɪ'va:nɐ] |
| taiwanesa (f) | Taiwanerin (f) | [taɪ'va:nəʀin] |
| taiwanês (adj) | taiwanisch | [taɪ'va:nɪʃ] |

| Turquia (f) | Türkei (f) | [tʏʁ'kaɪ] |
| turco (m) | Türke (m) | ['tʏʁkə] |
| turca (f) | Türkin (f) | ['tʏʁkɪn] |
| turco (adj) | türkisch | ['tʏʁkɪʃ] |

| Japão (m) | Japan (n) | ['ja:pan] |
| japonês (m) | Japaner (m) | [ja'pa:nɐ] |
| japonesa (f) | Japanerin (f) | [ja'pa:nəʀɪn] |
| japonês (adj) | japanisch | [ja'pa:nɪʃ] |

| Afeganistão (m) | Afghanistan (n) | [af'ga:nɪsta:n] |
| Bangladesh (m) | Bangladesch (n) | [ˌbaŋgla'dɛʃ] |

| Indonésia (f) | Indonesien (n) | [ɪndo'ne:zɪən] |
| Jordânia (f) | Jordanien (n) | [jɔʁ'da:nɪən] |

| Iraque (m) | Irak (m, n) | [i'ʀa:k] |
| Irã (m) | Iran (m, n) | [i'ʀa:n] |
| Camboja (f) | Kambodscha (n) | [kam'bɔdʒa] |
| Kuwait (m) | Kuwait (n) | [ku'vaɪt] |

| Laos (m) | Laos (n) | ['la:ɔs] |
| Birmânia (f) | Myanmar (n) | ['mɪanma:ɐ] |
| Nepal (m) | Nepal (n) | ['ne:pal] |
| Emirados Árabes Unidos | Vereinigten Arabischen Emirate (pl) | [fɛɐ'ʔaɪnɪgən a'ʀa:bɪʃən emi'ʀa:tə] |

| Síria (f) | Syrien (n) | ['zy:ʀɪən] |
| Palestina (f) | Palästina (n) | [palɛs'ti:na] |
| Coreia (f) do Sul | Südkorea (n) | ['zy:tko'ʀe:a] |
| Coreia (f) do Norte | Nordkorea (n) | ['nɔʁt·ko'ʀe:a] |

## 238. América do Norte

| Estados Unidos da América | Die Vereinigten Staaten | [di fɛɐ'ʔaɪnɪçtən 'ʃta:tən] |
| americano (m) | Amerikaner (m) | [ameʀi'ka:nɐ] |
| americana (f) | Amerikanerin (f) | [ameʀi'ka:nəʀɪn] |
| americano (adj) | amerikanisch | [ameʀi'ka:nɪʃ] |

| Canadá (m) | Kanada (n) | ['kanada] |
| canadense (m) | Kanadier (m) | [ka'na:dɪɐ] |
| canadense (f) | Kanadierin (f) | [ka'na:diəʀɪn] |
| canadense (adj) | kanadisch | [ka'na:dɪʃ] |

| México (m) | Mexiko (n) | ['mɛksiko:] |
| mexicano (m) | Mexikaner (m) | [mɛksi'ka:nɐ] |
| mexicana (f) | Mexikanerin (f) | [mɛksi'ka:nəʀɪn] |
| mexicano (adj) | mexikanisch | [mɛksi'ka:nɪʃ] |

## 239. América Central do Sul

| Argentina (f) | Argentinien (n) | [ˌaʁgɛn'ti:niən] |
| argentino (m) | Argentinier (m) | [aʁgɛn'ti:niɐ] |
| argentina (f) | Argentinierin (f) | [aʁgɛn'ti:niəʀɪn] |
| argentino (adj) | argentinisch | [aʁgɛn'ti:nɪʃ] |

| Brasil (m) | Brasilien (n) | [bʀa'zi:lɪən] |
| brasileiro (m) | Brasilianer (m) | [bʀazi'lɪa:nɐ] |
| brasileira (f) | Brasilianerin (f) | [bʀazi'lɪa:nəʀɪn] |
| brasileiro (adj) | brasilianisch | [bʀazi'lɪanɪʃ] |

| Colômbia (f) | Kolumbien (n) | [ko'lʊmbɪən] |
| colombiano (m) | Kolumbianer (m) | [kolʊm'bɪa:nɐ] |
| colombiana (f) | Kolumbianerin (f) | [kolʊm'bɪa:nəʀɪn] |
| colombiano (adj) | kolumbianisch | [kolʊm'bɪa:nɪʃ] |

| Cuba (f) | Kuba (n) | ['ku:ba] |
|---|---|---|
| cubano (m) | Kubaner (m) | [ku'ba:nɐ] |
| cubana (f) | Kubanerin (f) | [ku'ba:nəʀɪn] |
| cubano (adj) | kubanisch | [ku'ba:nɪʃ] |

| Chile (m) | Chile (n) | ['tʃi:lə] |
|---|---|---|
| chileno (m) | Chilene (m) | [tʃi'le:nə] |
| chilena (f) | Chilenin (f) | [tʃi'le:nɪn] |
| chileno (adj) | chilenisch | [tʃi'le:nɪʃ] |

| Bolívia (f) | Bolivien (n) | [bo'li:vɪən] |
|---|---|---|
| Venezuela (f) | Venezuela (n) | [ˌvene'tsue:la] |
| Paraguai (m) | Paraguay (n) | ['pa:ʀagvaɪ] |
| Peru (m) | Peru (n) | [pe'ʀu:] |
| Suriname (m) | Suriname (n) | [syʀi'na:mə] |
| Uruguai (m) | Uruguay (n) | ['u:ʀugvaɪ] |
| Equador (m) | Ecuador (n) | [ˌekua'do:ɐ] |

| Bahamas (f pl) | Die Bahamas | [di ba'ha:ma:s] |
|---|---|---|
| Haiti (m) | Haiti (n) | [ha'i:ti] |
| República Dominicana | Dominikanische Republik (f) | [dominiˌka:nɪʃə ʀepu'blik] |
| Panamá (m) | Panama (n) | ['panama:] |
| Jamaica (f) | Jamaika (n) | [ja'maɪka] |

## 240. Africa

| Egito (m) | Ägypten (n) | [ɛ'gʏptən] |
|---|---|---|
| egípcio (m) | Ägypter (m) | [ɛ'gʏptɐ] |
| egípcia (f) | Ägypterin (f) | [ɛ'gʏptəʀɪn] |
| egípcio (adj) | ägyptisch | [ɛ'gʏptɪʃ] |

| Marrocos | Marokko (n) | [ˌma'ʀɔko] |
|---|---|---|
| marroquino (m) | Marokkaner (m) | [maʀɔ'ka:nɐ] |
| marroquina (f) | Marokkanerin (f) | [maʀɔ'ka:nəʀɪn] |
| marroquino (adj) | marokkanisch | [maʀɔ'ka:nɪʃ] |

| Tunísia (f) | Tunesien (n) | [tu'ne:zɪən] |
|---|---|---|
| tunisiano (m) | Tunesier (m) | [tu'ne:zɪɐ] |
| tunisiana (f) | Tunesierin (f) | [tu'ne:zɪəʀɪn] |
| tunisiano (adj) | tunesisch | [tu'ne:zɪʃ] |

| Gana (f) | Ghana (n) | ['ga:na] |
|---|---|---|
| Zanzibar (m) | Sansibar (n) | ['zanziba:ɐ] |
| Quênia (f) | Kenia (n) | ['ke:nia] |
| Líbia (f) | Libyen (n) | ['li:byən] |
| Madagascar (m) | Madagaskar (n) | [ˌmada'gaskaʁ] |

| Namíbia (f) | Namibia (n) | [na'mi:bia] |
|---|---|---|
| Senegal (m) | Senegal (m) | ['ze:negal] |
| Tanzânia (f) | Tansania (n) | [tan'za:nɪa] |
| África (f) do Sul | Republik Südafrika (f) | [ʀepu'bli:k zy:t̩'ʔa:fʀika] |
| africano (m) | Afrikaner (m) | [afʀi'ka:nɐ] |
| africana (f) | Afrikanerin (f) | [afʀi'ka:nəʀɪn] |
| africano (adj) | afrikanisch | [afʀi'ka:nɪʃ] |

## 241. Austrália. Oceania

| Austrália (f) | Australien (n) | [aʊsˈtʀaːlɪən] |
|---|---|---|
| australiano (m) | Australier (m) | [aʊsˈtʀaːlɪɐ] |
| australiana (f) | Australierin (f) | [aʊsˈtʀaːlɪəʀɪn] |
| australiano (adj) | australisch | [aʊsˈtʀaːlɪʃ] |

| Nova Zelândia (f) | Neuseeland (n) | [nɔɪˈzeːlant] |
|---|---|---|
| neozelandês (m) | Neuseeländer (m) | [nɔɪˈzeːˌlɛndɐ] |
| neozelandesa (f) | Neuseeländerin (f) | [nɔɪˈzeːˌlɛndəʀɪn] |
| neozelandês (adj) | neuseeländisch | [nɔɪˈzeːˌlɛndɪʃ] |

| Tasmânia (f) | Tasmanien (n) | [tasˈmaːnɪən] |
|---|---|---|
| Polinésia (f) Francesa | Französisch-Polynesien (n) | [fʀanˈtsøːzɪʃ polyˈneːzɪən] |

## 242. Cidades

| Amesterdã, Amsterdã | Amsterdam (n) | [ˌamstɐˈdam] |
|---|---|---|
| Ancara | Ankara (n) | [ˈaŋkaʀa] |
| Atenas | Athen (n) | [aˈteːn] |
| Bagdade | Bagdad (n) | [ˈbakdat] |
| Bancoque | Bangkok (n) | [ˈbaŋkɔk] |

| Barcelona | Barcelona (n) | [ˌbaʁsəˈloːnaː] |
|---|---|---|
| Beirute | Beirut (n) | [baɪˈʀuːt] |
| Berlim | Berlin (n) | [bɛʁˈliːn] |
| Bonn | Bonn (n) | [bɔn] |
| Bordéus | Bordeaux (n) | [bɔʁˈdoː] |

| Bratislava | Bratislava (n) | [bʀatɪsˈlaːva] |
|---|---|---|
| Bruxelas | Brüssel (n) | [ˈbʀʏsəl] |
| Bucareste | Bukarest (n) | [ˈbukaʀɛst] |
| Budapeste | Budapest (n) | [ˈbuːdaˌpɛst] |
| Cairo | Kairo (n) | [ˈkaɪʀo] |

| Calcutá | Kalkutta (n) | [kalˈkʊta] |
|---|---|---|
| Chicago | Chicago (n) | [ʃɪˈkaːgo] |
| Cidade do México | Mexiko-Stadt (n) | [ˈmɛksiko ˈʃtat] |
| Copenhague | Kopenhagen (n) | [ˌkopənˈhaːgən] |
| Dar es Salaam | Daressalam (n) | [daʀɛsaˈlaːm] |

| Deli | Delhi (n) | [ˈdɛli] |
|---|---|---|
| Dubai | Dubai (n) | [ˈduːbaɪ] |
| Dublim | Dublin (n) | [ˈdablɪn] |
| Düsseldorf | Düsseldorf (n) | [ˈdʏsəlˌdɔʁf] |
| Estocolmo | Stockholm (n) | [ˈʃtɔkhɔlm] |

| Florença | Florenz (n) | [floˈʀɛnts] |
|---|---|---|
| Frankfurt | Frankfurt (n) | [ˈfʀaŋkfuʁt] |
| Genebra | Genf (n) | [gɛnf] |
| Haia | Den Haag (n) | [den ˈhaːk] |
| Hamburgo | Hamburg (n) | [ˈhambʊʁk] |
| Hanói | Hanoi (n) | [haˈnɔɪ] |

217

| Havana | Havanna (n) | [ha'vana] |
| Helsinque | Helsinki (n) | ['helsiŋki] |
| Hiroshima | Hiroshima (n) | [hiʀoˈʃiːma] |
| Hong Kong | Hongkong (n) | ['hɔŋkɔŋ] |
| Istambul | Istanbul (n) | ['ɪstambuːl] |

| Jerusalém | Jerusalem (n) | [jeˈʀuːzalɛm] |
| Kiev, Quieve | Kiew (n) | ['kiːɛf] |
| Kuala Lumpur | Kuala Lumpur (n) | [ku'ala 'lʊmpuʀ] |
| Lion | Lyon (n) | [li'ɔŋ] |
| Lisboa | Lissabon (n) | ['lɪsabɔn] |

| Londres | London (n) | ['lɔndɔn] |
| Los Angeles | Los Angeles (n) | [lɔsˈændʒəlɪs] |
| Madrid | Madrid (n) | [ma'dʀɪt] |
| Marselha | Marseille (n) | [maʀˈsɛːj] |
| Miami | Miami (n) | [majˈɛmɪ] |

| Montreal | Montreal (n) | [mɔntʀe'al] |
| Moscou | Moskau (n) | ['mɔskau] |
| Mumbai | Bombay (n) | ['bɔmbeɪ] |
| Munique | München (n) | ['mʏnçən] |
| Nairóbi | Nairobi (n) | [naɪˈʀoːbi] |
| Nápoles | Neapel (n) | [ne'apəl] |

| Nice | Nizza (n) | ['nɪtsaː] |
| Nova York | New York (n) | [nju: 'jɔːk] |
| Oslo | Oslo (n) | ['ɔsloː] |
| Ottawa | Ottawa (n) | [ɔ'tava] |
| Paris | Paris (n) | [paˈʀiːs] |

| Pequim | Peking (n) | ['peːkɪŋ] |
| Praga | Prag (n) | [pʀaːk] |
| Rio de Janeiro | Rio de Janeiro (n) | ['ʀiːo de: ʒa'ne:ʀo] |
| Roma | Rom (n) | [ʀoːm] |
| São Petersburgo | Sankt Petersburg (n) | ['sankt 'peːtɛsbuʀk] |
| Seul | Seoul (n) | [ze'uːl] |

| Singapura | Singapur (n) | ['zɪŋgapuːɐ] |
| Sydney | Sydney (n) | ['sɪdnɪ] |
| Taipé | Taipeh (n) | [taɪ'peː] |
| Tóquio | Tokio (n) | ['toːkɪoː] |
| Toronto | Toronto (n) | [to'ʀonto] |

| Varsóvia | Warschau (n) | ['vaʀʃau] |
| Veneza | Venedig (n) | [ve'neːdɪç] |
| Viena | Wien (n) | [viːn] |
| Washington | Washington (n) | ['vɔʃɪŋtən] |
| Xangai | Schanghai (n) | [ʃaŋ'haɪ] |

## 243. Política. Governo. Parte 1

| política (f) | Politik (f) | [poli'tɪk] |
| político (adj) | politisch | [po'liːtɪʃ] |

| político (m) | Politiker (m) | [po'li:tikɐ] |
| estado (m) | Staat (m) | [ʃta:t] |
| cidadão (m) | Bürger (m) | ['bʏʁgɐ] |
| cidadania (f) | Staatsbürgerschaft (f) | ['ʃta:tsbʏʁgɐˌʃaft] |

| brasão (m) de armas | Staatswappen (n) | ['ʃta:tsˌvapən] |
| hino (m) nacional | Nationalhymne (f) | [natsjo'na:lˌhʏmnə] |

| governo (m) | Regierung (f) | [ʀe'gi:ʀʊŋ] |
| Chefe (m) de Estado | Staatschef (m) | ['ʃta:tsʃɛf] |
| parlamento (m) | Parlament (n) | [paʁla'mɛnt] |
| partido (m) | Partei (f) | [paʁ'taɪ] |

| capitalismo (m) | Kapitalismus (m) | [kapita'lɪsmʊs] |
| capitalista (adj) | kapitalistisch | [kapita'lɪstɪʃ] |

| socialismo (m) | Sozialismus (m) | [zotsɪa'lɪsmʊs] |
| socialista (adj) | sozialistisch | [zotsɪa'lɪstɪʃ] |

| comunismo (m) | Kommunismus (m) | [ˌkɔmu'nɪsmʊs] |
| comunista (adj) | kommunistisch | [kɔmu'nɪstɪʃ] |
| comunista (m) | Kommunist (m) | [kɔmu'nɪst] |

| democracia (f) | Demokratie (f) | [demokʀa'ti:] |
| democrata (m) | Demokrat (m) | [demo'kʀa:t] |
| democrático (adj) | demokratisch | [demo'kʀa:tɪʃ] |
| Partido (m) Democrático | demokratische Partei (f) | [demo'kʀa:tɪʃə paʁ'taɪ] |

| liberal (m) | Liberale (m) | [libe'ʀa:lə] |
| liberal (adj) | liberal | [libe'ʀa:l] |

| conservador (m) | Konservative (m) | [ˌkɔnzɛʁva'ti:və] |
| conservador (adj) | konservativ | [ˌkɔnzɛʁva'ti:f] |

| república (f) | Republik (f) | [ʀepu'bli:k] |
| republicano (m) | Republikaner (m) | [ʀepubli'ka:nɐ] |
| Partido (m) Republicano | Republikanische Partei (f) | [ʀepubli'ka:nɪʃə paʁ'taɪ] |

| eleições (f pl) | Wahlen (pl) | ['va:lən] |
| eleger (vt) | wählen (vt) | ['vɛ:lən] |
| eleitor (m) | Wähler (m) | ['vɛ:lɐ] |
| campanha (f) eleitoral | Wahlkampagne (f) | ['va:l·kamˌpanjə] |

| votação (f) | Abstimmung (f) | ['apʃtɪmʊŋ] |
| votar (vi) | abstimmen (vi) | ['apʃtɪmən] |
| sufrágio (m) | Abstimmungsrecht (n) | ['apʃtɪmʊŋs·ʀɛçt] |

| candidato (m) | Kandidat (m) | [kandi'da:t] |
| candidatar-se (vi) | kandidieren (vi) | [kandi'di:ʀən] |
| campanha (f) | Kampagne (f) | [kam'panjə] |

| da oposição | Oppositions- | [ɔpozi'tsjo:ns] |
| oposição (f) | Opposition (f) | [ɔpozi'tsjo:n] |

| visita (f) | Besuch (m) | [bə'zu:χ] |
| visita (f) oficial | Staatsbesuch (m) | ['ʃta:tsbəˌzu:χ] |

| internacional (adj) | international | [ˌɪntɐnatsjoˈnaːl] |
|---|---|---|
| negociações (f pl) | Verhandlungen (pl) | [fɛɐˈhandlʊŋən] |
| negociar (vi) | verhandeln (vi) | [fɛɐˈhandəln] |

## 244. Política. Governo. Parte 2

| sociedade (f) | Gesellschaft (f) | [gəˈzɛlʃaft] |
|---|---|---|
| constituição (f) | Verfassung (f) | [fɛɐˈfasʊŋ] |
| poder (ir para o ~) | Macht (f) | [maχt] |
| corrupção (f) | Korruption (f) | [kɔʀʊpˈtsjoːn] |

| lei (f) | Gesetz (n) | [gəˈzɛts] |
|---|---|---|
| legal (adj) | gesetzlich | [gəˈzɛtslɪç] |

| justeza (f) | Gerechtigkeit (f) | [gəˈʀɛçtɪç·kaɪt] |
|---|---|---|
| justo (adj) | gerecht | [gəˈʀɛçt] |

| comitê (m) | Komitee (n) | [komiˈteː] |
|---|---|---|
| projeto-lei (m) | Gesetzentwurf (m) | [gəˈzɛtsʔɛntˌvʊʁf] |
| orçamento (m) | Budget (n) | [byˈdʒeː] |
| política (f) | Politik (f) | [poliˈtɪk] |
| reforma (f) | Reform (f) | [ʀeˈfɔʁm] |
| radical (adj) | radikal | [ʀadiˈkaːl] |

| força (f) | Macht (f) | [maχt] |
|---|---|---|
| poderoso (adj) | mächtig | [ˈmɛçtɪç] |
| partidário (m) | Anhänger (m) | [ˈanˌhɛŋɐ] |
| influência (f) | Einfluss (m) | [ˈaɪnˌflʊs] |

| regime (m) | Regime (n) | [ʀeˈʒiːm] |
|---|---|---|
| conflito (m) | Konflikt (m) | [kɔnˈflɪkt] |
| conspiração (f) | Verschwörung (f) | [fɛɐˈʃvøːʀʊŋ] |
| provocação (f) | Provokation (f) | [pʀovokaˈtsjoːn] |

| derrubar (vt) | stürzen (vt) | [ˈʃtʏʁtsən] |
|---|---|---|
| derrube (m), queda (f) | Sturz (m) | [ʃtʊʁts] |
| revolução (f) | Revolution (f) | [ʀevoluˈtsjoːn] |

| golpe (m) de Estado | Staatsstreich (m) | [ˈʃtaːtsˌʃtʀaɪç] |
|---|---|---|
| golpe (m) militar | Militärputsch (m) | [miliˈtɛːɐˌpʊtʃ] |

| crise (f) | Krise (f) | [ˈkʀiːzə] |
|---|---|---|
| recessão (f) econômica | Rezession (f) | [ʀetsɛˈsjoːn] |
| manifestante (m) | Demonstrant (m) | [demɔnˈstʀant] |
| manifestação (f) | Demonstration (f) | [demɔnstʀaˈtsjoːn] |
| lei (f) marcial | Ausnahmezustand (m) | [ˈaʊsnaːməˌtsuːʃtant] |
| base (f) militar | Militärbasis (f) | [miliˈtɛːɐˌbaːzɪs] |

| estabilidade (f) | Stabilität (f) | [ʃtabiliˈtɛːt] |
|---|---|---|
| estável (adj) | stabil | [ʃtaˈbiːl] |

| exploração (f) | Ausbeutung (f) | [ˈaʊsˌbɔɪtʊŋ] |
|---|---|---|
| explorar (vt) | ausbeuten (vt) | [ˈaʊsˌbɔɪtən] |
| racismo (m) | Rassismus (m) | [ʀaˈsɪsmʊs] |

| racista (m) | Rassist (m) | [ʀa'sɪst] |
| fascismo (m) | Faschismus (m) | [fa'ʃɪsmʊs] |
| fascista (m) | Faschist (m) | [fa'ʃɪst] |

## 245. Países. Diversos

| estrangeiro (m) | Ausländer (m) | ['aʊs͵lɛndɐ] |
| estrangeiro (adj) | ausländisch | ['aʊs͵lɛndɪʃ] |
| no estrangeiro | im Ausland | [ɪm 'aʊslant] |

| emigrante (m) | Auswanderer (m) | ['aʊs͵vandəʀɐ] |
| emigração (f) | Auswanderung (f) | ['aʊs͵vandəʀʊŋ] |
| emigrar (vi) | auswandern (vi) | ['aʊs͵vandɐn] |

| Ocidente (m) | Westen (m) | ['vɛstən] |
| Oriente (m) | Osten (m) | ['ɔstən] |
| Extremo Oriente (m) | Ferner Osten (m) | ['fɛʀnɐ 'ɔstən] |
| civilização (f) | Zivilisation (f) | [tsiviliza'tsjoːn] |
| humanidade (f) | Menschheit (f) | ['mɛnʃhaɪt] |
| mundo (m) | Welt (f) | [vɛlt] |
| paz (f) | Frieden (m) | ['fʀiːdən] |
| mundial (adj) | Welt- | [vɛlt] |

| pátria (f) | Heimat (f) | ['haɪmaːt] |
| povo (população) | Volk (n) | [fɔlk] |
| população (f) | Bevölkerung (f) | [bə'fœlkəʀʊŋ] |
| gente (f) | Leute (pl) | ['lɔɪtə] |
| nação (f) | Nation (f) | [na'tsjoːn] |
| geração (f) | Generation (f) | [geneʀa'tsjoːn] |
| território (m) | Territorium (n) | [tɛʀi'toːʀiʊm] |
| região (f) | Region (f) | [ʀe'gjoːn] |
| estado (m) | Staat (m) | [ʃtaːt] |

| tradição (f) | Tradition (f) | [tʀadi'tsjoːn] |
| costume (m) | Brauch (m) | [bʀaʊχ] |
| ecologia (f) | Ökologie (f) | [͵økolo'giː] |

| índio (m) | Indianer (m) | [ɪn'dɪaːnɐ] |
| cigano (m) | Zigeuner (m) | [tsi'gɔɪnɐ] |
| cigana (f) | Zigeunerin (f) | [tsi'gɔɪnəʀɪn] |
| cigano (adj) | Zigeuner- | [tsi'gɔɪnɐ] |

| império (m) | Reich (n) | ['ʀaɪç] |
| colônia (f) | Kolonie (f) | [kolo'niː] |
| escravidão (f) | Sklaverei (f) | [sklavə'ʀaɪ] |
| invasão (f) | Einfall (m) | ['aɪn͵fal] |
| fome (f) | Hunger (m) | ['hʊŋɐ] |

## 246. Grupos religiosos mais importantes. Confissões

| religião (f) | Religion (f) | [ʀeli'gjoːn] |
| religioso (adj) | religiös | [ʀeli'gɪøːs] |

| crença (f) | Glaube (m) | ['glaʊbə] |
| crer (vt) | glauben (vt) | ['glaʊbən] |
| crente (m) | Gläubige (m) | ['glɔɪbɪgə] |

| ateísmo (m) | Atheismus (m) | [ate'ʔɪsmʊs] |
| ateu (m) | Atheist (m) | [ate'ɪst] |

| cristianismo (m) | Christentum (n) | ['krɪstəntuːm] |
| cristão (m) | Christ (m) | [krɪst] |
| cristão (adj) | christlich | ['krɪstlɪç] |

| catolicismo (m) | Katholizismus (m) | ['katolɪzɪsmus] |
| católico (m) | Katholik (m) | [kato'liːk] |
| católico (adj) | katholisch | [ka'toːlɪʃ] |

| protestantismo (m) | Protestantismus (m) | [pʀotɛs'tantɪsmʊs] |
| Igreja (f) Protestante | Protestantische Kirche (f) | [pʀotɛs'tantɪʃə 'kɪʀçə] |
| protestante (m) | Protestant (m) | [pʀotɛs'tant] |

| ortodoxia (f) | Orthodoxes Christentum (n) | [ɔʀto'dɔksəs 'krɪstəntuːm] |
| Igreja (f) Ortodoxa | Orthodoxe Kirche (f) | [ɔʀto'dɔksə 'kɪʀçə] |
| ortodoxo (m) | orthodoxer Christ (m) | [ɔʀto'dɔks] |

| presbiterianismo (m) | Presbyterianismus (m) | [pʀɛsbyte'ʀɪaːnɪsmʊs] |
| Igreja (f) Presbiteriana | Presbyterianische Kirche (f) | [pʀɛsbyte'ʀɪaːnɪʃə 'kɪʀçə] |
| presbiteriano (m) | Presbyterianer (m) | [pʀɛsbyte'ʀɪaːnɐ] |

| luteranismo (m) | Lutherische Kirche (f) | ['lʊtəʀɪʃə 'kɪʀçə] |
| luterano (m) | Lutheraner (m) | [lʊte'ʀaːnɐ] |

| Igreja (f) Batista | Baptismus (m) | [bap'tɪsmʊs] |
| batista (m) | Baptist (m) | [bap'tɪst] |

| Igreja (f) Anglicana | Anglikanische Kirche (f) | [aŋgli'kaːnɪʃə 'kɪʀçə] |
| anglicano (m) | Anglikaner (m) | [aŋgli'kanɐ] |

| mormonismo (m) | Mormonismus (m) | [mɔʀmo:'nɪsmʊs] |
| mórmon (m) | Mormone (m) | [mɔʀ'moːnə] |

| Judaísmo (m) | Judentum (n) | ['juːdəntuːm] |
| judeu (m) | Jude (m) | ['juːdə] |

| budismo (m) | Buddhismus (m) | [bʊ'dɪsmʊs] |
| budista (m) | Buddhist (m) | [bʊ'dɪst] |

| hinduísmo (m) | Hinduismus (m) | [hɪndu'ʔɪsmʊs] |
| hindu (m) | Hindu (m) | ['hɪndu] |

| Islã (m) | Islam (m) | [ɪs'laːm] |
| muçulmano (m) | Moslem (m) | ['mɔslɛm] |
| muçulmano (adj) | moslemisch | [mɔs'leːmɪʃ] |

| xiismo (m) | Schiismus (m) | [ʃi'ɪsmʊs] |
| xiita (m) | Schiit (m) | [ʃi'iːt] |
| sunismo (m) | Sunnismus (m) | [zʊ'nɪsmʊs] |
| sunita (m) | Sunnit (m) | [zʊ'niːt] |

## 247. Religiões. Padres

| padre (m) | Priester (m) | ['pʀiːstɐ] |
| Papa (m) | Papst (m) | [papst] |
| | | |
| monge (m) | Mönch (m) | [mœnç] |
| freira (f) | Nonne (f) | ['nɔnə] |
| pastor (m) | Pfarrer (m) | ['pfaʀɐ] |
| | | |
| abade (m) | Abt (m) | [apt] |
| vigário (m) | Vikar (m) | [vi'kaːɐ] |
| bispo (m) | Bischof (m) | ['bɪʃɔf] |
| cardeal (m) | Kardinal (m) | [ˌkaʁdi'naːl] |
| | | |
| pregador (m) | Prediger (m) | ['pʀeːdɪgɐ] |
| sermão (m) | Predigt (f) | ['pʀeːdɪçt] |
| paroquianos (pl) | Gemeinde (f) | [gə'maɪndə] |
| | | |
| crente (m) | Gläubige (m) | ['glɔɪbɪgə] |
| ateu (m) | Atheist (m) | [ate'ɪst] |

## 248. Fé. Cristianismo. Islão

| Adão | Adam | ['aːdam] |
| Eva | Eva | ['eːva] |
| | | |
| Deus (m) | Gott (m) | [gɔt] |
| Senhor (m) | Herr (m) | [hɛʁ] |
| Todo Poderoso (m) | Der Allmächtige | [deːɐ al'mɛçtɪgə] |
| | | |
| pecado (m) | Sünde (f) | ['zʏndə] |
| pecar (vi) | sündigen (vi) | ['zʏndɪgən] |
| pecador (m) | Sünder (m) | ['zʏndɐ] |
| pecadora (f) | Sünderin (f) | ['zʏndəʀɪn] |
| | | |
| inferno (m) | Hölle (f) | ['hœlə] |
| paraíso (m) | Paradies (n) | [paʀa'diːs] |
| | | |
| Jesus | Jesus (m) | ['jeːzʊs] |
| Jesus Cristo | Jesus Christus (m) | ['jeːzʊs 'kʀɪstʊs] |
| | | |
| Espírito (m) Santo | der Heiliger Geist | [deːɐ 'haɪlɪgɐ 'gaɪst] |
| Salvador (m) | der Erlöser | [deːɐ ɛɐ'løːzɐ] |
| Virgem Maria (f) | die Jungfrau Maria | [di 'jʊŋfʀaʊ ma'ʀiːa] |
| | | |
| Diabo (m) | Teufel (m) | ['tɔɪfl] |
| diabólico (adj) | teuflisch | ['tɔɪflɪʃ] |
| Satanás (m) | Satan (m) | ['zaːtan] |
| satânico (adj) | satanisch | [za'taːnɪʃ] |
| | | |
| anjo (m) | Engel (m) | ['ɛŋəl] |
| anjo (m) da guarda | Schutzengel (m) | ['ʃʊtsˌʔɛŋəl] |
| angelical | Engel(s)- | ['ɛŋəls] |

| apóstolo (m) | Apostel (m) | [a'pɔstəl] |
| arcanjo (m) | Erzengel (m) | ['eːɛts,ʔɛŋəl] |
| anticristo (m) | Antichrist (m) | ['anti̯krɪst] |

| Igreja (f) | Kirche (f) | ['kɪʁçə] |
| Bíblia (f) | Bibel (f) | ['biːbl] |
| bíblico (adj) | biblisch | ['biːblɪʃ] |

| Velho Testamento (m) | Altes Testament (n) | ['altəs tɛsta'mɛnt] |
| Novo Testamento (m) | Neues Testament (n) | ['nɔɪəs tɛsta'mɛnt] |
| Evangelho (m) | Evangelium (n) | [evaŋ'geːlɪʊm] |
| Sagradas Escrituras (f pl) | Heilige Schrift (f) | ['haɪlɪgə ʃrɪft] |
| Céu (sete céus) | Himmelreich (n) | ['hɪməl̩ʀaɪç] |

| mandamento (m) | Gebot (n) | [gə'boːt] |
| profeta (m) | Prophet (m) | [pʀo'feːt] |
| profecia (f) | Prophezeiung (f) | [pʀofe'tsaɪʊŋ] |

| Alá (m) | Allah | ['ala] |
| Maomé (m) | Mohammed (m) | ['moːhamɛt] |
| Alcorão (m) | Koran (m) | [ko'ʀaːn] |

| mesquita (f) | Moschee (f) | [mɔ'ʃeː] |
| mulá (m) | Mullah (m) | ['mʊla] |
| oração (f) | Gebet (n) | [gə'beːt] |
| rezar, orar (vi) | beten (vi) | ['beːtən] |

| peregrinação (f) | Wallfahrt (f) | ['val̩faːɐt] |
| peregrino (m) | Pilger (m) | ['pɪlgə] |
| Meca (f) | Mekka (n) | ['mɛka] |

| igreja (f) | Kirche (f) | ['kɪʁçə] |
| templo (m) | Tempel (m) | ['tɛmpəl] |
| catedral (f) | Kathedrale (f) | [kate'dʀaːlə] |
| gótico (adj) | gotisch | ['goːtiʃ] |
| sinagoga (f) | Synagoge (f) | [zyna'goːgə] |
| mesquita (f) | Moschee (f) | [mɔ'ʃeː] |

| capela (f) | Kapelle (f) | [ka'pɛlə] |
| abadia (f) | Abtei (f) | [ap'taɪ] |
| convento (m) | Nonnenkloster (n) | ['nɔnən̩kloːstə] |
| monastério (m) | Frauenkloster (n) | ['fʀaʊən̩kloːstə] |
| convento, monastério (m) | Kloster (n), Konvent (m) | ['kloːstə], [kɔn'vɛnt] |

| sino (m) | Glocke (f) | ['glɔkə] |
| campanário (m) | Glockenturm (m) | ['glɔkən̩tʊʁm] |
| repicar (vi) | läuten (vi) | ['lɔɪtən] |

| cruz (f) | Kreuz (n) | [kʀɔɪts] |
| cúpula (f) | Kuppel (f) | ['kʊpl] |
| ícone (m) | Ikone (f) | [i'koːnə] |

| alma (f) | Seele (f) | ['zeːlə] |
| destino (m) | Schicksal (n) | ['ʃɪk,zaːl] |
| mal (m) | das Böse | ['bøːzə] |
| bem (m) | Gute (n) | ['guːtə] |

| vampiro (m) | **Vampir** (m) | [vam'pi:ɐ] |
| bruxa (f) | **Hexe** (f) | ['hɛksə] |
| demônio (m) | **Dämon** (m) | ['dɛ:mɔn] |
| espírito (m) | **Geist** (m) | [gaɪst] |

| redenção (f) | **Sühne** (f) | ['zy:nə] |
| redimir (vt) | **sühnen** (vt) | ['zy:nən] |

| missa (f) | **Gottesdienst** (m) | ['gɔtəsˌdi:nst] |
| celebrar a missa | **die Messe lesen** | [di 'mɛsə 'le:zən] |
| confissão (f) | **Beichte** (f) | ['baɪçtə] |
| confessar-se (vr) | **beichten** (vi) | ['baɪçtən] |

| santo (m) | **Heilige** (m) | ['haɪlɪgə] |
| sagrado (adj) | **heilig** | ['haɪlɪç] |
| água (f) benta | **Weihwasser** (n) | ['vaɪˌvasɐ] |

| ritual (m) | **Ritual** (n) | [ʀi'tua:l] |
| ritual (adj) | **rituell** | [ʀi'tuɛl] |
| sacrifício (m) | **Opfer** (n) | ['ɔpfɐ] |

| superstição (f) | **Aberglaube** (m) | ['a:bɐˌglaʊbə] |
| supersticioso (adj) | **abergläubisch** | ['a:bɐˌglɔɪbɪʃ] |
| vida (f) após a morte | **Nachleben** (n) | ['na:χˌle:bən] |
| vida (f) eterna | **ewiges Leben** (n) | ['e:vɪgəs 'le:bn] |

# TEMAS DIVERSOS

## 249. Várias palavras úteis

| | | |
|---|---|---|
| ajuda (f) | Hilfe (f) | ['hɪlfə] |
| barreira (f) | Barriere (f) | [ba'ʀiɛːʀə] |
| base (f) | Basis (f) | ['baːzɪs] |
| categoria (f) | Kategorie (f) | [ˌkategoˈʀiː] |
| causa (f) | Ursache (f) | ['uːɐˌzaχə] |
| coincidência (f) | Zufall (m) | ['tsuːˌfal] |
| coisa (f) | Ding (n) | [dɪŋ] |
| começo, início (m) | Anfang (m) | ['anfaŋ] |
| cômodo (ex. poltrona ~a) | bequem | [bə'kveːm] |
| comparação (f) | Vergleich (m) | [fɛɐ'glaɪç] |
| compensação (f) | Kompensation (f) | [kɔmpɛnza'tsjoːn] |
| crescimento (m) | Wachstum (n) | ['vakstuːm] |
| desenvolvimento (m) | Entwicklung (f) | [ɛnt'vɪklʊŋ] |
| diferença (f) | Unterschied (m) | ['ʊntəˌʃiːt] |
| efeito (m) | Effekt (m) | [ɛ'fɛkt] |
| elemento (m) | Element (n) | [ele'mɛnt] |
| equilíbrio (m) | Bilanz (f) | [bi'lants] |
| erro (m) | Fehler (m) | ['feːlɐ] |
| esforço (m) | Anstrengung (f) | ['anˌʃtʀɛŋʊŋ] |
| estilo (m) | Stil (m) | [ʃtiːl] |
| exemplo (m) | Beispiel (n) | ['baɪʃpiːl] |
| fato (m) | Tatsache (f) | ['taːtˌzaχə] |
| fim (m) | Ende (n) | ['ɛndə] |
| forma (f) | Form (f) | [fɔʁm] |
| frequente (adj) | häufig | ['hɔɪfɪç] |
| fundo (ex. ~ verde) | Hintergrund (m) | ['hɪntəˌgʀʊnt] |
| gênero (tipo) | Art (f) | [aːɐt] |
| grau (m) | Grad (m) | [gʀaːt] |
| ideal (m) | Ideal (n) | [ide'aːl] |
| labirinto (m) | Labyrinth (n) | [laby'ʀɪnt] |
| modo (m) | Weise (f) | ['vaɪzə] |
| momento (m) | Moment (m) | [mo'mɛnt] |
| objeto (m) | Gegenstand (m) | ['geːgənʃtant] |
| obstáculo (m) | Hindernis (n) | ['hɪndɛnɪs] |
| original (m) | Original (n) | [oʀigi'naːl] |
| padrão (adj) | Standard- | ['standaʁt] |
| padrão (m) | Standard (m) | ['standaʁt] |
| paragem (pausa) | Halt (m) | [halt] |
| parte (f) | Anteil (m) | ['anˌtaɪl] |

| partícula (f) | Teilchen (n) | ['taɪlçən] |
| pausa (f) | Pause (f) | ['paʊzə] |
| posição (f) | Position (f) | [pozi'tsjoːn] |
| princípio (m) | Prinzip (n) | [pʀɪn'tsiːp] |

| problema (m) | Problem (n) | [pʀo'bleːm] |
| processo (m) | Prozess (m) | [pʀo'tsɛs] |
| progresso (m) | Fortschritt (m) | ['foʁtʃʀɪt] |
| propriedade (qualidade) | Eigenschaft (f) | ['aɪgənʃaft] |

| reação (f) | Reaktion (f) | [ˌʀeak'tsjoːn] |
| risco (m) | Risiko (n) | ['ʀiːziko] |
| ritmo (m) | Tempo (n) | ['tɛmpo] |
| segredo (m) | Geheimnis (n) | [gə'haɪmnɪs] |
| série (f) | Serie (f) | ['zeːʀiə] |

| sistema (m) | System (n) | [zʏs'teːm] |
| situação (f) | Situation (f) | [zitua'tsjoːn] |
| solução (f) | Lösung (f) | ['løːzʊŋ] |
| tabela (f) | Tabelle (f) | [ta'bɛlə] |
| termo (ex. ~ técnico) | Fachwort (n) | ['faxˌvoʁt] |

| tipo (m) | Typ (m) | [tyːp] |
| urgente (adj) | dringend | ['dʀɪŋənt] |
| urgentemente | dringend | ['dʀɪŋənt] |
| utilidade (f) | Nutzen (m) | ['nʊtsən] |

| variante (f) | Variante (f) | [va'ʀɪantə] |
| variedade (f) | Auswahl (f) | ['aʊsvaːl] |
| verdade (f) | Wahrheit (f) | ['vaːɐhaɪt] |
| vez (f) | Reihe (f) | ['ʀaɪə] |
| zona (f) | Zone (f) | ['tsoːnə] |

## 250. Modificadores. Adjetivos. Parte 1

| aberto (adj) | offen | ['ɔfən] |
| afetuoso (adj) | zärtlich | ['tsɛːetlɪç] |
| afiado (adj) | scharf | [ʃaʁf] |
| agradável (adj) | angenehm | ['angəˌneːm] |
| agradecido (adj) | dankbar | ['daŋkbaːɐ] |

| alegre (adj) | froh | [fʀoː] |
| alto (ex. voz ~a) | laut | [laʊt] |
| amargo (adj) | bitter | ['bɪtə] |
| amplo (adj) | geräumig | [gə'ʀɔɪmɪç] |
| antigo (adj) | alt | [alt] |

| apertado (sapatos ~s) | knapp | [knap] |
| apropriado (adj) | brauchbar | ['bʀaʊxbaːɐ] |
| arriscado (adj) | riskant | [ʀɪs'kant] |
| artificial (adj) | künstlich | ['kʏnstlɪç] |

| azedo (adj) | sauer | ['zaʊɐ] |
| baixo (voz ~a) | leise | ['laɪzə] |

| barato (adj) | billig | ['bɪlɪç] |
| belo (adj) | schön | [ʃøːn] |

| bom (adj) | gut | [guːt] |
| bondoso (adj) | gut | [guːt] |
| bonito (adj) | schön | [ʃøːn] |
| bronzeado (adj) | gebräunt | [gə'bʀɔɪnt] |
| burro, estúpido (adj) | dumm | [dʊm] |

| calmo (adj) | ruhig | ['ʀuːɪç] |
| cansado (adj) | müde | ['myːdə] |
| cansativo (adj) | ermüdend | [ɛɐ'myːdənt] |
| carinhoso (adj) | sorgsam | ['zɔʀkzaːm] |
| caro (adj) | teuer | ['tɔɪɐ] |

| cego (adj) | blind | [blɪnt] |
| central (adj) | zentral | [tsɛn'tʀaːl] |
| cerrado (ex. nevoeiro ~) | dick | [dɪk] |
| cheio (xícara ~a) | voll | [fɔl] |

| civil (adj) | bürgerlich | ['byʀgelɪç] |
| clandestino (adj) | Untergrund- | ['ʊntəˌgʀʊnt] |
| claro (explicação ~a) | klar | [klaːɐ] |
| claro (pálido) | licht | [lɪçt] |

| compatível (adj) | kompatibel | [kɔmpa'tiːbəl] |
| comum, normal (adj) | gewöhnlich | [gə'vøːnlɪç] |
| congelado (adj) | tiefgekühlt | ['tiːfgəˌkyːlt] |
| conjunto (adj) | gemeinsam | [gə'maɪnzaːm] |
| considerável (adj) | bedeutend | [bə'dɔɪtənt] |

| contente (adj) | zufrieden | [tsu'fʀiːdən] |
| contínuo (adj) | andauernd | ['anˌdauɐnt] |
| contrário (ex. o efeito ~) | gegensätzlich | ['geːgənˌzɛtslɪç] |
| correto (resposta ~a) | richtig | ['ʀɪçtɪç] |
| cru (não cozinhado) | roh | [ʀoː] |

| curto (adj) | kurz | [kʊʀts] |
| de curta duração | kurz | [kʊʀts] |
| de sol, ensolarado | sonnig | ['zɔnɪç] |
| de trás | Hinter- | ['hɪntɐ] |
| denso (fumaça ~a) | dicht | [dɪçt] |

| desanuviado (adj) | wolkenlos | ['vɔlkənˌloːs] |
| descuidado (adj) | nachlässig | ['naːxˌlɛsɪç] |
| diferente (adj) | unterschiedlich | ['ʊntəʃiːtlɪç] |
| difícil (decisão) | schwierig | ['ʃviːʀɪç] |
| difícil, complexo (adj) | schwierig | ['ʃviːʀɪç] |

| direito (lado ~) | recht | [ʀɛçt] |
| distante (adj) | fern | [fɛʀn] |
| diverso (adj) | verschieden | [fɛɐ'ʃiːdən] |
| doce (açucarado) | süß | [zyːs] |
| doce (água) | Süß- | [zyːs] |
| doente (adj) | krank | [kʀaŋk] |
| duro (material ~) | hart | [haʀt] |

| educado (adj) | höflich | ['hø:flɪç] |
| encantador (agradável) | nett | [nɛt] |

| enigmático (adj) | rätselhaft | ['ʀɛ:tsəl‚haft] |
| enorme (adj) | riesig | ['ʀi:zɪç] |
| escuro (quarto ~) | dunkel | ['dʊŋkəl] |
| especial (adj) | speziell, Spezial- | [ʃpe'tsɪɛl], [ʃpe'tsɪaːl] |
| esquerdo (lado ~) | link | [lɪŋk] |

| estrangeiro (adj) | ausländisch, Fremd- | ['aʊslɛndɪʃ], [fʀɛmt] |
| estreito (adj) | eng, schmal | [ɛŋ], [ʃmaːl] |
| exato (montante ~) | genau | [gə'naʊ] |
| excelente (adj) | ausgezeichnet | ['aʊsgə‚tsaɪçnət] |
| excessivo (adj) | übermäßig | ['y:bɐ‚mɛːsɪç] |

| externo (adj) | Außen-, äußer | ['aʊsən], ['ɔɪsɐ] |
| fácil (adj) | einfach | ['aɪnfaχ] |
| faminto (adj) | hungrig | ['hʊŋʀɪç] |
| fechado (adj) | geschlossen | [gə'ʃlɔsən] |
| feliz (adj) | glücklich | ['glʏklɪç] |

| fértil (terreno ~) | fruchtbar | ['fʀʊχtbaːɐ] |
| forte (pessoa ~) | stark | [ʃtaʁk] |
| fraco (luz ~a) | gedämpft | [gə'dɛmpft] |
| frágil (adj) | zerbrechlich | [tsɛɐ'bʀɛçlɪç] |
| fresco (pão ~) | frisch | [fʀɪʃ] |

| fresco (tempo ~) | kühl | [ky:l] |
| frio (adj) | kalt | [kalt] |
| gordo (alimentos ~s) | fett | [fɛt] |
| gostoso, saboroso (adj) | lecker | ['lɛkɐ] |

| grande (adj) | groß | [gʀo:s] |
| gratuito, grátis (adj) | kostenlos, gratis | ['kɔstənlo:s], ['gʀaːtɪs] |
| grosso (camada ~a) | dick | [dɪk] |
| hostil (adj) | feindlich | ['faɪntlɪç] |

## 251. Modificadores. Adjetivos. Parte 2

| igual (adj) | gleich | [glaɪç] |
| imóvel (adj) | unbeweglich | ['ʊnbə‚ve:klɪç] |
| importante (adj) | wichtig | ['vɪçtɪç] |
| impossível (adj) | unmöglich | ['ʊnmø:klɪç] |
| incompreensível (adj) | unverständlich | ['ʊnfɛɐ‚ʃtɛntlɪç] |

| indigente (muito pobre) | in Armut lebend | [ɪn 'aʁmuːt 'le:bənt] |
| indispensável (adj) | notwendig | ['no:tvɛndɪç] |
| inexperiente (adj) | unerfahren | ['ʊnʔɛɐ‚faːʀən] |
| infantil (adj) | Kinder- | ['kɪndɐ] |

| ininterrupto (adj) | ununterbrochen | ['ʊnʔʊnte‚bʀɔχən] |
| insignificante (adj) | unbedeutend | ['ʊnbə‚dɔɪtənt] |
| inteiro (completo) | ganz | [gants] |
| inteligente (adj) | klug | [klu:k] |

| interno (adj) | innen- | ['ɪnən] |
| jovem (adj) | jung | [jʊŋ] |
| largo (caminho ~) | breit | [bʀaɪt] |
| legal (adj) | gesetzlich | [gə'zɛtslɪç] |
| leve (adj) | leicht | [laɪçt] |

| limitado (adj) | begrenzt | [bə'gʀɛntst] |
| limpo (adj) | sauber | ['zaʊbɐ] |
| líquido (adj) | flüssig | ['flʏsɪç] |
| liso (adj) | glatt | [glat] |
| liso (superfície ~a) | glatt | [glat] |

| livre (adj) | frei | [fʀaɪ] |
| longo (ex. cabelo ~) | lang | [laŋ] |
| maduro (ex. fruto ~) | reif | [ʀaɪf] |
| magro (adj) | dünn | [dʏn] |
| mais próximo (adj) | nächst | [nɛ:çst] |

| mais recente (adj) | vergangen | [fɛɐ'gaŋən] |
| mate (adj) | matt | [mat] |
| mau (adj) | schlecht | [ʃlɛçt] |
| meticuloso (adj) | sorgfältig | ['zɔʀkfɛltɪç] |
| míope (adj) | kurzsichtig | ['kʊʀts̩zɪçtɪç] |

| mole (adj) | weich | [vaɪç] |
| molhado (adj) | nass | [nas] |
| moreno (adj) | dunkelhäutig | ['dʊŋkəlˌhɔɪtɪç] |
| morto (adj) | tot | [to:t] |
| muito magro (adj) | abgemagert | ['apgəˌma:gɐt] |

| não difícil (adj) | nicht schwierig | [nɪçt 'ʃvi:ʀɪç] |
| não é clara (adj) | undeutlich | ['ʊnˌdɔɪtlɪç] |
| não muito grande (adj) | nicht groß | [nɪçt gʀo:s] |
| natal (país ~) | Heimat- | ['haɪma:t] |
| necessário (adj) | nötig | ['nø:tɪç] |

| negativo (resposta ~a) | negativ | ['ne:gati:f] |
| nervoso (adj) | nervös | [nɛʀ'vø:s] |
| normal (adj) | normal | [nɔʀ'ma:l] |
| novo (adj) | neu | [nɔɪ] |
| o mais importante (adj) | das wichtigste | [das 'vɪçtɪçstə] |

| obrigatório (adj) | obligatorisch, Pflicht- | [ɔbliga'to:ʀɪʃ], [pflɪçt] |
| original (incomum) | original | [ɔʀigi'na:l] |
| passado (adj) | vorig | ['fo:ʀɪç] |
| pequeno (adj) | klein | [klaɪn] |
| perigoso (adj) | gefährlich | [gə'fɛ:ɐlɪç] |

| permanente (adj) | beständig | [bə'ʃtɛndɪç] |
| perto (adj) | nah | [na:] |
| pesado (adj) | schwer | [ʃve:ɐ] |
| pessoal (adj) | persönlich | [pɛɐ'zø:nlɪç] |
| plano (ex. ecrã ~ a) | platt | [plat] |

| pobre (adj) | arm | [aʀm] |
| pontual (adj) | pünktlich | ['pʏŋktlɪç] |

| | | |
|---|---|---|
| possível (adj) | möglich | ['mø:klɪç] |
| pouco fundo (adj) | seicht | [zaɪçt] |
| presente (ex. momento ~) | gegenwärtig | ['ge:gən‚vɛʁtɪç] |
| prévio (adj) | früher | ['fʀy:ɐ] |
| primeiro (principal) | hauptsächlich | ['haʊpt‚zɛçlɪç] |
| principal (adj) | Haupt- | [haʊpt] |
| privado (adj) | privat | [pʀi'va:t] |
| provável (adj) | wahrscheinlich | [va:ɐ'ʃaɪnlɪç] |
| próximo (adj) | nah | [na:] |
| público (adj) | öffentlich | ['œfəntlɪç] |
| quente (cálido) | heiß | [haɪs] |
| quente (morno) | warm | [vaʁm] |
| rápido (adj) | schnell | [ʃnɛl] |
| raro (adj) | selten | ['zɛltən] |
| remoto, longínquo (adj) | fern | [fɛʁn] |
| reto (linha ~a) | gerade | [gə'ʀa:də] |
| salgado (adj) | salzig | ['zaltsɪç] |
| satisfeito (adj) | zufrieden | [tsu'fʀi:dən] |
| seco (roupa ~a) | trocken | ['tʀɔkən] |
| seguinte (adj) | nächst | [nɛ:çst] |
| seguro (não perigoso) | sicher | ['zɪçɐ] |
| similar (adj) | ähnlich | ['ɛ:nlɪç] |
| simples (fácil) | einfach | ['aɪnfaχ] |
| soberbo, perfeito (adj) | ausgezeichnet | ['aʊsgə‚tsaɪçnət] |
| sólido (parede ~a) | fest, stark | [fɛst], [ʃtaʁk] |
| sombrio (adj) | düster | ['dy:stɐ] |
| sujo (adj) | schmutzig | ['ʃmʊtsɪç] |
| superior (adj) | höchst | [hø:çst] |
| suplementar (adj) | ergänzend | [ɛɐ'gɛntsənt] |
| tranquilo (adj) | still | [ʃtɪl] |
| transparente (adj) | durchsichtig | ['dʊʁç‚zɪçtɪç] |
| triste (pessoa) | traurig | ['tʀaʊʀɪç] |
| triste (um ar ~) | traurig, unglücklich | ['tʀaʊʀɪç], ['ʊn‚glʏklɪç] |
| último (adj) | der letzte | [de:ɐ 'lɛtstə] |
| úmido (adj) | feucht | [fɔɪçt] |
| único (adj) | einzigartig | ['aɪntsɪç‚ʔa:ɐtɪç] |
| usado (adj) | gebraucht | [gə'bʀaʊχt] |
| vazio (meio ~) | leer | [le:ɐ] |
| velho (adj) | alt | [alt] |
| vizinho (adj) | Nachbar- | ['naχ‚ba:ɐ] |

# 500 VERBOS PRINCIPAIS

## 252. Verbos A-B

| | | |
|---|---|---|
| abraçar (vt) | umarmen (vt) | [ʊm'ʔaʁmən] |
| abrir (vt) | öffnen (vt) | ['œfnən] |
| acalmar (vt) | beruhigen (vt) | [bə'ʀuːɪɡən] |
| acariciar (vt) | streicheln (vt) | ['ʃtʀaɪçəln] |
| acenar (com a mão) | winken (vi) | ['vɪŋkən] |
| acender (~ uma fogueira) | anzünden (vt) | ['anˌtsʏndən] |
| achar (vt) | glauben (vi) | ['glaʊbən] |
| acompanhar (vt) | begleiten (vt) | [bə'glaɪtən] |
| aconselhar (vt) | raten (vt) | ['ʀaːtən] |
| acordar, despertar (vt) | wecken (vt) | ['vɛkən] |
| acrescentar (vt) | hinzufügen (vt) | [hɪn'tsuːˌfyːɡən] |
| acusar (vt) | anklagen (vt) | ['anˌklaːɡən] |
| adestrar (vt) | dressieren (vt) | [dʀɛ'siːʀən] |
| adivinhar (vt) | erraten (vt) | [ɛɐ'ʀaːtən] |
| admirar (vt) | bewundern (vt) | [bə'vʊndɐn] |
| adorar (~ fazer) | gernhaben (vt) | ['gɛʁnˌhaːbən] |
| advertir (vt) | warnen (vt) | ['vaʁnən] |
| afirmar (vt) | behaupten (vt) | [bə'haʊptən] |
| afogar-se (vr) | ertrinken (vi) | [ɛɐ'tʀɪŋkən] |
| afugentar (vt) | verjagen (vt) | [fɛɐ'jaːɡən] |
| agir (vi) | handeln (vi) | ['handəln] |
| agitar, sacudir (vt) | schütteln (vt) | ['ʃʏtəln] |
| agradecer (vt) | danken (vi) | ['daŋkən] |
| ajudar (vt) | helfen (vi) | ['hɛlfən] |
| alcançar (objetivos) | erzielen (vt) | [ɛɐ'tsiːlən] |
| alimentar (dar comida) | füttern (vt) | ['fʏtən] |
| almoçar (vi) | zu Mittag essen | [tsu 'mɪtaːk 'ɛsən] |
| alugar (~ o barco, etc.) | mieten (vt) | ['miːtən] |
| alugar (~ um apartamento) | mieten (vt) | ['miːtən] |
| amar (pessoa) | lieben (vt) | ['liːbən] |
| amarrar (vt) | binden (vt) | ['bɪndən] |
| ameaçar (vt) | drohen (vi) | ['dʀoːən] |
| amputar (vt) | amputieren (vt) | [ampu'tiːʀən] |
| anotar (escrever) | notieren (vt) | [no'tiːʀən] |
| anotar (escrever) | aufschreiben (vt) | ['aʊfˌʃʀaɪbən] |
| anular, cancelar (vt) | zurückziehen (vt) | [tsu'ʀʏkˌtsiːən] |
| apagar (com apagador, etc.) | ausradieren (vt) | ['aʊsʀa'diːʀən] |
| apagar (um incêndio) | löschen (vt) | ['lœʃən] |

| | | |
|---|---|---|
| apaixonar-se ... | sich verlieben | [zıç fɛɐ'li:bən] |
| aparecer (vi) | erscheinen (vi) | [ɛɐ'ʃaɪnən] |
| aplaudir (vi) | applaudieren (vi) | [aplaʊ'di:ʀən] |

| | | |
|---|---|---|
| apoiar (vt) | unterstützen (vt) | [ˌʊntɐ'ʃtʏtsən] |
| apontar para ... | zielen auf ... | ['tsi:lən aʊf] |
| apresentar (alguém a alguém) | bekannt machen | [bə'kant 'maxən] |
| apresentar (Gostaria de ~) | vorstellen (vt) | ['fo:ɐˌʃtɛlən] |

| | | |
|---|---|---|
| apressar (vt) | zur Eile antreiben | [tsu:ɐ 'aɪlə 'anˌtʀaɪbən] |
| apressar-se (vr) | sich beeilen | [zıç bə'ʔaɪlən] |
| aproximar-se (vr) | sich nähern | [zıç 'nɛ:ɐn] |
| aquecer (vt) | wärmen (vt) | ['vɛʀmən] |

| | | |
|---|---|---|
| arrancar (vt) | abreißen (vt) | ['apˌʀaɪsən] |
| arranhar (vt) | kratzen (vt) | ['kʀatsən] |
| arrepender-se (vr) | bedauern (vt) | [bə'daʊɐn] |
| arriscar (vt) | riskieren (vt) | [ʀɪs'ki:ʀən] |

| | | |
|---|---|---|
| arrumar, limpar (vt) | aufräumen (vt) | ['aʊfˌʀɔɪmən] |
| aspirar a ... | anstreben (vt) | ['anˌʃtʀe:bən] |
| assinar (vt) | unterschreiben (vt) | [ˌʊntɐ'ʃʀaɪbən] |
| assistir (vt) | assistieren (vi) | [asıs'ti:ʀən] |
| atacar (vt) | attackieren (vt) | [ata'ki:ʀən] |

| | | |
|---|---|---|
| atar (vt) | anbinden (vt) | ['anˌbɪndən] |
| atracar (vi) | anlegen (vi) | ['anˌle:gən] |
| aumentar (vi) | sich vergrößern | [zıç fɛɐ'gʀø:sɐn] |
| aumentar (vt) | vergrößern (vt) | [fɛɐ'gʀø:sɐn] |

| | | |
|---|---|---|
| avançar (vi) | vorankommen | [fo:'ʀanˌkɔmən] |
| avistar (vt) | erblicken (vt) | [ɛɐ'blɪkən] |
| baixar (guindaste, etc.) | herunterlassen (vt) | [hɛ'ʀʊntɐˌlasən] |
| barbear-se (vr) | sich rasieren | [zıç ʀa'zi:ʀən] |
| basear-se (vr) | beruhen auf ... | [bə'ʀu:ən 'aʊf] |

| | | |
|---|---|---|
| bastar (vi) | ausreichen (vi) | ['aʊsˌʀaɪçən] |
| bater (à porta) | anklopfen (vi) | ['anˌklɔpfən] |
| bater (espancar) | schlagen (vt) | ['ʃla:gən] |
| bater-se (vr) | schlagen (mit ...) | ['ʃla:gən mɪt] |

| | | |
|---|---|---|
| beber, tomar (vt) | trinken (vt) | ['tʀɪŋkən] |
| brilhar (vi) | glänzen (vi) | ['glɛntsən] |
| brincar, jogar (vi, vt) | spielen (vi, vt) | ['ʃpi:lən] |
| buscar (vt) | suchen (vt) | ['zu:xən] |

## 253. Verbos C-D

| | | |
|---|---|---|
| caçar (vi) | jagen (vi) | ['jagən] |
| calar-se (parar de falar) | verstummen (vi) | [fɛɐ'ʃtʊmən] |
| calcular (vt) | rechnen (vt) | ['ʀɛçnən] |
| carregar (o caminhão, etc.) | laden (vt) | ['la:dən] |
| carregar (uma arma) | laden (vt) | ['la:dən] |

| | | |
|---|---|---|
| casar-se (vr) | heiraten (vi) | ['haɪʀa:tən] |
| causar (vt) | verursachen (vt) | [fɛɐ'ʔu:ɐˌzaxən] |
| cavar (vt) | graben (vt) | ['gʀa:bən] |
| ceder (não resistir) | nachgeben (vi) | ['na:xˌge:bən] |
| cegar, ofuscar (vt) | blenden (vt) | ['blɛndən] |
| censurar (vt) | vorwerfen (vt) | ['fo:ɐˌvɛʁfən] |
| chamar (~ por socorro) | rufen (vi) | ['ʀu:fən] |
| chamar (alguém para ...) | rufen (vt) | ['ʀu:fən] |
| chegar (a algum lugar) | erreichen (vt) | [ɛɐ'ʀaɪçən] |
| chegar (vi) | ankommen (vi) | ['anˌkɔmən] |
| cheirar (~ uma flor) | riechen (vt) | ['ʀi:çən] |
| cheirar (tem o cheiro) | riechen (vi) | ['ʀi:çən] |
| chorar (vi) | weinen (vi) | ['vaɪnən] |
| citar (vt) | zitieren (vt) | [ˌtsi'ti:ʀən] |
| colher (flores) | pflücken (vt) | ['pflʏkən] |
| colocar (vt) | stellen (vt) | ['ʃtɛlən] |
| combater (vi, vt) | kämpfen (vi) | ['kɛmpfən] |
| começar (vt) | beginnen (vt) | [bə'gɪnən] |
| comer (vt) | essen (vi, vt) | ['ɛsən] |
| comparar (vt) | vergleichen (vt) | [fɛɐ'glaɪçən] |
| compensar (vt) | kompensieren (vt) | [kɔmpɛn'zi:ʀən] |
| competir (vi) | konkurrieren (vi) | [kɔŋkʊ'ʀi:ʀən] |
| complicar (vt) | erschweren (vt) | [ɛɐ'ʃve:ʀən] |
| compor (~ música) | komponieren (vt) | [kɔmpo'ni:ʀən] |
| comportar-se (vr) | sich benehmen | [zɪç bə'ne:mən] |
| comprar (vt) | kaufen (vt) | ['kaufən] |
| comprometer (vt) | kompromittieren (vt) | [kɔmpʀɔmɪ'ti:ʀən] |
| concentrar-se (vr) | sich konzentrieren | [zɪç kɔntsɛn'tʀi:ʀən] |
| concordar (dizer "sim") | zustimmen (vi) | ['tsu:ʃtɪmən] |
| condecorar (dar medalha) | auszeichnen (vt) | ['aʊsˌtsaɪçnən] |
| confessar-se (vr) | gestehen (vi) | [gə'ʃte:ən] |
| confiar (vt) | vertrauen (vt) | [fɛɐ'tʀaʊən] |
| confundir (equivocar-se) | verwechseln (vt) | [fɛɐ'vɛksəln] |
| conhecer (vt) | kennen (vt) | ['kɛnən] |
| conhecer-se (vr) | kennenlernen (vt) | ['kɛnənˌlɛʁnən] |
| consertar (vt) | in Ordnung bringen | [ɪn 'ɔʁdnʊŋ 'bʀɪŋən] |
| consultar ... | sich konsultieren mit ... | [zɪç kɔnzʊl'ti:ʀən mɪt] |
| contagiar-se com ... | sich anstecken | [zɪç 'anˌʃtɛkən] |
| contar (vt) | erzählen (vt) | [ɛɐ'tsɛ:lən] |
| contar com ... | auf ... zählen | [aʊf ... 'tsɛ:lən] |
| continuar (vt) | fortsetzen (vt) | ['fɔʁtˌzɛtsən] |
| contratar (vt) | einstellen (vt) | ['aɪnˌʃtɛlən] |
| controlar (vt) | kontrollieren (vt) | [kɔntʀɔ'li:ʀən] |
| convencer (vt) | überzeugen (vt) | [y:bɐ'tsɔɪgən] |
| convidar (vt) | einladen (vt) | ['aɪnˌla:dən] |
| cooperar (vi) | zusammenarbeiten (vi) | [tsu'zamənˌʔaʁbaɪtən] |

| | | |
|---|---|---|
| coordenar (vt) | koordinieren (vt) | [ko?ɔ階di'ni:ʀən] |
| corar (vi) | erröten (vi) | [ɛɐ'ʀø:tən] |
| correr (vi) | laufen (vi) | ['laʊfən] |
| corrigir (~ um erro) | korrigieren (vt) | [kɔʀi'gi:ʀən] |
| cortar (com um machado) | abhacken (vt) | ['aphakən] |
| cortar (com uma faca) | abschneiden (vt) | ['apʃnaɪdən] |
| cozinhar (vt) | zubereiten (vt) | ['tsu:bəˌʀaɪtən] |
| crer (pensar) | meinen (vt) | ['maɪnən] |
| criar (vt) | schaffen (vt) | ['ʃafən] |
| cultivar (~ plantas) | züchten (vt) | ['tsʏçtən] |
| cuspir (vi) | spucken (vi) | ['ʃpʊkən] |
| custar (vt) | kosten (vt) | ['kɔstən] |
| dar (vt) | geben (vt) | ['ge:bən] |
| dar banho, lavar (vt) | baden (vt) | ['ba:dən] |
| datar (vi) | sich datieren | [zɪç da'ti:ʀən] |
| decidir (vt) | entscheiden (vt) | [ɛnt'ʃaɪdən] |
| decorar (enfeitar) | schmücken (vt) | ['ʃmʏkən] |
| dedicar (vt) | widmen (vt) | ['vɪtmən] |
| defender (vt) | verteidigen (vt) | [fɛɐ'taɪdɪgən] |
| defender-se (vr) | sich verteidigen | [zɪç fɛɐ'taɪdɪgən] |
| deixar (~ a mulher) | verlassen (vt) | [fɛɐ'lasən] |
| deixar (esquecer) | verlassen (vt) | [fɛɐ'lasən] |
| deixar (permitir) | erlauben (vt) | [ɛɐ'laʊbən] |
| deixar cair (vt) | fallen lassen | ['falən 'lasən] |
| denominar (vt) | benennen (vt) | [bə'nɛnən] |
| denunciar (vt) | denunzieren (vt) | [denʊn'tsi:ʀən] |
| depender de ... | abhängen von ... | ['apˌhɛŋən fɔn] |
| derramar (~ líquido) | vergießen (vt) | [fɛɐ'gi:sən] |
| derramar-se (vr) | verschütten (vt) | [fɛɐ'ʃʏtən] |
| desaparecer (vi) | verschwinden (vi) | [fɛɐ'ʃvɪndən] |
| desatar (vt) | losbinden (vt) | ['lo:sˌbɪndən] |
| desatracar (vi) | ablegen (vi) | ['apˌle:gən] |
| descansar (um pouco) | sich ausruhen | [zɪç 'aʊsˌʀu:ən] |
| descer (para baixo) | herabsteigen (vi) | [hɛ'ʀapˌʃtaɪgən] |
| descobrir (novas terras) | entdecken (vt) | [ɛnt'dɛkən] |
| descolar (avião) | starten (vi) | ['ʃtaʁtən] |
| desculpar (vt) | entschuldigen (vt) | [ɛnt'ʃʊldɪgən] |
| desculpar-se (vr) | sich entschuldigen | [zɪç ɛnt'ʃʊldɪgən] |
| desejar (vt) | wünschen (vt) | ['vʏnʃən] |
| desempenhar (papel) | spielen (vi, vt) | ['ʃpi:lən] |
| desligar (vt) | ausschalten (vt) | ['aʊsˌʃaltən] |
| desprezar (vt) | verachten (vt) | [fɛɐ'?aҳtən] |
| destruir (documentos, etc.) | vernichten (vt) | [fɛɐ'nɪçtən] |
| dever (vi) | müssen (v mod) | ['mʏsən] |
| devolver (vt) | zurückschicken (vt) | [tsu'ʀʏkʃɪkən] |
| direcionar (vt) | richten (vt) | ['ʀɪçtən] |

| | | |
|---|---|---|
| dirigir (~ um carro) | lenken (vt) | ['lɛŋkən] |
| dirigir (~ uma empresa) | managen (vt) | ['mɛnɪdʒən] |
| dirigir-se | adressieren an ... | [adʀɛ'si:ʀən an] |
| (a um auditório, etc.) | | |
| discutir (notícias, etc.) | besprechen (vt) | [bə'ʃpʀɛçən] |

| | | |
|---|---|---|
| disparar, atirar (vi) | schießen (vi) | ['ʃi:sən] |
| distribuir (folhetos, etc.) | verbreiten (vt) | [fɛɐ'bʀaɪtən] |
| distribuir (vt) | austeilen (vt) | ['aʊs̩taɪlən] |
| divertir (vt) | amüsieren (vt) | [amy'zi:ʀən] |

| | | |
|---|---|---|
| divertir-se (vr) | sich amüsieren | [zɪç amy'zi:ʀən] |
| dividir (mat.) | dividieren (vt) | [divi'di:ʀən] |
| dizer (vt) | sagen (vt) | ['za:gən] |
| dobrar (vt) | verdoppeln (vt) | [fɛɐ'dɔpəln] |
| duvidar (vt) | zweifeln (vi) | ['tsvaɪfəln] |

## 254. Verbos E-J

| | | |
|---|---|---|
| elaborar (uma lista) | erstellen (vt) | [ɛɐ'ʃtɛlən] |
| elevar-se acima de ... | überragen | [y:bɐ'ʀa:gən] |
| eliminar (um obstáculo) | beseitigen (vt) | [bə'zaɪtɪgən] |
| embrulhar (com papel) | einpacken (vt) | ['aɪn̩pakən] |

| | | |
|---|---|---|
| emergir (submarino) | auftauchen (vi) | ['aʊf̩taʊχən] |
| emitir (~ cheiro) | verbreiten (vt) | [fɛɐ'bʀaɪtən] |
| empreender (vt) | unternehmen (vt) | [ˌʊntɐ'ne:mən] |
| empurrar (vt) | schieben (vt) | ['ʃi:bən] |

| | | |
|---|---|---|
| encabeçar (vt) | führen (vt) | ['fy:ʀən] |
| encher (~ a garrafa, etc.) | füllen (vt) | ['fʏlən] |
| encontrar (achar) | finden (vt) | ['fɪndən] |
| enganar (vt) | täuschen (vt) | ['tɔɪʃən] |

| | | |
|---|---|---|
| ensinar (vt) | lehren (vt) | ['le:ʀən] |
| entediar-se (vr) | sich langweilen | [zɪç 'laŋˌvaɪlən]. |
| entender (vt) | verstehen (vt) | [fɛɐ'ʃte:ən] |
| entrar (na sala, etc.) | hereinkommen (vi) | [hɛ'ʀaɪn̩kɔmən] |

| | | |
|---|---|---|
| enviar (uma carta) | abschicken (vt) | ['apˌʃɪkən] |
| equipar (vt) | einrichten (vt) | ['aɪnˌʀɪçtən] |
| errar (enganar-se) | einen Fehler machen | ['aɪnən 'fe:lɐ 'maχən] |
| escolher (vt) | wählen (vt) | ['vɛ:lən] |

| | | |
|---|---|---|
| esconder (vt) | verstecken (vt) | [fɛɐ'ʃtɛkən] |
| escrever (vt) | schreiben (vi, vt) | ['ʃʀaɪbən] |
| escutar (vt) | hören (vt) | ['hø:ʀən] |
| escutar atrás da porta | belauschen (vt) | [bə'laʊʃən] |
| esmagar (um inseto, etc.) | zertreten (vt) | [tsɛɐ'tʀe:tən] |

| | | |
|---|---|---|
| esperar (aguardar) | warten (vi) | ['vaʁtən] |
| esperar (contar com) | erwarten (vt) | [ɛɐ'vaʁtən] |
| esperar (ter esperança) | hoffen (vi) | ['hɔfən] |
| espreitar (vi) | gucken (vi) | [gʊ:kən] |

| | | |
|---|---|---|
| esquecer (vt) | vergessen (vt) | [fɛɐ'gɛsən] |
| estar | gelegen sein | [gə'le:gən zaɪn] |
| estar convencido | sich überzeugen | [zɪç y:bɐ'tsɔɪgən] |

| | | |
|---|---|---|
| estar deitado | liegen (vi) | ['li:gən] |
| estar perplexo | verblüfft sein | [fɛɐ'blʏft zaɪn] |
| estar preocupado | sich Sorgen machen | [zɪç 'zɔʁgən 'maχən] |
| estar sentado | sitzen (vi) | ['zɪtsən] |

| | | |
|---|---|---|
| estremecer (vi) | zusammenzucken (vi) | [tsu'zamən͵tsʊkən] |
| estudar (vt) | lernen (vt) | ['lɛʁnən] |
| evitar (~ o perigo) | vermeiden (vt) | [fɛɐ'maɪdən] |
| examinar (~ uma proposta) | erörtern (vt) | [ɛɐ'ʔœʁtən] |

| | | |
|---|---|---|
| exigir (vt) | verlangen (vt) | [fɛɐ'laŋən] |
| existir (vi) | existieren (vi) | [͵ɛksɪs'ti:ʁən] |
| explicar (vt) | erklären (vt) | [ɛɐ'klɛ:ʁən] |
| expressar (vt) | ausdrücken (vt) | ['aʊs͵dʀʏkən] |

| | | |
|---|---|---|
| expulsar (~ da escola, etc.) | ausschließen (vt) | ['aʊsˌʃli:sən] |
| facilitar (vt) | erleichtern (vt) | [ɛɐ'laɪçtən] |
| falar com ... | sprechen mit ... | ['ʃpʀɛçən mɪt] |
| faltar (a la escuela, etc.) | versäumen (vt) | [fɛɐ'zɔɪmən] |

| | | |
|---|---|---|
| fascinar (vt) | entzücken (vt) | [ɛnt'tsʏkən] |
| fatigar (vt) | ermüden (vt) | [ɛɐ'my:dən] |
| fazer (vt) | machen (vt) | ['maχən] |
| fazer lembrar | erinnern (vt) | [ɛɐ'ʔɪnɐn] |
| fazer piadas | Witz machen | [vɪts 'maχən] |

| | | |
|---|---|---|
| fazer publicidade | werben (vt) | ['vɛʁbən] |
| fazer uma tentativa | versuchen (vt) | [fɛɐ'zu:χən] |
| fechar (vt) | schließen (vt) | ['ʃli:sən] |
| felicitar (vt) | gratulieren (vi) | [gʀatu'li:ʁən] |

| | | |
|---|---|---|
| ficar cansado | müde werden | ['my:də 've:ɐdən] |
| ficar em silêncio | schweigen (vi) | ['ʃvaɪgən] |
| ficar pensativo | in Gedanken versinken | [ɪn gə'daŋkən fɛɐ'zɪŋkən] |
| forçar (vt) | zwingen (vt) | ['tsvɪŋən] |
| formar (vt) | bilden (vt) | ['bɪldən] |

| | | |
|---|---|---|
| gabar-se (vr) | prahlen (vi) | ['pʀaːlən] |
| garantir (vt) | garantieren (vt) | [gaʀan'ti:ʁən] |
| gostar (apreciar) | gefallen (vi) | [gə'falən] |
| gritar (vi) | schreien (vi) | ['ʃʀaɪən] |

| | | |
|---|---|---|
| guardar (fotos, etc.) | behalten (vt) | [bə'haltən] |
| guardar (no armário, etc.) | weglegen (vt) | ['vɛkˌle:gən] |
| guerrear (vt) | Krieg führen | [kʀi:k 'fy:ʁən] |
| herdar (vt) | erben (vt) | ['ɛʁbən] |
| iluminar (vt) | beleuchten (vt) | [bə'lɔɪçtən] |

| | | |
|---|---|---|
| imaginar (vt) | sich vorstellen | [zɪç 'fo:ɐˌʃtɛlən] |
| imitar (vt) | imitieren (vt) | [imi'ti:ʁən] |
| implorar (vt) | anflehen (vt) | ['anˌfle:ən] |
| importar (vt) | importieren (vt) | [ɪmpɔʁ'ti:ʁən] |

237

| indicar (~ o caminho) | zeigen (vt) | ['tsaɪgən] |
| indignar-se (vr) | sich empören | [zɪç ɛm'pø:ʀən] |
| infetar, contagiar (vt) | anstecken (vt) | ['anˌʃtɛkən] |
| influenciar (vt) | beeinflussen (vt) | [bə'ʔaɪnˌflʊsən] |
| informar (~ a policia) | mitteilen (vt) | ['mɪtˌtaɪlən] |

| informar (vt) | informieren (vt) | [ɪnfoʁ'mi:ʀən] |
| informar-se (~ sobre) | sich nach ... erkundigen | [zɪç na:χ ... ɛʁ'kʊndɪgən] |
| inscrever (na lista) | einschreiben (vt) | ['aɪnˌʃʀaɪbən] |
| inserir (vt) | einsetzen (vt) | ['aɪnzɛtsən] |

| insinuar (vt) | andeuten (vt) | ['anˌdɔɪtən] |
| insistir (vi) | bestehen auf | [bə'ʃte:ən aʊf] |
| inspirar (vt) | ermutigen (vt) | [ɛʁ'mu:tɪgən] |
| instruir (ensinar) | instruieren (vt) | [ɪnstʀu'i:ʀən] |

| insultar (vt) | kränken (vt) | ['kʀɛŋkən] |
| interessar (vt) | interessieren (vt) | [ɪntəʀɛ'si:ʀən] |
| interessar-se (vr) | sich interessieren | [zɪç ɪntəʀɛ'si:ʀən] |
| intervir (vi) | sich einmischen | [zɪç 'aɪnˌmɪʃən] |
| invejar (vt) | beneiden (vt) | [bə'naɪdən] |

| inventar (vt) | erfinden (vt) | [ɛɐ'fɪndən] |
| ir (a pé) | gehen (vi) | ['ge:ən] |
| ir (de carro, etc.) | fahren (vi) | ['fa:ʀən] |
| ir nadar | schwimmen gehen | ['ʃvɪmən 'ge:ən] |

| ir para a cama | schlafen gehen | ['ʃla:fən 'ge:ən] |
| irritar (vt) | ärgern (vt) | ['ɛʁgən] |
| irritar-se (vr) | gereizt sein | [gə'ʀaɪtst zaɪn] |
| isolar (vt) | isolieren (vt) | [izo'li:ʀən] |

| jantar (vi) | zu Abend essen | [tsu 'a:bənt 'ɛsən] |
| jogar, atirar (vt) | werfen (vt) | ['vɛʁfən] |
| juntar, unir (vt) | vereinigen (vt) | [fɛɐ'ʔaɪnɪgən] |
| juntar-se a ... | sich anschließen | [zɪç 'anˌʃli:sən] |

## 255. Verbos L-P

| lançar (novo projeto, etc.) | lancieren (vt) | [lan'si:ʀən] |
| lavar (vt) | waschen (vt) | ['vaʃən] |
| lavar a roupa | waschen (vt) | ['vaʃən] |
| lavar-se (vr) | sich waschen | [zɪç 'vaʃən] |

| lembrar (vt) | sich erinnern | [zɪç ɛɐ'ʔɪnɐn] |
| ler (vt) | lesen (vi, vt) | ['le:zən] |
| levantar-se (vr) | aufstehen (vi) | ['aʊfˌʃte:ən] |
| levar (ex. leva isso daqui) | fortbringen (vt) | ['foʁtˌbʀɪŋən] |

| libertar (cidade, etc.) | befreien (vt) | [bə'fʀaɪən] |
| ligar (~ o radio, etc.) | einschalten (vt) | ['aɪnˌʃaltən] |
| limitar (vt) | begrenzen (vt) | [bə'gʀɛntsən] |
| limpar (eliminar sujeira) | putzen (vt) | ['pʊtsən] |
| limpar (tirar o calcário, etc.) | reinigen (vt) | ['ʀaɪnɪgən] |

| | | |
|---|---|---|
| lisonjear (vt) | schmeicheln (vi) | ['ʃmaɪçəln] |
| livrar-se de ... | loswerden (vt) | ['lo:s‚ve:ɐdən] |
| lutar (combater) | kämpfen (vi) | ['kɛmpfən] |
| lutar (esporte) | ringen (vi) | ['ʀɪŋən] |

| | | |
|---|---|---|
| marcar (com lápis, etc.) | markieren (vt) | [maʁ'ki:ʀən] |
| matar (vt) | ermorden (vt) | [ɛɐ'mɔʁdən] |
| memorizar (vt) | memorieren (vt) | [memo'ʀi:ʀən] |
| mencionar (vt) | erwähnen (vt) | [ɛɐ'vɛ:nən] |

| | | |
|---|---|---|
| mentir (vi) | lügen (vi) | ['ly:gən] |
| merecer (vt) | verdienen (vt) | [fɛɐ'di:nən] |
| mergulhar (vi) | tauchen (vi) | ['tauχən] |
| misturar (vt) | mischen (vt) | ['mɪʃən] |

| | | |
|---|---|---|
| morar (vt) | wohnen (vi) | ['vo:nən] |
| mostrar (vt) | zeigen (vt) | ['tsaɪgən] |
| mover (vt) | verschieben (vt) | [fɛɐ'ʃi:bən] |
| mudar (modificar) | ändern (vt) | ['ɛndɐn] |

| | | |
|---|---|---|
| multiplicar (mat.) | multiplizieren (vt) | [mʊltipli'tsi:ʀən] |
| nadar (vi) | schwimmen (vi) | ['ʃvɪmən] |
| negar (vt) | verneinen (vt) | [fɛɐ'naɪnən] |
| negociar (vi) | verhandeln (vi) | [fɛɐ'handəln] |

| | | |
|---|---|---|
| nomear (função) | ernennen (vt) | [ɛɐ'nɛnən] |
| obedecer (vt) | gehorchen (vi) | [gə'hɔʁçən] |
| objetar (vt) | einwenden (vt) | ['aɪn‚vɛndən] |
| observar (vt) | beobachten (vt) | [bə'ʔo:baχtən] |

| | | |
|---|---|---|
| ofender (vt) | beleidigen (vt) | [bə'laɪdɪgən] |
| olhar (vt) | sehen (vt) | ['ze:ən] |
| omitir (vt) | weglassen (vt) | ['vɛk‚lasən] |
| ordenar (mil.) | befehlen (vt) | [‚bə'fe:lən] |

| | | |
|---|---|---|
| organizar (evento, etc.) | veranstalten (vt) | [fɛɐ'ʔanʃtaltən] |
| ousar (vt) | wagen (vt) | ['va:gən] |
| ouvir (vt) | hören (vt) | ['hø:ʀən] |
| pagar (vt) | zahlen (vt) | ['tsa:lən] |

| | | |
|---|---|---|
| parar (para descansar) | stoppen (vt) | ['ʃtɔpən] |
| parar, cessar (vt) | einstellen (vt) | ['aɪnʃtɛlən] |
| parecer-se (vr) | ähnlich sein | ['ɛ:nlɪç zaɪn] |
| participar (vi) | teilnehmen (vi) | ['taɪl‚ne:mən] |
| partir (~ para o estrangeiro) | wegfahren (vi) | ['vɛk‚fa:ʀən] |

| | | |
|---|---|---|
| passar (vt) | vorbeifahren (vi) | [fo:ɐ'baɪ‚fa:ʀən] |
| passar a ferro | bügeln (vt) | ['by:gəln] |
| pecar (vi) | sündigen (vi) | ['zʏndɪgən] |
| pedir (comida) | bestellen (vt) | [bə'ʃtɛlən] |

| | | |
|---|---|---|
| pedir (um favor, etc.) | bitten (vt) | ['bɪtən] |
| pegar (tomar com a mão) | fangen (vt) | ['faŋən] |
| pegar (tomar) | nehmen (vt) | ['ne:mən] |
| pendurar (cortinas, etc.) | hängen (vt) | ['hɛŋən] |
| penetrar (vt) | eindringen (vi) | ['aɪn‚dʀɪŋən] |

| | | |
|---|---|---|
| pensar (vi, vt) | denken (vi, vt) | ['dɛŋkən] |
| pentear-se (vr) | sich kämmen | [zɪç 'kɛmən] |
| perceber (ver) | bemerken (vt) | [bə'mɛʁkən] |
| perder (o guarda-chuva, etc.) | verlieren (vt) | [fɛɐ'li:ʀən] |

| | | |
|---|---|---|
| perdoar (vt) | verzeihen (vt) | [fɛɐ'tsaɪən] |
| permitir (vt) | erlauben (vt) | [ɛɐ'laʊbən] |
| pertencer a ... | gehören (vi) | [gə'hø:ʀən] |
| perturbar (vt) | stören (vt) | ['ʃtø:ʀən] |

| | | |
|---|---|---|
| pesar (ter o peso) | wiegen (vi) | ['vi:gən] |
| pescar (vt) | fischen (vt) | ['fɪʃən] |
| planejar (vt) | planen (vt) | ['pla:nən] |
| poder (~ fazer algo) | können (v mod) | ['kœnən] |

| | | |
|---|---|---|
| pôr (posicionar) | stellen (vt) | ['ʃtɛlən] |
| possuir (uma casa, etc.) | besitzen (vt) | [bə'zɪtsən] |
| predominar (vi, vt) | überwiegen (vi) | [ˌy:bɐ'vi:gən] |
| preferir (vt) | vorziehen (vt) | ['foɐˌtsi:ən] |

| | | |
|---|---|---|
| preocupar (vt) | beunruhigen (vt) | [bə'ʔʊnˌʀu:ɪgən] |
| preocupar-se (vr) | sich aufregen | [zɪç 'aʊfˌʀe:gən] |
| preparar (vt) | vorbereiten (vt) | ['fo:əbəˌʀaɪtən] |
| preservar (ex. ~ a paz) | bewahren (vt) | [bə'va:ʀən] |

| | | |
|---|---|---|
| prever (vt) | voraussehen (vt) | [fo'ʀaʊsˌze:ən] |
| privar (vt) | nehmen (vt) | ['ne:mən] |
| proibir (vt) | verbieten (vt) | [fɛɐ'bi:tən] |
| projetar, criar (vt) | projektieren (vt) | [pʀojɛk'ti:ʀən] |
| prometer (vt) | versprechen (vt) | [fɛɐ'ʃpʀɛçən] |

| | | |
|---|---|---|
| pronunciar (vt) | aussprechen (vt) | ['aʊsˌʃpʀɛçən] |
| propor (vt) | vorschlagen (vt) | ['fo:ɐˌʃla:gən] |
| proteger (a natureza) | bewachen (vt) | [bə'vaxən] |
| protestar (vi) | protestieren (vi) | [pʀotɛs'ti:ʀən] |

| | | |
|---|---|---|
| provar (~ a teoria, etc.) | beweisen (vt) | [bə'vaɪzən] |
| provocar (vt) | provozieren (vt) | [pʀovo'tsi:ʀən] |
| punir, castigar (vt) | bestrafen (vt) | [bə'ʃtʀa:fən] |
| puxar (vt) | ziehen (vt) | ['tsi:ən] |

## 256. Verbos Q-Z

| | | |
|---|---|---|
| quebrar (vt) | brechen (vt) | ['bʀɛçən] |
| queimar (vt) | verbrennen (vt) | [fɛɐ'bʀɛnən] |
| queixar-se (vr) | klagen (vi) | ['kla:gən] |
| querer (desejar) | wollen (vt) | ['vɔlən] |

| | | |
|---|---|---|
| rachar-se (vr) | bersten (vi) | ['bɛʁstən] |
| ralhar, repreender (vt) | schelten (vt) | ['ʃɛltən] |
| realizar (vt) | verwirklichen (vt) | [fɛɐ'vɪʁklɪçən] |
| recomendar (vt) | empfehlen (vt) | [ɛm'pfe:lən] |
| reconhecer (identificar) | anerkennen (vt) | ['anɛʁˌkɛnən] |
| reconhecer (o erro) | zugeben (vt) | ['tsu:ˌge:bən] |

| | | |
|---|---|---|
| recordar, lembrar (vt) | zurückdenken (vi) | [tsu'ʀʏkˌdɛŋkən] |
| recuperar-se (vr) | genesen (vi) | [gə'ne:zən] |
| recusar (~ alguém) | absagen (vt) | ['apˌza:gən] |
| | | |
| reduzir (vt) | verringern (vt) | [fɛɐ'ʀɪŋən] |
| refazer (vt) | nochmals tun (vt) | ['nɔxma:ls tu:n] |
| reforçar (vt) | befestigen (vt) | [bə'fɛstɪgən] |
| refrear (vt) | zurückhalten (vt) | [tsu'ʀʏkˌhaltən] |
| | | |
| regar (plantas) | begießen (vt) | [bə'gi:sən] |
| remover (~ uma mancha) | entfernen (vt) | [ɛnt'fɛʀnən] |
| reparar (vt) | reparieren (vt) | [ʀepa'ʀi:ʀən] |
| repetir (dizer outra vez) | noch einmal sagen | [nɔx 'aɪnma:l 'za:gən] |
| | | |
| reportar (vt) | berichten (vt) | [bə'ʀɪçtən] |
| reservar (~ um quarto) | reservieren (vt) | [ʀezɛɐ'vi:ʀən] |
| resolver (o conflito) | regeln (vt) | ['ʀe:gəln] |
| resolver (um problema) | lösen (vt) | ['lø:zən] |
| | | |
| respirar (vi) | atmen (vi) | ['a:tmən] |
| responder (vt) | antworten (vi) | ['antˌvɔɐtən] |
| rezar, orar (vi) | beten (vi) | ['be:tən] |
| rir (vi) | lachen (vi) | ['laxən] |
| romper-se (corda, etc.) | zerreißen (vi) | [tsɛɐ'ʀaɪsən] |
| | | |
| roubar (vt) | stehlen (vt) | ['ʃte:lən] |
| saber (vt) | wissen (vt) | ['vɪsən] |
| sair (~ de casa) | ausgehen (vi) | ['ausˌge:ən] |
| sair (ser publicado) | erscheinen (vi) | [ɛɐ'ʃaɪnən] |
| | | |
| salvar (resgatar) | retten (vt) | ['ʀɛtən] |
| satisfazer (vt) | befriedigen (vt) | [bə'fʀi:dɪgən] |
| saudar (vt) | begrüßen (vt) | [bə'gʀʏ:sən] |
| secar (vt) | trocknen (vt) | ['tʀɔknən] |
| seguir (~ alguém) | folgen (vi) | ['fɔlgən] |
| | | |
| selecionar (vt) | auswählen (vt) | ['ausˌvɛ:lən] |
| semear (vt) | säen (vt) | ['zɛ:ən] |
| sentar-se (vr) | sich setzen | [zɪç 'zɛtsən] |
| sentenciar (vt) | verurteilen (vt) | [fɛɐ'ʔuɐtaɪlən] |
| sentir (vt) | fühlen (vt) | ['fy:lən] |
| | | |
| ser diferente | sich unterscheiden | [zɪç ˌuntɐ'ʃaɪdən] |
| ser indispensável | notwendig sein | ['no:tvɛndɪç zaɪn] |
| ser necessário | nötig sein | ['nø:tɪç zaɪn] |
| | | |
| ser preservado | sich erhalten | [zɪç ɛɐ'haltən] |
| ser, estar | sein (vi) | [zaɪn] |
| servir (restaurant, etc.) | bedienen (vt) | [bə'di:nən] |
| servir (roupa, caber) | passen (vi) | ['pasən] |
| | | |
| significar (palavra, etc.) | bedeuten (vt) | [bə'dɔɪtən] |
| significar (vt) | bezeichnen (vt) | [bə'tsaɪçnən] |
| simplificar (vt) | vereinfachen (vt) | [fɛɐ'ʔaɪnfaxən] |
| sofrer (vt) | leiden (vi) | ['laɪdən] |
| sonhar (~ com) | träumen (vi, vt) | ['tʀɔɪmən] |

| | | |
|---|---|---|
| sonhar (ver sonhos) | träumen (vi, vt) | ['trɔɪmən] |
| soprar (vi) | wehen (vi) | ['ve:ən] |
| sorrir (vi) | lächeln (vi) | ['lɛçəln] |

| | | |
|---|---|---|
| subestimar (vt) | unterschätzen (vt) | [ˌʊntɐ'ʃɛtsən] |
| sublinhar (vt) | unterstreichen (vt) | [ˌʊntɐ'ʃtraɪçən] |
| sujar-se (vr) | sich beschmutzen | [zɪç bə'ʃmʊtsən] |
| superestimar (vt) | überschätzen (vt) | [y:bɐ'ʃɛtsən] |

| | | |
|---|---|---|
| supor (vt) | vermuten (vt) | [fɛɐ'mu:tən] |
| suportar (as dores) | aushalten (vt) | ['aʊsˌhaltən] |
| surpreender (vt) | erstaunen (vt) | [ɛɐ'ʃtaʊnən] |
| surpreender-se (vr) | überrascht sein | [y:bɐ'raʃt zaɪn] |

| | | |
|---|---|---|
| suspeitar (vt) | verdächtigen (vt) | [fɛɐ'dɛçtɪgən] |
| suspirar (vi) | aufseufzen (vi) | ['aʊfˌzɔɪftsən] |
| tentar (~ fazer) | versuchen (vt) | [fɛɐ'zu:xən] |
| ter (vt) | haben (vt) | [ha:bən] |

| | | |
|---|---|---|
| ter medo | Angst haben | ['aŋst 'ha:bən] |
| terminar (vt) | beenden (vt) | [bə'ʔɛndən] |
| tirar (vt) | abnehmen (vt) | ['apˌne:mən] |
| tirar cópias | vervielfältigen (vt) | [fɛɐ'fi:lˌfɛltɪgən] |

| | | |
|---|---|---|
| tirar fotos, fotografar | fotografieren (vt) | [fotogra'fi:rən] |
| tirar uma conclusão | einen Schluss ziehen | ['aɪnən ʃlʊs 'tsi:ən] |
| tocar (com as mãos) | berühren (vt) | [bə'ry:rən] |
| tomar café da manhã | frühstücken (vi) | ['fry:ʃtʏkən] |

| | | |
|---|---|---|
| tomar emprestado | leihen (vt) | ['laɪən] |
| tornar-se (ex. ~ conhecido) | werden (vi) | ['ve:ɐdən] |
| trabalhar (vi) | arbeiten (vi) | ['aʁbaɪtən] |
| traduzir (vt) | übersetzen (vt) | [ˌy:bɐ'zɛtsən] |
| transformar (vt) | transformieren (vt) | [ˌtransfoʁ'mi:rən] |

| | | |
|---|---|---|
| tratar (a doença) | behandeln (vt) | [bə'handəln] |
| trazer (vt) | mitbringen (vt) | ['mɪtˌbrɪŋən] |
| treinar (vt) | trainieren (vt) | [trɛ'ni:rən] |
| treinar-se (vr) | trainieren (vi) | [trɛ'ni:rən] |
| tremer (de frio) | zittern (vi) | ['tsɪtɐn] |

| | | |
|---|---|---|
| trocar (vt) | wechseln (vt) | ['vɛksəln] |
| trocar, mudar (vt) | tauschen (vt) | ['taʊʃən] |
| usar (uma palavra, etc.) | gebrauchen (vt) | [gə'braʊxən] |
| utilizar (vt) | benutzen (vt) | [bə'nʊtsən] |

| | | |
|---|---|---|
| vacinar (vt) | impfen (vt) | ['ɪmpfən] |
| vender (vt) | verkaufen (vt) | [fɛɐ'kaʊfən] |
| verter (encher) | gießen (vt) | ['gi:sən] |
| vingar (vt) | sich rächen | [zɪç 'rɛçən] |
| virar (~ para a direita) | abbiegen (vi) | ['apˌbi:gən] |

| | | |
|---|---|---|
| virar (pedra, etc.) | umdrehen (vt) | ['ʊmˌdre:ən] |
| virar as costas | sich abwenden | [zɪç 'apˌvɛndən] |
| viver (vi) | leben (vi) | ['le:bən] |
| voar (vi) | fliegen (vi) | ['fli:gən] |

| voltar (vi) | zurückkehren (vi) | [tsu'ʀʏkˌkeːʀən] |
| votar (vi) | stimmen (vi) | ['ʃtɪmən] |
| zangar (vt) | ärgern (vt) | ['ɛʀgən] |
| zangar-se com ... | verärgert sein | [fɛɐ'ɛʀgɐt zaɪn] |
| zombar (vt) | spotten (vi) | ['ʃpɔtən] |